中国医疗装备及关键零部件技术与应用

机械工业仪器仪表综合技术经济研究所
中国医学装备协会零部件分会　　　编著

机 械 工 业 出 版 社

医疗装备行业是一个多学科交叉、知识密集、资本密集的高技术产业，也是全球发达国家竞相争夺的重点领域。医疗装备技术的发展关乎人民群众生命健康，关乎健康中国建设，也是我国国家层面重点发展的领域。本书以典型、成熟的医疗装备领域为主线，深入剖析了各领域医疗装备及关键零部件的相关技术现状和应用情况，梳理了医疗装备的工作原理、关键零部件、关键技术及典型临床应用，旨在促进医工融合，推动行业技术进步，提升医疗装备水平。

本书可供医疗装备及零部件制造商、供应商、医工人员学习参考，也可供医工融合相关专业师生参考。

图书在版编目（CIP）数据

中国医疗装备及关键零部件技术与应用 / 机械工业仪器仪表综合技术经济研究所，中国医学装备协会零部件分会编著. -- 北京：机械工业出版社，2025.2.
ISBN 978-7-111-77547-8

Ⅰ. F426.7

中国国家版本馆CIP数据核字第202576PB75号

机械工业出版社（北京市百万庄大街22号　邮政编码100037）
策划编辑：雷云辉　　　　　　　　责任编辑：雷云辉
责任校对：梁　园　李　杉　　　封面设计：马精明
责任印制：郜　敏
中煤（北京）印务有限公司印刷
2025年3月第1版第1次印刷
184mm×260mm・24.5印张・12插页・529千字
标准书号：ISBN 978-7-111-77547-8
定价：169.00元

电话服务　　　　　　　　　网络服务
客服电话：010-88361066　　机　工　官　网：www.cmpbook.com
　　　　　010-88379833　　机　工　官　博：weibo.com/cmp1952
　　　　　010-68326294　　金　书　　　网：www.golden-book.com
封底无防伪标均为盗版　　机工教育服务网：www.cmpedu.com

中国医疗装备及关键零部件技术与应用

编委会

指导委员会（按姓氏笔画排序）

齐贵新　李志勇　佘伟珍　张相木　陈学东　罗俊杰　赵自林　侯　岩

编委会主任

王振常　中国工程院院士、首都医科大学附属北京友谊医院副院长

欧阳劲松　中国医学装备协会副理事长、机械工业仪器仪表综合技术
经济研究所所长

编委会副主任

梅　恪　机械工业仪器仪表综合技术经济研究所副所长

马立新　山东博识鹏程智能科技有限公司首席科学家

孙伟森　上海联影医疗科技股份有限公司副总裁

石　健　国科离子医疗科技有限公司副总经理

马宗国　山东新华医疗器械股份有限公司主任

刘　刚　机械工业仪器仪表综合技术经济研究所主任

主　编

李玉敏

副主编

周学良　单　博

技术应用审核组专家

蔡　葵　中国医学装备协会应用评价分会会长

张　锦　中国生物医学工程学会临床医学工程分会副主任委员

刘　达　北京柏惠维康科技股份有限公司总裁

刘文博　华科精准（北京）医疗设备股份有限公司联合创始人

杜小琴　中国医学装备协会零部件分会副会长

石　灵　中国医学装备协会零部件分会副会长

尹红霞　中国医学装备协会零部件分会副秘书长

技术应用咨询组专家

王　炜　深圳迈瑞生物医疗电子股份有限公司首席科学家

唐志宏　科罗诺司医疗器械（上海）有限公司董事长

张兰永　昆山医源医疗技术有限公司董事长

徐　进　北京天智航医疗科技股份有限公司总经理

张敬申　上海瑞柯恩激光技术有限公司总经理

林　涛　重庆海扶医疗科技股份有限公司副总经理

编委会委员（按姓氏笔画排序）

马立新	马宗国	王月兵	王志强	王援柱	车永新	艾世明	石　健
叶方伟	冯智猛	刘　达	刘　硕	刘文博	刘京雷	杜小琴	李　旭
李　勇	李　博	李玉敏	李国斌	李钟琦	吴　朝	吴志勇	吴晓华
张　萌	张　锦	张兰永	张宇星	张婧娴	张维军	张敬申	陈大兵
陈锦云	林　涛	周利荣	周学良	郑均安	单　博	孟祥雨	胡银富
郭振兴	唐志宏	梁　敏	潘　奕				

序

当下，科技创新，特别是高端医疗装备领域内的科技创新，已成为国际战略博弈的主要战场。促进医疗新质生产力的培育与发展，加速医疗技术的临床应用与成果转化，推动医疗健康产业的转型升级与高质量发展，以及优质医疗资源惠及广大人民群众，都离不开科技的支撑与创新的动力。实现国产医疗装备及关键零部件自主创新，还与人口健康大政方针息息相关。

当前，我国医疗装备产业已由高速增长阶段转向高质量发展阶段，经过几十年的建设发展，已经形成了 22 大类、1100 多个品类的产品体系，产业正处在优化经济结构、转换增长动力的攻关期。主流医疗装备基本实现有效供给，高端医疗装备产品性能和质量水平明显提升，而关键零部件自主可控。确保产业链安全、提升产业链现代化水平，成为现阶段医疗装备高质量发展的主要方向。

全球老龄化的趋势为医疗装备提供了需求增长的长期动能，科技的快速发展将推动医疗技术的创新，包括基因测序、人工智能和远程医疗等前沿领域。这些技术的应用将带来医药行业的变革，医疗装备市场需求呈现持续增长趋势。近 5 年，我国医疗器械产业年均复合增长率超过 10%，已成为全球医疗器械第二大市场，产业聚集度、国际竞争力不断提升。创新性产品和服务的不断涌现，数字化转型的进一步加速，将推动我国医疗装备产业向智能化、信息化方向发展。加快补齐高端医疗装备产业链短板，提升产业链、供应链韧性和安全水平是当前重要任务。

2018 年以来，机械工业仪器仪表综合技术经济研究所会同中国医学装备协会零部件分会，依托工业和信息化部"医疗装备产业技术基础公共服务平台"，发挥全国医疗装备产业与应用标准化工作组等工作基础和行业优势，在组织行业力量完成编写《中国医疗装备及关键零部件技术发展报告（2019、2021、2023)》《人才预测研究报告》和《调研报告》的基础上，再次组织力量编写了《中国医疗装备及关键零部件技术与应用》专业著作。

本书的付梓出版，必将为产业链上下游交流、产需对接合作提供新的契机。国产医疗装备及关键零部件技术发展和应用，道阻且长，行则将至；行而不辍，未来可期！

是为序。

中国工程院院士

2024 年 12 月 28 日

前　　言

为贯彻落实党中央、国务院决策部署，贯彻实施《"十四五"医疗装备产业发展规划》"7-5-5-6"布局，全面推进医疗装备产业高质量发展，机械工业仪器仪表综合技术经济研究所（简称仪综所）以标准化技术为抓手，开展了医疗装备产业共性技术、关键零部件、制造与应用等专题研究。自 2018 年以来，仪综所坚持调动产业资源，集结专家团队与众多优秀医疗装备企业，通过对医疗装备产业链上下游调研、座谈以及论证等多种方式，梳理我国医疗装备产业发展现状、存在问题和技术趋势等，编写并出版了2019、2021 版《中国医疗装备及关键零部件技术发展报告》。2022 年，中国医学装备协会零部件分会（简称分会）成立后，仪综所和分会发挥协同优势，于 2023 年联合再版了该书，为国家和地方政府决策、企业发展布局、产业医工协同创新提供了连贯翔实的参考建议。

2023 年 8 月 25 日召开的国务院常务会议，审议通过了《医疗装备产业高质量发展行动计划（2023—2025 年）》，会议要求着力提高医疗装备产业韧性和现代化水平，加快补齐我国高端医疗装备短板，促进国产医疗装备迭代升级，加大医工交叉复合型人才培养力度。

仪综所、分会在部委主管业务部门指导下，持续跟踪行业发展，根据医学装备协会年会定位，做好"四个服务"，即传递政策信息、集聚资源智慧、展示创新成果、指引技术方向，从而推动和发展新质生产力。仪综所和分会于 2024 年再次合作，组织编写了《中国医疗装备及关键零部件技术与应用》，读者可通过本书了解医工协同创新，获取医疗装备工作原理、关键零部件、关键技术及其典型临床应用的指导和借鉴。本书将与《中国医疗装备及关键零部件技术发展报告（2019、2021、2023）》《人才预测研究报告》和《调研报告》，作为分会"发展/研究/应用/培训"专业需求配套服务集册，服务医疗装备高质量发展。

在编写本书过程中，虽然编委会及各位专家做了大量的调研、论证工作，但难免有不足之处，欢迎广大读者批评指正，未来我们一定会做得更好。

2024 年 12 月 28 日

目　　录

第1章 医疗装备及关键零部件产业概述

1.1 医疗装备产业发展体系

1.1.1 我国医疗装备产业发展环境

医疗装备产业是一个多学科交叉、知识密集、资本密集的高技术产业,涉及医药、机械、光学、材料、电子等多个领域,具有多样化、创新快、多学科融合交叉的特点,也是全球发达国家竞相争夺的重点领域。新中国成立 70 多年来,特别是改革开放 40 多年来,我国医疗装备产业经历了从无到有,从落后到追赶,现已进入"跟跑、并跑、领跑"并存的新阶段,不论是产业规模、创新能力,还是产品品种、技术水平,均得到快速提升和突破,初步满足了卫生健康事业的基本需求。

当前,新一代信息技术与医疗健康融合,智能化趋势下健康信息的获取与挖掘对民族长远发展、国家长治久安影响深远。随着我国医疗装备企业技术进步及配套产业链的成熟,以及医疗改革、分级诊疗、扶持国产装备等国家政策的推动,我国医疗装备产业高速发展,涌现出一批聚焦高端制造的创新企业,在高端医疗装备领域不断研发创新,加快产品升级换代,积极探索研发新产品。

1. 我国医疗装备市场需求发生变化

近年来,我国医疗装备产业持续快速发展,医疗装备市场需求正经历着由市场规模扩大、政策推动、技术进步等多方面因素推动的变化。

我国市场规模持续扩大。我国是世界第二大医疗装备市场,市场份额接近全球市场的三分之一。2012—2023 年,我国医疗装备市场规模由 2966 亿元人民币增至 12700 亿元人民币。在我国国家政策的推动下,支持国产装备采购,推动了医疗装备生产企业的快速发展。

国家政策支持与国际化进程加快。政府通过加大财税、金融和投资等支持力度,推动医疗装备产业的创新和发展。同时,还通过建设"一带一路"倡议,鼓励企业"走出去",参与全球竞争。我国医疗装备产品在国际市场上的竞争力不断提升,出口范围也在不断扩大。2023 年我国医疗装备进出口贸易额达到 1029.53 亿美元,其中出口额535.5 亿美元。

我国中高端医疗装备需求增加。体外膜肺氧合机、腔镜手术机器人等高端产品实现应用，技术水平不断提升，推动了产业向高端化、智能化方向的发展。在数量增加的同时，创新医疗装备"含金量"不断提升，既实现了部分领域从"跟跑"到"并跑"、局部"领跑"的跨越，又完成了部分产品"零的突破"。

2. 我国医疗装备产业发展迈入新阶段

近年来，我国对医疗装备产业重视程度显著提高，出台了《"十四五"医疗装备产业发展规划》《医药工业高质量发展行动计划（2023—2025年)》《医疗装备产业高质量发展行动计划（2023—2025年)》等一系列政策文件，多次提出将医疗装备作为发展的重点，鼓励国内医疗装备产业加快创新，对医疗装备产业的转型和升级做出了重要部署，为我国医疗装备产业创新高质量发展开辟了更为宽广的道路。

我国医疗装备产业市场需求释放了产业发展活力。党的二十大报告提到，人民健康是民族昌盛和国家强盛的重要标志，要把保障人民健康放在优先发展的战略位置。随着人民生活水平的大幅提升，人们的健康保健意识逐渐增强，就诊频次及医疗消费比例日渐提高，慢病管理、康复、养老以及医美等消费市场需求也在快速上升。目前，我国正处于"中度老龄化"阶段，65岁以上人口占总人口比例达15.4%。人口老龄化扩大了老年产品和服务消费，给医疗产业带来了新的发展机遇。此外，我国城镇化逐步迈向高质量发展阶段，不断增加的新城镇人口将对医疗卫生机构设施设备的现代化、多样化、信息化水平提出更高的要求。

近年来，我国医疗装备技术水平快速提升，在高端医疗装备的产品性能和质量提升上收获了显著成果，突破了超导磁体、电子加速器、射频/谱仪等一批核心部件的关键技术，质子碳离子治疗系统、骨科手术机器人、第三代人工心脏、聚焦超声治疗系统等接近或者达到国际先进水平。心电图机、超声诊断仪等诊疗装备已逐步在临床实现了进口替代，以深圳迈瑞生物医疗电子股份有限公司（迈瑞医疗）、上海联影医疗科技股份有限公司（联影医疗）、乐普（北京）医疗器械股份有限公司（乐普医疗）、江苏鱼跃医疗设备股份有限公司（鱼跃医疗）等为代表的国产医疗装备厂商已逐步被市场认可，国产医疗装备与进口品牌的差距正在逐步缩小。部分高端医疗装备产品将迈入全球竞争行列，我国医疗装备产品将进一步走向国际舞台。

3. 医疗装备产业发展面临新机遇、新挑战

近年来，我国医疗装备产业快速发展，市场规模不断扩大。中国医学装备协会数据显示，2023年我国医疗装备市场规模已达1.27万亿元人民币，同比增长10.4%。多项鼓励性政策先后出台，为医疗装备产业的发展提供了有力支持。国务院印发的《推动大规模设备更新和消费品以旧换新行动方案》提出，推进医疗卫生机构装备和信息化设施迭代升级，鼓励具备条件的医疗机构加快医学影像、放射治疗、远程诊疗、手术机器人等医疗装备更新改造。国家药监局也明确表示将资源进一步向高端医疗装备领域倾斜，支持国产创新医疗装备的发展。同时，国产医疗装备自主创新能力显著增强，高端产品不断涌现。创新医疗装备成果加速涌现，专利申请量位居全球首位。截至2023年底，我国已有250个第三类创新医疗装备产品获批上市，不断填补相关领域空白。

同时，发达国家对医疗装备竞争高地的争夺日趋激烈，尽管我国医疗装备产业在自主创新方面取得了显著进展，但在部分高端领域仍存在技术瓶颈和核心零部件依赖问题，这限制了我国医疗装备产业的进一步发展和国际竞争力。随着市场规模的扩大和国产替代趋势的加速，国内外医疗装备企业之间的竞争日益激烈，如何在竞争中保持优势地位、实现可持续发展是我国医疗装备产业面临的重要挑战；医疗装备产业的研发投入大、周期长、风险高，如何保障充足的资金投入、提升研发能力、加快技术创新是我国医疗装备产业需要解决的问题。

面对新发展阶段人民日益增长的医疗卫生健康需求对医疗装备发展提出的新任务、新要求，面对国际发展环境深刻变化带来的新形势、新挑战，必须不断加强技术创新、提升自主创新能力、完善产业链配套体系、加强市场推广和品牌建设，积极推动产业高质量发展，实现国际竞争力的提升。

1.1.2　我国医疗装备产业总体部署

1. 总体思路

《"十四五"医疗装备产业发展规划》指出，我国医疗装备产业总体思路为以习近平新时代中国特色社会主义思想为指导，全面贯彻党的十九大和十九届二中、三中、四中、五中、六中全会精神，立足新发展阶段，完整、准确、全面贯彻新发展理念，构建新发展格局，坚持以人民为中心的发展思想，统筹发展和安全，落实健康中国和制造强国战略部署，聚焦临床需求和健康保障，强化医工协同，推进技术创新、产品创新和服务模式创新，提升产业基础高级化和产业链现代化水平，推动医疗装备产业高质量发展，为保障人民群众生命安全和身体健康提供有力支撑。

2. 基本原则

我国医疗装备产业总体部署的基本原则确保了产业在创新、协同、安全、开放等方面的全面均衡发展。

1）坚持创新发展。完善产学研医相结合的技术创新体系，推动医疗卫生、生命科学、生物技术与信息通信、新材料等技术的融合应用，研发新技术、拓展新产品、探索新模式，突破产业发展瓶颈，提升整体技术水平。

2）坚持医工协同。强化需求牵引，鼓励医疗机构、生产企业协同创新资源，积极探索新型合作模式，构建研发生产与推广应用相互促进的循环发展良性机制，提升先进适用产品的供给能力。

3）坚持安全第一。把质量和安全作为产业发展的生命线，强化企业主体责任，加强安全生产管理和质量管控，加强数据规范管理和开发应用，确保产品安全有效，数据安全可靠，为全面维护人民健康提供安全支撑。

4）坚持开放合作。践行开放融通、互利共赢的合作理念，扩大高水平对外开放，以开放促改革、促发展、促创新。坚持"引进来"和"走出去"相结合，积极融入全球医疗装备产业链和价值链，打造国际竞争新优势。

3. 发展愿景

《"十四五"医疗装备产业发展规划》指出，到 2025 年，医疗装备产业基础高级化、产业链现代化水平明显提升，主流医疗装备基本实现有效供给，高端医疗装备产品性能和质量水平明显提升，初步形成对公共卫生和医疗健康需求的全面支撑能力。到 2035 年，医疗装备的研发、制造、应用提升至世界先进水平。我国进入医疗装备创新型国家前列，为保障人民全方位、全生命期健康服务提供有力支撑。

1.1.3 我国医疗装备产业保障措施

我国医疗装备产业的保障措施涵盖了政策支持、资金扶持、技术创新、人才培养、市场监管以及国际合作等多个方面，这些措施共同构成了推动医疗装备产业持续健康发展的有力保障，旨在促进产业的健康发展、提升产品质量和技术水平，以及满足人民群众日益增长的医疗卫生需求。

1）政策支持。我国国家层面定期发布医疗装备产业的发展规划和政策文件，如《"十四五"医疗装备产业发展规划》，明确产业发展的目标和重点任务，为产业发展提供政策导向和支持。针对重点任务设立专项行动，如产业基础攻关行动、重点医疗装备供给能力提升行动、高端医疗装备应用示范基地建设行动等，以推动产业关键技术的突破和产品的升级换代。

2）资金扶持。我国通过财政拨款、专项基金等方式，对医疗装备产业的研发、生产、推广等环节给予资金支持。例如，在装备更新政策中，统筹安排超长期特别国债资金，加大对医疗装备更新改造的支持力度。对符合条件的医疗装备企业，给予税收减免、研发费用加计扣除等税收优惠政策，降低企业成本，提高企业竞争力。

3）技术创新。建立健全医疗装备产业的技术创新体系，鼓励企业加大研发投入，推动产学研用深度融合，加速科技成果的转化和应用。加快建立健全医疗装备标准体系，包括产品标准、技术标准和安全标准等，提高产品质量和安全性能，促进产业的规范化发展。

4）人才培养。加强医疗装备产业相关专业的教育和培训，培养一批具有创新精神和实践能力的高素质人才。同时，鼓励企业开展内部培训，提升员工的专业技能和综合素质。制定优惠政策，吸引国内外优秀人才加入医疗装备产业，特别是高端人才和领军人才的引进，为产业发展提供智力支持。

5）市场监管。加强医疗装备市场的监管力度，打击假冒伪劣产品和不正当竞争行为，维护市场秩序和消费者权益。建立健全医疗装备的质量安全监管体系，加强对产品全生命周期的质量监管和风险控制，确保产品安全有效。

6）国际合作。加强与国际医疗装备产业的交流与合作，引进国外先进技术和管理经验，提升我国医疗装备产业的国际竞争力。利用"一带一路"倡议的契机，推动医疗装备产业走向国际市场，扩大出口规模，提升品牌影响力。

1.2　我国医疗装备及关键零部件产业发展情况

1.2.1　产业发展历程：高质量发展但仍存在短板

新中国成立 70 多年来，我国医疗装备产业经历了从无到有，从落后到追赶甚至超越的发展历程。相比于欧美发达国家，我国的医疗装备产业起步较晚，技术相对落后，市场以中低端产品为主。但新中国成立至今，我国的医疗装备产业发展非常迅速，并可以将发展经历大致分为三个阶段。

第一个发展阶段，从新中国建立到改革开放的 30 年里，我国的医疗装备产业尚处于萌芽状态，全国只有少量的医用刀、剪、钳、镊及车床、台架等传统产品的制造商和维修保养厂家。通过不断摸索，医疗装备领域逐步形成了独立的产业，并实现了医学影像装备在产业开发和制造上的零突破，如研制成功了我国第一台 200mA X 射线机、第一代国产笼球型人造心脏瓣膜等。

第二个发展阶段，从改革开放到党的十八大的 35 年里，改革开放为我国医疗装备产业带来了巨大活力。十一届三中全会对管理体制进行了初步改革，与此同时，我国加强了对医疗装备产业的研发投入，推动了产业的快速发展。2010 年，我国医疗装备市场总体产值突破了 1000 亿元人民币，规模居世界第二，2011 年全年更是达到了 1354.1 亿元人民币，特别是某些中低端医疗装备产品，我国的产量以及产值已为世界第一。

第三个发展阶段，党的十八大以来，党和国家对医疗装备发展高度重视，在优化监督管理体制的同时鼓励企业创新。一批自主创新产品获批上市，如体外膜氧合机等高端医疗装备填补了国内空白，大功率高热量球管等关键零部件实现装机应用，累计 1800 多款产品入选优秀医疗装备产品目录，通过骨科手术机器人、肠镜手术机器人等进行的 5G 远程手术已累计开展 400 多例，促进优质医疗资源惠及边远地区群众。

我国医疗装备及关键零部件产业取得了显著成就，但仍存在一些短板。我国与国际高端医疗装备技术水平的差距，表面上是整机的差距，背后却是材料、工艺、元器件等整个工业基础问题。核心零部件是高端医疗装备上游供应链环节中的命脉，其发展情况决定着行业的技术高度。目前，我国大多数高端医疗装备生产商均不具备核心元器件自主研发生产能力，各类零部件基本依靠外购自不同厂商，整机生产过程实际为组装集成过程。当关键元器件、核心零部件价格上涨时，将直接增加行业内企业的总体生产成本，缩小盈利空间。因此，是否拥有核心零部件的自主生产能力以及相对于上游供应商的议价能力，已经成为区分高端医疗装备制造企业竞争力强弱的关键。

以高端大型医疗装备为例，我国中高端 CT 市场长期被进口产品垄断，近年来虽然在整机上取得重大突破，但是高端型号产品的核心部件仍依赖进口。CT 球管是其中最核心的零部件，由于国内产品无法替代，只能依赖美国、日本的进口产品，由于原材料和生产工艺要求比较高，导致高端 CT 球管的自主创新能力受到严峻挑战，目前国内已经有多家研究机构和企业正在布局研发高容量 CT 球管，但是要实现工程化和产业化，仍然有很长的路要走。针对高端医学影像装备所使用的高容量现场可编程门阵列（Field Programmable Gate Array，FPGA）、高精度模-数转换器和数-模转换器、探测器采集芯片等核心电子元器件，国内更是缺乏从事相关研发的研究机构，短时间内难以找到可替代的产品。近年来，在我国国家政策引导下，科研院所和企业开始注重和加大对原材料、元器件的攻关力度，部分原材料、元器件已经解决有无的问题。但是材料的一致性和工艺稳定性还无法保证，加上医疗装备的研发周期比较长，监管比较严格等原因，整机生产企业难以承担材料不稳定带来的后果，所以零部件生产厂商还需要通过购买进口材料来进行关键零部件的研发制造，然后再将其用于整机研发，通过这种方式来实现整机产品的自主研发生产。总的来看，我国工业体系的根源常常受制于人，医疗装备实现自主可控任重道远。

创新发展核心零部件是我国重大装备弯道超车的关键路径，在高端医疗装备领域更是如此。尽管作为产业链主体的高端医学整机装备已在技术上获得突破，并逐步实现国产替代，但还有较大比例的核心元器件、原材料和高端零部件仍依赖进口。因此，实现核心零部件的自主可控，已经成为我国高端医疗装备自主创新的关键步骤之一。

1.2.2　产业发展现状：市场扩大与技术依赖并存

近年来，我国医疗装备市场规模持续扩大。中商产业研究院发布的报告显示，2023 年我国医疗装备市场规模已达 1.27 万亿元人民币，同比增长 10.4%。预计 2024 年市场规模将进一步增长至 1.41 万亿元人民币。2018—2024 年我国医疗装备市场规模如图 1-1 所示。医疗装备市场的主要产品类型包括医用耗材、体外诊断装备和仪器设备。2023 年我国医疗装备细分市场占比情况如图 1-2 所示，其中，医用耗材是第一大细分品类，占比超过 50%；仪器设备是第二大细分市场，占比达 30%；体外诊断装备则排名第三，占比为 9.87%。我国医疗装备进出口贸易额也在逐年增长。2023 年，我国医疗装备出口金额达到 535.5 亿美元，预计 2024 年将达 657 亿美元。医用耗材和仪器设备是主要的出口产品。2018—2024 年我国医疗装备出口金额如图 1-3 所示。

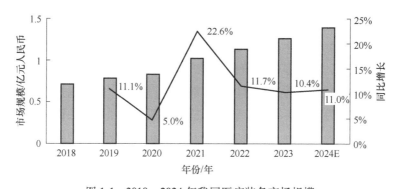

图 1-1　2018—2024 年我国医疗装备市场规模

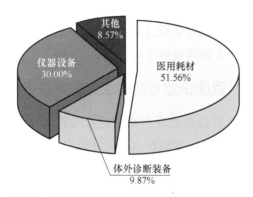

图 1-2　2023 年我国医疗装备细分市场占比情况

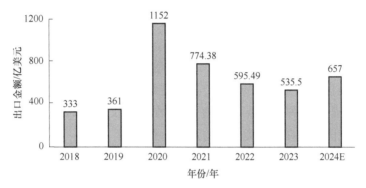

图 1-3　2018—2024 年我国医疗装备出口金额

在医疗装备上游环节，经过数十年的努力，我国核心零部件制造产业初步形成了门类齐全的产业体系，呈现出积极的发展态势，能够提供品种较为齐全的中低端核心产品，甚至在某些高端装备领域取代了进口，为医疗装备整机制造业的发展提供了强有力的支撑和保障。

从整体来看，由于我国高端医疗装备生产企业重主机轻配套零部件，忽视对上游零部件的研发投入，导致医疗装备专用关键零部件和部分通用的关键零部件还依赖进口，无法实现高端医疗装备的自主可控。近年来，我国国家层面不断加强对医疗装备的政策引导，大力发展产业链、供应链，开展跨领域零部件标准体系和共性技术研发，基本解决了一批技术含量高、需求量大的核心零部件，但是由于产品性能、工艺技术和质量未达到医疗装备整机的差异化要求，未能根治产品性能不可靠、质量不稳定的问题。

目前，我国核心基础零部件正处于从中低端向中高端迈进的关键阶段，仅靠行业企业自身的发展解决不了整机装备和关键零部件之间的同步问题。不依靠市场规律发展的"振兴"是典型的计划经济模式，难以长远发展；但关键零部件没有国家的战略支持，也难以在与国外水平悬殊的竞争中取得成功。高端医疗装备的发展以关键零部件为核心，要实现我国从制造大国到制造强国的跨越式发展，必须加强基础件的整体布局，解决国产医疗装备技术空心化和附加值低等问题。

我国医疗装备产业在市场规模不断扩大的同时，也面临着技术依赖的挑战。随着我国企业自主创新能力的提升和国家层面政策的支持，未来我国医疗装备产业有望实现技术突破和国产替代，推动产业持续健康发展。

1.2.3 产业竞争格局：我国企业与跨国企业的竞争态势

我国医疗装备产业的竞争格局呈现出我国企业与跨国企业激烈竞争的态势。近年来，我国医疗装备产业迅速发展，政府投入大量资金用于医疗机构基础设施升级，企业也积极投入研发和设备升级，以满足市场需求。根据我国国家统计局的数据及相关报告，我国医疗装备市场规模不断扩大，截至2023年底，我国医疗装备生产企业数量持续增长，达到36675家。预计2024年将达到39296家。2018—2024年我国医疗装备生产企业数量如图1-4所示。特别是在高端医疗装备领域，我国企业逐渐崭露头角。我国企业在技术创新和自主研发方面取得了显著进展。东软医疗系统股份有限公司（东软医疗）、迈瑞医疗、联影医疗等企业通过自主研发，成功推出了多款高端医疗装备，并在市场上取得了良好反响。这些企业在CT、MRI等医学影像装备领域的技术实力不断提升，逐步缩小了与国际领先企业的差距。在一些细分领域，我国企业已经成功反超跨国企业。2013年时国产品牌CT装备销售量市场占比仅为14.8%，但2021年达到了52.5%，显示出我国企业在市场竞争中的强劲势头。

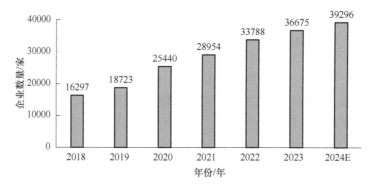

图1-4　2018—2024年我国医疗装备生产企业数量

现阶段，我国医疗装备生产企业主要由第Ⅰ、Ⅱ类企业构成，第Ⅲ类企业相对较少，仅占全国医疗装备生产企业的6.85%。主要原因是第Ⅲ类医疗器械具有较高风险，需要采取特别措施严格控制管理以保证其安全性及有效性，且生产第Ⅲ类医疗器械具有较高的技术及资金门槛。相较而言，第Ⅰ、Ⅱ类医疗器械技术要求较低，资金需求较小，一般的企业均可在短期内实现量产。自2014年以来，第Ⅲ类医疗器械监管更加严格，准入标准越来越高，综合因素影响使得第Ⅲ类医疗器械生产企业占比较低且增长速度较缓。

跨国企业由于其医疗装备产业发展时间较早，其所属国居民生活水平高，对医疗装备产品的技术水平和质量有较高的要求，市场需求以产品的升级换代为主，发展至今已形成了较为稳定的市场规模和需求。Siemens、Philips、GE 等跨国企业在医疗装备领域拥有先进的技术和丰富的产品线，能够满足不同医疗机构的需求。尽管面临我国企业的竞争压力，跨国企业仍然在我国医疗装备市场占据重要地位。这些企业通过不断提升产品性能和服务质量，巩固市场份额。同时，它们还通过并购、合作等方式拓展业务范围，提高市场竞争力。为了更好地适应我国市场，跨国企业纷纷采取本地化策略。在我国设立研发中心和生产基地，加强与我国企业的合作与交流，以便更好地满足我国市场的需求。

随着我国企业技术实力的不断提升和市场份额的扩大，国产替代趋势将进一步加速。特别是在高端医疗装备领域，我国企业将有望在国际市场上取得更大突破。技术创新将是未来医疗装备产业竞争的关键，我国企业需要继续加大研发投入，提升自主创新能力；同时，跨国企业也需要加强与我国企业的合作与交流，共同推动产业技术进步。政府将继续加大对医疗装备产业的支持力度，推动产业高质量发展。同时，随着行业规范的不断完善和监管力度的加强，医疗装备产业将实现更加健康、有序的发展。

我国医疗装备产业竞争格局呈现出我国企业与跨国企业激烈竞争的态势。未来，随着技术创新、政策支持和市场需求的不断增长，这一竞争格局有望发生更加深刻的变化。

1.3　医疗装备产业发展趋势与促进发展的重要举措

医疗装备技术的快速发展对现代医疗体系的提升具有重要意义。随着科技进步和医疗需求的不断增长，医疗装备产业正迎来新的发展机遇和挑战。《"健康中国 2030" 规划纲要》和《国家创新驱动发展战略纲要》等国家政策文件相继出台，旨在推动医疗装备产业向高端化、智能化、个性化方向发展。我国要加大研发投入，推动技术创新，提升自主可控水平，促进医疗装备产业新技术的蓬勃发展。

1.3.1　医疗装备产业发展趋势

1. 个性化医疗

实现面向所有群体的精准医疗与健康服务成为我国医疗发展的美好愿景，个性化医疗是未来医疗装备技术的重要方向。个性化医疗的基础是数据驱动，医疗装备依据患者个人特征，通过基因组学和精准医学的结合，为患者量身定制个性化诊疗方案。现阶段医疗装备在个性化医疗中的应用主要体现在以下三类。第一类是人工智能技术的应用。智能医学影像装备可利用人工智能进行图像分析，达芬奇机器人可利用人工智能完成精准手术，智慧医疗云平台可利用人工智能为患者的预约就诊提供精准服务，人工智能在医疗装备等医疗领域展现出多样化应用和巨大潜力。第二类是 3D 打印技术的应用。可根据患者的具体需求，通过逐层添加材料来个性化制造三维实体对象，从定制化假肢到复杂的器官和组织再造，再到药物开发，3D 打印技术正不断推动医疗产业的发展，为患者带来更精准、个性化的治疗方案。第三类是生物识别技术的应用。可通过收集患者生物信息，包含人脸、指纹、虹膜、声纹等多模态生物特征，针对患者的特殊需求进行功能调整。

2. 远程医疗

远程医疗是指操作人员在本地对主操控器进行控制，以完成对远端难以接近或特殊环境中机器人的远距离控制，从而提供远距离的医疗服务。远程医疗是医疗装备未来的重要发展方向。随着5G技术的普及，远程医疗将更加普及和高效。远程医疗平台可以实现医生与患者之间的实时互动，提高医疗服务的可及性。例如，手术机器人不仅可以辅助医生在远程手术场景中提高手术质量，还能缓解偏远地区优质资源紧张的困难，从而大幅度降低医疗成本。在未来医疗装备产业的发展中，远程医疗与诊断的发展将推动诊断治疗更加准确、安全、可靠。随着医疗装备智能化和自动化程度的提高，远程医疗与诊断也必将为医疗装备的发展带来更多的可能性。

3. 微创和无创技术

微创和无创技术以其可以降低手术风险、缩短恢复时间、减少患者不适等优势，正逐步改变传统医疗模式。例如，机器人辅助手术系统和高精度成像技术的发展使得微创手术更加普及；高强度聚焦超声技术用于无创治疗肿瘤，具有精准、安全、副作用小的显著优势；无创监测技术，如可穿戴设备和远程监测系统也在不断改进，实时数据收集与分析可推动患者个人健康管理的发展，使患者能够随时监控自己的健康状态并进行有效的干预，为患者提供更舒适、方便的医疗服务。

4. 家用医疗装备

截至2023年底，我国60岁及以上老年人口达2.97亿人，占总人口比重超21%。《"十四五"国家老龄事业发展和养老服务体系规划》提出，要提升康复辅助器具、健康监测产品、养老监护装置等适老产品在家庭、社区等多场景的试点试用。我国家用医疗装备市场还处在发展初期，具有进入壁垒低、发展速度快、投资回报率较高、风险相对较小的特点。家用医疗装备虽然看似外观简单，但需要人体工程学、认知神经科学和现代康复医学等研究成果作为支撑。家用医疗装备也在逐步适应综合集成与系统化的设计趋势。综合集成的医疗系统可以将影像设备、监测设备和患者数据等系统整合，实现设备之间的无缝连接、数据共享与综合分析。智能手环、智能血糖仪、家用呼吸机、智能理疗仪等涵盖了从健康检测、疾病治疗到康复护理的多个家用医疗领域，它们在提供便捷医疗服务、改善患者生活质量以及推动医疗资源下沉方面发挥着重要作用。可以预见，家用医疗装备的使用与消费需求正在进一步释放，未来这一健康消费市场必将持续扩容，朝着更精准、更专业、更智能和更便携的方向发展，进一步满足不同用户的家用健康需求。

1.3.2 促进医疗装备产业新技术发展的重要举措

1. 制定相关技术标准和法规体系

制定技术标准和法规体系是确保医疗装备产业有序发展的关键，然而，医疗装备新技术的快速发展给标准和法规的制定带来了挑战，现有的医疗器械标准和法规可能无法适应新兴技术的发展。这需要加强政府部门与行业专家的沟通合作，建立动态更新的标准体系，鼓励各方参与标准的制定和修订过程，确保医疗装备的安全性和有效性，确保医疗装备产业的创新与合规并行不悖。同时，应开展国际合作，借鉴发达国家的标准和法规经验，推动国内与国际标准的协调与统一。此外，标准的制定还应考虑技术进步的速度，避免因标准滞后而影响技术应用的推进。

2. 加强前沿技术攻关

医疗装备产业的发展离不开前沿技术的支撑。通过加大研发投入，聚焦产业关键环节，精准布局实施重大攻关专项，着力提升自主可控水平，可以推动产业向高端化、智能化方向发展。例如，开发更加精确的医疗影像分析算法，结合多模态数据，能够利用人工智能提升疾病预测和诊断的准确性；开发更高精度的微操作技术，增强触觉反馈系统，以及改进机器人与医生的协作接口，可以提升机器人辅助手术的安全性和效果；集中攻克生物相容性材料的开发，提升3D打印产品的强度和精度，能够推动个性化医疗器械的量产化；攻克低功耗无线传输技术和数据安全问题，能够提高远程医疗设备的实时监测能力和数据隐私保护水平。此外，跨学科的合作也是加强技术攻关的重要途径，可通过整合不同领域的技术优势，实现医疗装备性能的突破。

3. 确保数据安全与隐私保护

随着医疗装备数字化和智能化水平的提高，医疗数据的安全性和隐私保护成为重要问题。数据泄露、网络攻击和隐私侵犯等风险可能对患者的个人信息和医疗数据造成严重威胁。医疗装备需要实施严格的数据加密、访问控制、网络安全防护等措施，确保医疗数据在存储、传输和处理过程中的安全。同时，建立健全的数据保护法规和隐私政策，如《通用数据保护条例》和《健康保险流通与责任法案》，定期进行安全评估和审计，提高系统的安全性和可靠性。通过建立健全的数据安全管理体系，还可以增强公众对医疗装备产业的信任，促进产业的健康发展。

4. 成本控制与经济性分析

新技术和新设备的研发和应用通常伴随着高昂的成本，这可能对医疗机构的经济负担产生影响。一方面，需要通过优化采购流程和提高资源使用效率来控制成本，具体可通过优化供应链管理、提高生产效率、采用成本效益高的技术和材料，来降低生产成本，提高产品的市场竞争力；另一方面，需要对医疗装备进行经济性分析和成本效益评估，确定技术投资的合理性和经济性，促进资源的合理配置。

医疗装备技术未来的发展充满机遇与挑战。智能化、个性化、微创技术的应用将推动医疗装备产业的进步，但技术标准、数据安全、人员培训、成本控制和临床需求对接等问题也需要得到解决。通过完善相关政策、加强技术研发、优化培训体系，并促进产业与临床的紧密合作，我们可以期待医疗装备技术为现代医疗体系带来更大的突破和进步。

1.4 医疗装备产业人才培养与医工融合创新

《"十四五"国家应急体系规划》提出，要加强专业人才培养，拓展急需紧缺人才培育供给渠道，完善人才评价体系，加强综合型、复合型、创新型、应用型、技能型应急管理人才培养。医疗装备产业人才队伍建设关系到医疗装备零部件发展、医疗卫生信息化建设、医疗卫生服务体系等多方面工作的良性开展。因此，构建并完善医疗装备产业人才培养体系，可以作为推动医学高等教育改革的关键支撑、可以作为促进社会信息化发展的重要途径、可以作为贯彻国家发展战略的必然要求，对于推动"十四五"时期医疗卫生事业的整体发展具有重要的战略性意义。

1.4.1 我国医疗装备产业人才的发展现状

在全球医疗技术快速发展的背景下，医疗装备产业已成为现代医疗体系的重要组成部分。我国医疗装备产业在近年来取得了显著进步，特别是在医疗装备的研发和生产能力方面，国内市场逐渐呈现出多元化和国际化的发展趋势，各高校和行业对于人才培养的重视度也逐渐提高。虽然国内逐步开始引入国外临床工程师的认证考核模式，但与国外相比，国内人才培养方式、考核以及继续教育体系，仍具有一定差距。相比发达国家，我国医疗装备产业在人才供给方面存在学科壁垒较大，工程学科人才在医疗行业发展竞争力不足、医学人才工程学科专业基础难以支持装备创新应用，应用研究阶段临床应用需求互动少，"医""工"人才信息不对称等问题。发展至今，我国临床工程师队伍和培养模式存在以下特点：

1）整体素质偏低，主动维修和管理力度不足。我国医学工程领域起步较晚，相较于发达国家，行业内从业人员的专业化水平参差不齐，许多医学工程师缺乏系统的工程学和医学知识。系统知识上的缺失导致他们在实际工作中难以有效解决复杂的技术问题。例如，大多数医院中医学工程科的工作只停留在安装设备的验收、故障维修及设备报损评估工作，缺乏对设备购置前的考察评估、维修保养中的事前维修、使用中安全性和有效性的控制管理等。

2）人才队伍不均衡。在大型综合性医院，临床工程师的专业化水平和人数相对较高，能够有效分工并完成各种医疗设备的保障任务。然而，基层社区医院的工程师数量少、学历层次低，且设备多为陈旧的老型号，难以承担全面的技术支持和管理任务。

3）体制不够健全，尚无统一培养标准。我国医学工程师的培养和考核体系尚不完善，缺乏健全的法律法规和行业标准，导致各地准入制度不统一。虽然一些医院开始逐步引入国外的认证考核模式，但整体与国际接轨仍有一定差距。

4）医院针对人才培养的力度明显不足。尽管医疗质量是医院工作的重点，但工程师作为医院的后勤力量乃是不可或缺的部分。很多医院仍然将医学工程科作为机关或职能部门，并未纳入独立学科进行建设，使得临床工程师的培养受到限制，且无法调动医学工程人员的积极性。

1.4.2　医疗装备产业人才培养

医疗装备相关学科的高度交叉特性对学科建设、人才培养提出了新要求，带来了新挑战。医疗装备产业的人才培养涉及在校教育和在职培训两个主要环节。在这个过程中，如何提升人才的专业技能、增强实践能力，以及提高工程师的综合素质是需要提升的关键点。

1. 医疗装备产业人才的在校培养

在校教育是医疗装备产业人才培养的基础。我国高等院校中主要设置工学和医学门类下属的生物医学工程专业学科，作为医疗装备产业人才的孵育摇篮。生物医学工程专业属于理工与生物、医学相结合的复合交叉学科，涉及医学、生命科学、计算机、信息科学等多个领域，其知识结构表现出强交叉性和综合性，专业口径宽，学科前景广阔，正是复合创新型人才培养的前沿阵地，也是学校发展前沿生物医学与信息技术融合的重点方向。目前国内已有200余所高校开办此专业，理工类院校偏重于医用电子仪器、电子信息工程、生物信息技术及计算机方面，医药类院校则更偏重于生物力学、生物材料、医学影像设备等领域。各高校依托自身重点学科及师资力量开办此类专业，培养目标及培养模式不尽相同。

当前，我国高校中生物医学工程的专业建设普遍面临如下问题：课程建设不完善，理论教育体系缺乏针对性；教育教学内容方式传统，理论教育与实践脱节；教师队伍建设滞后，学科建设不成熟，缺乏体制机制保障。还需要指出，不同院校的专业差异性较大，但普遍存在医工融合不紧密的问题。比如，理工类院校常具有较好的工程技术背景，其新技术、新方法发展较为迅速，但医疗资源相对匮乏，解决实际临床问题较为薄弱，人才培养更偏向于基础研究型人才；而在医药类院校，其医疗资源相对丰富，但工程技术方面相对欠缺，人才培养偏向于应用技能型人才。因此，如何实现"医、工、理"的深度融合是生物医学工程学科建设的关键。

在"十四五"规划引领下，各高校逐步通过改进专业人才培养方案、优化人才培养方式、提升理论教育质量、培养专业创新意识等方式，以实现人才培养理论教育体系的构建与完善。同时，通过构建实践教育教学平台、建立健全专业校企合作体制机制、深化创新创业实践教育与人才培养融合等手段，来实现人才培养实践教育体系的建设与优化。进一步，各高校还采取加强顶层设计与组织保障、完善人才培养政策制度、优化教育保障服务、扩展国际化教育等策略健全人才培养组织保障体系。各大高校在医工人才培养方面取得了显著进展：东南大学以"厚基础、宽口径、重交叉、强创新"为路径，打造医工复合型领军人才体系；上海交通大学通过成果导向教育理念优化医工人才培养体系，培养具有全球视野的专业人才；四川大学以华西医学为核心，构建了特色鲜明的医工融合创新体系；东北大学与中国医科大学通过校际合作，建立了医工融合型人才培养平台，显著提高了培养效果；南京医科大学利用临床资源，建设了"临床导向型"创新创业人才培养体系，提升了学生综合素质；山东大学在智能医学工程专业实施7年本硕贯通制培养，探索适应新兴战略专业的交叉融合模式。

总体看来，"十四五"时期，各高校在现有基础上进行变革，为培养适应时代要求的专业人才提供了保障，以此推动医药卫生事业稳步发展。在未来，各高校仍需基于自身特色，凝练学科方向，整合优势资源，加强学科融合力度，打造特色科研平台，加强校企合作及校校联合，推动产学研一体化发展，进而培养出高素质交叉复合型科技人才，有力推动生物医学工程专业建设，有效促进医疗装备产业发展。

2. 医疗装备产业人才的在职培养

在职培训是提高现有医疗装备从业人员专业水平的重要途径。临床工程师是大多数医疗装备产业人员从事的职位，他们是应用工程理论、技术和医学结合的方法，研究并解决医院中有关医疗装备、应用软件的技术管理与应用问题，与临床人员共同开展应用研究等方面的医学工程人员，为临床工作中医疗设备及仪器的正确安全使用提供必要的技术服务与保障。

临床工程师不仅需要掌握医学、工程和管理相关知识，还需要具有较好的实践动手能力，能够切实解决诊疗和护理过程中遇到的工程技术问题。产业的快速发展和技术的不断更新对临床工程师提出了更高的要求。现代临床医学工程师的职责和任务不再局限于设备的维修维护，而是要将工程学和实务知识与临床医学紧密结合，保障与工程设备等有关的一切医疗活动，工作重点应该从单纯的维修转移到设备使用过程中的应用安全与质量控制上。具体来看，对于临床工程师的在职培养可从以下几方面展开：

（1）继续教育与职业培训　建立完善的继续教育体系，定期组织从业人员参加国内外的学术会议和技术培训。医院可以与设备制造商合作，为临床工程师提供最新设备的培训课程，帮助他们了解最新的技术发展动态。同时，可促进工程师与医护之间的协同配合，通过安排工程师到临床科室长时间驻场，了解科室的诊疗特点、设备使用环境及医护人员的操作习惯，增强对专科设备的保障能力。

（2）多元化职能拓展　临床工程师的职能应从传统的设备维修维护扩展到设备购置前的评估论证、引进后的安装验收、使用过程中的质量控制、预防性维护、报废等。通过多方面的培训与实践，使工程师能够在医疗设备的全生命周期管理中发挥作用。

（3）健全考核认证评价体系　推动建立医学工程师的职业认证制度，确保从业人员具备必要的专业知识和技能。建立健全人才激励与保障机制，开放科研创新环境，提高临床工程师参与医疗设备技术创新的积极性。定期进行认证考核，促使工程师不断提升自身能力。

总而言之，医疗装备产业是现代医疗体系的核心部分，专业人才的培养则是推动产业发展的关键。通过在校培养和在职培训相结合，完善教育体系，深化校企合作，强化支撑措施，我国正逐步提升医疗装备产业水平。未来，应加强高校、医疗机构和企业的跨学科人才培养，实现医工、医教协同，打破学科壁垒，建立跨学科研究中心，优化课程设置和考评体系。鼓励新兴专业人才与企业紧密合作，以成果转化为目标，关注社会效益和经济效益,实现人才培养与任用的良性循环。

1.4.3 医疗装备产业中的医工融合创新

医工融合是指围绕医学实际需求,进行医学与工程学的跨学科合作,涵盖生命医学、大健康领域的各个学科分支,以及理工科的各学科范畴,它成为推动医疗装备领域创新的重要途径。早在20世纪80年代,医工融合就开始在医药产业受到关注,随着生物技术、信息技术和材料技术等的发展,医工融合逐渐成为推动医学和健康产业发展的重要动力。医工融合的基础在于医工交叉学科和产学研用融合创新,因此,这一概念不仅强调学科间的交融,更注重产学研用的融合。

国家政策指引在促进医疗装备创新中的作用至关重要。我国政府通过制定相关政策法规、提供资金支持、加强监管与标准化,以及促进教育和人才培养,为医疗装备的研发和应用创新提供了强有力的支撑。《"健康中国2030"规划纲要》《中国制造2025》等政策文件都明确提出,要加强医疗装备的自主创新能力,提升国产装备的市场竞争力。《国务院办公厅关于加快医学教育创新发展的指导意见》提出了以健康促进为中心的新理念,以服务健康中国建设为定位,强调多学科的深度交叉融合来推进医学教育和创新发展。《"十四五"医疗装备产业发展规划》进一步明确了医工协同发展的方向,提出对"产学研"合作模式进行创新,鼓励医疗机构和生产企业协同创新资源,探索新型合作模式。

医工融合发展不仅符合国家"健康中国"战略,也是医疗装备发展的热点和趋势。在医工交叉融合的过程中,以人工智能、物联网、3D打印等新型学科为代表的前沿领域技术促进了21世纪医疗装备技术的飞速发展。智能医学影像、疾病智能诊断、医疗机器人和辅助药物研发已发展为现阶段人工智能在医疗领域的主要应用方向。数字医院建设和基于可穿戴设备的健康管理已成为研究热点。3D打印技术不仅用于个性化医疗器械和植入物的定制制造,还在术前规划、手术模拟以及组织工程等方面展现出巨大潜力。

在政府引领的合作创新发展模式下,高校和科研机构应积极发挥先进技术信息、人才、实验设施等优势,与企业的市场经验、经济基础和技术应用敏感性相结合,综合各方优势,补齐双方短板,构建未来医疗领域从研发生产到推广应用的循环发展良性机制。但是目前我国医疗装备产业的医工融合仍处于早期发展阶段,面临着学科融合不充分、产学研用全链条分工循环不畅、科技成果转化率低、高端技术人才匮乏等挑战。随着我国经济总量和经济实力的不断提升,传统路径愈加难以适应和支撑医疗装备高质量发展的要求,产业形态迫切需要创新转型。我国医疗装备产业应通过以国家层面政策为风向标,以市场为导向,以企业为主体,以产学研用的深度融合为特征的新型医工融合协同创新路径,着力探索医疗装备产业的高质量发展新道路,具体建议如下文所述。

1. 从体制机制着手发挥政府制度创新供给主导作用

我国应将"医工融合创新"理念深度融入医药卫生体制改革的顶层设计,确保决策部署的全局性、系统性和精准性。通过国家战略、体制改革和健康政策的制定与优化，确保为医工融合的发展提供稳定的制度环境。地方政府则可以充分发挥地方特色和优势，推动政企合作新模式的建立，完善产学研用协同机制，利用财税等产业政策引导企业在国际市场上实现更高水平的发展，帮助我国企业更好地开拓国际健康市场，实现共赢发展。

2. 加强产学研医资政管协同合作，推动自主创新

建立产学研医资政管的紧密协作机制，构建创新型的全生态产业链，是医疗装备技术创新的重要途径。临床工程师在这一过程中起到了将医疗与工程有效结合的关键作用。具体而言，临床工程师在创新需求的发现阶段起到辅助或自主发现的作用，在可行性研究阶段提供多方面建议，在设计研发阶段进行高效的协作与沟通，在验证注册阶段负责技术分析与解释，在生产推广阶段提供优化生产的指导和推广普及。

此外，需要探索多方合作的路径。要在坚决反腐败、保护知识产权的前提下，建立有效合规的多方参与创新模式，营造良好的协作环境。应鼓励创新型企业工程技术人员与医务人员之间的互相交流，让医生通过深度的产学研合作，与科研团队和企业工程技术人员一起共同参与原创性研究，推动创新医疗装备的临床试验和迭代升级。政府部门应该搭建"医工协同平台"，充分发挥临床科室医务人员的创新能力，同时鼓励工程技术人员与医生紧密合作，迅速开展针对临床实际需求的研发工作。企业则应自下而上，通过提供技术支持和行业服务，提升高端医疗装备的研究能力，积极推进这些装备的产业化以及大数据服务平台的建设，实现资源的整合与共享。

通过形成从需求到研发、从研发到制造、从制造到产品的完整转化链，我国医疗装备产业可以实现创新链、产业链和价值链的融合。这种集结多方资源的医工交叉合作，将打造出"医院-高校-企业"合作的医疗装备产业创新闭环，提升技术的产业化和商业化能力，形成独特的医工融合产业链，从而在医疗健康产业发展中占据主动权。

3. 完善创新医疗装备审批制度，积极推动科技成果转化

首先，要完善创新医疗装备认定的操作指南，制定不同类型的创新认定评分细则，并建立科学的评价评分制度。需要明确原创性创新和改良性创新的认定标准，鼓励医疗装备行业的发展以原创性创新为驱动力。同时，应该根据不同风险性质，在装备审评阶段关注设计风险，而在日常监管中重视生产过程和临床使用过程中的风险。对于原创性创新的医疗装备，应建立容错机制，并引入"有条件放行制度"。

其次，应建立并完善科技成果的分类评价体系，包括制定通用准则和细化具体领域的评价标准，建立第三方评价机构的行业标准，以及建设诚信体系等。通过采用多方参与的评价体系，促进高质量的科技成果产出。

再次，需要构建高水平的专业科技服务体系，增加创新服务机构，提供涵盖科技创新全链条的服务。应鼓励社会资本参与早期研发，加大政府基金的投入，以支持高技术壁垒的高端医疗装备及其核心零部件的研发，推动产业的高质量发展。

最后，建立多主体协同的创新成果转化平台。该平台应包括研发、项目评估、项目交易、技术指导、资金支持等综合服务功能，提供稳定的专业人才队伍和可持续的资金来源，以保障高端医疗装备的成果转化。通过合理的管理制度和政策支持，整合医院、企业、政府等多方资源，提高临床科研成果的转化率，推动高端医疗装备行业的进步与创新能力的提升。

4. 重视人才建设和环境营造，打造激励制度

建议各大院校将生物医学工程（尤其是临床工程方向）中的医工融合工作作为主要研究方向。我国应加大科研引领力度，增加科研投入，并出台相关政策鼓励，推动以应用为导向的研究，强化与企业的合作互动，注重科技成果的社会效益和经济效益的推广。

为了激发医工融合领域人才的积极性和创造性，应进一步增加科研资金投入，加强政策激励，营造良好的社会环境。这将有助于提升医工科研人员的工作积极性、主动性和创造性，提高医工融合成果的质量和科研人员的职业认同感与工作效率。多元化的激励机制，包括物质奖励、荣誉奖励以及职业发展奖励，可以满足不同群体的需求，促进高端医疗装备医工融合的创新成果产出和转化，推动医疗卫生事业的高质量和可持续发展。

综上所述，医工融合为高端医疗装备产业的创新能力提升提供了新的机遇。在全球及我国医疗装备市场持续扩大的背景下，通过合理利用国家政策、深化教育改革、充分发挥我国医学工程学人才储备、借鉴发达国家的先进理念和模式、搭建成果转化平台、强化知识产权保护，并且完善激励机制，我国的医工协同与创新服务将进入高速发展阶段。在全球化竞争日益激烈的新时代，医工融合以临床需求为导向，多学科融合，必将能够提升高端医疗装备产业的创新能力，突破技术瓶颈，推动产业健康发展。

第2章　数字减影血管造影装备

2.1　装备基本工作原理

数字减影血管造影（Digital Subtraction Angiography，DSA）是一种先进的医学影像技术，主要用于介入诊断和治疗。这一技术通过将注入造影剂前后两帧 X 射线图像进行减影，消除骨骼和软组织影像，从而清晰地显示出血管结构。

血管造影技术自 19 世纪末 X 射线发现以来，已经经历了显著的演变，从早期的 X 射线血管成像逐步发展至当今的数字减影技术。1895 年，伦琴发现了 X 射线，此后医学界开始了对血管造影技术的探索。1923 年，德国医生实现了首次人体四肢血管的 X 射线造影。进入 20 世纪 70 年代，得益于计算机、电视和影像增强技术的飞速进步，数字减影技术及设备开始逐步替代了旧式的胶片处理方式。DSA 技术自 20 世纪 70 年代诞生以来，已经成为现代医疗不可或缺的一部分，尤其在介入放射学的发展中发挥着核心作用。作为 21 世纪医学影像学和介入治疗领域的一次革命性飞跃，DSA 技术标志着医疗影像技术从诊断向微创化和精准化治疗的重要转型。

DSA 技术的发展，源于医学界对于提升诊断精确度、减少患者痛苦、加快康复速度的持续追求。它是医学影像技术、计算机科学、材料学等多学科交叉融合的结晶。随着技术的不断进步，DSA 技术从最初的模拟减影技术，逐渐发展到数字减影，再到当前的智能化、三维及四维成像技术，其在临床应用中的精确度和深度不断提升。

典型 DSA 装备如图 2-1 所示。

人口老龄化和生活方式变化带来的疾病谱转变，使得对精准医疗的需求日益增长。DSA 的临床应用非常广泛，在心血管、脑血管、外周血管、肿瘤等关键临床领域的介入治疗中正在发挥着重大的作用。同时，DSA 装备也正在持续创新，不断刷新着疾病治疗的范式，为患者提供了更为优质的治疗方案。

随着社会经济的发展和人民生活水平的提升，医疗保健支出在家庭消费中的比重日益增加，为 DSA 技术的发展提供了广阔的市场空间。特别是在我国，使用 DSA 装备的冠脉介入治疗、主动脉介入手术量、外

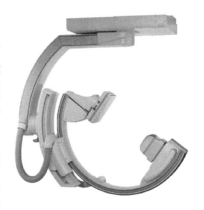

图 2-1　典型 DSA 装备

周主动脉介入手术量等，均呈现出强劲的增长势头，这不仅体现了我国医疗水平的快速发展，也预示着 DSA 技术在未来医疗健康领域中将扮演更加核心的角色。

随着医疗技术的持续创新和医疗保健体系的不断完善，DSA 技术将迎来更快速的发展，为人类健康事业做出更大的贡献。DSA 技术，作为医疗技术进步的缩影，将继续引领医疗行业向更高效、更安全的方向发展，成为医疗领域中不可或缺的重要支撑。

2.1.1　成像原理

DSA 是一种自 20 世纪 70 年代以来广泛应用于临床的 X 射线检查技术，它通过电子计算机辅助成像，在注入造影剂前后分别进行成像并转换为数字信号，然后通过两次成像的数字信号相减，消除背景信号，仅保留血管中的造影剂影像。DSA 技术通过模-数转换将图像分割成像素并存储为数字值，再将造影后的数字信息与未造影的蒙片相减，得到差值信号，这些信号经数-模转换后转换成灰度等级，形成清晰的血管图像，有效排除了骨骼和软组织的干扰，为临床诊断提供了准确的血管影像。DSA 的减影流程如图 2-2 所示。

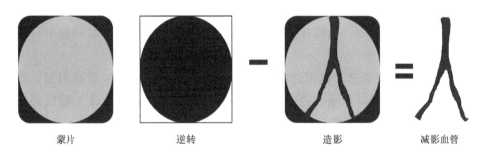

图 2-2　DSA 的减影流程

2.1.2　成像方式

DSA 成像方式分为静脉 DSA 和动脉 DSA。静脉 DSA 可进一步分为外周静脉法和中心静脉法，动脉 DSA 可进一步分为选择性法和超选择性法。

（1）静脉 DSA　发展 DSA 最初的动机是希望经外围静脉注射对比剂显示全身动脉系统，临床验证表明，这种方法产生的图像质量难以满足诊断和介入治疗的要求。目前静脉 DSA 基本废弃，仅用于门静脉、髂静脉、四肢静脉的检查。

（2）动脉 DSA　动脉 DSA 应用广泛，对比剂直接注入感兴趣区动脉或接近感兴趣区动脉处，对比剂稀释较静脉 DSA 要轻微得多，对比剂团块不需要长时间的传输与涂布，使用的对比剂浓度低，并在注射参数的选择上有许多灵活性，同时影像重叠少，成像质量高，成像时受患者的影响减少，辐射剂量也低。

在 DSA 成像过程中，球管、人体和探测器在规律运动的情况下而获得 DSA 图像的方式，称为动态 DSA，常见的有旋转 DSA 和步进式 DSA。

（1）旋转 DSA　旋转 DSA 是一种三维图像采集方法，在注射对比剂前和注射对比剂后分别采集两次序列图像，C 形臂支架围绕感兴趣区血管再进行 180°的参数采集，此时人体保持静止，X 射线管与增强器做同步匀速运动，分别获得蒙片像和造影像。两次采集的数字图像经减影处理，从而获得感兴趣区血管 180°方位的减影像。这样图像可清楚显示某段血管或心脏的多方位解剖学结构和形态，对病变的观察更全面、更确切、更客观，尤其对脑血管、心脏和冠状动脉血管较为适用。

（2）步进式 DSA　步进式 DSA 采用快速脉冲曝光采集图像，实时减影成像。在注射对比剂前摄制感兴趣区血管的蒙片，随即采集造影像进行减影。在两次曝光采像中，球管与增强器保持静止，导管床携人体自动均速地向前移动，以此获得全程的血管减影像。该方式一次注射对比剂可获得成像区域的血管全长，主要用于四肢动脉 DSA 的检查和介入治疗。

2.1.3　图像采集

（1）实时图像　实时图像可采集透视影像或曝光影像。曝光影像会自动存储，但也可手动保存透视影像。采集影像时，当前使用的 X 射线协议设置会同时显示在控制室和检查室内的状态区域中，只能在系统准备就绪时才能采集影像，可同时进行透视和曝光。

1）实时采集透视影像。透视是在低空气比释动能率下生成 X 射线影像。透视期间，以下指示标记会同时显示在控制室和检查室内的状态区域中：①X 射线开启指示灯；②透视参数；③透视增强。

2）曝光是指采集 X 射线影像，从而获得一系列单张影像。X 射线由在当前程序卡中选择的 X 射线协议进行设置。曝光前和曝光过程中，以下指示标记会同时显示在控制室和检查室内采集窗口的状态区域中：①系统准备就绪；②X 射线开启指示灯；③曝光参数。

（2）路径图像　路径图像是一种增强的、实时的、减影透视的血管图像，分为透视路径图和造影转化路径图，适用于所有解剖部位和各种类型的介入手术。

透视路径图又称透视减影，当导管到达实行超选择插管的靶血管区域后，打开 DSA 装备上的 "Road Map" 功能，透视下观察监视器，在解剖影像消失时利用手推法注入少许对比剂到达靶血管区，当靶血管区内的动脉血管在透视下显示最佳时，停止透视，此时，靶血管区内的动脉血管显示最佳图像停留在减影显示器上，将此图像作为基像。再次打开透视，由于实时透视图像与基像相减，监视器上可以看到一幅没有周边参考组织器官的减影图像。基像中靶血管区的动脉血管由于有对比剂的充盈经减影后形成一白色路径，而实时透视所看到的导管及导丝呈黑色 "嵌入" 在 "白色血管路径" 中，引导导管、导丝沿着血管轨迹准确进入目标血管。

造影转化路径图又称为透视叠加，它是利用造影图像作为背景，引导导管到达目的部位。造影完成后，在回放的血管造影图像中选取一幅供血动脉连续充盈最好、符合临床要求的减影图像作为背景图像，启动造影转化路径图技术，在透视状态下，造影减影图像和实时透视图像叠加，鼠标或触摸屏的操纵杆可以调节造影减影图像显示的背景密度，观察导管和导丝头端的轻微移动，为术者提供良好的实时血管导引影像。

透视路径图技术是在透视条件下一气完成，可以随时取消路径图，成像方便。造影转化路径图技术可以从一个序列中选取一幅比较满意的图像作为参考，其功能在某些方面优于透视路径图技术。

2.2　装备系统组成及关键零部件

DSA 装备主要由 X 射线管、高压发生器、平板探测器、机架、高压注射器、导管床、床旁操作系统、显示器和计算机控制系统等组成（见图 2-3）。以下分别对 DSA 装备的核心零部件进行介绍。

1. X 射线管

在现代 X 射线管技术中，灯丝和阳极的作用至关重要，它们共同构成了 X 射线管（见图 2-4）的核心部分。灯丝由金属丝组成，通过低压电源加热，产生热发射效应，释放出足够数量的电子。这些电子随后被加速，穿过 X 射线管向阳极移动。阳极通常是一个镶嵌在铜制圆柱端斜面上的小钨块（靶），当电子轰击到这个靶上时，它们的能量被转化为 X 射线光子，从而产生 X 射线。

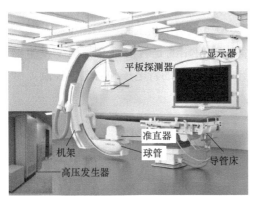

图 2-3　DSA 装备系统组成

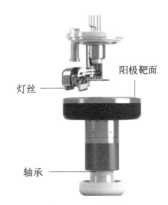

图 2-4　X 射线管

加速电压，也就是管电压，是阳极和阴极之间的电压差，它负责将电子加速到足够的速度，以便在撞击阳极时产生具有诊断价值的 X 射线。这个电压的高低直接影响着 X 射线的能量和穿透力，进而影响图像的质量和细节表现。

随着技术的进步，X 射线管的设计也在不断优化。现代 X 射线管采用了更高效的灯丝加热技术，确保了电子的稳定发射，同时，阳极材料和设计也经过了改进，以提高耐用性和散热效率。加速电压的控制也变得更加精确，使得 X 射线的能量输出更加稳定，有助于获得高质量的图像。

为了能够保证 X 射线管的稳定工作，X 射线管的冷却通常是使用油冷或水冷外循环式散热，以加快热量的散发。同时多采用双焦点或三焦点，以适应不同的照射方式和照射部位的需要。

X 射线穿透患者时的穿透率主要与患者组织结构及 X 射线波长有关。

短波长 X 射线：能量较高，穿透性好，在图像上形成暗区（低对比度），如图 2-5a 所示。

长波长 X 射线 ：能量较低，较易被人体所吸收，穿透性较差，在图像上形成亮区（高对比度），如图 2-5b 所示。

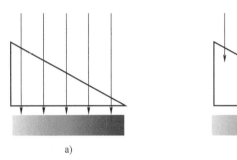

图 2-5　不同射线波长与图像对比度

a）短波长　b）长波长

2. 高压发生器

高压发生器是 X 射线成像设备中不可或缺的一部分（见图 2-6），它负责向 X 射线管提供所需的管电压。高压发生器有多种类型，包括单相工频、三相工频、工频倍压和高频逆变等形式。特别是在大型 DSA 装备中，使用的是智能型高频逆变发生器，这种发生器以其小巧的体积和轻便的重量，提供了高精度的管电压和管电流控制。

图 2-6　高压发生器

这种智能型高频逆变发生器由计算机控制，能够自动调节曝光参数，确保输出功率达到 100kW，覆盖从 40~125kV 的高压范围，并在 100kV 时提供高达 1000mA 的最大管电流。在检查过程中，医生可以根据影像质量的不同需求，选择多种透视模式，每种模式都配备了不同的透视方式、剂量率、过滤板和图像后处理参数，以适应各种操作需求。

3. 平板探测器

平板探测器是用于 X 射线成像的一种设备，常用于医疗、工业检测等领域。根据不同的材料和用途，平板探测器可以分为以下几种类型。

（1）直接转换型平板探测器　直接转换型平板探测器是将 X 射线直接转换为电荷信号的探测器。它通常使用有机闪烁体或硅材料，将 X 射线能量转换为光或电荷，并通过光电转换器或电子放大器转换为可读的信号。

（2）间接转换型平板探测器　间接转换型平板探测器使用闪烁体材料来将 X 射线转换为光，然后使用光电转换器将光转换为电荷信号。常见的闪烁材料有钇铝石榴石和铒铝石榴石。非晶硅平板探测器为间接数字化 X 射线成像探测器。

（3）多晶硅平板探测器　多晶硅平板探测器是一种应用于 X 射线成像的硅基探测器。它可以直接将 X 射线转换为电荷信号，具有高分辨率和较低的噪声水平。

（4）增强型 CMOS 平板探测器　此类平板探测器是基于增强型互补金属氧化物半导体（Complementary Metal Oxide Semiconductor，CMOS）技术的探测器。它具有高的动态范围、高分辨率和低噪声水平，常用于医学成像。

DSA 常用的是非晶硅平板探测器（见图 2-7）。当 X 射线照射到非晶硅平板探测器的表面时，首先会遇到荧光层或闪烁体，这些材料能够将高能量的 X 射线光子转换成较低能量的可见光光子。这一转换过程称为荧光或闪烁效应，是将 X 射线的能量转换为更容易被探测器捕捉和转换的形式。转换成可见光后，光线穿过探测器中的非晶硅光电二极管阵列。非晶硅层对可见光非常敏感，能够通过光电效应将光信号转换为电信号。每个光电二极管对应图像中的一个像素，从而实现图像的空间分辨率。转换得到的电信号随后被传输到信号处理单元。在这里，信号经过放大、模-数转换等处理步骤，最终生成数字图像数据。目前市面上常用的平板探测器为碘化铯非晶硅材质，作用稳定，是主流的选择。

非晶硅平板探测器采用无序的硅原子排列，成像过程中存在本底电子噪声，无法消除，成像射线剂量需要大幅高于电子噪声才能成像。然而随着临床对低剂量和高清成像的不断追求，晶体硅成像技术开始衍生出来，它采用有序的硅原子排列，从材料学原理出发降低甚至消除电子噪声，

图 2-7　DSA 非晶硅平板探测器

因此即使在超微的剂量下也能生成很好的图像。晶体硅平板探测器成像原理如图 2-8 所示。

4. 机架

机架根据临床需求和手术室环境的不同而有所区别，落地式、悬吊式、双向式和机器人式机架各自具有独特的优势和应用场景。

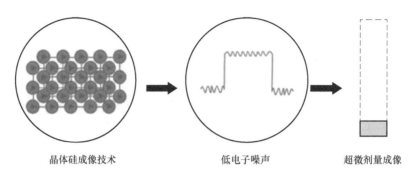

图 2-8　晶体硅平板探测器成像原理

落地式血管造影系统（见图 2-9）以其稳固性和对空间要求较低而受到青睐，适合心脏介入等临床应用。然而，大部分落地系统的运动范围相对有限，可能不适合需要更大 C 形臂活动范围的复杂手术。

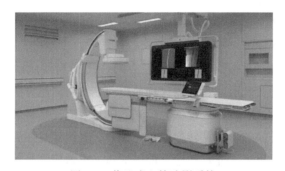

图 2-9　落地式血管造影系统

悬吊式血管造影系统（见图 2-10）则提供了更大的灵活性和运动范围，特别适合于需要从多个角度进行成像的复杂手术。尽管其安装成本较高，且对手术室的层高有一定要求，但它的灵活性使其成为许多高端医疗机构的首选。

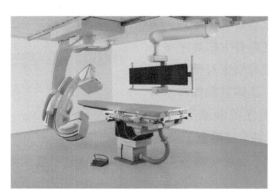

图 2-10　悬吊式血管造影系统

双向式血管造影系统（见图 2-11）结合了一套落地臂和一套悬吊臂，能够同时在两个平面进行成像，非常适合神经介入和先心病介入等需要多角度观察的手术。这种系统的复杂性和成本较高，但它为复杂的血管手术提供了更高的安全性，同时缩短了手术时间。甚至还有最新的双向系统将以往的半功能悬吊臂调整为一个全功能悬吊臂，让双向血管造影系统真正做到既可以当作落地系统，也可以当作悬吊系统，同时可以作为双向系统来使用，实现了一机多用。

机器人式血管造影系统（见图 2-12）代表了 DSA 技术的最新进展，为复合手术室提供了理想的解决方案。机器人手臂的灵活伸缩不仅最大化了外科手术所需的空间，而且避免了对层流系统的干扰，降低了手术感染风险。机器人式血管造影系统特别适合于需要同时进行介入手术和开放手术的复合手术室。

图 2-11　双向式血管造影系统

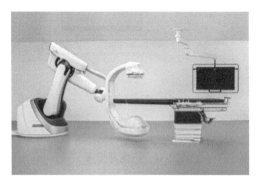

图 2-12　机器人式血管造影系统

随着医疗技术的发展，这些机架也在不断地创新和改进。例如，新型的机架设计可能集成了更轻巧的材料和更高效的驱动机制，以提高系统的响应速度和精确性。同时，为了提高手术的安全性和效率，机架可能与先进的成像技术、导航系统和人工智能算法相结合，以提供更加智能化的手术支持。

5. 高压注射器

高压注射器作为血管造影的辅助设备，其功能是在一定时间内通过经皮穿刺置入血管内的导管，将足够量的高浓度 X 射线造影剂快速、准确地注射到检查部位，进行血管造影。常用的高压注射器一般由注射头、控制屏、高度调节器和电源装置等组成（见图 2-13），通过调节造影剂的注射量、注射速率、注射压力等以获得质量良好的造影图像。

高压注射器需要配合碘造影剂使用，以帮助界定密度相近的组织。

6. 导管床

导管床是血管造影和介入放射学中不可或缺

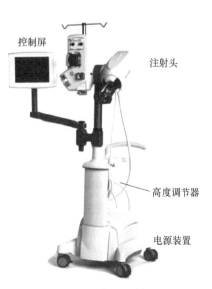

控制屏　注射头　高度调节器　电源装置

图 2-13　高压注射器

的辅助设备，它用于为患者提供稳定的支撑平台，同时可确保在进行复杂的血管造影和介入手术时，对患者进行精确的位置调整（见图2-14）。导管床的设计允许它与DSA系统的C形臂或机架无缝配合，使得C形臂能够在患者周围灵活移动，捕捉到最佳的成像角度。

导管床通常具备多种运动功能，如平移、升降、旋转，这些功能使得医生能够根据手术或检查的具体需求调整患者体位，从而获得更准确的影像。有些导管床还考虑到复合手术的需求，设计了四向倾斜（见图2-15）功能。此外，床体的运动性也有助于医生在手术过程中接近患者，进行必要的操作。

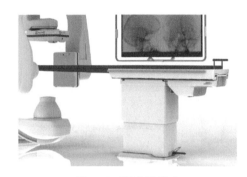

图2-14　标准导管床

图2-15　四向倾斜导管床

在材料选择上，导管床表面通常采用易于清洁和消毒的材料，以满足手术室的无菌要求，同时确保X射线能够穿透床体，不影响成像质量。床体还配备有安全带或其他固定装置，保证患者在检查或手术过程中的稳定和安全。为了适应不同体型的患者，导管床应具有广泛的适应性，确保在各种手术或检查中都能提供适当的支持。

随着医疗技术的进步，DSA装备开始用于复合手术室中。由于外科手术的引入，对手术床提出了不同的需求。因此部分DSA装备还能够匹配外科手术专用多关节手术床（见图2-16），来满足外科手术中复杂体位的需求。

7. 床旁操作系统和显示器

床旁操作系统和显示器是DSA装备系统不可或缺的组成部分，它们共同构成了一个高效、精确的手术和诊断环境。DSA床旁操作系统（见图2-17）以其人体工程学设计，提供了医生在进行介入手术时所需的所有控制和调节功能。它的位置可调，可确保医生能够在最舒适的位置进行手术操作。集成的控制面板和触摸屏技术，使得医生能够直观、便捷地访问和调整DSA装备系统的各项设置。

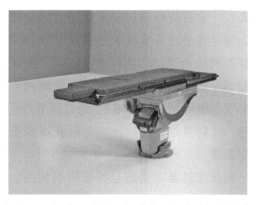

图2-16　复合手术室外科手术专用多关节手术床

DSA 显示器（见图 2-18）以其高分辨率和多屏显示能力，可为医生提供清晰、详尽的实时影像，保证手术的顺利进行，提升治疗的效率，降低患者的受辐射剂量。

图 2-17　床旁操作系统

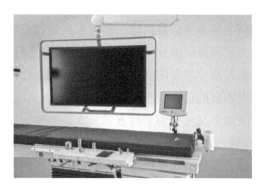

图 2-18　显示器

2.3　装备关键技术

DSA 关键技术主要有影像链技术、图像处理技术、图像显示技术和高级临床技术等。

2.3.1　影像链技术

DSA 系统的影像链由 X 射线高压发生器、X 射线管、影像增强器/CCD-TV/模-数转换系统或平板探测器、图像后处理系统等组成。

影像链的生产方式分两种。一种是从设计到生产采用系统整体设计的方式。在这种方式下，为获取优质图像，X 射线管、影像增强器/CCD-TV/模-数转换电路或平板探测器等各零部件之间是预先经过统一规划和设计考虑的，对数字化 X 射线图像信号获取的整个成像链各环节都有质量要求，对造影系列图像的获取有时间轴上的 X 射线稳定性要求，从 X 射线机到 X 射线电视系统或 X 射线平板探测器系统，再到数字图像系统都由同一公司提供。

另一种生产方式是采用零部件全球采购模式生产，即 X 射线管、影像增强器/CCD-TV/模-数转换系统或平板探测器等基本来自外购，从 X 射线机到 X 射线电视系统或 X 射线平板探测器系统，再到数字图像系统由多家不同的公司提供，设备供应商仅仅是品牌拥有者或影像链中某个零部件的生产商，其整机生产过程实质上就是组装集成过程。

2.3.2　图像处理技术

图像处理主要包括减影处理、图像增强和图像滤波等。减影处理通过去除背景信息，可突出血管结构；图像增强用于提高血管的对比度和清晰度；图像滤波则用于去除噪声，提高图像质量。

在 DSA 系统中，根据不同的使用目的，数字减影有各种不同的方式，如时间减影、能量减影等，区别主要在于相减的两影像，即掩模像和造影剂充盈像的获取方法不同。

（1）时间减影　时间减影是 DSA 常用的方式，在注入的造影剂进入感兴趣区之前将一帧或多帧影像作为掩模像存储，并与按时间顺序出现的造影像一一相减。这样，两帧中相同的影像部分被消除，而造影剂通过血管时形成的高密度部分被突出地显示。这种工作方式因掩模像和造影像获得的时间先后不同，故称为时间减影。它的不足之处是，摄影过程中患者的自主或不自主运动，使掩模像和造影像不能精确匹配，导致影像出现配准不良的伪影或模糊。鉴于减影中采用的掩模像和造影像的帧数、采集时间不同，时间减影又可分为下列方式：

1）脉冲影像（Pulse Image，PI）方式。PI 方式采用间歇 X 射线脉冲来形成掩模像和减影像，每秒摄取数帧影像，脉冲持续时间一般大于视频信号一帧的时间。在造影剂未流入感兴趣血管时摄取掩模像，在造影剂逐渐扩散的过程中对 X 射线影像进行采集和减影，得到一系列连续而有间隔的减影像系列，每帧减影像之间的间隔较大。

2）超脉冲影像（Super Pulse Image，SPI）方式。SPI 方式以 6~30 帧/s 的速率进行 X 射线脉冲摄像，然后逐帧高速反复减影，具有频率高、脉宽窄的特点。X 射线曝光脉冲与摄像机的场同步脉冲保持一致，曝光信号的有效时间应在场消隐期内，因此脉冲频率最高为 50~60Hz，脉冲宽度均为 3~4ms。这种方式能以实时视频的速度连续观察 X 射线数字图像或减影像，具有较高的动态清晰度。

3）连续影像（Continuing Image，CI）方式。CI 方式与透视一样，X 射线连续照射，得到与摄像机同步的、频率为 25~30 帧/s 的连续影像，所用 X 射线可以是连续的，也可以是脉冲。因为是长时间连续照射，X 射线管的负荷相当大，所以要用热容量大的 X 射线管。如用透视管电流曝光，所得减影像的信噪比很低，因此 CI 方式一般使用小焦点、15mA 管电流的条件连续曝光摄影。

4）时间间隔差（Time Interval Difference，TID）方式。前述的几种减影方式都是用造影剂未注入造影部位血管时的影像作为掩模像，用含有造影剂的序列 X 射线影像作为造影像进行减影，TID 方式则不固定掩模像，而是随机确定一帧影像，再与其后一定时间的造影像进行减影处理，以后逐帧相减，形成减影像序列。

5）心电图（Electro Cardiogram，ECG）触发脉冲方式。由于每一时刻心脏运动处在不同的相位上，为了使掩模像和造影像的相位尽可能接近，以减少减影像的运动伪影，要求相减的像对心脏运动同步，通常使用 ECG 触发 X 射线脉冲方式。

（2）能量减影　能量减影也称为双能减影，指在进行感兴趣区血管造影时，几乎同时用两种不同的管电压（如 70kV 和 130kV）取得两帧影像，对它们进行减影处理。由于两帧影像利用不同能量的 X 射线摄制，所以称为能量减影。

这种减影方法利用了碘与周围软组织对 X 射线的衰减系数在不同能量下有明显差异的特性（碘在 33keV 能级时衰减曲线发生跃变，衰减系数突然增大，而软组织衰减曲线是连续的，并且能量越大，衰减系数越小）。若将一块含骨、软组织、空气和微量碘的组织分别用能量略低于和略高于 33keV 的 X 射线（管电压分别为 70kV 和 130kV）曝光，则后一帧影像比前一帧影像的碘信号大约减少80%，骨信号大约减少40%，软组织信号减少约25%，气体则在两个能级上几乎不衰减。若将这两帧影像相减，所得的影像将有效地消除气体影，保留少量软组织影及明显的骨影和碘信号。若将130kV时采集的影像用约1.33的系数加权后再减影，能很好地消除软组织和气体影，仅留下较少的骨信号及明显的碘信号。

能量减影法还可把不同衰减系数的组织分开，例如把骨组织或软组织从X射线影像中除去，从而得到只有软组织或骨组织的影像。具体方法是用两种能量的X射线束获得两幅影像，一幅在低能X射线下获得，另一幅在高能X射线下获得，影像都经对数变换进行加权相减，就消除了骨组织影或软组织影。

从原理上看，能量减影是一种较好的减影方法，但在实施中要求管电压能在两种能量之间进行高速切换，增加了X射线机的复杂性，一般X射线机不能采用这种方法。这种方法还不易消除骨骼的残影。

（3）混合减影　把能量和时间减影技术相结合，产生了混合减影技术。基本原理是在造影剂未注入前，先做一次双能量减影，获得含少部分骨组织信号的影像，将此影像同血管注入造影剂后的双能量减影像作减影处理，就得到单纯的血管影像。混合减影对设备和X射线管负载的要求都较高。

2.3.3　图像显示技术

图像显示技术决定了医生观察和诊断的效果。高分辨率的显示器和先进的图像显示算法能够清晰地呈现血管的细节，帮助医生做出准确的诊断。

数字血管造影系统综合性能的优劣，最终必须由图像质量来体现，衡量图像质量的指标主要有：图像像素矩阵、图像空间分辨率、图像扭变率、图像灰阶对比分辨率、图像采集脉宽等。一台数字血管造影系统必须满足：图像矩阵不小于1024×1024，图像空间分辨率不低于60lp/cm，图像扭变率不超过2%，图像灰阶对比分辨率不低于12bit，图像采集最短脉宽不超过0.5ms。

2.3.4　高级临床技术

（1）旋转DSA　旋转DSA是在C形臂旋转过程中注射对比剂，进行曝光采集，开展动态观察检查的方法。它利用C形臂的两次旋转动作，第一次旋转采集一系列蒙片像，第二次旋转时注射对比剂、曝光采集充盈像，对相同角度采集的两幅图像进行减影，以获取序列减影图像，旋转DSA的优点是可获得不同角度的血管造影图像，增加了图像的观察角度，能从最佳的位置观察血管的分布，有利于提高病变血管的显示率。

（2）3D-DSA　3D-DSA是近几年在旋转DSA技术上发展起来的新技术，是旋转血管造影技术、DSA技术及计算机三维图像处理技术相结合的产物。其作用原理为通过旋转DSA采集图像，在工作站进行容积重建（Volume Rendering，VR）、表面图像显示等后处理，显示血管的三维立体图像，可以任意角度观察血管及病变的三维关系，在一定程度上克服了血管结构重叠的问题，比常规 DSA 能提供更丰富有益的影像学信息，比如在 Philips 的新一代产品中，3D 图像能达到普通意义 CT 的功能，在胸痛和卒中治疗中能大大缩减治疗时间。

（3）RSM-DSA　实时模糊蒙片（Real-time Smoothed Mask，RSM）DSA 是 DSA 的另一种减影方式。它是利用间隔很短的两次曝光，第一次曝光时增强器适当散焦，获得一幅适当模糊的图像，间隔 33ms 再采集一幅清晰的造影图像，两者进行减影可以获得具有适当骨骼背景的血管图像。在对比剂注射后，可在一次运动中获得减影图像，避免普通 DSA 需要两次运动采集的麻烦和两次采集间患者移动造成减影失败的可能。由于蒙片像随时更新且相间隔仅为 33ms，因此不会产生运动伪影。

（4）岁差运动 DSA　岁差运动 DSA 是类似于旋转 DSA 的另一种运动形式。它利用 C 形臂和托架两个方向的旋转，精确控制其转动方向和流率，形成了 X 射线管焦点在同一平面内的圆周运动，检测器则在 C 形臂的另一端做相反方向的圆周运动，从而形成岁差运动。在运动中注射对比剂、曝光采集，形成系列减影像。它对于观察血管结构的立体关系十分有利，在临床应用中，岁差运动 DSA 主要用于腹部、盆腔血管重叠的器官，以观察血管的立体解剖关系。

（5）步进 DSA　步进 DSA 即下肢血管造影的跟踪采集。它通过控制床的移动速度分段采集蒙片像，以同样的程序分段采集血管造影图像，计算机减影后拼接，并实时显示 DSA 图像。该项功能用于双下肢血管病变的诊疗，特点是对比剂用量少，追踪显影，显示双下肢血管并可双侧对比，利于病变血管的显示及正常变异的识别，尤其适用于不宜多用对比剂的患者。目前应用于临床的步进 DSA 有单向的，即从头侧向足侧，也有双向的，即既能从头侧向足侧跟踪动脉血流，也可以从足侧向头侧跟踪静脉血流。

（6）自动最佳角度定位系统　该系统可从两个投影角度>45°的血管图像，计算出两条平行走向的血管在 360°球体范围内的最佳展示投射角度。在临床应用中可利用正侧位 DSA 图像，测算并指出某一段血管的最佳显示投照角度，可控制 C 形臂一次调整到最佳角度来显示此段血管。

（7）C 形臂 CT 成像　C 形臂 CT 成像是平板探测器 DSA 和 CT 技术结合的产物，不同的厂家名称各不一样。该技术是利用 C 形臂快速旋转采集数据重建出该处的 CT 图像。一次旋转可获得区域信息，重建出多个层面的图像。这一技术解决了介入治疗过程中进行 CT 检查的需求。

（8）3D 路径图　3D 路径图技术是对某部位的血管重建，形成三维血管图像后，随着对三维图像的旋转，C 形臂支架自动地跟踪，自动调整为该投射方向的角度，这样使透视图像与三维图像重合，可以最大程度显示血管的立体分布，以利于引导导管或导丝顺利地进入要进入的血管内。

2.4　典型临床应用

介入放射学的发展建立在 DSA 装备应用的基础上，应用 DSA 系统的血管造影诊断不仅对血管性病变、肿瘤性病变具有定位和定性诊断的价值，而且是进行介入治疗的依据。

2.4.1　神经典型疾病和诊疗

神经血管系统疾病的介入治疗学，通常称为神经介入治疗学，是一门高度专业化的医疗学科。这一学科在 DSA 装备的强力支持下，运用一系列精细的血管内导管操作技术，可对人体的神经血管系统病变进行精确的诊断和治疗。

DSA 系统在神经介入治疗学中扮演着核心角色。通过其高清晰度的实时影像能力，医生能够在进行血管内操作时获得清晰的血管结构视图。这种技术使得医生可以选择性造影来识别病变的确切位置，进行精确的栓塞以阻断异常血流，实施扩张成形手术以重新打开狭窄的血管，以及采用机械清除方法去除血管内的阻塞物。

1. 脑血管狭窄

脑血管狭窄（见图 2-19）是卒中的一个重要危险因素，它直接影响脑部血流，可能导致脑组织缺血甚至梗死。这种狭窄可能是由多种原因引起的，包括动脉粥样硬化、血管炎症、血栓形成或其他血管病变。

2. 脑动脉瘤

脑动脉瘤（见图 2-20）是一种脑血管疾病，它并非真正的肿瘤，而是由于血管壁的局部异常扩张，里面充满了血液。这种异常膨出可能由先天性因素、动脉硬化、感染或创伤引起。高血压、吸烟和某些遗传性疾病也是增加脑动脉瘤风险的因素。

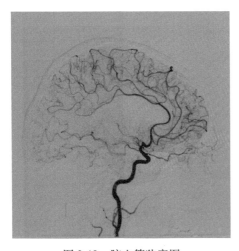

图 2-19　脑血管狭窄图

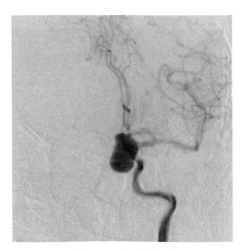

图 2-20　脑动脉瘤图

大多数脑动脉瘤不会引起症状，特别是当它们较小的时候。然而，如果脑动脉瘤较大或破裂，可能会压迫脑组织和神经，导致头痛、眼睑下垂、视力或视野缺失等症状。脑动脉瘤破裂是一种紧急医疗状况，会导致蛛网膜下腔出血，表现为突发剧烈头痛、恶心、呕吐、颈部僵硬等症状，严重时可导致昏迷甚至死亡。

3. 动静脉畸形

动静脉畸形（见图 2-21）是指缠结的扩张的血管丛，该处血流从动脉直接进入静脉。动静脉畸形多发生于动脉的分支处，通常位于额顶交界、额叶、小脑外侧和枕叶表面等区域。脑动静脉畸形是一种罕见的血管病变，可表现为自发性颅内出血、癫痫发作或头痛，通常发生在年轻人身上。脑动静脉畸形引起的出血通常是脑实质内的，但也可能是蛛网膜下腔或心室内。癫痫发作通常是局灶性的，脑动静脉畸形的位置决定了癫痫发作的类型。这些局灶性癫痫发作常常遍布全身。脑动静脉畸形也可表现为头痛，即使没有颅内出血，偶尔也可以检测到颅骨杂音。

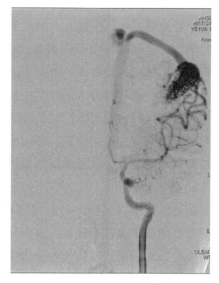

图 2-21　动静脉畸形图

4. DSA 在神经疾病诊疗中的应用

可利用 DSA 超高的分辨率对细微的脑血管进行显影诊断。当传统 2D 影像不能够满足诊断和引导治疗时，可以利用快速旋转 3D 影像采集和重建实现全方位、多角度地观察血管三维立体走形及结构（见图 2-22）。同时基于一次三维造影采集生成血管的路径图并与实时透视相叠加，可生成 3D 路径图。3D 路径图随 C 形臂及床的运动自动更新，不需要反复采集。

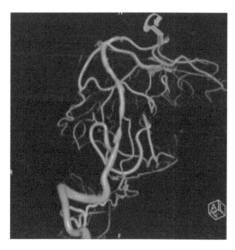

图 2-22　DSA 的 3D 路径图

在一些特殊临床情况下，如多发病变需术中了解完整的血管树信息，或对于碘离子造影剂过敏的患者，可利用术前的 CTA、MRA 结合图像融合导航技术形成 3D 路径图（见图 2-23），引导血管再通手术进行。

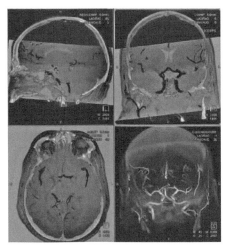
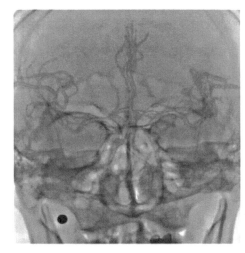

图 2-23 脑血管的图像融合

术后能够通过 DSA 对治疗效果进行评估。通过血流量化评估功能可实现单幅图像中用不同颜色显示造影剂在血管内流动的全过程，不需要任何额外的影像采集就能够更直观、清晰且量化地反映血管结构以及血流动力学变化情况（见图 2-24）。

2.4.2 脉管典型疾病和诊疗

1. 下肢动脉疾病

下肢动脉疾病（Lower Extremity Artery Disease，LEAD）与脑血管疾病和心血管疾病一起被称为三大"血管性"疾病。LEAD 根据发病的时间可分为慢性下肢动脉疾病与急性下肢动脉疾病。慢性下肢动脉疾病是动脉粥样硬化斑块引起的下肢动脉血流减缓、中断，从而导致下肢动脉缺血性症状发生，

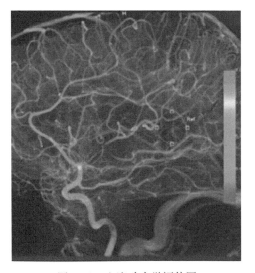

图 2-24 血流动力学评估图

表现为间歇性跛行至肢体坏疽程度不等，严重影响生活质量，致残、致死率高。急性下肢动脉疾病是由动脉血栓形成或动脉栓子栓塞引起下肢动脉急性血流减少、中断，产生下肢缺血、缺氧症状，严重者肢体坏死，是临床急症，可采用介入手段进行疏通。下肢动脉硬化闭塞图如图 2-25 所示。

2. 主动脉夹层

主动脉夹层是血液通过撕裂的主动脉内膜涌入分离的内膜和中膜，形成的一假腔（通道）（见图 2-26）。内膜撕裂可能是一个原发事件或继发于中层内的出血所致。夹层分离可能发生在沿主动脉的任何地方，可向近处或远处延伸到其他动脉。高血压是

重要的促成因素。症状和体征包括突然发作的胸部或背部的撕裂样疼痛,夹层分离可能引起主动脉瓣反流和分支动脉循环的损伤。

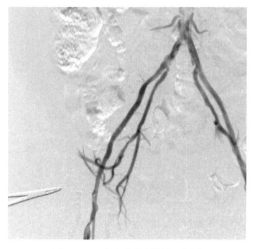

图 2-25　下肢动脉硬化闭塞图

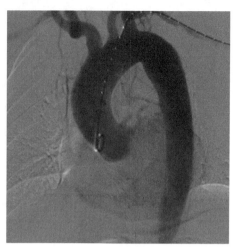

图 2-26　主动脉夹层图

3. DSA 在脉管疾病诊疗中的应用

除了传统的二维造影,还可以通过 DSA 主动脉三维重建(见图 2-27)实现全方位多角度观察血管三维走形和结构。

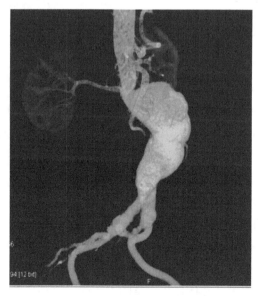

图 2-27　主动脉三维重建图

2.4.3　肿瘤典型疾病和诊疗

1. 肝癌

肝癌是死亡率仅次于胃癌、食道癌的第三大常见恶性肿瘤,初期症状并不明显,晚期主要表现为肝痛、乏力、消瘦、黄疸、腹水等症状。临床上一般采取西医的手术、放化疗与中药结合疗法，但晚期患者因癌细胞扩散而治愈率较低，因此要做到肝癌的早期发现、早期诊断、早期治疗。目前，介入栓塞和消融是肝癌重要的治疗手段。肝癌造影图如图 2-28 所示。

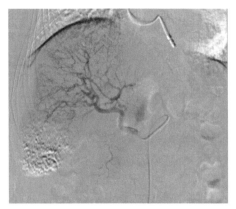

图 2-28 肝癌造影图

2. 肺癌

肺癌是最常见的肺原发性恶性肿瘤，绝大多数肺癌起源于支气管黏膜上皮，故也称为支气管肺癌。肺癌可向四周乃至全身扩散。约 85% 的肺癌患者与吸烟有关。肺癌症状包括咳嗽、胸部不适或胸痛、消瘦和咯血（不常见），但很多出现转移的患者没有任何临床症状。病理诊断是肺癌诊断的金标准。肺癌规范有序的诊断、分期及早中期治疗方案已趋完善，特别是近年来分子靶向治疗逐渐成熟，临床疗效显著提高，但约有 50% 以上患者在初诊时已经发生了远处转移。目前对晚期肺癌尚缺乏有效的治疗手段。介入技术在病理活检、肺小结节的消融及晚期肺癌并发症治疗中发挥着重要作用。肺部结节 CBCT 图如图 2-29 所示。

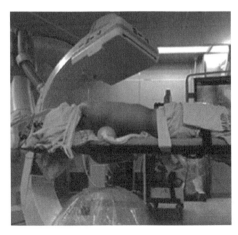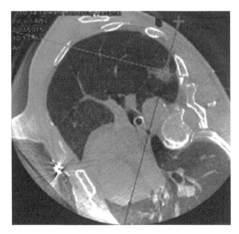

图 2-29 肺部结节 CBCT 图

3. 子宫肌瘤

子宫肌瘤（平滑肌瘤）是子宫的良性平滑肌肿瘤。子宫肌瘤通常会引起异常子宫出血、盆腔疼痛和压迫感、尿路和肠道症状、不孕症以及妊娠并发症。子宫肌瘤根据盆腔检查、超声或其他影像学检查进行诊断。患者的治疗取决于症状和生育意愿以及对手术治疗的偏好。传统的治疗以手术切除为主，近年来，随着医学和社会的发展，最大限度保留器官功能的介入治疗渐成社会需求，其由于微创、有效、并发症少、安全性高及可获得与妇科手术媲美的疗效而备受瞩目。

4. DSA 在肿瘤疾病诊疗中的应用

利用超高的 DSA 造影空间分辨率，可以更精确、清晰地反映肿瘤病灶的结构和状态，同时可以从血流动力学角度评估肿瘤的供血情况。术前评估不仅可以直接从伪彩的颜色直观地判断血流动力学的变化，还可以通过造影剂达峰时间密度曲线，以及曲线下面积半定量地反映该支血管流达肿瘤病灶的血量，从而反映肿瘤病灶的血供情况。肝脏血流动力学分析图如图 2-30 所示。

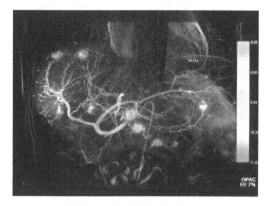

图 2-30　肝脏血流动力学分析图

同时可以 DSA 灌注成像（见图 2-31），生成的灌注影像可以量化地反映术前、术后周围正常组织以及病变组织中灌注情况的改变，决定栓塞终点。

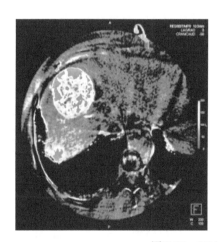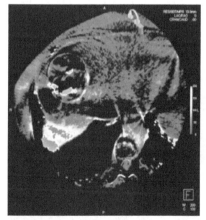

图 2-31　DSA 灌注成像图

DSA 技术在辅助非血管介入治疗方面具有显著优势。与传统的 CT 引导介入相比，CT 引导下的穿刺操作存在一些局限性，如不能实时观察穿刺过程，依赖术者的经验进行盲穿，这可能导致多次扫描和调整，增加了患者的痛苦和辐射暴露。而 DSA 技术能够提供实时的影像反馈，帮助术者准确调整穿刺角度和深度，减少手术时间和患者负担。另一方面，MR 成像在软组织和肿瘤成像方面具有独特优势，高磁场强度设备能够实现近似实时的穿刺引导，并通过丰富的扫描序列精确评估手术疗效。然而，MR 技术在国内的普及程度尚不高，主要受限于高昂的费用、较长的预约周期，以及对特殊穿刺设备的需求。与此同时，超声检查以其便携性和低成本在穿刺引导中占有一席之地。超声引导下的穿刺允许术者实时观察穿刺针的走行，及时调整以降低风险。尽管如此，超声在分辨率上不及 CT 和 MR，对于较小病灶的检测存在一定的难度。

　　DSA 技术在非血管介入治疗中提供了一种平衡实时性、准确性和成本效益的解决方案，尤其适合那些需要精确引导和减少患者负担的临床情况。随着医疗技术的进步和成本效益的改善，DSA 有望在介入治疗领域发挥更加重要的作用。

　　肿瘤病例中约 75% 的病例初发时已经丧失外科手术完全切除的机会，对于无法彻底手术切除肿瘤的患者，在全身的放化疗中获益也非常有限，因此许多新的局部治疗方式渐渐火热了起来。近年来，经皮穿刺消融术成为除 TACE 治疗外最常用的介入治疗肝癌的方法，尤其在小肝癌治疗方面疗效确切，可媲美外科手术、肝移植等根治性治疗，但对于直径较大或瘤体不规则的肝癌，难以保证肿瘤边缘均达到坏死，易发生肿瘤残留和复发转移，对于这类情况可考虑介入栓塞联合消融进行治疗。肝右叶肝细胞肝癌的联合介入下栓塞化疗+射频消融治疗如图 2-32 所示。

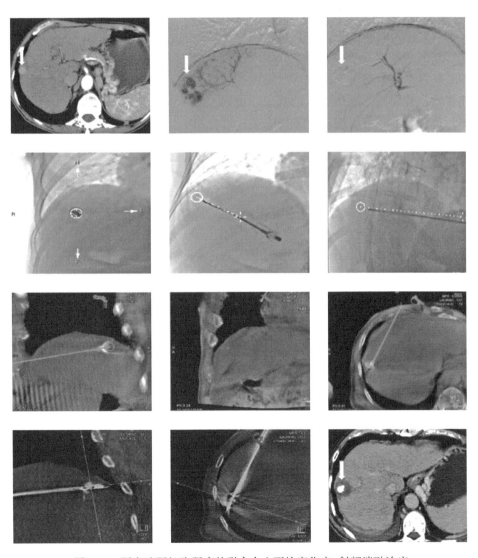

图 2-32　肝右叶肝细胞肝癌的联合介入下栓塞化疗+射频消融治疗

2.4.4 心脏典型疾病和诊疗

1. 冠状动脉疾病

冠状动脉是唯一供给心脏血液的血管，其形态似冠状，故称为冠状动脉。这条血管粥样硬化，会造成供养心脏血液循环障碍，引起心肌缺血、缺氧的疾病即为冠心病。冠心病的临床表现包括无症状性心肌缺血、心绞痛、急性冠脉综合征（不稳定性心绞痛、心肌梗死）和心源性猝死。冠心病的诊断主要依据症状、心电图及负荷试验，有时需要结合冠脉造影（见图2-33）。

2. 心律失常

心律失常是由于窦房结激动异常或激动产生于窦房结以外，激动的传导缓慢、阻滞或经异常通道传导，即心脏活动的起源和（或）传导障碍导致心脏搏动的频率和（或）节律异常。心律失常是一种常见的心血管疾病，它可单独发病，也可与其他心血管病伴发。其预后与心律失常的病因、诱因、演变趋势、是否导致严重血流动力障碍有关，可突然发作而致猝死，也可持续累及心脏而致衰竭。

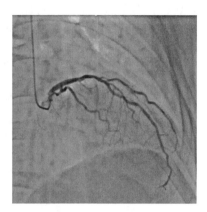

图2-33 冠脉造影图

近些年来，随着我国人口老龄化和生活方式的改变，心律失常的发病率快速上升，呈现了年轻化的趋势。在心律失常的治疗方法中，非药物的介入治疗手术量呈逐年上升的趋势。

3. 结构性心脏病

结构性心脏病指解剖异常引起心脏结构的改变所造成心脏的病理生理变化，包括先天性心脏病和获得性心脏瓣膜疾病。先天性心脏病的发病率为0.4%~1%，我国每年新增先天性心脏病患者为15万~20万人。介入治疗为近些年发展起来的治疗方法，主要适用于动脉导管未闭、房间隔缺损及部分室间隔缺损等的畸形患儿。心脏瓣膜疾病主要指由先天性畸形、退行性改变、缺血性坏死、感染和创伤等引起的瓣膜病变。传统的瓣膜介入治疗是对狭窄瓣膜的球囊扩张术，对于重度单纯二尖瓣狭窄、主动脉瓣狭窄和先天性肺动脉瓣狭窄者，若瓣膜钙化不明显，可以选择经皮瓣球囊扩张术，可以达到扩大瓣口面积、减轻瓣膜狭窄、改善血流动力学和临床症状的目的。近年来，经导管主动脉瓣置入（Transcatheter Aortic Valve Implantation，TAVI）术以及二尖瓣反流介入治疗的兴起，为很多由于年龄偏大已经不具备接受外科开胸治疗条件的老年瓣膜病患者带来了福音。

4. DSA在心脏疾病诊疗中的应用

DSA造影诊断后能够定量分析参考血管的直径、最窄部位的直径、血管长度以及狭窄率，可以在手术过程中为医生提供准确的量化参考。冠脉分析工具如图2-34所示。

同时仅需要对一段冠脉的两个不同角度造影，即可得出该段冠脉的三维影像（见

图 2-35），并得到正常血管直径、病变部位及狭窄程度、血管长度及分叉血管角度等信息，从而避免了在冠脉造影的诊断中，由投照角度造成的血管短缩以及对狭窄程度的错误评估的难题。三维影像的角度信息可帮助术者术前规划，以及在导丝塑形的同时助力术中最优化的工作角度选择。

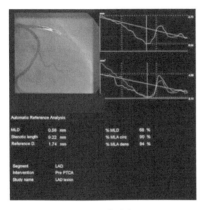

图 2-34　冠脉分析工具

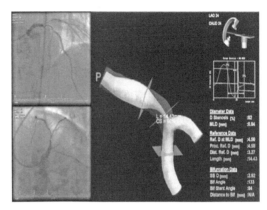

图 2-35　冠脉三维影像图

术前和术后可以通过自动识别球囊两端的 MARK 点，将多张采集图像在两个 MARK 点进行对齐、叠加，使两个点之间的图像得到增强，支架及导丝可以得到清晰的显示（见图 2-36）。在术中的实时影像中也可以识别 MARK 点，将其间的位置固定并增强，可在实时影像中使术者摆脱由于心脏跳动所带来的困扰。

房颤消融手术是一种治疗心房颤动的介入性治疗方法，但传统术式在术中精准定位和手术复杂性方面存在挑战，这可能导致手术时间延长和患者接受的辐射剂量增加。然而，借助于术前的 CT 扫描和术中 CBCT 技术，医生现在能够构建出左心房及肺静脉的精确三维结构模型。通过将这些影像数据与实时透视图像进行融合叠加（见图 2-37），医生能够在房颤消融手术中实现更为精确的引导。

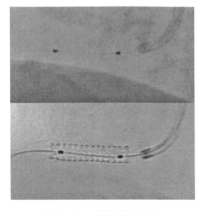

图 2-36　支架增强显示

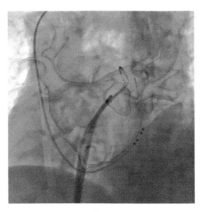

图 2-37　三维影像叠加实时透视影像

这种影像融合技术的应用，不仅显著缩短了手术时间，而且减少了患者和医护人员的辐射暴露，使得手术更为安全和高效。对于消融手术的初学者而言，这项技术极大地简化了学习过程，可帮助他们快速掌握手术技巧，从而降低了手术并发症的发生率。此外，精准的影像引导还提高了手术的成功率，为患者提供了更为个性化和优化的治疗方案。

针对 TAVI 手术，DSA 可以自动将术前的 CTA 或术中的 CBCT 数据进行主动脉及主动脉瓣环的分割，标记冠状动脉开口、主动脉窦底及瓣环、主动脉轮廓及中心线，同时自动测量主动脉瓣环直径、冠状动脉开口到主动瓣环的距离等数据。在术中可与透视影像进行实时叠加，自动提供最佳工作角度，并发送至 C 形臂，实现床旁一键到位。可进行实时导航，实现术中精准引导，可以提高手术中人工瓣膜放置位置的准确性，提高手术安全性，降低并发症的出现。经导管主动脉瓣置入术引导如图 2-38 所示。

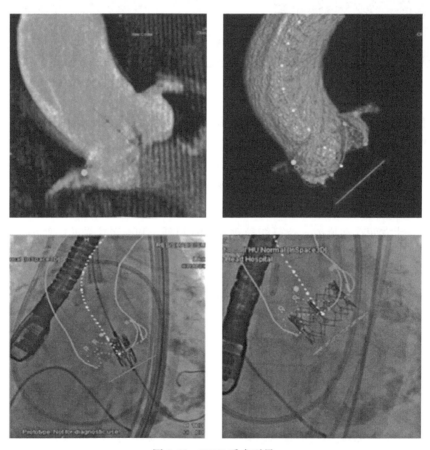

图 2-38　TAVI 手术引导

参 考 文 献

[1] 余建明. 数字减影血管造影技术 [M]. 北京：人民军医出版社，1999.
[2] 韩丰谈. 医学影像设备学 [M]. 2 版. 北京：人民卫生出版社，2010.

［3］唐峰，林庆德. 数字减影血管造影 X 线机（DSA）设备技术学［M］. 北京：中国医药科技出版社，2011.

［4］李月卿，李萌. 医学影像成像原理［M］. 2 版. 北京：人民卫生出版社，2009.

［5］潘屏南，等. 现代大型医用设备：原理、结构和临床应用［M］. 北京：中国医药科技出版社，2002.

第3章 医用磁共振成像装备

磁共振成像技术是一种无电离辐射、多对比、多功能的非侵入影像检查手段，在临床诊断中具有十分重要的意义。全球范围内磁共振成像技术领域正处于快速发展阶段，多国企业相继投入大量人力和财力研发超高场磁共振影像系统（磁场强度>3T），并致力于提升成像分辨率，拓展临床应用范围。随着我国医疗装备产业的蓬勃发展，国产磁共振装备的技术水平已显著提升，其性能已达到国际先进水平。特别是在超高场磁共振技术方面，近年来我国取得了令人瞩目的进展。通过自主研发超高场等高端磁共振医疗装备，我国不仅打破了国际垄断，提升了产品竞争力，还促进了科技进步和整个产业链的发展。这些成就不仅显著提升了临床诊断的能力，为健康中国建设提供了有力支持，还为脑科学等领域的科学研究带来了全新的工具和手段，推动了前沿科学研究的深入发展。

3.1 装备基本工作原理

磁共振成像是目前最常用的无创成像技术之一。其基本原理是磁体产生均匀稳定的主磁场（B0），用来将成像物体磁化，产生宏观磁化矢量；射频发射线圈发射电磁波，使成像物体被激励，从而产生磁共振信号；射频接收线圈接收成像物体发射出来的磁共振信号；梯度线圈产生在空间中线性分布的梯度磁场，使得成像物体在空间不同位置的共振频率不同，从而使空间不同位置的信号可以区分开来。

相较于 X 射线和 CT 影像手段，磁共振成像的优势为无电离辐射，丰富的对比度，可进行多参数、任意角度成像，兼顾结构、功能和代谢成像，在神经系统、心血管系统、体部系统、肌骨关节等全身均有广泛应用，对疾病的诊断和预后有不可替代的作用。

通常，磁共振成像系统根据主磁场强度可分为低场磁共振成像系统（<1.5T）、高场磁共振成像系统（1.5~3T）和超高场磁共振成像系统（>3T）。目前，1.5T 和 3T 磁共振成像系统已在临床诊断中广泛使用，3.0T 磁共振成像系统因其高分辨率和信噪比，也被应用于科研场景。

超高场磁共振成像系统具有更高分辨率、高信噪比的优势，是当前磁共振技术的发展趋势之一。随着对分子影像与精准医疗对功能成像和定量成像、以及对成像分辨率与成像速度等提出更高要求，科研机构与公司开始了超高场磁共振成像系统的探索。Siemens 和

GE 在过去 20 多年中积极研究用于人体成像的 7.0T 磁共振成像系统，但经过 20 多年的发展，全球装机仅 80 余台，目前获得 FDA 认证的仅头部和关节部位，临床应用上也有待于进一步扩展。

2022 年，联影医疗在国家科技部项目"数字诊疗装备研发专项"支持下，自主研制的世界首款 5.0T 人体全身超高场磁共振成像系统 uMR Jupiter（见图 3-1），获得国家药品监督管理局颁发的注册证，可支持全身临床扫描，并已投入临床使用。2024 年，uMR Jupiter 也通过了 FDA 的 510（k）申请。uMR Jupiter 磁共振成像系统磁场强度 5.0T，患者孔径 60cm，可实现最大 120mT/m 的梯度强度以及最高 200T/（m·s）的梯度切换率，8 通道独立控制的射频架构可以针对不同患者进行动态实时射频匀场校准。目前，uMR Jupiter 已在多家医院和高校装机使用，在神经系统、体部、心血管、肌骨关节等部位已广泛开展临床应用，系统性能和图像质量获得认可。

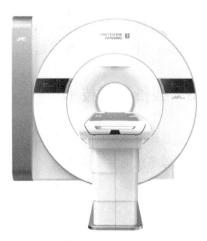

图 3-1　uMR Jupiter

3.2　装备系统组成及关键零部件

磁共振成像系统由磁体系统、梯度系统、射频系统、控制系统、计算机辅助系统等组成。关键零部件介绍如下。

1）磁体系统是磁共振成像系统的核心部件之一，作用是提供一个均匀、稳定的主磁场。磁体系统的典型指标为磁场强度和磁场均匀性。磁体可分为超导型和永磁型，超导型磁体具有磁场稳定、均匀性能好等优点。目前临床常用的为超导型磁体，磁场强度有 1.5T、3T 和 5T。

2）梯度系统是磁共振成像系统的核心部件之一，其作用是产生高效率的梯度磁场，完成磁共振信号的空间编码，进而产生各种对比的磁共振图像。梯度系统的典型指标为最大梯度强度和最大梯度切换率。梯度性能直接关系到磁共振成像的速度、图像的信噪比和分辨率等。梯度功率放大器是梯度系统的重要组成部分，用于驱动梯度线圈产生特定的电流波形，产生高速变化的梯度场，从而实现磁共振成像信号的时间和空间编码。梯度功率放大器的输出电压、电流及其精度，决定了磁共振成像系统中梯度磁场的切换速度、强度和保真度，从而对成像速度、分辨率、信噪比和对比度等核心性能指标具有决定性的作用。

3）射频系统由射频发射系统和射频接收系统构成。射频发射线圈主要实现均匀的发射场，射频接收线圈用于接收微伏级的磁共振信号并放大传输至谱仪系统，射频接收线圈的信噪比和加速性能直接决定了成像的质量和效率。射频系统的典型指标为通道数。

4）控制系统主要由谱仪系统构成。谱仪系统的作用是实现射频信号的收发驱动和序列控制，控制和协同发射、采集、梯度等各部件严格按照时序完成工作，并对磁共振安全性的比吸收率（Specific Absorption Rate，SAR）和外周神经刺激（Peripheral Nerve Stimulation，PNS）进行实时监控，确保患者的安全。

3.3 装备关键技术

超高场磁共振成像虽然有高信噪比和高分辨率的优势，但也有其局限性。超高场磁共振成像系统通常磁体体积大、重量大、5Gs（$1Gs = 10^{-4}T$）逸散场范围大，因此对于场地的要求很高，安装和运行成本高，限制了其在临床的应用；随着磁场强度变高，射频场波长变短，更容易由于驻波效应产生 MRI 图像不均匀问题，进而影响临床诊断；7T 超高场下尚缺乏全身激发解决方案，无法在临床中进行体部成像；在相同条件下，SAR 与磁场强度平方成正比，进而导致序列及相关应用受到极大限制。以上限制和困难是 7T 研制 20 余年仍难以推广的重要原因。

uMR Jupiter 作为全球首款可应用于全身成像的 5.0T 超导磁共振成像系统，在研制过程中面临着上述挑战和问题。为此，联影医疗通过多项创新，突破超高场的技术壁垒，逐一解决了各项关键技术，完成了各部件自主研发和整机集成。下面以 5.0T 磁共振为例介绍超高场磁共振成像系统的关键技术。

3.3.1 全身临床 5.0T 超导磁体

主磁体是磁共振成像系统的核心部件之一，其性能参数，如磁场强度、孔径和均匀区大小以及均匀度等，直接决定了系统的性能；同时其价格昂贵，制造工艺复杂，也直接影响了系统的成本。目前主流的磁共振成像系统均采用超导磁体。磁体系统主要技术性能指标有主磁场强度和磁场均匀度。

在超高场磁体的设计中，磁体线圈的电磁优化及小型化设计和磁体线圈及支撑骨架设计是两大核心问题。因磁体线圈较 3T 线圈更为复杂，常规的优化算法优化过程收敛时间较长，且由于优化过程中未引入逸散场、线圈受力等参数，往往导致优化的结果不能满足线圈实际工作的需求，需要大量重复的优化，效率非常低。因此，采用多目标优化迭代方法，结合线性规划、模拟退火、序列二次规划等多种算法，可兼顾全局和局部最优的搜索能力，优化磁体的线圈布局。同时，通过有限元优化线圈骨架，并通过增加材料厚度、去除应力集中结构等方法改善局部应力分布，可有效控制线圈支架主体结构的最大应力。采用上述设计优化，通过线圈绕制、连线、装配、焊接等关键工艺，成功研制出了小型化的 5.0T 超高场全身磁体，其性能指标可达 50cmDSV 磁场均匀度<1ppm，5 高斯线在 4.1m×3.6m 内。5T 和传统 3T 磁体设计和 5 高斯线比较如图 3-2 所示。

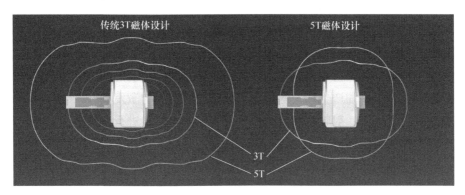

图 3-2　5T 和传统 3T 磁体设计和 5 高斯线比较

3.3.2　超高性能梯度系统

梯度系统是 5T 全身磁共振成像系统的核心子部件之一，主要由梯度线圈和梯度功率放大器组成。梯度功率放大器用于放大输入的梯度电流波形来驱动梯度线圈产生特定的电流波形，在梯度功率放大器的驱动下，梯度线圈产生受控的时变磁场，是实现磁共振信号定位的关键，是实现快速高分辨率成像的关键硬件保证。梯度系统的主要技术性能指标有梯度强度和梯度爬升率。

uMR Jupiter 针对梯度线圈进行了优化设计，建立了先进的磁体梯度联合优化模型及优化方法。将电磁场模型、热传导模型、梯度指标模型、力学模型等结合在一起，搭建了适用于梯度线圈工程化的多物理场耦合模型，并采用二次规划算法、模拟退火算法等多种优化算法相结合的方式，提高了全局寻优能力。

同时，uMR Jupiter 搭载了业界最强的 3.5MW 全数字化高保真、高精度梯度功率放大器，获得了优于当前主流科研型 3.0T 和 7.0T 磁共振成像系统的梯度配置，实现了最大 120mT/m 的梯度强度以及最高 200T/（m·s）的梯度切换率。结合超高场的信噪比优势，高性能梯度可在弥散、功能成像等序列上实现更短的回波时间，成像信噪比、分辨率达到全新的高度。同时，通过采用优化的散热系统设计、高精度控制设计和电磁兼容设计，在实现高梯度性能的同时，还保证了梯度系统的稳定性和可靠性，有助于长时间、高精度的科研及临床扫描。

3.3.3　超高场下的均匀射频收发系统

对于 5T 超高场磁共振来说，其射频电磁场波长较 3T 和 1.5T 磁共振更短，导致波长小于成像区域尺寸时，就有可能产生驻波和近场效应。这使得大范围成像时，射频激发场（B1 场）及其激发的翻转角在成像区域内不再是均匀分布，导致图像出现亮度不均匀、对比度不正确，甚至局部信号丢失的问题，影响诊断结果。

为了实现超高场的全身成像，保证体部图像的均匀性和成像质量，uMR Jupiter 首创了 8 通道并行射频体发射系统，各发射通道间完全独立控制，其幅度和相位均可独立调制。

在进行扫描，尤其是体部扫描时，需要在预扫描阶段采集各独立通道的发射场灵敏度分布，针对射频发射场的均匀性，求解各发射通道的幅度和相位的最优解，并在临床扫描中采用该组最优解调整每路发射链路及线圈单元的发射场的幅度和相位，从而使得各通道的射频场相互叠加产生均匀的射频场分布，实现均匀激发。

在射频发射系统中，射频功率放大器负责将射频小信号进行功率放大。相比目前常规的 1.5T 和 3T 磁共振成像系统，5T 超高场磁共振成像系统大幅提高射频发射频率，其最高射频发射频率达到 210MHz 以上，射频大功率信号在电路中传输的波长将与电路本身尺寸相当。此时电路中的杂散参数将对电路产生显著影响，从而影响射频功率的输出质量。针对技术难题，对高脉冲功率下的功率放大器件进行了大量理论计算和特性测试实验，并对其匹配和偏置控制等外围电路进行了针对性设计，实现了单通道千瓦级功率稳定输出的能力；同时采用高精度、高稳定性的增益和相位校正方法，补偿器件本身的非理想物理特性，实现了射频功率放大器对射频小信号的高精度线性放大。

3.3.4 超高场射频安全技术

在磁共振中，比吸收率（SAR）是评估人体组织在射频场中安全性的量度，其物理含义为单位时间内单位质量物质吸收的射频能量。在超高场磁共振成像系统中，SAR 的挑战有两方面：首先随着主磁场强度的升高，射频发射频率随之升高，导致 SAR 随之增大；此外，在超高场扫描时，射频发射场和 SAR 的分布不均匀可能会产生局部热点。因此，在超高场磁共振成像系统中，需要对扫描时的 SAR 值进行准确预测和严格监控，以保证不超过法规规定的 SAR 限值，确保患者安全。

为了保证 5T 磁共振的射频安全，一方面需要对序列的射频能量与图像质量进行权衡与优化，另一方面需要对 SAR 进行准确有效的安全监控，保证磁共振系统的射频安全。

对于序列的射频能量的优化，采用增加射频脉冲持续时间、优化脉冲波形等方式，降低各类常用序列中的反转恢复、饱和脉冲的射频能量，同时采用加速技术和快速饱和技术，有效减少单位时间内的射频脉冲数量。利用上述方法，可有效降低临床扫描中患者体内的 SAR 沉积并提高扫描速度，使超高场磁共振成像系统在临床中的安全性和扫描效率大大提高。在整个临床试验过程中，对全身各部位扫描的 SAR 均处于法规要求的安全范围内，同时图像质量满足临床诊断的要求。

在射频安全监控上，5T 磁共振建立了各发射通道独立的射频能量硬件监控，通过定向耦合器对每个发射通道的前向功率和反向功率进行实时监控；利用人体仿真模型对不同体型人体模型的 SAR 分布进行了仿真，建立了完整的 SAR 分布数据库；最后基于法规要求的 SAR 限值，结合患者扫描信息和 SAR 数据库，对每一个准备扫描的序列进行 SAR 预测，对于 SAR 预测结果超出限制的序列阻止其扫描，并推荐合适的序列参数使 SAR 满足法规要求后方可继续扫描。

3.4 典型临床应用

uMR Jupiter 全身磁共振成像系统突破了传统临床成像 3T 的磁场强度限制。5T 的超高场带来了前所未有的高清解剖成像，可有效助力精准诊断。

3.4.1 神经系统

豆纹动脉成像：5T 时间飞跃法（Time Of Flight，TOF）对豆纹动脉有更清晰的显示（见图 3-3），可实现 3T 无法达到的效果。这得益于高磁场强度、高信噪比和更长的纵向弛豫时间 T_1 带来的更好血流对比度，使得微小的豆纹动脉在成像中得到更好的对比度和分辨率，这对于血管病变的诊断和治疗规划具有重要意义，尤其对于豆纹动脉粥样硬化、豆纹动脉梗死等疾病的诊断和治疗规划，该优势可实现精准观察豆纹动脉形态和位置信息，从而提供更精准的诊断信息。5T 高分辨率 TOF 使微小血管疾病，尤其是使豆纹动脉相关疾病的影像临床诊断常规化迈进了一大步。

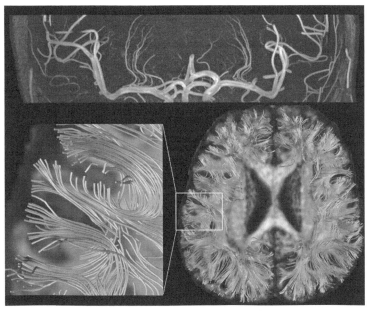

图 3-3　5T 豆纹动脉图像（上）和 DTI 纤维图像（下）

脑功能成像：5T 磁共振能提供更加精确的功能成像，皮层下 U 纤维是传统高场磁共振成像难以发现的颅内重要的白质结构，它在神经系统疾病诊断中有极其重要的临床意义。以往的诊断往往都是通过常规结构像变化来间接反映皮层下 U 纤维的受累情况，通过 5T 0.8mm 等体素扩散系统弥散张量成像（Diffusion Tensor Imaging，DTI）技术可以精确直观地看到皮层下 U 纤维（见图 3-3），可帮助进行疾病的诊断，如脑白质营养不良皮层下 U 纤维常无受累，而急性播散性脑脊髓膜炎、多发性硬化等容易受累。5T 磁共振成像能让我们在更细微的尺度下直观地察看 U 纤维的结构和功能变化，为脑功能连接和神经网络的研究提供了更精准的信息。

3.4.2 肌骨系统

膝关节：5T 高清高分辨率磁共振成像能够提供更高的图像分辨率和对比度，使医生能够更清晰地观察膝关节结构，包括软骨、韧带、肌肉和其他组织（见图 3-4）。这有助于发现微小的异常，提高诊断准确性，对于制定个性化的治疗方案和手术计划非常有帮助。此外，对于膝关节早期的病变，使医生能够在病情进展到严重阶段之前采取必要的治疗措施，这对于患者的治疗和康复非常关键。而且高清高分辨率磁共振成像能够更容易地区分不同类型的损伤，如韧带撕裂、软骨损伤等。这对于选择合适的治疗方法和预测患者康复情况至关重要。

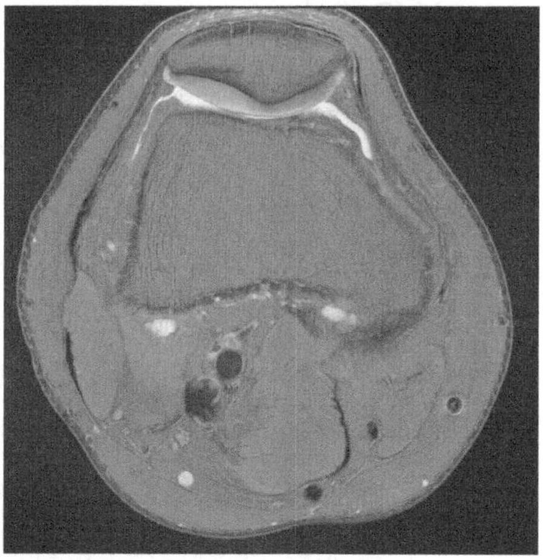

3.4.3 体部系统

前列腺成像：高分辨率前列腺成像至关重要，5T 高分辨率成像技术可以提供更清晰、

图 3-4　5T PD FSE 膝关节图像（压脂）

更准确的图像，从而帮助医生更准确地诊断。在波谱成像中，5T 波谱相对于 3T 增加了谱线分辨率，使得前列腺枸橼酸盐能够被更准确地分析和解释。通过 5T 高分辨率波谱，医生可以更精确地观察前列腺内的代谢产物，有助于诊断前列腺疾病，同时也为前列腺疾病的治疗和随访提供了更准确的指导，有助于提高治疗效果和患者的生存质量。前列腺 T2 FSE 图像和波谱图像如图 3-5 所示。

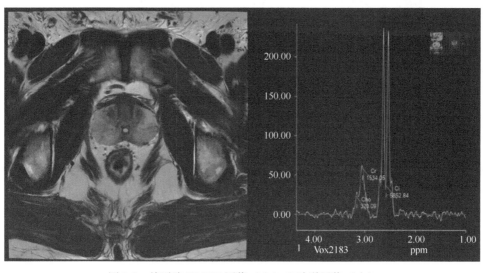

图 3-5　前列腺 T2 FSE 图像（左）和波谱图像（右）

3.4.4　心血管系统

头颈血管：磁共振非增强头颈血管成像作为一种非侵入性的影像技术，在临床上有很多诊断价值，尤其 5T 高磁场强度能带来更高的信噪比和分辨率，同时更长的 T_1 能达到更好的背景抑制效果及更高的血液对比度。此外，更大的化学位移也能更好地有助于脂肪抑制。通过 5T 扫描得到的高分辨率的血管图像，在评估头颈血管系统的解剖结构和血流情况中均有重大价值。5T TOF 血管成像如图 3-6 所示。

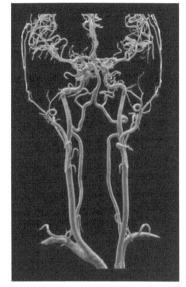

图 3-6　5T TOF 血管成像

心脏成像：在心脏应用方面，王怡宁团队评估了 5T CMR 的图像质量和性能，通过与 3T CMR 的对比研究，发现 5T 的图像质量优于 3T，而功能定量结果与 3T 相似（见图 3-7）。

在 5T 产品面市短短 2 年的时间内，利用 5T 磁共振系统在临床方向发表的 SCI 论文已近 20 篇，期刊包括 *Radiology*、*JMRI* 等，部位包括脑部、心脏、腹部、肿瘤等，具有很好的临床应用和科研潜力。

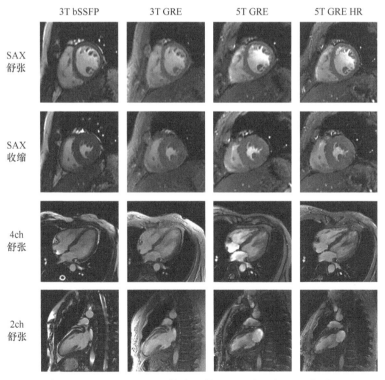

图 3-7　3T 和 5T CMR 图像均无伪影，具有良好的图像质量

参 考 文 献

［1］ LIN L，LIU P，SUN G，et al. Bi-ventricular assessment with cardiovascular magnetic resonance at 5 Tesla：A pilot study ［J］. Front Cardiovasc Med，2022，9：913707.

［2］ ZHANG Y，YANG C，LIANG L，et al. Preliminary Experience of 5.0T Higher Field Abdominal Diffusion-Weighted MRI：Agreement of Apparent Diffusion Coefficient With 3.0T Imaging ［J］. J Magn Reson Imaging，2022，56（4）：1009-1017.

［3］ SHI Z，ZHAO X，ZHU S，et al. Time-of-Flight Intracranial MRA at 3 T versus 5 T versus 7 T：Visualization of Distal Small Cerebral Arteries ［J］. Radiology，2023，306（1）：207-217.

［4］ JIANG Z，SUN W，XU D，et al. Stability and repeatability of diffusion-weighted imaging（DWI）of normal pancreas on 5.0 Tesla magnetic resonance imaging（MRI）［J］. Scientific Reports，2023，13：11954.

第4章 医用电子直线加速器装备

4.1 装备基本工作原理

医用电子直线加速器的基本工作原理如下：三相动力电通过电源系统和控制系统驱动脉冲调制器，脉冲调制器将得到的直流高压转变为大功率脉冲高压供给磁控管/速调管，产生符合规定频率（如 S 波段或 X 波段）的微波，经微波传输系统馈入加速管，在加速管中建立起加速电场；加速管电子枪阴极表面发射的电子被阴极与阳极间的电场加速后，注入加速管的加速腔，处于合适相位的电子受到加速腔中微波电磁场的加速，能量不断增加，在加速管末端轰击重金属靶，发生韧致辐射，产生 X 射线；X 射线经过射野成形系统形成治疗计划系统根据肿瘤形状所规划出的射野形状，即形成符合临床治疗要求的有效辐射场；在机架和治疗床的运动配合下，将有效辐射场施加到患者的肿瘤靶区，并在肿瘤靶区形成符合处方剂量要求的累积剂量。

4.2 装备系统组成及关键零部件

4.2.1 系统组成

医用电子直线加速器系统主要由加速管、微波系统、真空系统、恒温水冷却系统、控制系统及治疗床等组成。这些组件共同协作，确保医用电子直线加速器能够高效、安全地运行，为临床提供高质量的放射治疗服务。

图 4-1 给出了医用行波电子直线加速器主要系统组成。医用驻波电子直线加速器的组成和行波电子直线加速器大同小异，这里不再图示。

4.2.2 关键零部件

1. 医用加速器用加速管

加速管是加速器的心脏，它利用微波传输系统输送过来的微波功率加速电子，产生所需要的射线束。加速管由电子枪、管体、波导窗、离子泵、靶、冷却水组件等组成。电子由电子枪产生，然后射入加速管。加速管根据电磁场形式的不同，分为行波加速管和驻波加速管。

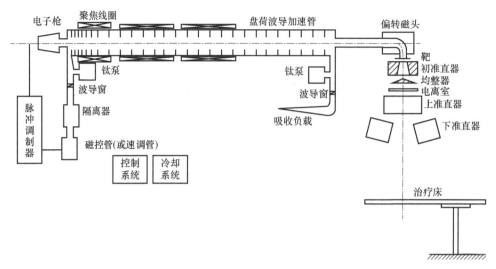

图 4-1　医用行波电子直线加速器主要系统组成

2. 电子枪

作为放射治疗装置的医用电子加速器，其电离辐射是由加速管所提供的电子束转换产生的，加速管中电子束是由电子枪的电子注产生的，电子枪的电子注则是由阴极发射产生的。

电子枪是一台医用电子加速器的关键部件之一，加速管的使用寿命直接受到电子枪寿命的制约，而电子枪的寿命又主要取决于它的阴极。当电子枪阴极损坏时，加速管就会停止工作。因此，要了解和使用医用电子加速器，就必须了解电子枪及其阴极。电子枪和由它形成的强流电子注是医用电子加速器的基本组成部分。电子枪在其他超高频器件中同样也是不可缺少的部分。

（1）电子枪的基本结构与分类

1）按电子注的形状分类　电子枪，顾名思义它是一种电子发射器，不同结构的电子枪可以提供不同形状的电子注，根据电子枪提供电子注形状的不同，可将电子枪分为以下三种类型，如图 4-2 所示。

① 平行注电子枪。电子注的横截面不变，如图 4-2a 所示。

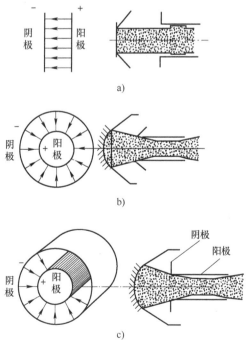

图 4-2　电子枪按电子注形状划分的三种基本类型

a）平行注电子枪　b）轴对称收敛电子注球形电子枪

c）平面对称收敛电子注圆柱形电子枪

② 轴对称收敛电子注球形电子枪。电子注的横截面为圆形，相对于纵轴对称，离开阴极后横截面逐渐收敛，如图 4-2b 所示。

③ 平面对称收敛电子注圆柱形电子枪。电子注横截面的厚度远小于宽度，相对于某一平面对称，离开阴极后横截面逐渐收敛，如图 4-2c 所示。

医用电子加速器所用电子枪一般均为轴对称收敛电子注球形电子枪，因此，我们重点对这种类型电子枪的性能特点进行分析。

2）按电极数分类。

① 二极枪。无论哪种类型的电子枪，它们均由电子的发射极（即阴极）、电子注形状的限制极（即聚焦极）和电子的加速引出极（即阳极）三部分组成。不同环境下使用的电子枪的结构是多种多样的，但是其基本组成部分是不变的。在工作中，通常聚焦极的电位等于或接近于阴极电位，用以限制电子注的形状，而在阴极和阳极之间施加加速电压（阳极电压）。当电子从阴极发射出来，将与由上述电极和电子注本身的空间电荷建立的静电场发生作用，形成具有一定形状的电子注，并从阳极孔射出以供使用。这种电子枪的工作原理与一般二极管相似，所以人们也称其为二极枪，如图 4-3 所示。

② 三极枪。与普通三极管中利用栅极控制原理一样，人们在二极枪中设置比阳极更接近阴极的某个电极来控制阴极发射电流，达到以小的功率（或电压）控制大的注电流的目的。这种利用设置栅极来控制注电流的电子枪称为栅控枪或三极枪，如图 4-4 所示。

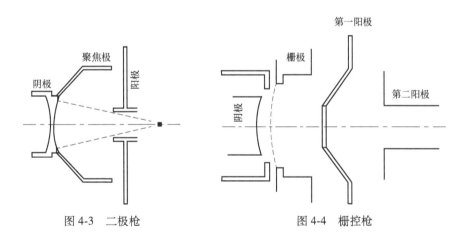

图 4-3　二极枪　　　　　　　　　　　图 4-4　栅控枪

（2）电子枪的基本参量　在进行电子枪的讨论中，人们常常会用到一些专用术语，在此先对它们进行简单介绍。收敛电子注球形电子枪主要尺寸示意图如图 4-5 所示。

1）导流系数。导流系数是一个对电子注强度度量的量，它表征了电子注空间电荷的大小。导流系数 P 被定义为电子注电流 I 与阳极电压 V_a 的二分之三次方之比。

$$P = \frac{I}{V_a^{3/2}} \tag{4-1}$$

式中，I 为注电流（A）；V_a 为阳极电压（V）。

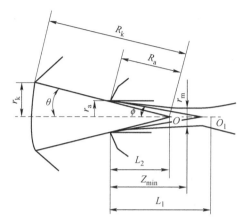

图 4-5 收敛电子注球形电子枪主要尺寸示意图

r_m—电子注最小截面半径（注腰半径） r_k—阴极截面半径 r_a—阳极孔半径 R_k—阴极曲率半径 θ—半锥角

R_a—阳极曲率半径 Z_{min}—电子注腰至阳极头距离（射程） ϕ—阳极透镜作用后电子注半锥角

O—阳极孔聚焦点 O_1—透镜聚焦点 L_1—阳极孔透镜焦距长度 L_2—阳极孔焦距长度

通常导流系数的数值很小，因此人们常用另外一个量，称为微导流系数 P_μ，$P_\mu = 10^{-6} P$。根据导流系数的大小，电子枪又分为：

① 弱流电子枪——导流系数小于 $10^{-9} \mathrm{A/V^{3/2}}$。

② 强流电子枪——导流系数大于 $10^{-7} \mathrm{A/V^{3/2}}$。

医用电子加速器的电子枪，导流系数在 $10^{-7} \sim 10^{-6}\ \mathrm{A/V^{3/2}}$ 的范围，可认为是强流电子枪，其设计均按强流电子枪处理。

2）注腰。在轴对称收敛型电子枪中，电子从阴极发出，在枪内各电极及电子自身空间电荷形成的静电场的作用下，形成一定的电子注形状，人们将电子注中截面半径最小的地方称为注腰。注腰半径用 r_m 表示。

3）面积压缩比。面积压缩比 M^2 指的是阴极球面积和注腰截面面积之比，也是注腰的平均电流密度 J_m 与阴极发射平均电流密度 J_k 之比。为了方便，一般用阴极截面面积代替阴极球面积，于是有

$$M^2 = \frac{r_k^2}{r_m^2}\left(J_m = \frac{I}{\pi\, r_m^2},\ \ J_k = \frac{I}{\pi\, r_k^2}\right) \tag{4-2}$$

面积压缩比的大小主要取决于阴极发射平均电流密度。

4）射程。射程 Z_{min} 表示电子注腰至阳极头的距离。一般来说，人们希望 Z_{min} 足够大，使得电子注能够以最佳的注入条件进入高频场作用区。

5）层流。所谓电子注的层流性，它只是一个定性的概念，通常用电子注轨迹是否交叉或交叉的严重程度来进行层流性好坏的判断。层流性好的电子注，在磁聚焦时可以用较低的磁场获得好的流通率，而高频场引起的电子注的散焦也较小。反之，层流性差的电子注，会使得其流通率差，散焦加大。

（3）强流电子枪　电子枪是医用电子加速器的重要部件之一。电子注参量的好坏，

直接影响到加速管质量的高低。不同类型的加速管，对电子枪发射的电子注参数有不同的要求，但对电子注层流性的要求，在大多数情况下都是必要的。而加速管对电子枪除要求其发射的电子注必须具有很好的层流性外，还要求其发射的电子注具有一定的注入流强、注入电压、足够的射程以及一定的注入角和注腰半径等。在加速管的设计中，电子枪的设计是一个十分重要的课题。

1）球形二极电子枪。对于电子枪的设计，首先获得成功的方法是由皮尔斯（J. R. Pierce）提出的，用皮尔斯方法设计的电子枪称为皮尔斯枪。这种电子枪的参量可以十分精确地加以计算。1940 年，皮尔斯提出了利用几何形状简单的二极管的阴极与阳极之间的电子流来形成电子注。无限大平板二极管、无限长圆柱二极管以及封闭的球形二极管，其电位的分布问题已经有了足够精确的解析解。

当利用这些二极管的一个有限的部分时，在原有二极管中存在的其余部分的电子注的作用就必须由特殊电极的作用来替代。这些电极的形状应当沿电子注边界建立与原来无限大的或封闭的二极管中一样的电位分布，并保证没有垂直于电子注边界的电场分量。由此我们可以设想，在前面所讲的三种类型的电子枪分别对应于无限大平板二极管的一部分、封闭的球形二极管的一部分、无限长圆柱二极管的一部分，它们的对应关系如图 4-2 所示。

2）栅控电子枪。对于栅控枪的设计，人们一般是在二极枪的基础上，增加一个控制极（栅极）。在脉冲间隙期，当栅极对阴极加上一个不大的负电压（截止偏压 V_{co}）时，阴极发射截止；而在脉冲的持续期，控制极对阴极加上零或一个不大的正电压，使阴极发射电子，通过对这个正电压的调整，达到对电子注流的控制。而阳极对阴极的电压，可以始终加上一个稳定的直流高压。显然，直流电源电压的幅度稳定，比高压脉冲调制器的高压脉冲幅度的稳定容易得多。因而也减轻了电源设计的压力。

① 栅控枪的形式。人们加设的控制极，通常有三种形式，如图 4-6 所示，它们对应的栅控枪是孔栅枪、针栅枪和网栅枪。它们的结构与工作方式分别简述如下。

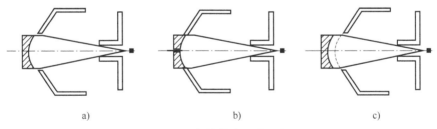

a)　　　　　　　　　　b)　　　　　　　　　　c)

图 4-6　栅控枪的三种形式

a）孔栅枪　b）针栅枪　c）网栅枪

孔栅枪是在结构设计上将二极枪的聚焦极与阴极绝缘开来，适当修改聚焦极的设计，使其能在相对阴极而加的偏压（$-V_{co}$）的绝对值尽量低的情况下，实现电子注的截止。一般经验是，当 $P_\mu < 0.5 \times 10^{-6}$ A/V，枪压缩比较小时，$|-V_{co}|/V_a$ 可以在小于 25% 的情况下实现。孔栅枪的设计如图 4-6a 所示。

针栅枪是在阴极的中心安置一个与阴极绝缘而垂直于阴极面的小针，以此针为控制极，它的截止电压大致可以做到等于或稍低于孔栅枪的水平。但对针栅枪而言，其阴极、针栅极在结构设计上较复杂，目前国内较少使用。针栅枪如图 4-6b 所示。

网栅枪是在二极枪中距阴极 1%~3% 的等势面上设置一栅网，当栅网对阴极加上相当于网在平面的电势时，并不大改变原二极枪的电势分布。这种栅的截止偏压可以设计得很低，这将有利于栅控电源的制作。网栅枪如图 4-6c 所示。

对于上面提到的三种栅控枪，目前医用电子加速器使用最多的是第三种网栅枪，如图 4-7 所示。对栅控枪的设计，通常是先按二极枪的设计方法设计一只二极枪，然后根据计算给出的等势面形状，在其 1%~3% 范围内的某一等势面上放置栅网来获得网栅枪。

② 栅控枪的主要特性参量

除了与无栅枪相同的几个参量外，有关栅控枪栅极的主要特性参量如下：

a）栅极工作电压 V_{gk} 和放大倍数 μ_g。在栅控枪正常工作状态下，放大倍数 μ_g 定义为阳极电压 V_a 与栅极电压 V_{gk} 之比

$$\mu_g = \frac{V_a}{V_{gk}} \tag{4-3}$$

b）栅极截止电压 V_{co} 和截止放大倍数 μ_∞。当阳极加上额定电压 V_a 时，使阴极电流为零（或一个很小的量）所需的栅极负电压称为栅极截止电压 V_{co}，V_a 与 $|V_{co}|$ 之比称为截止放大倍数

$$\mu_\infty = \frac{V_a}{|V_{co}|} \tag{4-4}$$

c）栅极屏蔽系数 S_g 和透明度 D_g。S_g 定义为每个网格中栅丝所占面积与网格面积之比。不同的栅网结构具有不同的屏蔽系数。图 4-8 所示的钼丝编制的正方形网格是目前较常使用的网栅结构，其屏蔽系数 S_g 为

$$S_g = \frac{d^2 - (d - 2r_g)^2}{d^2} \approx 4r_g/d \tag{4-5}$$

式中，d 为钼丝间距；r_g 为钼丝直径的一半。

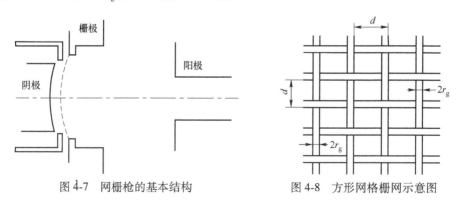

图 4-7　网栅枪的基本结构　　　　　图 4-8　方形网格栅网示意图

而当 V_{gk} 恰为无栅极的自然电势时，它代表了栅极截获电流的百分比。一般选在

8%～10%的范围内。

透明度 D_g 是栅网的几何透过率，显然

$$D_g = 1 - S_g \qquad (4\text{-}6)$$

③ 网栅枪设计时应考虑的影响　由于网栅枪是在阴极前增加了一个网状的栅极，它必将对原二极枪的性能有所影响，对此，在设计时必须加以考虑，其影响主要有以下两点：

a）网状栅极必然会截获一部分阴极发射的电流，因此栅控枪的注电流将小于无栅时阴极发射的电流，于是在设计无栅极枪时需适当增大导流系数。

$$P_\mu = (1 + S_g) P_{\mu g} \qquad (4\text{-}7)$$

式中，P_μ 为设计无栅枪时的导流系数；$P_{\mu g}$ 为需要的栅控枪导流系数。

b）由于网孔的透镜作用，电子注半径将扩大，根据经验，一般在计算时要把要求的最小注半径缩小 20%～30%来计算。

图 4-9 所示是一把典型的医用电子直线加速器二极管电子枪的实际结构。

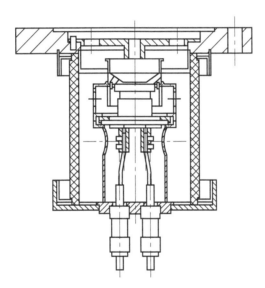

图 4-9　典型的医用电子直线加速器二极管电子枪的实际结构

3. 微波系统

微波系统是构成医用电子直线加速器整机的关键系统之一，其性能将直接影响医用电子直线加速器的工作性能和稳定性。微波系统由高功率微波源及微波的传输系统组成。

微波源提供加速管建立加速场所需的射频功率，绝大多数的医用电子直线加速器是工作于 S 波段，标称频率为 2998MHz 或 2856MHz。作为微波源使用的有磁控管和速调管。磁控管本身是能发射高功率微波的自激振荡器，体积小、重量轻、设备比较简单，多应用于中低能量的医用电子直线加速器。采用速调管作为功率源的加速器可得到较高的微波输入功率，但设备较为庞大，且速调管是一种微波功率放大器，必须配置有低功率的微波激励源驱动，才能输出较高功率的微波。

（1）磁控管 磁控管是一种特殊的二极管，除了有阳极和阴极外，还有外加的磁场。它是利用磁场控制阳极电流产生微波振荡的电子管，是自激振荡器，效率可达30%~60%。由于易受外部回路影响，一般需要采用稳频措施，可提高稳频度，即使医用加速器机架转动，也能保证高稳定的剂量输出要求。

（2）速调管 速调管是通过电子注与高频场的相互作用将直流能量转换成高频能量的微波放大器件，其工作原理简述如下。

从阴极发射的电子经电子枪高压加速的作用形成均匀的电子注，穿过一系列谐振腔到达收集极。如果有高频信号馈送到输入腔，并且与腔谐振，则将在输入腔中激起高频振荡。电子注穿过腔的间隙时，受到高频场的作用，在正半周穿过间隙的电子受到加速，而负半周穿过的电子受到减速，即受到速度调制，电子速度变得有快有慢。在漂移管中继续前进的过程中，快电子将逐渐赶上慢电子，使电子注中的电子分布疏密不匀，这种现象称为群聚。群聚的电子注穿过第二腔时，将在腔内感应起高频电流。由于第二腔也调谐在工作频率，感应电流将激起比第一腔更强的高频振荡，反过来，又使电子注受到更强的速度调制。如此反复，当电子注进入第三腔、第四腔（输出腔）时，激起一次比一次更强的高频振荡。振荡的能量通过输出腔的耦合机构传到输出波导，再通过输出窗输出。

在速调管中，电子注经历了速度调制、群聚、激励谐振腔、再调制、再群聚、再激励的反复过程，电子注的一部分能量转换成了高频能量，而剩余的能量在最终轰击收集极时转化为热能被消耗。

整个速调管的组成除了电子枪。RF射频腔和收集极外，还有维持电子注不发散的聚焦系统，以防止电子注在漂移过程中打到边壁上损坏速调管。此外，因为速调管是作为功率放大器工作的，还必须有外加的低功率微波输入，通常是通过波导或同轴的耦合方式激励输入腔。

为了保证正常工作，速调管的各部分（收集极、管体、电磁线圈、电子枪及输出窗等）均有必需的冷却系统，分别有油冷和水冷等方式。高功率速调管通常都配有钛泵，用以维持管内的高真空，并用于真空度的监测。

（3）波导元件 波导连接技术是保证微波正常传输的重要环节，特别是高功率传输系统的连接，不但要保证良好的电接触，还要有足够好的气密性，以保证对系统真空度或充气系统漏气率的要求。如果连接不好，则可能会引起一些不良的结果，如可能增加接触损耗或在接头处发生反射，甚至会在传输大功率时发生放电打火现象，影响稳定传输。图4-10所示为微波系统中常用的波导元件类型。

4. 射野成形系统

射野成形系统由初级准直锥、次级准直器和第三级准直器组成。初级准直锥限定了射野的最大范围，次级准直器主要用于形成具体的射野形状，有的设备采用垂直方向的两对钨门，形成大小可调的方形射野。目前多数设备在次级准直器的下方安装多叶准直器作为第三级准直器，以实现更多的射野形状。典型的射野成形系统如图4-11所示。

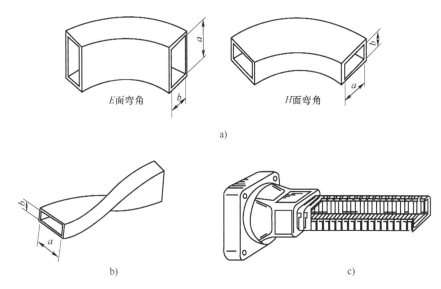

图 4-10　不同的波导元件类型

a）弯波导　b）扭波导　c）软波导

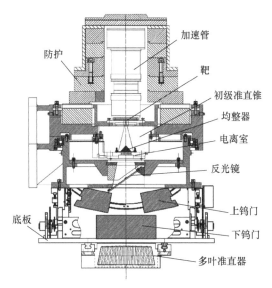

图 4-11　典型射野成形系统

（1）初级准直器　为了保证射野仅辐照到患者身上需要的部分，加速器通常在靠近辐射源处设置一个位于电子引出窗或靶下方的具有圆锥形孔的初级准直器（primary collimator）。初级准直器的常用材料为钨镍铁，其作用有两方面：①它决定了加速器所能提供的最大辐射野范围，确保辐射束在预定的区域内；②它阻挡了最大辐射野范围外的由辐射源产生的初级辐射，保护周围正常组织不受不必要的辐射损伤。

（2）多叶准直器　多叶准直器（Multi Leaf Collimator，MLC）的主要作用是替代手工制作的不规则铅挡块，但其机械结构方面的优良性能和计算机自动化控制下精确运动的灵活多样性,使其具备了多种潜在功能。在放疗过程中,MLC 能够遮挡射线形成各种不规则照射野,射野形状能够与肿瘤区域动态匹配,降低了病灶靶区周围正常组织并发症的产生概率,从而可以使放射治疗的治疗增益比得到有效的、明显的提高。MLC 是实现精确放疗的重要设备。

1) 多叶准直器工作原理。MLC 由成对排放的许多叶片组成,这些叶片所使用的材料需要具备对治疗射线进行屏蔽的特性。在电气和机械结构组成方面,每个叶片均有一套独立的驱动装置,该装置按照治疗计划系统给定的指令驱动叶片运动,使打开的叶片端面可以组成任意二维形状,治疗射线透过打开的叶片端面形成的空隙对恶性肿瘤靶区进行治疗照射(见图 4-12)。MLC 这种装置具备了挡铅技术、楔形板技术和物理补偿器等技术方法的所有优点(不需要制作补偿器、不需要手动操作挡块、较容易实现复杂边缘形状的肿瘤的适形、提供了更好的工作环境、提高了治疗效率等),这样便使得 MLC 成为三维适形调强放射治疗领域的宠儿,得到了更加广泛的使用。

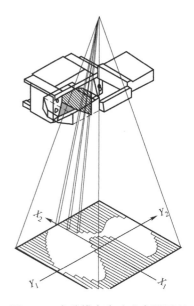

图 4-12 高分辨率多叶准直器原理

MLC 叶片采用钨合金材质精密加工成形。钨合金依据不同的配方可以制成不同的形状和不同的强度,制作多叶准直器叶片的材料一般采用含钨量(质量分数)95%的钨合金。钨合金叶片有射线阻挡能力强、表面耐磨和机械强度好等优点,保证了叶片的透射率和射线的漏射率达到最小,也可以减小叶片间的摩擦系数。

MLC 叶片的设计(见图 4-13)主要考虑对射线的屏蔽效果,叶片的尺寸、重量,叶片间的摩擦阻力,叶片间的泄漏辐射以及叶片端面对半影的影响等因素。进行屏蔽设计时,可根据要求屏蔽层达到的总减弱倍数计算屏蔽材料的厚度,见式(4-8)。

$$K = e^{0.693\, d/\Delta_{1/2}} \quad (4-8)$$

式中,K 是屏蔽层的总减弱倍数;$\Delta_{1/2}$ 是该屏蔽材料的半值层值;d 是屏蔽层厚度。

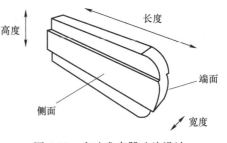

图 4-13 多叶准直器叶片设计

钨合金屏蔽件与其他屏蔽材料,例如铅或者 Al2O3 相比,屏蔽性相当,而厚度更薄,可作为制成多叶准直器叶片的原材料。

2) 多叶准直器的结构。MLC 从问世直到现在,其结构就一直在改进、完善。为适应各种不同的功能和用途,世界各国先后推出多种结构形式的 MLC。纵观其历史发展，MLC 主要是围绕着提高适形度、减小透射半影、降低漏射、适应动态调强与动态楔形板等高级功能展开的。例如，叶片对数由少到多，叶片宽度由大到小；最大照射野按需要向大和小两端发展；聚焦方式由无聚焦到单聚焦或双聚焦；相邻叶片之间由平面接触到凹凸插合；对侧叶片由不过中线到过中线且行程由小到大等。再加上独立驱动机构软、硬件的快速开发，使得 MLC 系统功能大增，逐渐向满足临床应用要求、降低造价、便于加工、操作简便、高可靠、低故障的方向迅速发展。

叶片的宽度直接决定了 MLC 所组成的不规则野与计划靶体积形状的几何适合度（适形度）：叶片越薄，适形度越好，但加工也较困难，驱动电动机等机构越多且复杂，造价相应提高，因此必须在适形度和造价之间进行合理的折中选择。叶片的高度必须能将原射线的辐射强度削弱到 5% 以下，即至少需 4.5 个半值厚度。由于需要保持叶片间低阻力的相对动态移动，叶片间常有一些漏射线，会降低叶片对原射线的屏蔽效果，叶片高度需要适当加厚，一般不小于 5cm 厚（钨合金）。如果将漏射线剂量降到 2% 以下，通常需要 7.5cm 的钨合金厚度。

叶片纵截面的设计需要考虑两个因素：

① 要保证相邻叶片间和相对叶片合拢时的漏射剂量最小，这就决定了叶片的侧面多采用凹凸槽相互镶嵌的结构。凹凸槽的位置可加工在叶片高度的中部，但由于这种结构要求加工精度高、技术难度大，使用中有时发现个别叶片因运动阻力大而发生故障，所以后来不少厂家生产的叶片采用了台阶式结构。

② 叶片的底面和顶面必须在与叶片运动方向垂直的平面内会聚到 X 射线靶的位置，这就决定了叶片的横截面应是梯形结构，即底面的宽度应大于顶面的宽度，使得任何一个叶片的侧面都与从源（靶）辐射出且通过此面的射线平行。加上使所有叶片都在以辐射源为圆心，以辐射源到叶片底面距离为半径的圆周上运动，就可构成无穿射半影的双聚焦结构。

为了减小叶片端面对射野半影的影响，叶片端面的设计尤为重要。通常有两种设计类型：弧形端面和直立端面。采用弧形端面设计后，在叶片沿垂直于射线中心轴方向运动的任何位置，都能使原射线与端面相切。采用弧形端面可能使射野的半影增大，而且半影的大小会随叶片离开射束中心轴的位置而变化，但如果合理地选择端面的曲率半径，可在叶片的全部直线运动行程中，使射线与端面的切弦长度近似保持不变，这样就可使射野半影基本上不随叶片位置变化而保持常数。

采用直立端面设计时，叶片可有两种运动方式：

① 叶片沿以 X 射线源（靶）为中心的圆弧形轨迹运动。这时，无论叶片处于任何位置，其端面总是与原射线相切。

② 如果叶片沿垂直于射束中心轴方向的直线轨迹运动，则叶片在到达指定的位置后必须自转一个小角度，以便使其直立端面与原射线的扩散度相切。由于叶片多，这种转角设计在技术上有一定的难度。

MLC 的聚焦结构分为以下几种：

① 无聚焦结构。早期的 MLC 主要是用于头部和体部小病变的微型 MLC，大都是无聚焦的叶片平移结构，如图 4-14a、b 所示。这种结构的叶片上、下、左、右等厚，叶片全部采用平移运动，叶片上下所组成的射野大小和形状都相同，不能消除穿射半影。对小野，因射线束的张角很小，影响不大；但对大野，会造成临床上不能接受的较大半影。

② 单聚焦结构。这种结构是使所有叶片都在以辐射源为圆心，以辐射源到叶片底面距离为半径的圆周上运动，使叶片的端面始终与射线束平行，消除了叶片运动方向上的穿射半影，如图 4-14c 所示。但在垂直于叶片运动的方向上，因叶片为上、下等宽度，所以仍有穿射半影，这种结构叫作单聚焦结构。1996 年以前生产的用于体部的大型 MLC（40cm×40cm 为最大射野）大都是单聚焦结构。

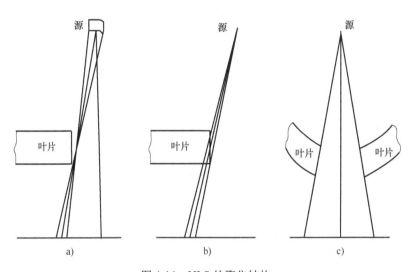

图 4-14　MLC 的聚焦结构

a）、b）无聚焦结构　c）单聚焦结构

单聚焦结构的末聚焦方向的穿射半影可以应用加速器原有的同方向的一对聚焦式初级准直器给予消除，这也是要求治疗机协同配合实现最小外接矩形野的原因之一。当然这只有对治疗用次级准直器是聚焦式结构的治疗机才能做这种弥补。

③ 双聚焦结构。对于安装在无聚焦二级准直器治疗机上的 MLC，有必要采用双聚焦结构。双聚焦结构是将单聚焦结构的 MLC 的每一个叶片在宽度方向加工成非等宽的发散状，端面呈梯形，上小下大，每个端面的梯形两边的向上延长线都应相交于放射源点。换言之，必须使每个叶片的双侧面和端面在任何位置都始终与其相邻的射线束平行。这种结构装在任何治疗机上都能消除穿射半影，如图 4-15 所示。

当然，消除半影的聚焦设计与 MLC 的安装高度有

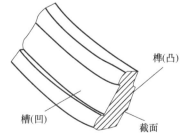

图 4-15　MLC 的双聚焦和叶片结构

关，还要考虑电路连接、配重、结构空间、驱动控制等多种因素。由于加速器机头的结构复杂，设计要求高，对已在用加速器机头的改造会产生多种困难，所以，除中小型附加外挂式 MLC 之外，国内外的大型 MLC 大都是由加速器厂家配套生产的。

④ 防漏射结构。临床应用要求每个叶片独立运动灵活，摩擦力小，相邻叶片之间不能挤靠太紧，但贴得太松又容易引起射线泄漏。为解决这一矛盾，可将每个叶片加工成一面带凹槽，另一面带凸榫，使相邻两片之间以槽榫凹凸叠合，利用射线只能直线传播的特点获得很好的防漏射效果（见图 4-16）。这种槽榫凹凸结合既不必太紧，也不必插入太深。有的公司的 MLC 由 40 对钨合金组成，叶片厚度 7.5cm，在等中心平面上的投影宽度为 1.1cm，相邻叶片的槽榫凹凸重叠厚度在等中心平面投影只有 0.1cm，所以相邻叶片的投影中心距离为 1.0cm，其漏射率可确保小于 2%。如图 4-17 所示。

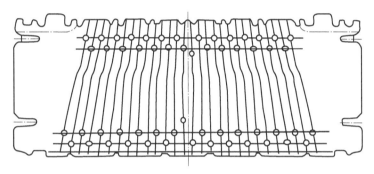

图 4-16　MLC 的侧视图可见减少相邻叶片间漏射线的凹凸槽

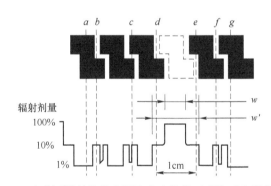

图 4-17　叶片间漏射线的来源及叶片纵截面形状对半影的影响

⑤ 过中线设计。随着 MLC 用途的进一步开发，动态非线性楔形野、动态调强及逆向设计为各种不同形状和复杂剂量分布射野的高级应用技术越来越多，常常要求成对的叶片从最远的一端一前一后以不同的变速度同向运动到另一端。因此，叶片运动的过中线行程是实现高性能适形调强照射法的必要条件，并成为衡量现代 MLC 功能强弱的重要指标之一，要求叶片的过中线行程应尽可能大，一般不应小于 12cm。

3）多叶准直器的控制。为使每个叶片随时分别到达准确的位置，各生产厂家采用了不同的叶片控制方式，但都必须包括三项内容：①叶片位置的监测，包括使用机械限位开关监测叶片的开关状态，光学摄像系统和线性编码器等；②叶片控制逻辑，包括控制叶片的开关状态、叶片位置、叶片运动速度和剂量补偿等；③叶片运动到位机构，采用数字方式或模拟方式控制叶片的到位。

① 叶片位置的监测。为确保叶片安全、可靠地到位，必须定时监测叶片的位置。对于开关式准直器，是使用机械限位开关来监测叶片的开关状态。另一种较常用的方法是用高精度的线性电位器作为线性编码器，它具有很好的线性度和精度，但因为接线太多、占据空间较大，一旦电位器出现问题，在结构紧凑的 MLC 中较难查找故障，必须用高可靠、高质量的电位器。还有一种监测方法是用光学摄像法，它是在加速器治疗头内的原射野灯光系统中增设一个分光镜，把 MLC 上端面反射回来的光线经分光镜反射到 MLC 的位置接收器。较常用的接收器是 CCD 摄像机，它将视频信号转换成数字信号后，送给 MLC 控制器中的图像处理器，即可监测 MLC 的叶片位置。这种光学摄像系统的优点是可实时显示 MLC 的叶片位置、接线少、空间分辨率高、位置线性度好；缺点是 CCD 摄像机不耐辐射，需要经常更换。

② 叶片位置的控制。叶片位置的确定和控制到位是实现 MLC 功能的先决条件。叶片位置应与它拟形成的射野边界相一致。线性编码电位器或光学摄像系统所记录或显示的叶片位置应相当于灯光野的大小，也必须是实际射线野的大小。对直立端面的双聚焦型 MLC，因其端面总是与射线扩散边相平行，所以其射野的校对方法与常规方法相同。但对弧形端面的 MLC 叶片，因为灯光指示的是端面切点的位置，而不是原射线强度被削弱 50% 的位置，致使情况变得复杂。弧形端面设计的叶片灯光野和射线野的符合情况如图 4-18 所示。好在计算和实践已证明：在使用的射野范围内，灯光野和射线野之间的最大差别不超过 1mm。在有的 MLC 上，采用缩短光源到等中心距离 1cm（SAD = 99cm）的措施，将灯光野的指示范围稍加扩大，即可使之与射线野符合，但这时下叶准直器的灯光野会比射线野略大。为解决这个问题，在下叶准直器的上端面附加一对薄铝片消光器，使二者符合。

以上方法解决了等中心层面二野（灯光野、射线野）不符合的问题，但对非标称源皮距的照射仍会有误差，因此在有的设计中，是将射线野大小与 MLC 叶片的对应位置都列成表格存入 MLC 控制计算机中，只要知道处方射野的大小，就可得到叶片应运动到的位置。叶片运动控制逻辑中还可根据治疗需要（如是否调强）来控制叶片运动的速度、相对叶片和相邻叶片之间的碰撞问题等。

③ 叶片驱动机构。对于开关型 MLC，通常采用活塞气动式控制，可使叶片快速进入开、闭状态；对于非开关型的标准 MLC，一般都采用微型电动机驱动，并通过丝杠将电动机的旋转运动变成叶片的直线运动。叶片的运动速度可设计在大约 $0.2 \sim 50\text{mm/s}$ 范围。

④ 叶片位置的校对。叶片位置的校对是保证叶片精确到位的重要措施。它是把来自 CCD 摄像机的像素信号或来自线性电位器的电压信号与叶片的位置进行一对一的校对，并定期重复进行。各公司生产的 MLC 自校对系统也各不相同。有的 MLC 系统中是

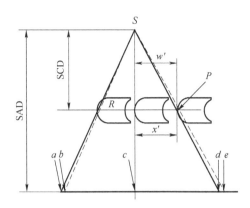

图 4-18　弧形端面设计的叶片灯光野和射线野的符合情况

SAD—光源到等中心的距离　SCD—光源到叶片中心的距离　R—叶片端面的曲率半径

S—源点　c—等中心点　a、d—光野边缘　b、e—射野边缘　x'—叶片运动距离

w'—射线强度50%点到中心的距离　P—切点

预置一与 MLC 运动方向垂直的窄长的红外线束，当驱动 MLC 时，叶片就自动跨越它，叶片截取红外线的宽度后与叶片位置的编码信息进行比较，按预先列出的几何关系计算公式定标后存入 MLC 控制计算机的相应表格中；有的 MLC 中是在治疗头内预置了四个固定参考反射器，构成一个固定的参考射野框架，校对时只需用胶片对一组预置缺省（default）射野进行照射，用胶片法进行 MLC 射野的校对。

　　⑤ 治疗准直器或后备准直器的自动跟随。治疗或后备准直器的自动跟随是为了屏蔽相对叶片和相邻叶片之间的漏射线。除用后备准直器跟随外，有的采用标准的加速器治疗准直器进行跟随。跟随准直器的位置应由相应 MLC 叶片的当前位置的编码信号进行控制，如图 4-19 所示。

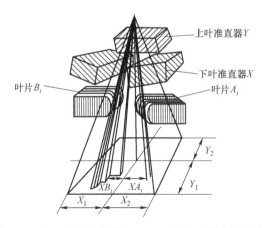

图 4-19　上、下叶准直器和 MLC 三级准直器布置示意图

　　4）多叶准直器的质控。作为一种准直器，MLC 应该具有常规治疗准直器的所有性能指标。例如，MLC 所形成的辐射野与灯光野的一致性；MLC 的旋转中心轴与射线束

中心轴的符合性；MLC 本身及相对叶片合拢时，相邻叶片间的漏射线等都应符合相应标准。

首先，应检验 MLC 的软、硬件及 MLC 与控制计算机间通信的准确性。用一系列预先选定的、已知大小和形状的、规则的和不规则的射野，可以检查 MLC 控制计算机组成的整个系统的射野精度及其指示系统的性能，并将检查结果登记在册。因为 MLC 构成的静态或动态不规则射野较难用肉眼方法进行查看（不像常规放疗那样，可用肉眼在患者皮肤上对照检查灯光野与皮肤墨水画野的符合性），只能依靠叶片联锁系统的有效性。联锁系统除包括硬件联锁、软件联锁和使这些联锁有效或失效的 MLC 叶片运动到位的位置误差允许量（jaw positional tolerance）的大小外，还应包括防止叶片非法运动的软件措施（例如，进入 MLC 的操作口令、意外中断命令等）的有效性。

因为 MLC 的单个叶片是独立运动的，每个叶片端面形成的射野边界、叶片运动范围、叶片运动速度、每个叶片到位的准确性等，各叶片彼此之间可能不同，必须对每个叶片一一检查，主要内容包括：

① 单个叶片的端面和侧面在等中心平面的投影（即灯光影和射线影）。

② 叶片的编号和顺序。

③ 每个叶片的运动范围。

④ 叶片位置的数值指示。

⑤ 相对叶片的灯光野和射线野的符合性等。

5）多叶准直器的应用。MLC 从 1965 年诞生并第一次使用后，获得了迅猛发展和广泛应用。MLC 的最初应用是取代传统的挡块，形成期望的射野形状，开展经典适形放疗。

与射野挡块相比，MLC 适形具有显著优势：能大幅提高适形治疗的效率，操作简便，不会产生有害气体或粉尘。

但是，MLC 的应用并没有局限在射野适形，它还广泛应用于旋转照射，在放射源旋转过程中，调节射野形状跟随靶区的投影形状；还应用于调强放射治疗中，通过控制 MLC 叶片的运动，实现期望的剂量分布。

广泛的应用已使 MLC 成为部分医用直线加速器治疗准直器的标准配置。MLC 大大促进了适形、调强等放射治疗技术的临床应用。

同时，这些技术的临床应用也对 MLC 各方面的性能提出了更高的要求，促进了各种设计方案的涌现。

① 多层 MLC 设计。采用多层设计，可以在一定程度上提高 MLC 的适形精度。最早出现的是双层 MLC。一种双层 MLC 设计由 Siemens 公司提出（见图 4-20），每层都由两个相对放置的叶片组组成，叶片都沿垂直于射线束的轴向（Y 轴）运动。两层 MLC 沿射线束的方向叠加放置，并且沿垂直于射线束方向和叶片运动方向的侧向（X 轴）偏移一个距离。这种双层 MLC 允许相邻叶片间有一定缝隙，上（下）层 MLC 相邻叶片间的空隙由下（上）层叶片挡住。这样就解决了叶片间漏射和摩擦的问题，而且双

层 MLC 提高了形成不规则射野形状的能力。

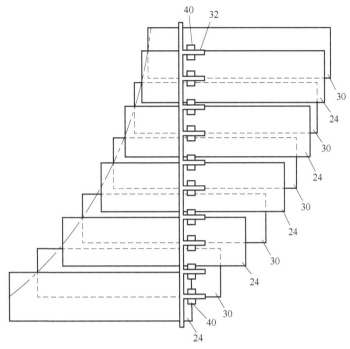

图 4-20　Siemens 双层 MLC 设计示意图

Varian 公司和山东新华医疗器械股份有限公司（新华医疗）都采用与 Siemens 类似的双层结构，分别如图 4-21 和图 4-22 所示。

图 4-21　Varian 双层 MLC 示意图

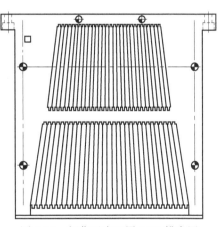

图 4-22　新华医疗双层 MLC 排布图

另一种双层 MLC 以 Direx 公司生产的 AccuLeaf 为代表，第一层包含两组相对放置的叶片，叶片沿垂直于射线束方向的轴向（Y 轴）运动；第二层包含两组相对放置的叶片，叶片沿垂直于射线束方向的轴向（X 轴）运动。这两层 MLC 成彼此垂直的关系，如图 4-23 所示。这种 MLC 同样能解决叶片间漏射和摩擦的问题，并且在形成一些特殊形状时，具有一定优势。

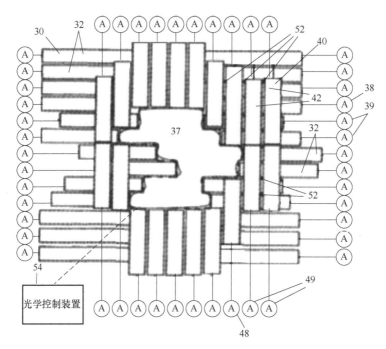

图 4-23　AccuLeaf 双层 MLC 示意图

苏州雷泰医疗科技有限公司也采用这种双层结构。

② 气压驱动 MLC。目前，气压驱动 MLC 只见于使用扇形束螺旋断层治疗的 Accuray 公司的 TomoTherapy，其叶片由共同的压缩空气源和单独的阀门驱动，垂直于扇形束运动。叶片由气压驱动，只有开、闭两种状态，20ms 即可完成切换。每个叶片高 10cm，靠近源端宽度为 2mm，远端宽度为 3mm，叶片间采用凸部为 0.15mm、凹部为 0.3mm 的凸凹槽设计，实物图如图 4-24 所示。

图 4-24　TomoTherapy MLC 实物图

4.3　装备关键技术

4.3.1　加速电场及电子能量的获得技术

带电粒子加速器是用人工方法借助不同形态的电场，将各种不同种类的带电粒子加速到更高能量的电磁装置，常称为粒子加速器，简称加速器。

依据加速粒子种类的不同，加速电场形态的不同，粒子加速过程所遵循的轨道不同，加速器被分为各种类型。电子直线加速器是利用微波电磁场加速电子并且具有直线运动轨道的加速装置。

目前，国际上在放射治疗中使用最多的是电子直线加速器。电子直线加速器有两种加速方式：行波加速方式和驻波加速方式。

1. 行波加速方式

图 4-25 所示是电子直线加速最基本的原理。很显然，电子只能在加速缝隙 D 中得到加速。若平均电场强度为 $E_z = V_a/D$，则通过加速缝所获得的能量为 eV_a。电子经过加速缝后，进入没有电场的金属筒内，便不能被加速。如何使加速得以持续？一种直观的想法是，如果能将图 4-25 所示的系统能以与电子相同的速度前进运动，电子一直处于加速缝中，即一直能感受到加速电场，则加速就能持续。

根据狭义相对论，现实中不可能建造这种系统。由于电子很轻，经过几十 keV 的加速之后，速度就可与光速相比拟，而一个宏观的系统（加速缝）是不可能做到以与光速比拟的速度前进的。不过这种想法却启发了人们去寻找某种形态的电场，它能以与光速相比拟的速度向前运动。

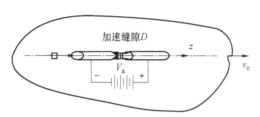

图 4-25　电子直线加速最基本的原理

第二次世界大战一结束，英、美两国一些在战争中曾研究过雷达的科技人员，组成七八个小组思索这个问题，他们不少人都不约而同地想到在雷达技术中广泛使用的圆波导管（如直径约 10cm 的圆管），在其中可以激励起一种具有纵向分量的电场（TM_{01} 模），它可以用来加速电子，其电磁场分布如图 4-26 所示。可惜它在圆波导管内传播时，波的相速度大于光速。要想利用这种电场来同步加速电子，保证电子加速到哪

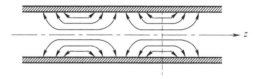

图 4-26　TM_{01} 模电场沿圆波导管传播电场分布

里，加速电场就跟到哪里，即加速电场可以不断"推着"电子向前走，就必须使在圆波导管中传播的这种 TM_{01} 模的电磁场的传播速度（相速度）慢下来。

在圆波导管中周期性插入带中孔的圆形膜片，依靠这些膜片的反射作用，使中孔中部分传播的电磁场相位传播速度慢下来，甚至降到光速以下，以实现对电子的同步加速。人们称这种波导管为盘荷波导（disk-loaded waveguide）加速管，取圆形膜片对波导管加载之意，此结构如图 4-27 所示。

图 4-27 绘出了工作于 π 模时的电磁场的分布。从图中可以看到，在轴线附近，能提供一个沿 z 轴直线加速电子的电场。只要此形态电场沿 z 轴传播速度始终与电

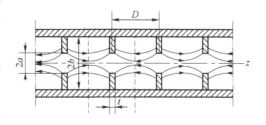

图 4-27　TM_{01} 型盘荷波导加速管结构示意图

子速度同步，该电场就能不断推着电子沿 z 轴前进。这种盘荷波导加速管工作原理简单，但很实用，结构也不复杂，自 20 世纪 40 年代中期问世以来，一直沿用至今。人们把这种加速原理称为行波加速原理。假设行波加速电场的强度为 E_z，电子一直处于电场的波峰上，则经过长度为 L 的加速管之后，电子所获得的能量为

$$W = eE_z L \tag{4-9}$$

2. 驻波加速方式

图 4-28 给出了另一种模型，在一系列双圆筒电极之间，分别接上频率相同的交变电源，如果该频率 f_a 和双圆筒电极缝隙之间的距离 D 满足式（4-10）的关系，则电子可以得到持续加速。

$$D = \frac{1}{2} \frac{v}{f_a} \tag{4-10}$$

式中，v 为电子的运动速度。

增加加速单元的数目，则电子的加速能量可以线性增加。在加速缝中，加速电场的幅值随时间是交变的，沿 z 轴也是变化的，在缝中央幅值最高，而在圆筒中央电场为零。当然这只是一个模型，在工程上是很难实现的，也不合适。因为若 D 取 5cm，v 近似为光速，则 $f_a = 3000\mathrm{MHz}$，这样高频率的高压是不可能用电线传输的。要实现这种加速的模型只能在一个谐振腔

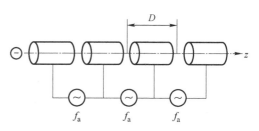

图 4-28　用时变电场按直线连续加速电子的一种模型

列（链）中完成。图 4-27 所示的加速管在左右两端适当位置放置短路板（面），形成一种电磁振荡的驻波状态，其电场的分布如图 4-29 所示。加速管结构中所有的腔体都谐振在一个频率上，相邻两腔间的距离为 D，而腔间电场相位差刚好为 180°，即腔间电场刚好方向相反。接近光速 c 的电子在一个腔的飞（渡）越时间 $t = D/c$，等于管中电磁场振荡的半周期，因此电子的飞越时间刚好和加速电场更换方向时间一致，从而能持续加速。这种加速模型被称为驻波加速。

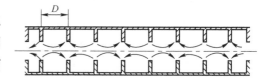

图 4-29　利用盘荷波导形成的驻波加速场分布

由于电子的静止质量很轻，仅有 $9 \times 10^{-31}\mathrm{g}$。它的动能很小时，速度就可以很快，例如 1MeV 的电子，它的速度就能达到光速的 94%。而动能为 20MeV 的电子，其速度为光速的 99.97%。

3. 行波加速原理

医用行波电子直线加速器的核心是行波加速管，它之所以能加速电子，是因为它不但具有电场的纵向分量，而且它是"慢波"，能把 TM_{01} 模的电磁波的相位传播速度慢到

光速，甚至光速以下。

1964 年，英国科学家 Walkinshaw 等人想到在圆波导管中周期性地插入带中孔的金属膜片来"慢波"，当然这不是慢波的唯一方法。就在当时，人们还想到在圆波导管中套上一个电介质常数较大的物质，如二氧化钛制成的筒子，在筒子中间也能传播 TM_{01} 模的电磁波，也是慢波，也可用于加速电子，但由于当时技术上的原因，这种慢波结构没有得到发展。

微波在如图 4-27 所示的具有皱折金属边界的波导管中传播时，相速度可以等于甚至小于光速。我们调节这些皱折的深度（$b-a$）、膜片孔径 $2a$、膜片的间距 D，甚至膜片厚度 t，就可以控制微波在盘荷波导加速管中传播的速度。这里所指的是波的相位传播速度，它是一种状态的传播速度，描述与能量传播速度有关的量称为群速度。

在盘荷波导加速管中，微波电磁场以波的形式沿轴线方向（z 轴）向前传播，如图 4-30 所示，此行波电场在轴线附近具有轴向分量，可对电子施加轴向作用力，电子若处于轴线附近时，并相位合适，就可不断受到行波电场的加速作用而增加能量，这就是电子直线加速器的行波加速原理。

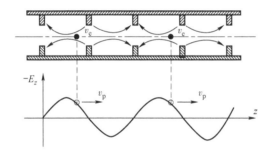

图 4-30　盘荷波导加速管中行波电场分布及电子相对于波的位置示意图

行波加速原理的核心是电子速度和行波相速之间必须满足同步条件：

$$v_e(z) = v_p(z) \tag{4-11}$$

电子在行波电场作用下，速度不断增加，要求行波电场的传播速度也同步增加，以对电子施加有效的作用。显然，若同步条件遭到破坏，电场就不能对电子施加有效的加速，如果电子落入减速相位，电子还会受到减速。

然而，有一点要特别指出，即电子速度的问题。狭义相对论告诉我们，在电子直线加速器中，电子速度 v_e 和其动能之间不能再用 $W = \frac{1}{2}mv_e^2$ 来表示，而满足式（4-12）。

$$v_e = c\sqrt{1 - \left(\frac{m_0 c^2}{W + m_0 c^2}\right)^2} \tag{4-12}$$

式中，$m_0 c^2$ 为电子的静止能量 0.511MeV；W 为电子动能；c 为光速，$\beta_e = \dfrac{v}{c}$。

电子刚注入直线加速器时，动能约为 $10 \sim 40$keV，根据式（4-12），电子速度约为

$v=0.17\sim0.37c$；当加速到动能为 $1\sim2\mathrm{MeV}$ 时，电子速度就达到 $v=0.94\sim0.98c$。其后能量再增加，电子速度也不再增加多少了。

图 4-31 给出了一台国产 8MeV 医用行波电子直线加速器电子速度和动能沿行波加速管长度变化的情况。图中可见，沿加速管的长度方向，电子的动能基本上是线性增长的，但电子速度很快就趋近光速了。

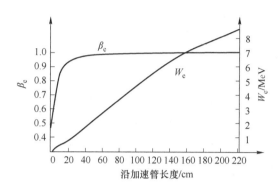

图 4-31 电子速度和动能沿行波加速管长度变化的情况

由于这一特点，加速能量大于 2MeV 的电子时，行波电场的波速可以不变，等于光速，即结构均匀的盘荷波导加速管就可持续加速电子，从而大大简化了盘荷波导加速管的设计和加工。在盘荷波导加速管中的轴线附近，行波电场纵向分量 E 可以表示为

$$E_z(r,z,t)=E_0(z)I_0(kr)\sin(\omega t-\beta z) \tag{4-13}$$

式中，$E_0(z)$ 为场的幅值，为距离 z 的函数；ω 为电磁场振荡的角频率；$\beta=\dfrac{2\pi}{\lambda_g}$，$\beta$ 表示单位长度上的相移，称为 z 方向的相位常数，r、z 分别为径向和轴向位置，$I_0(kr)$ 为零阶虚变量贝塞尔函数，当 $r\approx0$ 时，$I_0(kr)\approx1$。

从式（4-13）可见，行波电场的强度和方向都是随时间和轴上位置交变的。在同一时刻，沿加速管轴线不同位置，电场方向有的与加速运动方向一致，有的则相反。电场随时间以波的形式向前传播（图 4-32）。图中 λ_g 为波导波长，行波加速就是在行波电场不断向前传播的过程中，行波电场不断给电子以加速力。这时波在前进，电子也在前进。在这个动态过程中，并不是在任何情况下，电子都能受到电场的加速作用，只有当电子落入加速相位，才能受到加速。若电子相对行波场的相位关系不合适，落入减速相位，电子反而会被减速，失去能量。因此在讨论同步加速时，常常引用一个相位图来表达电子在加速过程中，电子相对于行波电场的相位关系（见图 4-33）。我们记 $0°<\phi<180°$ 范围为加速相位，$\phi=90°$ 为加速的波峰，$-180°<\phi<0°$

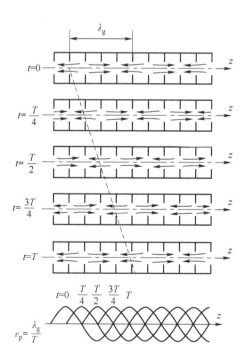

图 4-32 行波电场沿加速管随时间沿轴向变化的规律

范围为减速相位。利用式（4-13），可以求得波速的表达式。式（4-13）在 $r=0$ 的情况下，可以改写成

$$E_z(z,t) = E_0(z)\sin\left(2\pi\frac{t}{T} - 2\pi\frac{z}{\lambda_g}\right)$$ (4-14)

式中，T 为行波电场完成一次振荡所需的时间，常称为周期（$\omega = 2\pi/T$）。

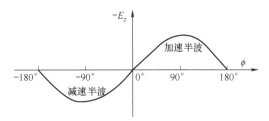

图 4-33　电子相对于行波电场的相位关系

取波的零点移动速度来计算波速。设 $t=0$ 时，$z=0$ 为计算原点，则这时式（4-14）中的电场相位值 $\phi = 2\pi\frac{t}{T} - 2\pi\frac{z}{\lambda_g} = 0$，若这个行波电场经时间 Δt 后，场零点移动了 Δz 的距离，则这时相应电场相位仍应为零（$\phi = 0$），即

$$2\pi\frac{\Delta t}{T} - 2\pi\frac{\Delta z}{\lambda_g} = 0$$ (4-15)

而波速 v_p 则等于波的零点在单位时间内移动的距离，为

$$v_p = \frac{\Delta z}{\Delta t}$$ (4-16)

由式（4-15）和式（4-16）可求得波速

$$v_p = \frac{\lambda_g}{T}$$ (4-17)

由于 $\beta = \frac{2\pi}{\lambda_g}$，所以式（4-17）也常常表示为

$$v_p(z) = \frac{\omega}{\beta}$$ (4-18)

正如前面提及的，我们改变盘荷波导加速管的尺寸，特别是皱折深度（$b-a$）可以控制行波电场的传播速度 $v_p(z)$，使之与电子速度 $v_e(z)$ 同步，从而实现行波加速。

在说明行波加速原理时，常常有不同的形象说法，如用海浪和冲浪运动员来比喻行波电场和电子，如图 4-34 所示。

我们必须指出，电子受行波电场加速，不能简单地理解为行波像一节车厢，电子像

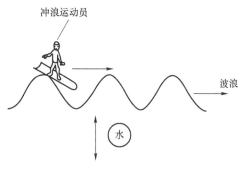

图 4-34　行波加速的形象描写

73

旅客，火车速度加快了，旅客前进的速度也就加快，车厢必定带着旅客一道走。行波和电子之间不是这种简单的关系，没有什么东西把电子绑在行波的波峰上。在加速过程中，波在前进，电子也在前进，这个意义上，他们之间是独立的，但又是相互联系着的，当同步条件得到满足时，场给电子以加速力，电子从场中获得能量，反之，同步加速条件受到破坏，电子落入减速相位，则电子会把自身具有的动能交换给场。在同步加速过程中，电子在行波场的作用下速度越来越快，而行波场传播速度按着人们的设计也越来越快，当电子速度逐渐接近光速时，波的速度可设计为等于光速，维持电子一直处于波峰附近。在这个意义上，电子好像骑在波峰附近前进，不断获得能量。

4. 行波加速管结构

微波在盘荷波导加速管中传播的速度（相速度）与盘荷波导加速管内径 b 和金属膜片孔径 a 之差 $b-a$、膜片孔径 a、膜片的间距 b，其至膜片厚度 t 等有关，可以调节这些尺寸来控制相速度，以满足同步加速的条件。因此一根特定的加速管是针对一定的工作频率来设计、加工和调整的。当此频率的微波功率馈入该加速管后，在其中所激励起的行波电磁场的相速度 $v_p(z)$ 就会按设计的要求增长，满足 $v_p(z) \approx v(z)$ 条件。如果馈入盘荷波导加速管的微波工作频率偏离所设计的频率，其传播的相速度将发生变化，影响电子直线加速器的工作。

（1）相速度与盘荷波导加速管几何尺寸的关系　盘荷波导加速管几何尺寸主要包括波导加速管内径 b、膜片孔径 a、膜片间距 D、膜片厚度 t，如图 4-35 所示等。

在这些尺寸中，膜片厚度 t 对相速度影响很不灵敏。膜片厚度的选择主要取决于机械强度以及膜片内孔圆弧倒角附近高频电击穿强度。在确定盘荷波导加速管尺寸时，膜片厚度是可先选定的参量。对 10cm 波段的加速管（$f=$ 2998MHz 或 2856MHz），一般选 $t=4\sim6$mm，个别也有选 2mm 的。

膜片间距 D 对相速度的影响也不是主要的。然而它对盘荷波导加速管内建立起的行波电场强度却有较大的影响，如果盘荷波导加速管内膜片太稀，则微波功率在单位距离内消耗相同的功率时，所建立起的电场强度很低，从而不能满足加速的要求。膜片太密，会增加高

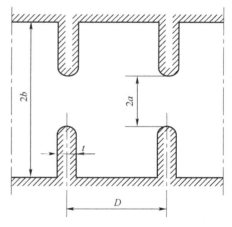

图 4-35　盘荷波导加速管几何尺寸

频电流流过的表面面积，增加了功率损耗。因此，存在一个最佳的间距范围，最好在一个导波波长内有 3~4 个膜片（即 $D=\dfrac{\lambda_g}{3}\sim\dfrac{\lambda_g}{4}$）。同时，膜片间距的选择和盘荷波导加速管的工作模式选择是联系在一起的。所谓工作模式是相邻两个加速腔之间的相移，一般选 90° 或 120°。相移 90° 的称工作模式为 π/2 模；相移 120° 的称工作模式为 $\dfrac{2\pi}{3}$ 模。前者

对应的膜片间距为 $D=\dfrac{\lambda_\mathrm{g}}{4}$，后者对应为 $D=\dfrac{\lambda_\mathrm{g}}{3}$。

膜片孔径的确定主要依赖于盘荷波导加速管中加速电场强度的要求。要求加速电场强度越高，则孔径 a 就应越小。但 a/λ 过小，则该加速管的色散会变得严重，对频率自动稳定系统提出很高的要求。a/λ 值一般选在 $0.10\sim0.13$ 范围内。

为了传播相速一定的波，当 a 值决定之后，b 值就被唯一地确定下来了。盘荷波导加速管的皱折深度 $b-a$ 是对波速影响最敏感的尺寸。当 $b-a$ 越大，即越接近径向传输线波导波长的 $1/4$，则波速越慢。

为了让大家对 a 和 b 量值之间的关系有一个大致的了解，下式给出 $D=\dfrac{\lambda_\mathrm{g}}{4}$、相速度 $\beta_\mathrm{p}=1$ 时，粗估 b 值的关系式

$$\frac{b}{\lambda}=0.383\left[1+20\left(\frac{a}{\lambda}\right)^3\right] \tag{4-19}$$

若 $\dfrac{a}{\lambda}=0.1$、$\lambda=10\mathrm{cm}$，由式（4-19）可粗算出 $2b=7.8\mathrm{mm}$。

（2）相速度和微波频率的关系——色散关系　根据给定的微波频率以及一定的相速度要求而设计和加工出来的盘荷波导加速管是否只能在给定的微波频率下工作呢？不是的！在一定频率范围内的微波也能在其中传播，存在着一个通频带，只是不同频率的波在其中传播时，其相速度会不同而已。这是盘荷波导加速管传输系统的一个很重要的特性，这种波速依赖频率的关系称为色散关系。"色散"这个词是从光学借用来的，在光学中，有一定色谱（即光线有一定的频率分布）的光通过一个如三棱镜那样的折射系统时，不同频率的光线因在三棱镜中有不同的传播速率从而有不同的折射率而被分散开，此特性称之为色散。现在盘荷波导加速管也有类似的特性，它不但能传播我们所设计的频率的微波，而且在设计频率附近的一个范围内的微波也能传播，只不过不同频率的微波有不同的相速度。这可解释为当微波频率变化时，主要起慢波作用的皱折深度相对于导波波长发生了相对的变化。譬如微波频率升高了，即所要传播的微波的波长变短了，这时盘荷波导加速管的皱折深度 $b-a$ 相对已经变短的微波波长而言，它显得长了。这样它将起着更大的慢波作用，相速度变慢了。反之，微波频率降低，则相速度要增加。

图 4-36 给出了一台国产医用行波加速管的相速度与频率依赖曲线——色散曲线，该加速管的设计频率为 $f_0=2998\mathrm{MHz}$，预定相速度为 $\beta_\mathrm{p}=1$。从图 4-36 可以看到，当微波频率离开 f_0 时，相速度也就偏离开原

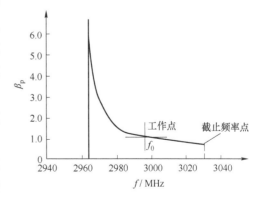

图 4-36　一台国产医用行波加速管的色散曲线

定的数值。频率增加时，相速度会降低；频率降低时，相速度会增加。从图中还可以看到，实际上存在一条通频带，当频率高于某一数值或低于某一数值，波都不能传播。

色散特性是盘荷波导加速管最主要的特性，从色散特性可以衡量一根加速管的相速度对微波频率的敏感程度。强色散的加速管，当微波频率稍有变化时，其相速度将有很大的变化。影响加速管色散程度的主要参量是盘荷波导加速管的 a/λ。a/λ 减小，则色散程度增加。a/λ 越小，色散越厉害。微波频率变化会导致相速度变动，从而导致电子同步加速条件破坏，致使电子相对于波滑相。

我们可将图 4-36 所示色散曲线画成角频率 ω 和相位常数 β 之间的关系曲线，称为布里渊（Brillouin）图，如图 4-37 所示。图中纵坐标用 ω（$\omega = 2\pi f$）表示，横坐标用 β（$\beta = \dfrac{2\pi}{\lambda \beta_p}$）表示，使用布里渊图方便之处在于，$\omega$-$\beta$ 曲线上的每一点与原点距离的比值就是该点的相速度，即 $v_p = \dfrac{\omega}{\beta}$，而 ω-β 曲线上每一点的斜率就是该点的群速度，即 $v_g = \dfrac{d\omega}{d\beta}$（群速度常用来表示微波能量传输的速度）。另外，此慢波系统的通频带宽度、截止频率的位置在图上一目了然。图中的横轴实际上表示在一个腔内的相移。在通频带的低端和高端分别对应相移量为 0 和 π，在通频带中央，表示相移为 π/2，从该图还可以求解模式间隔。

（3）加速电场强度和微波功率、膜片孔径的关系　盘荷波导加速管中所激励起的加速电场强度首先取决于微波功率，与直流电路中电压和电功率的关系相类似，电场强度和微波功率的平方根成正比；其次，加速电场强度和盘荷波导加速管膜片孔径 a 大小有关，在相同功率下，a 越小，电场强度越高；最后还和行波的相速度有关，相速度越低，行波电场强度也越低。此外，在加速管中由于膜片的存在，还会激励起无穷多个空间谐波，它们要带走全部微波功率的 10% ~ 30%。可以

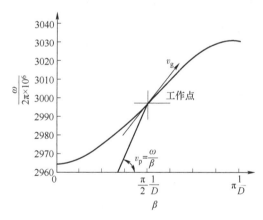

图 4-37　盘荷波导加速管的布里渊图

有复杂的公式来计算上述诸因素对加速电场强度 E_z 的影响。当 $\beta_p = 1$ 时，有下面的简化公式。

$$E_z \approx 6.97 \frac{\lambda}{a^2} \sqrt{\eta P} \tag{4-20}$$

式中，P 为该处的微波功率；η 为空间谐波系数（$\eta \approx 0.9 \sim 0.7$），$\beta_p$ 越小，η 越大，a 越小，η 越小，从而用于建立基波电场强度的功率就越小，譬如 $a/\lambda \approx 0.1$，$\beta_p = 1$，$\eta \approx 0.75$。

（4）衰减系数及分流阻抗　微波功率在盘荷波导加速管传输的过程中，在盘荷波导加速管内壁必然会激励起高频电流，该高频电流会引起加速管发热，常称为高频损耗。它会引起微波功率沿加速管衰减，可用衰减系数来反映沿加速管功率损耗的程度，记为 α。微波功率沿加速管的变化正比于 α 和该处的功率 P，即

$$\frac{\mathrm{d}P}{\mathrm{d}z} = -2\alpha P \tag{4-21}$$

而衰减系数 α 和盘荷波导加速管尺寸、相速度、频率有关。α/λ 越小，α 越大。α 还和材料及其表面状态有关。

高频电流的产生和微波电场的建立是紧密联系在一起的。当然不同的加速管结构，不同的加速管几何尺寸，不同的相速度，在消耗相同的功率条件下，会建立起不同幅值的电场强度。为了衡量这一性质，在行波加速管中引入一个行波分流阻抗 Z_T 的概念，用来表示在加速结构中建立起的加速电场强度的平方与单位长度加速结构所损耗的微波功率的比值，表示为

$$Z_T = \frac{E_z^2}{-\dfrac{\mathrm{d}P}{\mathrm{d}z}} = \frac{E_z^2}{2\alpha P} \tag{4-22}$$

分流阻抗是一个很重要的参数，人们总希望 Z_T 大一些，在消耗相同的微波功率时，能建立起更高的加速电场强度。Z_T 和盘荷波导加速管的工作模式有关，工作于 $2\pi/3$ 模时，Z_T 最高。减小膜片厚度对 Z_T 提高也有好处。在 10cm 波段，一般 $Z_T \approx 50 \sim 60 \mathrm{M\Omega/m}$。

（5）束流负载及微波功率损耗的分配　微波功率沿加速管的衰减还有一个原因是束流负载对微波功率的吸收。换言之，微波功率建立起行波电场加速了电子束，束流获得了能量。束流能量的增加是以损耗微波能量为代价的。考虑到束流负载之后，式（4-21）应该增加束流负载一项，即

$$\frac{\mathrm{d}P}{\mathrm{d}z} = -2\alpha P - IE_z \tag{4-23}$$

式中，I 为束流强度；E_z 为束流感受到的电场强度。

考虑到式（4-22），对式（4-23）进行积分可得微波功率沿加速管分布的表达式

$$P(z) = P_0 \mathrm{e}^{-2\alpha z} \left[1 - \mu(\mathrm{e}^{\alpha z} - 1) \right]^2 \tag{4-24}$$

式中，P_0 为加速管入口处的微波功率；$\mu = \dfrac{Z_T^{1/2} I}{(2\alpha P_0)^{1/2}}$，称为束流负载系数；$z$ 为加速管的长度。

图 4-38 所示为一台国产医用行波电子直线加速器沿主加速管的功率分布曲线。图中所选用的参数为 $\mu = 0.95$，$I = 0.1\mathrm{A}$，$E_z = 58\mathrm{kV/cm}$，$\alpha = 0.00255\mathrm{cm}^{-1}$，$P_0 = 1.22\mathrm{MW}$。

馈入行波加速管的微波功率大约 45%～50% 以欧姆损失的形式消耗在加速管壁上，大约 40%～50% 转换为束流功率，大约 10% 功率到达行波加速管末端，并通过输出耦合器馈入匹配的吸收负载。一般这部分功率是白白消耗掉的，但有的医用行波电子直线加

速器是将这部分功率反馈入加速管入口而加以利用。

（6）群速度和微波功率沿加速管的填充时间　相速度，即相位传播速度，是指电磁波在盘荷波导加速管中传播时相位移动的速度。乍看起来，好像能量沿波导加速管也是以同样的速度传播。其实不然，能量传输速度和相位传播速度不是一回事，相速度是波的一种状态的传播速度，基波场在波导加速管中的相位传播速度可以远大于光速，而能量传输速度只能小于或等于光速，常用群速度来反映能量传输的速度。

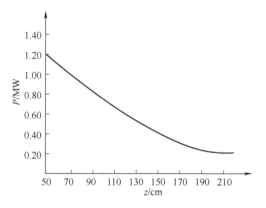

图4-38　某国产医用行波电子直线加速器沿主加速管的功率分布曲线

能量传输过程是电磁场在加速管中建立和传输的过程。微波能量通过加速管的每一个腔时，首先要进入每一个皱折槽，把皱折槽的电磁场建立起来，然后经槽底反射出来，再往前传输，因此能量传输速度是比较慢的。

归根到底，在加速管中相速度和群速度的差别是由于加速管是一个色散系统，不同频率的波在加速管内传播时有着不同的相速度。实际上通过加速管的微波频率不是单色的，而是存在一个频谱，即存在一个不同频率的集合群。能量传输的速度是这个波群幅值最大值的移动速度。具体地讲，从磁控管发射出来的微波是一个一个脉冲调制波，如图4-39所示。能量传输速度可理解为这些调制波包络的移动速度。而这些调制的波是由不同频率波的集合群组成，每一个频率所对应的幅值可以对调制波进行傅里叶分解求得，其结果如图4-40所示，称为频谱图，该图可以用频谱仪观察到。因此，能量传输速度是频谱中所包含的各频率组成的波群所合成的幅值最大值的移动速度，这也是群速度名称的由来。显然它不同于单一频率的波的移动速度。

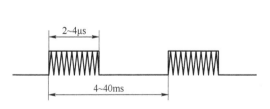

图4-39　馈入加速管的调制脉冲功率波形示意图

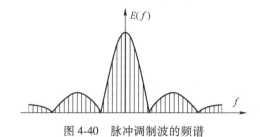

图4-40　脉冲调制波的频谱

为了更直观地理解这个问题，可以认为波的集合群是由两个频率相近、幅值相同的波组成，求出它们合成波的振幅最大值的移动速度。

设它们的角频率分别为 ω_1、ω_2，$\omega_1=\omega_0+\Delta\omega$，$\omega_2=\omega_0-\Delta\omega$，相应的相位常数也会稍有差别 $\beta_1=\beta_0+\Delta\beta$，$\beta_2=\beta_0-\Delta\beta$。两个波分别表示成

$$E_1 = E_m \sin(\omega_1 t - \beta_1 z)$$
$$E_2 = E_m \sin(\omega_2 t - \beta_2 z)$$
(4-25)

两个波的合成

$$E = E_1 + E_2$$
$$E = E_m \left[\sin(\omega_1 t - \beta_1 z) + \sin(\omega_2 t - \beta_2 z) \right]$$
$$E = 2E_m \cos(\Delta\omega t - \Delta\beta z) \sin(\omega_0 t - \beta_0 z)$$
(4-26)

式（4-26）可用图 4-41 的图形表示。图形的包络线是由式（4-26）的前一项 $\cos(\Delta\omega t - \Delta\beta z)$ 决定，而在包络线内作高频振荡的波是由后一项决定，其振荡频率就是式中的 ω_0。群速度就是包络线所形成的"波包"的移动速度，根据式（4-26）的前一项，可求得群速度为

$$v_g = \frac{\Delta\omega}{\Delta\beta} \Big|_{\omega_0}$$
(4-27a)

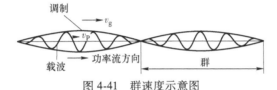

图 4-41　群速度示意图

当波的集合群有无限多个频率的波组成时，群速度可表达成

$$v_g = \frac{d\omega}{d\beta} \Big|_{\omega_0}$$
(4-27b)

从图 4-37 可以看到，色散越大的系统，其相应工作模式的群速度越小。

因此，群速度和盘荷波导加速管尺寸及工作模式有关，对 π/2 模而言，约有

$$v_g = k \left(\frac{a}{b} \right)^4$$
(4-28)

式中，k 为一常数，和波导加速管结构尺寸有关。从式（4-28）可见，a/b 的值越小，v_g 越小。

由于存在群速度，即微波脉冲能量从加速管入口传到末端是需要时间的，该时间称为填充时间。显然填充时间等于

$$t_{FT} = \frac{L}{v_g}$$
(4-29)

式中，L 为加速管长度。

在填充时间内，电磁场沿加速管不断建立。在微波能量未传到加速管末端之前，加速管内的场是在建立中的。因此在填充时间内，加速管不能正常出束。有效出束时间 τ_B 为

$$\tau_B = \tau - t_{FT}$$
(4-30)

式中，τ 为微波脉冲宽度。一般医用行波电子直线加速管的 $t_{FT} = 0.4 \sim 0.6 \mu s$。

考虑到填充时间后，脉冲束流强度 I 和平均束流强度 i 之间满足

$$i = F\tau_B I$$
(4-31)

式中，F 为脉冲重复频率（一般 $F = 250\text{Hz}$）。

5. 驻波加速原理

（1）电子驻波加速原理发展概述　尽管 20 世纪 60 年代后期，驻波电子直线加速器获得了迅速的发展，然而其原理并不新颖。早在 20 世纪 40 年代中期，在开始研究行波电子直线加速器的同时，不少小组就已经注意到利用驻波电场加速电子。至于驻波的工作方式，就是加速管的末端不接匹配负载，而接短路面，使微波在终端反射，所反射的微波沿电子加速的反方向前进，如果加速结构的始端也放置短路面，那上述的反射功率在始端再次被反射，如果加速管的长度合适，则反射波和入射波相位一致，加强了入射波，在加速管内形成驻波状态。

美国麻省理工学院斯拉特（Slater）等人在 1947~1948 年间就注意到这一点，并指出，当加速管比较短时，驻波加速方式是比较有利的，在相同的微波功率、相同的加速结构下，可使电子获得较高的能量。其后，他们于 1951 年建成了一台 π 模工作的驻波直线加速器，可把电子能量加速到 18MeV。

然而，在此后漫长的十二三年间，一直找不到一种既适合驻波加速工作方式，又具有竞争力的理想的驻波加速管结构。

诚然，用两金属板短接盘荷波导加速管而构成的驻波加速管结构最简单，但分流阻抗低。而且工作在 π/2 模时，有半数腔只起耦合作用，对加速没有贡献，加速效率低；而工作在 π 模时，又由于模式分隔窄，腔数不能太多，以及群速度很低，不利稳定工作，因此这种单周期驻波加速结构没有竞争力。

20 世纪 60 年代初，美国洛斯阿拉莫斯国家实验室（Los Alamos National Laboratory，LANL）为了建造 800MeV 的介子工厂，曾研究过多种驻波加速结构，后在 E. A. Knapp 等人领导下终于开发了一种新颖的驻波加速结构——边耦合驻波加速结构。它的基本思想是，把工作在驻波工作状态 π/2 模时只起耦合作用的腔，从束流轴线上移开，移到加速腔的边上，耦合腔留下来的空间为加速腔所扩展占有，加速腔通过边孔和耦合腔耦合，相邻两个加速腔相差 180°。此结构既具有 π 模的效率，又具有 π/2 模的工作稳定性。由于这种边耦合驻波加速结构分流阻抗高，工作稳定性好，尺寸加工公差要求松，因此很快就被美国瓦里安公司按比例缩小，把原来加速质子的加速结构改成适合加速电子的结构，于 1968 年先后成功地把边耦合结构应用于医用和无损检测用的驻波电子直线加速器。该成果在电子直线加速器发展史上具有里程碑性意义，使驻波电子直线加速器的发展进入了一个崭新的阶段。

边耦合驻波加速结构的提出，也推动了其他各种类型驻波加速结构的发展，包括磁轴耦合的双周期结构、三周期结构，环腔耦合的双周期结构，电轴耦合的双周期结构、三周期结构。我国从 20 世纪 70 年代起，各种驻波加速结构，诸如箭形环腔耦合双周期结构、边耦合驻波加速结构、磁轴耦合驻波结构，也得到迅速的发展。国际上自边耦合驻波加速器问世以来，无论是医用的还是无损检测用的电子直线加速器都纷纷采用驻波加速结构。驻波电子直线加速器之所以能获得如此发展，其原因不单是由于找到了具有良好性能的驻波加速结构，而且很重要的是微波技术和无线电电子学技术等方面的成就为其提供了各种性能良好的辅助系统，保证了驻波加速结构的稳定工作。譬如工作可靠，正向衰减少，反向隔离度高，能承受大功率反射的环流器（高功率隔离部件）的研制成功，保证了微波功率源，如磁控管的稳定工作，而不受负载——高 Q 驻波谐振腔工作状态的影响，保证了在场建立过程中从驻波结构反射回来的大量微波功率，能被环流器的吸收负载所吸收，而不至反射到功率源中，损坏功率管；又如高灵敏度的锁相式自动频率稳定系统的研制成功，保证了磁控管的振荡频率精确地和驻波加速腔联锁，频率偏离控制在 $\pm20\text{kHz}$ 范围内，从而使工作频带很窄（$\approx100\text{kHz}$）的驻波加速结构能稳定工作。没有这些性能良好的辅助系统的配合，驻波结构的优越性能是无法实现的。

（2）驻波加速原理

1）驻波观点分析。无论哪种驻波加速结构，都可看成是一系列以一定方式耦合起来的谐振腔链，在谐振腔轴线上有可让电子通过的中孔，在腔中建立起随时间振荡的轴向电场，轴向电场的大小和方向是随时间交变的，而这种振荡的包络线都是原地不动的，故称为驻波。图 4-42 画出了工作在 π 模的典型驻波结构的场分布图。如图 4-42 所示，轴线上的中孔既是束流通道，又是实现腔间耦合的耦合孔。从图 4-42 可知，每一个腔内场的大小及方向是随时间交变的，而出现电场强度最大值和零值的地方是不随时间变化的。场是位置和时间的函数，在每一个腔中电场强度可表示为

$$E_z(z,t) = E_z(z)\cos\omega t \quad (4\text{-}32)$$

式中，$E_z(z)$ 为场的包络线，$E_z(z)$ 可分解为不同的谐波

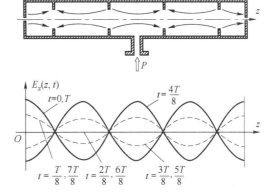

图 4-42　工作在 π 模的典型驻波结构的场分布图

$$E_z(z) = \sum_{n=-\infty}^{\infty} A_n \cos \frac{(2n+1)\pi z}{D}$$

式中，A_n 为各次谐波的幅值；D 为相邻两腔间的距离。不同的驻波结构，由于边界条件不同，$E_z(z)$ 形状会有差别。图 4-43 给出了一个典型的 $E_z(z)$ 分布图。

当图 4-42 中 1# 腔的电场随时间渐渐从小到大，而方向又正好合适加速电子时，2# 腔的电场方向却是减速的，但过一会，当 1# 腔的场值随时间变成减速方向时，则 2# 腔电场的方向变得正好能加速电子。因此可以设想，如果让电子在 1# 腔的场正好由负变正那一瞬

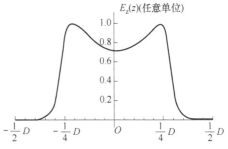

图 4-43　典型的 $E_z(z)$ 分布图

间（电场强度正是加速方向）注入其中，电子在前进时，电场强度不断增加，电子不断获得能量，电场强度到达峰值时，电子也正好到达腔的中央。其后电场强度开始下降，电子在后半腔中飞行，当电场强度开始由正变负时，电子正好飞出 $1^{\#}$ 腔进入下一个腔。这时 $2^{\#}$ 腔的电场强度又正好由负变正。电子在 $2^{\#}$ 腔中又能继续加速获得能量。如果这种安排能得到满足，电子就可不断获得能量，这就是驻波加速原理。

驻波加速能得以持续进行，必须满足同步加速条件。同步加速条件可表示为

$$\frac{D}{c} = \frac{T}{2} \tag{4-33}$$

即电子渡越腔体（腔长为 D）的时间正好等于微波振荡的半周期 $T/2$。

在满足同步加速条件下，电子在一个驻波腔中的能量增益 W 等于

$$W = e \int_{-D/2}^{D/2} \sum_{n=-\infty}^{\infty} A_n \cos \frac{(2n+1)\pi z}{D} \cos \omega t \mathrm{d}z \tag{4-34}$$

根据同步条件，有 $\omega t = \dfrac{\pi z}{D}$，并代入式（4-34）得

$$W = e \int_{-D/2}^{D/2} \sum_{n=-\infty}^{\infty} A_n \cos \frac{(2n+1)\pi z}{D} \cos \frac{\pi z}{D} \mathrm{d}z \tag{4-35}$$

根据三角函数的正交性，式（4-35）有

$$W = e \frac{A_0}{2} D + e \frac{A_{-1}}{2} D$$

式中，A_0、A_{-1} 分别为驻波的基波和-1 次谐波的幅值。可见 π 模工作时，只有基波和-1 次谐波对电子能量增益有贡献。

2）行波观点分析。其实驻波加速也不是从原则上区别于行波加速的另外一种新的加速原理。驻波加速也可以用行波观点来分析。因为任何驻波都可以分解为无数个沿两个反方向传播的行波的组合。式（4-32）的 $E_z(z,t)$ 可表示成

$$E_z(z,t) = E_{zF}(z,t) + E_{zB}(z,t) \tag{4-36}$$

其中

$$E_{zF}(z,t) = \sum_{n=-\infty}^{\infty} E_n \cos \left[\omega t - \frac{(2n+1)}{D} z \right]$$

$$E_{zB}(z,t) = \sum_{n=-\infty}^{\infty} E_n \cos \left[\omega t + \frac{(2n+1)}{D} z \right]$$

$E_{zF}(z,t)$、$E_{zB}(z,t)$ 分别表示向前和向后传播的行波。对比式（4-32）和（4-36）可得

$$A_n = 2E_n \tag{4-37}$$

式中，E_n 为波的振幅。

图 4-44 给出了一个向前行波和一个向后行波叠加成一个驻波的示意图。同样将同步条件 $\omega t = \dfrac{\pi z}{D}$ 代入式（4-36），积分得电子在一个腔（腔长为 D）中的能量增加 W_e'，它等于

$$W'_e = e \int_{-D/2}^{D/2} \sum_{n=-\infty}^{\infty} E_n \cos\left[\frac{\pi z}{D} - \frac{(2n+1)\pi}{D}z\right] \mathrm{d}z + e \int_{-D/2}^{D/2} \sum_{n=-\infty}^{\infty} E_n \cos\left[\frac{\pi z}{D} + \frac{(2n+1)\pi}{D}z\right] \mathrm{d}z$$

$$= eE_0 D + eE_{-1} D$$

$$= e\frac{A_0}{2}D + e\frac{A_{-1}}{2}D \tag{4-38}$$

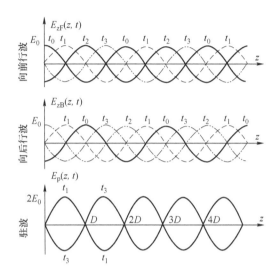

图 4-44　驻波分解为向前行波和向后行波的示意图

计算结果和用驻波观点分析的结果式（4-35）完全一致。可见，电子在驻波加速结构中的加速过程也可以用行波观点分析。然而，这并不是说驻波加速结构和行波结构的效果就一样了，更不能讲两种结构的性质也就相同了，事实上，两种加速结构各有不同的特点和优点。

6. 驻波加速管结构

驻波加速管结构在驻波电子直线加速器中占有重要地位，它是驻波加速器的核心，它的性能很大程度上决定了整机的性能。

在 30 年的发展进程中，出现过各种各样的驻波加速管结构。根据不同的特点，它们有不同的分类：①按每一个腔的平均相移来划分，分为 π 模、2π/3 模和 0 模；②按结构包括的周期数来划分，分为单周期、双周期、三周期；③按耦合孔位置来划分，分为轴耦合、边耦合、环腔耦合；④按电磁场耦合方式来划分，分为电耦合、磁耦合。

目前在国际上广泛采用的是磁边耦合及磁轴耦合的双周期结构。美国、中国、日本、俄罗斯有相应的商品。

（1）描述驻波加速结构性能的基本参量

1）单位长度的分流阻抗。单位长度的分流阻抗等于所建立起的跨越腔最大电压的平方与单位长度上消耗的微波功率之比，记为 Z。

$$Z = \frac{\left[\int_{-\frac{L}{2}}^{\frac{L}{2}} E_z(z)\,\mathrm{d}z\right]^2}{PL} = \frac{V^2}{PL} \tag{4-39}$$

式中，P 为损耗在结构内的功率；L 为加速结构（腔）长度；$E_z(z)$ 是结构轴线上电场强度的幅值；V 是跨越腔的最大电压，等于轴上电场幅值的线积分。

2）渡越时间因子。电子穿过加速结构（腔）是需要时间的，该时间称为渡越时间。在渡越时间内，腔中的场是变化的，$E_z(z,t)=E_z(z)\cos\omega t$，电子不可能都感受到电场的幅值，因此电子渡越加速腔时，所获得的能量（ΔW）总是小于 V，定义 ΔW 和 V 之比为渡越时间因子 T

$$T = \frac{\int_{-L/2}^{L/2} E_z \cos\left(\frac{\pi z}{L}\right)\,\mathrm{d}z}{\int_{-\frac{L}{2}}^{\frac{L}{2}} E_z(z)\,\mathrm{d}z} \tag{4-40}$$

因此，

$$\Delta W = eVT \tag{4-41}$$

式中，$\Delta W = \int_{-L/2}^{L/2} E_z \cos\left(\frac{\pi z}{L}\right)\,\mathrm{d}z$；$T$ 总小于 1，其值和结构的场型分布 $E_z(z)$ 有关，一般总希望结构具有较高的 T 值，通常 $T \approx 0.8 \sim 0.85$。

3）单位长度上的有效分流阻抗。反映一个驻波加速管加速效率最本质的参量是单位长度上的有效分流阻抗。它等于电子所获得能量的平方与单位长度上所损耗的微波功率之比，记为 Z_s（或 ZT^2）。

$$Z_s = \frac{V^2 T^2}{PL} = ZT^2 \quad (\mathrm{M\Omega/m}) \tag{4-42}$$

ZT^2 与腔型密切有关，S 波段的驻波加速腔，一般 $Z_s = 85 \sim 100\mathrm{M\Omega/m}$。

4）无载品质因素 Q_0。表示在高频周期内每个弧度内消耗功率 P 在腔内所获得的储能，记为 Q_0。

$$Q_0 = \frac{\omega W}{P} \tag{4-43}$$

（2）双周期驻波加速管结构

1）单周期驻波加速管结构。最简单的驻波加速管结构是双端短路的均匀盘荷波导加速管，各腔体通过膜片的中心孔之间的电场相互耦合在一起。当然，单周期结构也可以用磁耦合方法来相互耦合。根据短路条件的不同，可以形成 0 模、$\pi/2$ 模、π 模等。图 4-45 所示为单周期驻波结构的 0 模、$\pi/2$ 模、π 模的场分布示意图。单周期结构是一种均匀结构，构成驻波腔链的每一个腔体的振荡频率 ω_0 都相同，有 $N+1$ 个固有频率。相同的腔组成的耦合腔链可以有 $N+1$ 个振荡频率，它们的值分别为

$$\omega_q = \frac{\omega_0}{\sqrt{1+k\cos\dfrac{\pi q}{N}}} \tag{4-44}$$

式中，q 可取 0，1，2，$\cdots$，N。

相邻两个腔的相移记为 Φ

$$\Phi = \frac{\pi}{N}q \qquad (4\text{-}45)$$

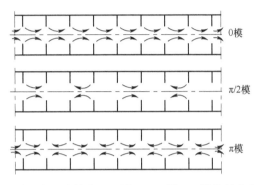

图 4-45 单周期驻波结构的 0 模、$\pi/2$ 模、π 模的场分布示意图

每一个状态对应一个工作模式，例如，相邻腔的相移 $\frac{\pi q}{N} = \pi\,(q=N)$，则称其工作于 π 模，如图 4-45 所示。

式（4-44）中的 k 值为腔间耦合系数，k 值大则说明腔间耦合强。利用式（4-44）可以画出单周期驻波结构的色散关系，如图 4-46 所示。它的形状和盘荷波导加速管的形状（见图 4-37）相类似。所不同的是，驻波加速结构只能工作在孤立的点，有 $N+1$ 个腔，就有 $N+1$ 个孤立的谐振点，称为工作于不同的模式。工作于不同模式时，有不同模式间隔。$\pi/2$ 模有最大的模式间隔，为

$$\left.\frac{\Delta\omega}{\omega_0}\right|_{\frac{\pi}{2}} = \frac{k\pi}{2N} \qquad (4\text{-}46)$$

而 π 模的模式间隔最窄，仅为

$$\left.\frac{\Delta\omega}{\omega}\right|_{\pi} = \frac{k\pi^2}{4N^2} \qquad (4\text{-}47)$$

模式间隔窄则会使工作不稳定。利用式（4-44）和群速度的定义 $\beta_{\mathrm{g}} = \frac{v_{\mathrm{g}}}{c} = \frac{\mathrm{d}\omega}{c\mathrm{d}\beta}$，可求得不同工作模式时，所对应的群速度为

$$\beta_{\mathrm{g}} = \frac{\sin\frac{\pi q}{N}}{\left(1+k\cos\frac{\pi q}{N}\right)^{3/2}}\frac{kD\pi}{\lambda} \qquad (4\text{-}48)$$

可知 π 模工作时，$\frac{\pi q}{N} = \pi$，群速度 $\beta_{\mathrm{g}} = 0$。而 $\pi/2$ 模工作时，$\frac{\pi q}{N} = \frac{\pi}{2}$，群速度最大，并当 $\beta_{\mathrm{g}} = 1$（即 $D = \frac{\lambda}{4}$）时，其群速度为

$$\beta_{\mathrm{g}} = \frac{\pi}{4} k \qquad\qquad (4\text{-}49)$$

从式（4-46）、（4-47）、（4-48）及图 4-46 可知，增加腔间耦合系数 k 有利于增加模式间隔、频带宽度及群速度。

2）双周期驻波加速结构。从上述对单周期结构的分析可知，$\pi/2$ 模具有最大的模式间隔［见式（4-46）］，具有最大的群速度［见式（4-49）］，因此工作稳定性最好。不过它有半数腔不激励，它只起功率耦合的作用，因此整个结构的分流阻抗很低。

为了保持 $\pi/2$ 模的优点，又能提高分流阻抗，人们研究了许多改进驻波加速结构的方法。有人提出把工作在 $\pi/2$ 模腔链中的耦合腔加以压缩，而延长加速腔，只要两者谐振频率保持一致，则腔链仍显示 $\pi/2$ 模工作特性，如图 4-47b 所示。而由于加速腔得以延长，分流阻抗提高了，腔链由两种结构周期不同的腔体组成，而变为双周期结构。

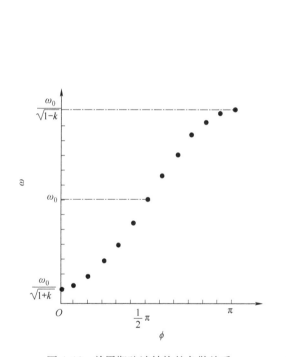

图 4-46 单周期驻波结构的色散关系

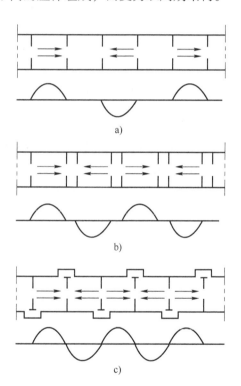

图 4-47 双周期边耦合驻波加速结构演变示意图
a）单周期加速结构 b）延长加速腔结构
c）边腔耦合结构

美国 LASL 的 E. A. Knapp 等人进一步提出把耦合腔从束流轴线上移开，放在加速腔的外边，加速腔的外壁上有耦合孔和耦合腔（称为边腔）耦合，相邻的加速腔通过耦合（边）腔相互耦合在一起；而相邻的加速腔之间的中孔只起束流通道作用，而不起功率耦合作用，如图 4-47c 所示。这样加速腔长度扩展了一倍，从而有可能获得最大的分流阻抗，这是有名的边耦合驻波加速结构。其后，他们对腔体不断加以优化，在束流通道上增加了鼻锥，以提高时间渡越因子，把圆筒形加速腔变成圆拱形，把加速腔的腔形优化设计成图 4-48 所示的样子。图 4-49 所示为双周期边耦合驻波加速管的示意图。

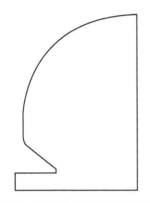

图 4-48　边耦合结构加速腔剖面图

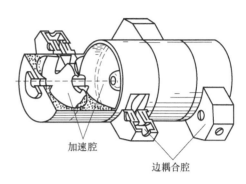

加速腔

边耦合腔

图 4-49　双周期边耦合驻波加速管示意图

由于双周期驻波加速结构是由两种几何结构不同的腔链相互耦合在一起组成的，因此该系统存在两条通频带（两条分立的色散关系，见图 4-50）——加速腔通频带及耦合腔通频带。两条通频带之间不相交，存在"禁带"。在 $\pi/2$ 模处，禁带宽度为 $\Delta\omega$。

$$\Delta\omega = \frac{\omega_c}{\sqrt{1-k_2}} - \frac{\omega_a}{\sqrt{1-k_1}} \qquad (4\text{-}50)$$

式中，k_1 是相邻加速腔的耦合系数；k_2 是相邻耦合腔的耦合系数；ω_c 是耦合腔的谐振频率；ω_a 是加速腔的谐振频率。

由于加速腔为高 Q 谐振腔（Q_a），要双周期结构能在 $\pi/2$ 模上稳定工作，

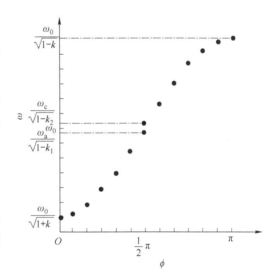

图 4-50　双周期驻波加速结构的色散关系

禁带宽度要求小于 $\dfrac{\omega_a}{Q_a}$。禁带太宽，加速腔通带和耦合腔通带分离，双周期 $\pi/2$ 模结构向 π 模结构退化。因此双周期结构中一个很重要的问题就是使结构的色散关系在 $\pi/2$ 模处会合，即要求

$$\omega_a = \sqrt{\frac{1-k_1}{1-k_2}}\,\omega_c \qquad (4\text{-}51)$$

即双周期结构，在考虑次临近耦合 k_1 和 k_2 之后，其加速腔和耦合腔的谐振频率 ω_a 和 ω_c 不应严格相等，而应差一个 $\sqrt{\dfrac{1-k_1}{1-k_2}}$ 的比值，这是一个重要的结论。不过这个数值

不大，对 S 波段结构，ω_a 和 ω_c 之差约小于 1MHz。

工作于 π/2 模的双周期结构一经出现，马上受到全世界广泛注意和青睐，其原因是它具有一系列优越的微波特性如下。

① π/2 模工作在通频带中央，与其他模式相比，模式分隔最大，群速度最大，工作稳定。

② 储能集中在加速腔，而且结构具有最高的分流阻抗。

③ 在一级近似下，任何腔体的频率误差不导致加速场的幅值误差。

④ 在腔体无频率误差下，损耗和束流负载不引起加速场的相移，显示出零相移特性。

⑤ 耦合腔中的场和耦合腔本身的频率误差无关，它是由损耗引起的，是二级小量。

⑥ 禁带、端腔失谐、腔体频率误差、损耗、束流负载等对加速场的幅值或相移的影响都是二级小量。

这些特性汇合在一起，使得 π/2 模双周期结构具有分流阻抗高，加工公差要求松，频率稳定性好，相移对束流负载不敏感，调谐方便等优点，从而推动该结构迅速发展。具有优良性能的边耦合驻波加速结构在国际上得到广泛的应用。不过边耦合结构加工较复杂，较焊接麻烦，自 20 世纪 70 年代中后期，加拿大、中国、俄罗斯、印度都在发展磁轴耦合双周期驻波加速结构。图 4-51 给出了磁轴耦合的驻波加速结构示意图。它最大的特点是把边耦合腔放回到轴线上。加速腔和耦合腔通过偏离开轴线的肾形孔利用磁场相互耦合在一起，如图 4-52 所示。它最大的优点是整个结构保持了轴对称性性质，利于加工、调谐，简化了腔链焊接工艺。它的缺点是，轴耦合腔又在轴线上占据了一定的位置，加速腔的长度要缩短，使结构的分流阻抗稍有下降，但上述优点常常会弥补其不足，而保持大体相同的整体性能。

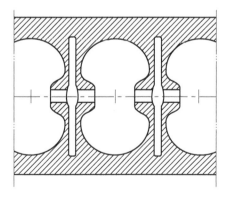
图 4-51　磁轴耦合驻波加速结构示意图

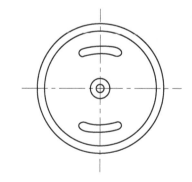
图 4-52　磁轴耦合结构的肾形孔示意图

7. 行波与驻波结构的比较

医用电子直线加速器有两种加速管结构，即行波加速管与驻波加速管。从临床使用角度，所要关心的是输出辐射的性能，并不需要关心是哪种加速管。但从操作及维护角度，这两种加速管不仅结构与长度不同，而且整机的配置和部件也不同，还是需要了解它们之间的差别。

（1）加速管结构与长度

1）驻波结构中可利用的微波功率有所提高。在行波结构中，终端的微波剩余功率白白消耗在终端吸收负载上，如果将相同的结构改为驻波结构，即在终端加短路金属板，由于终端短路，剩余功率全部反射，并转向输入端，在这过程中微波功率受到进一步衰减，其衰减系数为 $e^{-2\alpha L}$，这个反射波对加速电子是没有用的，但是这个波在输入端又受到全反射。如果加速结构的长度是波导半波长的整数倍，则输入端的反射波又将在输出端反射，这样的过程将继续下去，直至达到平衡为止。这和外反馈行波加速器很相似。由于来回反射，驻波加速结构等效的输入功率提高了。等效的输入功率等于多次来回反射功率的级数和。

$$P = P_0 + P_0 e^{-4\alpha L} + P_0 e^{-8\alpha L} + \cdots = P_0 \left(1 - e^{-4\alpha L}\right)^{-1} \tag{4-52}$$

记 $\tau = \alpha L$，则式（4-52）变为

$$P = P_0 \left(1 - e^{-4\tau}\right)^{-1}$$

可见，如果将行波结构改成驻波结构，功率利用比行波结构提高了一个 $\left(1 - e^{-4\tau}\right)^{-1}$ 的因子，这对于较小的 τ 值，有很大的作用。如 $\tau = 0.2$，则 $\left(1 - e^{-4\tau}\right)^{-1} \approx 1.8$，即功率利用提高 80%。

2）能量增益上的比较。

① 如果采用相同的结构，由于 $E_z \propto \sqrt{P}$，所以从式（4-52）可以得到驻波结构的能量增益 V_s 和行波结构的能量增益 V_T，两者相比增加了一个 $\left(1 - e^{-4\tau}\right)^{-1/2}$ 的因子。它们的能量比为

$$\frac{V_s}{V_T} = \frac{1}{\sqrt{1 - e^{-4\alpha L}}} \tag{4-53}$$

一般来说，总有 $\dfrac{1}{\sqrt{1 - e^{-4\alpha L}}} > 1$，当加速管很长时，$\alpha L \to \infty$，$\dfrac{1}{\sqrt{1 - e^{-4\alpha L}}} \to 1$，两种结构的能量增益差别很小；当加速管很短时，$\dfrac{1}{\sqrt{1 - e^{-4\alpha L}}}$ 远大于 1，两种结构的能量增益差别很大。

图 4-53 画出了两者的比较，由图可知，τ 值较小时，驻波结构是相当有利的。

② 如果采用不同的结构，例如将束

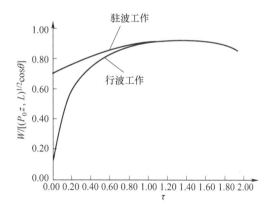

图 4-53　驻波加速结构与行波加速
结构的能量增益的关系曲线

流孔道与耦合孔道分开的驻波加速结构，本身就比束流孔道与耦合孔道合在一起的盘荷波导效率高，这样两种结构的能量增益差别就更大。

对低能医用电子直线加速器，两种加速结构能量增益的差别十分重要，例如同样是6MeV 的医用电子直线加速器，采用驻波加速结构，加速管仅长 30cm 左右，可以做成直立式，不需要偏转系统，而采用行波加速结构，长度在 100cm 以上，只能水平安装于机架上，必须采用偏转系统把电子束引向下方。

对于中、高能量医用电子直线加速器，尽管驻波加速管要比行波加速管短些，但无论是行波还是驻波方式，加速管长度都在 100cm 以上，都需要配备偏转系统，此时采用哪一种加速方式，在长度方面的差别已无关紧要。

（2）建场时间

1）行波加速管。行波加速管中电磁场的建立只要一次传输就可完成，建场时间由式（4-29）表示。行波加速管的品质因素定义为

$$Q_0 = \frac{\omega_0 \dfrac{\mathrm{d}W}{\mathrm{d}z}}{-\dfrac{\mathrm{d}P}{\mathrm{d}z}} = \frac{\pi f_0 \dfrac{\mathrm{d}W}{\mathrm{d}z}}{\alpha P}$$

考虑 $P = \dfrac{\mathrm{d}W}{\mathrm{d}t} = \dfrac{\mathrm{d}W}{\mathrm{d}z}\dfrac{\mathrm{d}z}{\mathrm{d}t} = \dfrac{\mathrm{d}W}{\mathrm{d}z}v_\mathrm{g}$，因此有

$$v_\mathrm{g} = \frac{\pi f_0}{\alpha Q_0} \tag{4-54}$$

行波建场时间也可表示为

$$t_\mathrm{FT} = \frac{\alpha L Q_0}{\pi f_0} \tag{4-55}$$

例如，一台医用行波电子直线加速器，$f_0 = 3000\mathrm{MHz}$，$Q_0 = 8000 \sim 10000$，$\alpha L = 0.55$，可以求出 $t_\mathrm{FT} = 0.46 \sim 0.58 \mathrm{\mu s}$。

2）驻波加速管。驻波加速管中电磁场的建立是通过波在加速管内来回反射建立的，达到稳态值 $1 - \dfrac{1}{e}$ 倍（63.2%）的时间 $t_\mathrm{e} = \dfrac{Q_0}{(1+\beta_\mathrm{c})\pi f_0}$，2 倍于 t_e 时电场强度达稳态值的86.5%，3 倍于 t_e 时为稳态值的 95%，可见实际驻波建场时间应为

$$t_\mathrm{FS} = (2 \sim 3)\frac{Q_0}{(1+\beta_\mathrm{c})\pi f_0} \tag{4-56}$$

例如，一台医用驻波电子直线加速器，$f_0 = 3000\mathrm{MHz}$，$Q_0 = 15000$，$\beta_\mathrm{c} = 1.3$，可得 $t_\mathrm{FS} = 1.38 \sim 2.07 \mathrm{\mu s}$，比较二者

$$\frac{t_\mathrm{FS}}{t_\mathrm{FT}} = (2 \sim 3)\frac{1}{(1+\beta_\mathrm{c})\alpha L}\frac{Q_\mathrm{0S}}{Q_\mathrm{0T}} \tag{4-57}$$

驻波建场时间要比行波建场时间长 2.5 ~ 3.5 倍。

3）微波利用效率。在建场时间内不能正常加速，输入的微波功率被浪费掉了，微

波功率利用效率为

$$\eta_t = \frac{\tau - t_F}{\tau} \tag{4-58}$$

此处，t_F 代表 t_{FT} 或 t_{FS}。显然当 τ 远大于 t_F 时，$\eta_t \to 1$，因此微波脉冲宽度必须远大于建场时间。

由上可知，行波容许较短的脉冲宽度，驻波希望有较宽的脉冲宽度。目前驻波加速管一般采用 $\tau = 4\mu s$，重复频率 $F = 250/s$，而行波加速管采用 $\tau = 2\mu s$，重复频率 $F = 500/s$。从微波功率源及脉冲调制器角度，脉冲越宽，难度越大。

（3）频率稳定系统

行波加速管与驻波加速管的负载特性与功率特性具有相同的形式，但两者频率特性不同，频率稳定要求也不同。

1）行波加速管。

① 原则上，经过调试，在微波功率发生器的频率范围内，微波功率都可顺利进入加速管，不产生严重的反射。对于磁控管微波功率发生器，这个频率范围约为 $7 \sim 8\mathrm{MHz}$。

② 行波加速管频率稳定性的要求与行波加速管的色散特性有关，在工作频率附近当频率偏离工作频率时，会引起电子相对于波的滑相，使能谱变坏，能量降低，为此要求采用频率稳定系统，对于工作频率为 $3000\mathrm{MHz}$ 左右的行波加速管，行波加速管要求频率稳定度为 $\pm 60\mathrm{kHz}$ 左右。

③ 中、高能医用电子直线加速器要求 X 射线辐射方式有 $2 \sim 3$ 档能量，电子辐射方式有多档能量。在 X 射线辐射方式时，因能谱要求较高，通常采用调节输入功率方式调节能量，频率有时也要微调；在电子辐射方式时，因流强非常低，能谱要求不高，通常采用调节频率方式调节能量，因此行波加速管容许有数个不同的工作频率，每个工作频率对应不同的能量。

2）驻波加速管。

① 进入驻波加速管的微波容许频率变化范围由驻波加速管的品质因素决定

$$Q_L = \frac{f_0}{2\Delta f}$$

此处 $2\Delta f$ 是反射功率的半功率点处反射功率曲线的全宽度。

$$Q_L = \frac{Q_0}{1 + \beta_c} \approx \frac{Q_0}{2}$$

例如当 $f_0 = 3 \times 10^6 \mathrm{kHz}$，$Q_0 = 15000$，$Q_L \approx 7500$ 时，可求出 $\Delta f \approx 200\mathrm{kHz}$。

② 驻波加速管自动稳频系统的稳定度由容许的 X 射线辐射剂量率稳定度决定，对于工作频率为 $3000\mathrm{MHz}$ 左右的驻波加速管，当要求剂量率稳定度为 $\pm 3\%$ 时，由前面计算可知，要求频率稳定度在 $\pm 20\mathrm{kHz}$ 左右。

③ 驻波加速管虽然有多个分立的谐振频率，但满足电子动力学设计要求的只有一

个工作频率。当微波功率发生器的频率偏离工作频率约±200kHz时，微波功率根本不能进入驻波加速管，因此驻波加速管自动稳频系统只容许有一个工作点。

（4）偏转系统

1）能谱的影响。行波与驻波医用电子直线加速器的一个重要差别是它们的能谱，使用者可能并不能直接感觉到它们的差别，因为设计者已采取一些措施来弥补。电子直线加速器输出的电子束流并不是单一能量的，能谱是指流强随能量的分布。能谱定义为峰值流强一半处的能谱宽度（Full Width at Half Maxima，FWHM）δV 与峰值流强处能量 V_0 之比。

$$S = \frac{\delta V}{V_0} \tag{4-59}$$

显然，S 越小，能谱越好。

行波加速管由于相振荡比较充分，相聚较好，因此输出电子束的能谱较窄（1%～3%）。驻波加速管电场强度较高，电子很快达到光速，相振荡不充分，加之场建成时间较长，所以能谱较宽（10%～20%）。

低能医用电子直线加速器采取直束式，不同能量电子均可打靶，驻波加速管产生的X射线辐射含低能成分较多。

2）偏转系统的色差。偏转系统对不同能量粒子的敏感程度称为色差。中高能医用电子直线加速器采用偏转磁铁系统，有两种形式，一类是简单的90°单偏转磁铁系统，另一类是270°复合偏转磁铁系统。90°单偏转磁铁系统是色差系统，对电子束的能谱极为敏感，不同能量的电子将沿不同曲率半径散开，散开的宽度正比于能谱宽度

$$\frac{\delta R}{R_0} = \frac{\delta V}{V_0} \tag{4-60}$$

式中，δR 为散开曲率半径。

如果偏转前束流斑点是圆形的，直径是 $2\Delta R$，偏转后会变成卵形，长轴约为 $2\Delta R + 2mm$，短轴约为 $2\Delta R$。

例如偏转磁铁的偏转半径 $R_0 = 50mm$，$\frac{\delta V}{V_0} = 3\%$，则有 $\delta R = 1.5mm$。如果 $2\Delta R = 2mm$，则偏转后束斑长轴为 3.5mm，短轴为 2mm。

能谱越宽，越不对称，打靶后产生的X射线辐射分布越不对称，为下一步均整工作带来困难。行波加速管因能谱较好，早期大都采用简单的90°单偏转磁铁系统。随着消色差偏转系统的出现，现代行波电子直线加速器也都采用了消色差偏转系统。

3）驻波加速管对偏转系统的要求。驻波加速管出现后由于能谱较差，遇到偏转的困难，不得不采用具有消色差功能的270°复合偏转磁铁系统。消色差偏转系统的特点是对于能散度不敏感，对入射散角也不敏感。偏转以后束斑仍能保持圆形。

（5）微波传输系统　驻波传输系统与行波传输系统在要求上有所不同。

1）驻波传输系统。加速管的输入阻抗反映了作为微波功率发生器负载的性质，驻

波加速管可视为一个阻抗变化的负载。驻波加速管的输入阻抗为

$$Z_{in} = Z_0 \beta_c \frac{1 - e^{-\frac{\omega_0 t}{2Q_L}}}{1 + \beta_c e^{-\frac{\omega_0 t}{2Q_L}}} \tag{4-61}$$

由式（4-61）可以看出：

① 在每次脉冲开始时，即当 $t=0$ 时，$Z_{in}=0$，相当于短路状态，功率全部反射。

② 随着时间的增加，Z_{in} 逐渐上升，进入加速管的功率逐渐增加，反射功率逐渐减少。

③ 到达稳定状态后，$Z_{in}=\beta_c Z_0$，当 $\beta_c=1$ 时，$Z_{in}=Z_0$，达到完全匹配，全部功率进入加速管。

④ 即使到达稳态后，由于驻波加速管是一种单频器件，当频率偏离工作频率后，微波功率立即开始向回反射，偏离过多就全部反射。

⑤ 脉冲结束后，加速管内储存的能量要释放出去，不断有剩余功率从加速管流出。加速管内电场强度呈指数衰减。

⑥ 由于每个脉冲开始驻波加速管都相当于短路，功率馈入是一个渐进过程，失谐时又产生全反射，只有到达稳态并且是匹配的情况，传输系统上场的分布才是均匀的，否则，就不均匀，因此传输系统上的微波器件要求承受较高的电场强度，要插入能吸收全部反射功率的环流器作为隔离器件，以防微波功率返回造成对微波功率发生器的破坏。实际驻波传输系统可分为以下两类。

a）隔离式驻波传输系统。驻波加速管与磁控管之间有隔离器件进行隔离，隔离器件由四端环流器或四端环流器与隔离器的组合构成。隔离式传输系统的优点是磁控管的工作基本上不受加速管工作的影响，缺点是对于脉冲内及脉冲间的快速频率变化无法补偿，因为自动稳频系统的伺服机构只能跟踪慢变化，来不及响应快变化。另外要求隔离器件的隔离度较高，隔离器件的插入损耗较大。

b）牵引式驻波传输系统。牵引式传输系统不将加速管完全隔离，反而用来控制磁控管的频率，优点是可以补偿频率的快速变化，由一只三端环流器构成，在三端环流器的第三支臂插入一个调相器（phase wand），调相器的作用是使磁控管的输出频率恰好和加速管的频率相等。牵引式的缺点是调整工作费事。

2）行波传输系统。行波加速管可视为阻抗不变化的负载，并且可认为是一个匹配的负载。

① 行波加速管是一种带通器件，在一定频率范围内，微波功率反射很少。为防止加速管内或波导内打火引起的功率反射，仍须在行波传输系统中插入能吸收大部分功率的隔离器件。

② 每次脉冲从开始到结束，微波功率都是单向流通的。

③ 行波传输系统沿传输波导电场分布是均匀的，除非因严重打火造成反射使传输系统形成驻波状态。

（6）电子枪　驻波加速管的加速电场强度较高，所需电子初始能量较低，设计得好的驻波加速管的注入电压在 1~10kV 即可，电子枪的高度较小，只有 3cm 左右。

行波加速管由于加速电场强度较低，所需注入电压在 40~100kV，电子枪的高度较高，在 10~20cm 左右。

（7）温控系统　由于同样的温度变化对行波加速管和驻波加速管产生几乎同样的工作频率波动，大约为 50kHz/℃，而驻波加速管要求频差比行波加速管要求频差要小得多，如果不采用自动稳频系统，则驻波加速管对温控系统的要求很高，约为 ±0.4°。行波加速管采用双腔自动稳频系统，这种双腔自动稳频系统的稳定点对温度很敏感，因此要求稳在 ±1° 左右，驻波加速管采用锁相自动稳频系统，这种锁相自动稳频系统对温度不敏感，采用温控系统主要为了使微波功率源的频率不致过分偏离中心点。

综合以上各点可以看出，驻波加速管具有较高的效率，加速管与电子枪较短，结构紧凑，但对脉冲调制器、自动稳频系统、偏转系统、微波传输系统等都有较高的要求，而行波加速管虽然效率较低，但能谱较好，能量调节较容易。

4.3.2　能量开关技术

高剂量率的低能 X 射线档在某些治疗中很有用。为了在低能 X 射线档能得到较高的剂量率，必须使加速管的设计尽量达到最优化。改变驻波加速管电子束能量的最简单方法就是改变输入到加速管的 RF 功率或者改变注入加速管的电子束流大小。但是这些方法只能在较小的范围内改变电子的能量，超过这个范围，电子的能谱性能马上就下降了。另一种方法是使 RF 源频率失谐或部分加速腔失谐，但这种方法会使系统的稳定性变差。在大范围内改变电子束能量的一种现实方法就是利用同一 RF 源提供不同相位和幅度的激励信号激发各个加速腔，然而这种结构的加速管会变得非常庞大、复杂和昂贵。在高能驻波加速管中，现在更多采用的是"能量开关"。

所谓能量开关，就是一种改变加速管内电磁场分布的装置，其结构示意图如图 4-54 所示。它的目的在于保持加速管聚束段（靠近电子枪的一小段）场分布不变的前提下，改变其后的主加速段（电子速度接近光速）内的电场强度，从而在大范围改变加速管出口能量的同时保证其能谱不变。

能量开关是在第一部分和第二部分之间使用结构精巧的装置减小进入第二部分的 RF 功率，从而减小第二部分的电场强度，这样一来群聚电子注从加速场得到的能量较小。这种方法有利于减小脉冲功率和维持最小的射束能散。

能量开关可以采用非接触方法或缩短方法进行工作。非接触方法使用比较多，

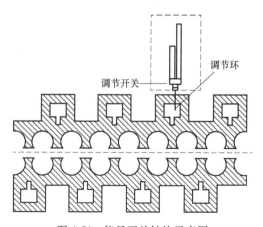

图 4-54　能量开关结构示意图

因为它允许传输的 RF 功率大，同时又可以维持第二部分具有较低的加速场。缩短方法可分为单边腔和双边腔缩短方法，在单耦合腔加速管中会引起射束在第二部分激发电场，使它在充电过程中建立起减速电场。这就减少了符合射束能散度要求脉冲的宽度，降低了 X 射线的剂量率。对于对称的双边耦合腔结构加速管，可以通过缩短其中一个边腔、另一个腔不变来将加速器从高能模式切换到低能模式，反之亦然。

最简单的边耦合加速器，由两个轴向腔和一个作为能量开关的边耦合腔链组成，工作在 $\frac{\pi}{2}$ 模式。如果在耦合腔中加入纵向不对称的能量开关，开关杆一边长、一边短，则可以在保持谐振率恒定的情况下激发出纵向非对称的 RF 场，它从边腔耦合到轴向腔，短杆的磁耦合明显减弱，而长杆的则明显增强。将这种边腔安装在边耦合加速管的特定部位，就可以在保持 $\frac{\pi}{2}$ 工作模式的同时改变群聚段和主加速段加速场的比例，从而将主加速段的电场强度从高能模式转到低能模式而维持群聚腔的电场强度不变。

它的工作方式通常是通过某种方式改变加速管中的某一个谐振腔的谐振状态，从而改变整个谐振腔链的电磁场分布。

早期的能量开关因为有一些部件必须在真空中运动，因而存在可靠性问题，同时也增加了维修的难度。

我国在能量开关技术的研究方面，落后国外十余年。在轴耦合加速管的能量开关方面，清华大学和中国电子科技集团第十二研究所联合取得了一定的成绩，其研制的能量开关，结构包括步进电动机、蜗轮蜗杆变速机构、滚珠丝杠、波纹软管、能量调变杆和腔壁隔板，其中的腔壁隔板的中心部分为凸起鼻锥。

新华医疗的加速管设计主要以轴耦合设计为主，提出了一种新型交叉耦合结构的加速管，整管由轴耦合和边耦合结构交叉耦合组成，并在边耦合结构上运作能量开关（见图 4-55）。这样既保持了轴耦合结构的轴对称性等优点，在边耦合结构的边腔上又适合安装能量开关。

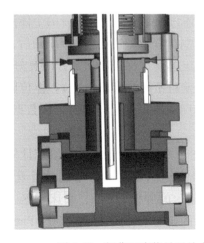

图 4-55　新华医疗能量开关内部结构图及实物图

4.4 典型临床应用

新华医疗 XHA2200Mi 型医用电子直线加速器如图 4-56 所示。此加速器使用的加速管型号为 S20，整管设计以轴耦合为主，在光速段腔链中间加入了一对边耦合结构单元，边耦合结构的边腔作为能量开关的开关腔，边耦合机构单元连接 11、12 两个加速腔，与轴耦合结构耦合成一个谐振腔的腔链。并在边腔上设置能量开关，在速调管微波源的驱动下，能够提供 2~3 档 X 射线，4~6 档电子射线，最大输出剂量率 600MU/min，FFF 模式最大输出剂量率 2400MU/min。标配 MLC120 型高速多叶准直器，最小分辨率为 5mm，能够精准雕刻靶区形状。机载多模式影像系统能够快速精准完成治疗原位的摆位验证。

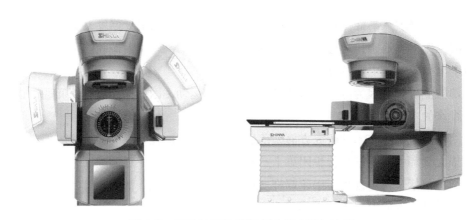

图 4-56　XHA2200Mi 型医用电子直线加速器

以容积弧形调强放射治疗（Volumetric Intensity Modulated Arc Therapy，VMAT）为例，具体治疗过程如下：

（1）制定治疗方案　放疗前，医师根据每位患者的详细病史和体征、病例诊断、实验室和影像检测资料、全身情况等，集体讨论制定最适合患者的个体治疗方案。

（2）体位固定及模拟定位（影像学资料的获取）　确定放疗原则后，由医师、物理师和技师根据患者具体情况选择和制作固定模具（保证每次放疗时良好的体位重复性，并尽量使患者感觉舒适，减少体位变动误差对精确放疗的影响）。体位固定完成后，进行放疗模拟扫描定位，获取患者肿瘤及其周围器官组织详细的影像数据。CT 扫描完成后，将影像数据传输至放射治疗计划系统。

（3）放疗靶区勾画　由物理师接收图像并将图像导入放射治疗计划系统中，由医师勾画放疗病灶靶区和要保护的重要器官组织轮廓图，精确放疗靶区包括肿瘤区（Gross Target Volume，GTV，CT/MRI 等显示的肿瘤轮廓）、临床靶区（Clinical Target Volume，CTV，包括 GTV 和肿瘤可能侵犯的亚临床灶）、计划靶区（Planning Target Volume，PTV，考虑了患者器官运动和摆位误差的 CTV）。

（4）计划设计和评估优化　放疗靶区和肿瘤组织轮廓勾画完成后，由物理师根据医师要求设计精确复杂的放疗计划。在计划设计过程中，需要选择的参数主要包括：射线质的选择（X 射线或电子射线）、射线能量的选择、计划类型的选择（三维适形、静态调强、动态调强滑窗、容积调强及 FFF 模式）及剂量算法的选择等。放疗计划设计完成后，要由医师和物理师进行评估并反复优化，直到满意为止，评估优化目标是在保证肿瘤获得足够放疗剂量的同时，尽可能控制重要器官组织的照射剂量不超过其耐受剂量，从而保护重要器官组织的功能和患者生活质量。

（5）剂量验证　由物理师将通过医生审核的患者放疗计划移植到验证模体上，放射治疗计划系统重新计算模体剂量分布，然后导出 RTDose 文件。在 XHA2200Mi 加速器上执行患者计划，使用 EPID 测量剂量分布，将测量结果与 TPS 导出的 RTDose 进行比较，分析 Gamma 通过率，以核实模体所接受的射线照射剂量与放射治疗计划系统所设计的剂量是否一致。

（6）患者复位　一般使用 CT 模拟机或常规模拟定位机进行复位操作。确定放疗中心位置的过程称为复位。以患者定位时的体位为标准，首先利用激光灯和体表标记点摆好患者初始位置，然后依据放射治疗计划系统给出的等中心坐标，通过激光灯系统和定位床的运动，调整肿瘤中心至放疗等中心处，然后采集或拍摄复位验证图像，与放射治疗计划系统提供的参考图像进行比较，当复位偏差在允许范围内时，在患者体表设置复位标记。

（7）位置验证　放疗技师依据患者复位体表标记进行患者摆位，为了确保技师摆位位置准确无误，治疗前必须进行位置验证。位置验证可使用加速器配置的 CBCT 影像引导系统来完成。根据配准图像得到的位置偏差自动移床进行位置调整。

（8）计划实施　上述准备工作全部完成且核对完全准确无误后，才可实施放射治疗。点击治疗键，设备根据治疗计划自动进行治疗。机架匀速旋转的同时，多叶准直器运行，使得所处的角度位置的射束形状与靶区一致，剂量率也根据所处的位置进行增加或减少（调制），3 个变量高效精准联动，大大提高了治疗效率，2min 便可完成一个标准 VMAT 治疗。

参 考 文 献

［1］任旗，王爱涛，苗青，等. 20MV 能量开关高能加速管的研制和测试［J］. 医疗装备，2018，31（3）：34-35.

［2］顾本广. 医用加速器［M］. 北京：科学出版社，2003.

［3］周景润，朱绍林，朱磊，等. 多叶准直器的设计与临床应用评价［J］. 中国辐射卫生，2023（2）：202-208.

［4］崔伟杰，戴建荣. 多叶准直器的结构设计［J］. 医疗装备，2009（2）：4-9.

［5］解传滨，袁树海，杨涛，等. 基于国产医用加速器 XHA600E 容积旋转调强放疗技术的性能测试［J］. 中国医疗设备，2021（4）：76-80，85.

第5章　重离子放射治疗系统

5.1　装备基本工作原理及系统组成

1. 工作原理

世界卫生组织（WHO）指出，癌症是人类第二大死因，全球近六分之一的死亡由癌症造成。癌症的高发病率和高死亡率对全球医疗系统和经济造成了巨大压力，各国政府和卫生组织正在积极采取措施来应对这一挑战。

目前，世界主流的恶性肿瘤三大治疗手段分别是外科手术、化学治疗和放射治疗。放射治疗在三种治疗手段中效果更好、创伤更小、精度更高，适应证也更加广泛。

传统的放射疗法利用 γ 射线、电子、X 射线、中子等轻粒子。由于放射线对肿瘤和正常脏器组织都有损伤作用，因而在肿瘤被放射控制的同时，也产生了一定程度的急性和后期放射并发症，特别是对那些立体形态较怪异又与周围正常组织相交错的肿瘤。由于正常组织的放射耐受量有限，因而照射肿瘤的剂量无法提高，射线射入人体后，剂量主要损失在浅层，随着射程增大而逐渐减小，到达病灶时其剂量已经不足以治疗肿瘤。

随着核科学技术的发展，人们发现质子和重的带电粒子——重离子的深度剂量分布非常适合治疗肿瘤。科研成果和临床试验表明，重离子束与质子比较，不仅具有生物学优势，而且剂量分布优势［布拉格峰（Bragg 峰）］更为显著（见图 5-1）。当重离子束穿越物质时，其动能主要损失在射程的末端，会呈现急剧增强的布拉格峰，即重离子与物质相互作用时，能量主要损失在射程末端毫米量级的范围内；当重离子穿透生物时，在布拉格峰形成的高能量损失密度使得这一局部细胞的 DNA 产生双链断裂的概率非常高，不容易修复，即相对生物学效应可达到 3，可有效杀死乏氧肿瘤细胞。而在非布拉格峰的区域，由于较低的能量损失密度，造成的细胞 DNA 单链断裂容易修复，即相对生物效应只在 1.1；而且重离子穿透物质是高精度可控的。利用这些特点，治疗时通过调节重离子的能量和扫描角度，使布拉格峰的位置准确落在病灶上（精度达毫米量级），可保证对肿瘤杀伤作用最大，而对健康组织损伤小。重离子束因其独特的深度剂量分布、高的相对生物学效应等，具有常规放疗方法难以比拟的优势，成为 21 世纪放疗领域中最为先进和有效的方法。图 5-2 所示为重离子束治疗的基本原理。

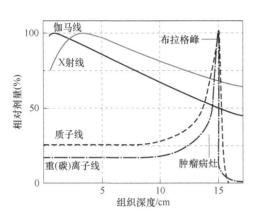

图 5-1　碳离子束与其他常规
射线深度剂量分布的比较

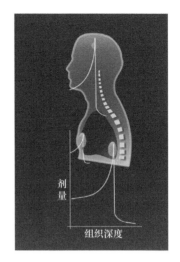

图 5-2　重离子束治疗的
基本原理示意图

2. 系统组成

基于同步加速器配置的重离子治疗系统，主要组成包括加速器系统、固定治疗头（或旋转机架治疗头）、治疗床、剂量及位置检测装置等部件，以及对其实现集成控制的束流产生及控制系统、系统运行状况监测及报警系统（联锁系统）等，另外还需要配备影像引导系统、治疗计划系统和肿瘤信息系统等。

5.2　装备关键零部件及关键技术

本节主要介绍重离子放射治疗系统的加速器系统。加速器系统根据不同功能段可分成三个主要部分：注入器、同步加速器和束流输运线。

注入器包括离子源和初级加速器，初级加速器根据类型的不同，可以分为回旋加速器和直线加速器。注入器的作用是产生特定荷质比的离子，并由初级加速器加速至满足同步加速器注入所需要的能量。

同步加速器是医用重离子治疗装置的主加速器，用以将治疗所需要的离子根据治疗计划的要求加速至特定能量并引出，对于碳离子束来说，最高能量须达到 430MeV/u（$1u = 1.67 \times 10^{-27}$kg），对应放射治疗的水等效射程为 300mm。

束流输运线是连接离子源、初级加速器、同步加速器、治疗室之间的柔性束线，其作用一是进行各系统间的束流传输，二是进行束流整形，使之满足下游系统的要求，如治疗室等中心点的束斑形状及尺寸要求。

以国产碳离子治疗装置为例，其系统如图 5-3 所示。其中，1~5 部分为加速器子系统，6~8 部分为治疗系统。

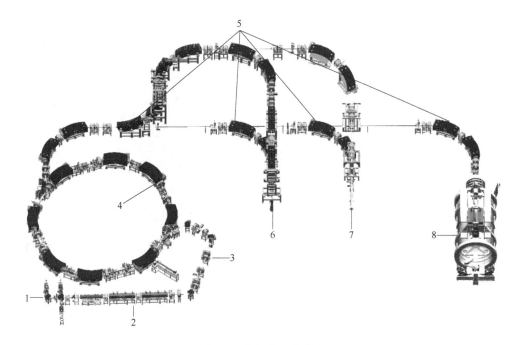

图 5-3　碳离子治疗系统

1—离子源及低能传输线　2—直线加速器　3—中能传输线　4—同步加速器

5—高能传输线　6—1 号治疗室，90°（水平）和 0°（垂直）治疗头

7—2 号治疗室，90°（水平）和 45°治疗头　8—3 号治疗室，360°Gantry 治疗头

5.2.1　注入器

1. 离子源

医用重离子治疗装置通常采用的离子源为电子回旋共振（Electron Cyclotron Resonance，ECR）离子源。ECR 离子源是一种利用高频电磁场使电子在磁场中发生回旋运动，进而通过电子与气体分子或原子的碰撞产生离子的装置。ECR 离子源因其能产生高密度、高电荷态的离子束，被广泛应用于医用重离子加速器。

（1）ECR 离子源概述

1）ECR 离子源的发展。ECR 离子源是一种利用高频电磁场使电子在磁场中产生回旋运动，并通过电子与气体分子或原子的碰撞产生离子的装置。它的发展历程和应用范围展示了其在多个领域的重要性和广泛应用。

ECR 离子源的研究最早出现在 1972 年，法国的 Bliman 和 Geller 教授等人成功研制了世界上第一台 ECR 离子源。1974 年，Geller 教授建造了具有里程碑意义的 ECR 离子源，名为 SUPERMAFIOS，为现代 ECR 离子源的发展奠定了基础。自问世以来，ECR 离子源因其优异的性能，迅速受到加速器用户以及原子物理和核物理领域的青睐。

2）ECR 离子源的应用。经过全球众多离子源学者的长期研究，ECR 离子源已成为国际公认的最有效的强流及高电荷态离子束装置，为强流轻离子加速器和重离子加速器技术的发展提供了优良条件。除此之外，在原子物理方面，ECR 离子源也被广泛用于材料表面改性研究、多电子俘获研究、空心原子研究、团簇研究及散射截面研究等方面。

ECR 离子源的发展和广泛应用不仅促进了离子源技术的进步，也推动了相关科学领域的研究和应用。随着技术的不断优化和创新，ECR 离子源将在未来的科研和工业应用中发挥更大的作用。

3）ECR 离子源的工作原理。ECR 离子源是一种基于磁场中电子回旋共振、微波加热电离的磁约束等离子体装置。图 5-4 所示为标准的 ECR 离子源工作原理。

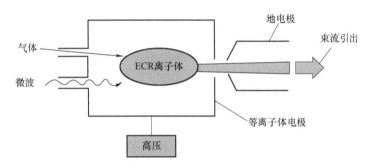

图 5-4　ECR 离子源工作原理

即使在未电离的气体中也总是会存在一些电离状态的电子。在稳态的外磁场中，这些电子受洛伦兹力的作用在垂直磁力线的平面中做拉莫尔（Lamor）旋动，当中性气体和微波注入等离子体弧腔时，若自由电子的回旋频率与注入微波频率相同，即满足条件式（5-1）时，自由电子就可以从馈入微波电场中吸收能量，形成所谓的电子回旋共振加热。

$$\omega_{ECR} = \omega_{RF} = \frac{eB}{m_e} \tag{5-1}$$

式中，ω_{ECR} 是电子在磁场中的回旋频率；ω_{RF} 是馈入微波的频率；B 是所需的离子源为共振磁场；m_e 与 e 分别为电子的质量和电量。

在这种共振条件下，电子通过吸收微波能量而得以加热，产生高能电子。弧腔内的中性气体原子和这些高能电子碰撞，使得原子的外层电子获得能量并可能被电离。当这些电子的能量超过原子的电离能时，原子就会被电离。电离产生的自由电子可能再次被微波共振加热，继续电离其他原子或离子，从而形成高密度的 ECR 等离子体。

等离子体中的正离子在施加于引出系统上的高压电场作用下被加速，通过电极上的引出孔逃逸出等离子体，形成离子束流。

ECR 离子源的主要特点包括：

① 可以产生高密度等离子体。

② 放电气压低，可在较大范围的气压下稳定运行。

③ 电子温度高，可以产生多电荷态离子。

④ 微波直接加热电子而非离子，离子温度低，可引出小发射度离子束。

⑤ 无电极放电，没有直接的消耗品，离子源寿命长。

⑥ 无溅射带来的污染，束流纯度高。

⑦ 运行稳定，可重复性好。

4）加速器中 ECR 离子源的分类。在加速器中，ECR 离子源通常可以分为产生高电荷态的 ECR 离子源（通常频率大于 2.45GHz）和产生强流单电荷离子的微波离子源（频率为 2.45GHz），两者的磁场结构不同。

高电荷态 ECR 离子源的磁场结构按照最高磁场原理设计，由轴向磁镜场叠加径向多极场形成，使放电室中央的磁场强度最小，室壁附近最强，存在一个闭合的 ECR 等磁场面。最高磁场越高，越有利于高电荷态离子的产生，因此一些高电荷态 ECR 源采用超导磁场结构。

2.45GHz 微波离子源的磁场是简单的轴向磁镜场。当磁场强度略高于共振值时，微波能量被更加有效地吸收，产生高密度等离子体，引出强流离子束。

（2）高电荷态 ECR 离子源　高电荷态 ECR 离子源采用高频电磁场和强磁场的组合，通过电子回旋共振加速电子，进而使电子与工作气体发生碰撞，产生高电荷态离子。

高电荷态 ECR 离子源的工作原理如图 5-5 所示，离子源的工作磁场称为"最小 B"场型，由轴向磁镜场与径向六极磁场叠加而成。常规的 ECR 离子源采用铜制螺旋管产生轴向磁镜场，需要大功率电流激励，并需要大量辅助铁轭以产生强磁场。全永磁 ECR 离子源的磁场均由永磁体产生，与常规 ECR 离子源相比，在运行费用与易操作性方面具有不可替代的优势，特别适合在很多产业应用的商业推广。

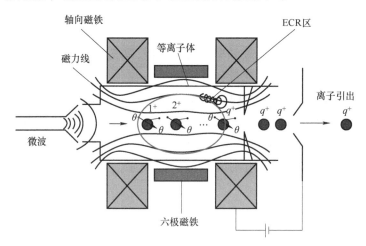

图 5-5　高电荷态 ECR 离子源的工作原理

（3）2.45GHz 微波离子源　2.45GHz 微波离子源采用微波和适当的磁场，通过电子回旋共振加速电子，产生轻离子。

在 2.45GHz 微波离子源中，磁场呈现简单的轴向磁镜结构。当磁场强度略高于电子回旋共振的共振值时，微波能量可以被更有效地吸收，产生高密度等离子体，从而引出强流质子束。2.45GHz 微波离子源基本组成及原理如图 5-6 所示。2.45GHz 微波离子源主要由微波系统、等离子体发生系统、束流引出系统组成。其中，微波系统用于给放电室内的电子提供能量，等离子体发生系统用于产生和容纳等离子体，束流引出系统用于将束流引出。

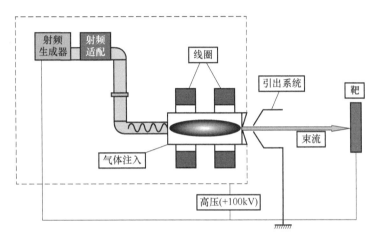

图 5-6　2.45GHz 微波离子源基本组成及原理

2. 回旋加速器

（1）回旋加速器概述　回旋加速器按照原理大致可以分为三类：经典回旋加速器、同步回旋加速器和等时性回旋加速器。

回旋加速器的概念最初由 Lawrence 在 1930 年提出，并且于 1931 年在伯克利的加利福尼亚实验室成功建造第一台回旋加速器。这台加速器只有 11in（1in=2.54cm），能产生 0.001μA、1.22MeV 的质子束。在经典回旋加速器中，没有考虑到随粒子能量增大而逐渐变得明显的相对论效应，所以不能加速高能粒子。

为了克服经典回旋加速器的缺点，有以下两种方法被提出：第一种是使高频频率随粒子的回旋频率调变的稳相加速器，也称为同步回旋加速器；第二种是采用特殊的磁场结构，在保证粒子束稳定加速的同时，使粒子的回旋频率在加速过程中保持不变，这种加速器称为等时性回旋加速器。

（2）回旋加速器的基本原理　带电粒子在电磁场中的运动方程为

$$\frac{\mathrm{d}}{\mathrm{d}t}(mv) = Z_e \boldsymbol{E} + Z_e \boldsymbol{v} \times \boldsymbol{B} \tag{5-2}$$

式中，m 是粒子的质量；Z_e 是粒子的电荷量；v 是粒子的运动速度；$\boldsymbol{E}$ 和 $\boldsymbol{B}$ 分别是电场强度和磁感应强度。

在回旋加速器中，粒子的轨道可以近似为圆形，所以在描述回旋中粒子的运动时，通常采用圆柱坐标系，在圆柱坐标系中，式（5-2）可以转化为

$$\frac{d}{dt}\left(m\frac{d}{dr}\right)-mr\left(\frac{d\theta}{dt}\right)^2=Z_eE_r+Z_eB_zr\frac{d\theta}{dt}-Z_eB_\theta\frac{dz}{dt} \tag{5-3}$$

$$\frac{1}{r}\frac{d}{dt}\left(mr^2\frac{d\theta}{dt}\right)=Z_eE_\theta+Z_eB_r\frac{dz}{dt}-Z_eB_z\frac{dr}{dt} \tag{5-4}$$

$$\frac{d}{dt}\left(m\frac{dz}{dt}\right)=Z_eE_z+Z_eB_\theta\frac{dr}{dt}-Z_eB_rr\frac{d\theta}{dt} \tag{5-5}$$

在经典回旋加速器中，主磁场 $\boldsymbol{B}$ 是旋转对称的，所以可以认为 $B_\theta=0$，也可以认为电场只有 E_θ 分量。式（5-3）~式（5-5）变为

$$\frac{d}{dt}\left(m\frac{d}{dr}\right)-mr\left(\frac{d\theta}{dt}\right)^2=Z_eB_zr\frac{d\theta}{dt} \tag{5-6}$$

$$\frac{1}{r}\frac{d}{dt}\left(mr^2\frac{d\theta}{dt}\right)=Z_eE_\theta+Z_eB_r\frac{dz}{dt}-Z_eB_z\frac{dr}{dt} \tag{5-7}$$

$$\frac{d}{dt}\left(m\frac{dz}{dt}\right)=-Z_eB_rr\frac{d\theta}{dt} \tag{5-8}$$

在 $E_\theta=0$ 的情况下，比如说在回旋加速器的 D 盒中，粒子在均匀的磁场中将做圆周运动，如果把圆周运动的坐标原点取在坐标系圆点上，则有 $dr/dt=0$，式（5-6）可简化为

$$r=-\frac{mv_\theta}{Z_eB_z} \tag{5-9}$$

$v_\theta=rd\theta/dt$，式（5-9）中负号表示对正电荷的粒子，v_θ 和 B_z 的符号应该相反。

粒子做圆周运动的频率表示为

$$f=\frac{v_\theta}{2\pi r}=\frac{Z_eB_z}{2\pi m} \tag{5-10}$$

在非相对论的情况下，粒子的质量 m 为常数，回旋粒子的频率在运动过程中保持不变，这就是经典回旋加速器的原理。如果考虑到粒子在加速腔之间的加速，则在回旋中粒子的运动轨迹可以用图 5-7 简单表示。

（3）回旋加速器的径向聚焦和轴向聚焦　从离子源中引出的粒子具有一个分布，粒子的初始条件不一样，即初始位置、运动方向、粒子速度等都不一样，因为 D 盒之间的高频电场是随时间变化的，所以每个粒子经过时受到的作用力不同，从而在静电场中运动的半径也不相同。为了保证大部分粒子能一起加速下去，应当考虑初始条件有微小扰动情况下系统的稳定性。可以把加速器中粒子的运动分为径向、垂直方向和沿方位角方向的独立运动，分别讨论相应子相空间中

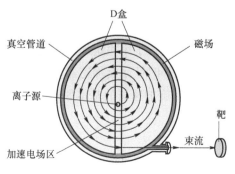

图 5-7　回旋加速器中粒子的运动轨迹

的稳定性条件。

由式（5-8）可以得到轴向运动稳定性条件。假设粒子初始条件 $z=0$，即粒子处于中心平面上，则 B_r 可以用泰勒展开式写成如下的形式。

$$B_r = z\left(\frac{\partial B_r}{\partial z}\right)_c + \frac{z^2}{2!}\left(\frac{\partial^2 B_r}{\partial z^2}\right)_c + \cdots \tag{5-11}$$

式（5-11）中的下标 c 表示在中心平面上，忽略二次及以上的高阶项，并且结合麦克斯韦方程 $\nabla \times \boldsymbol{B} = 0$，可以得到

$$B_r = z\left(\frac{\partial B_z}{\partial r}\right)_c \tag{5-12}$$

将式（5-12）代入式（5-8）可以得到

$$F_z = \frac{\mathrm{d}}{\mathrm{d}t}\left(m\frac{\mathrm{d}z}{\mathrm{d}t}\right) = -m\omega^2 n_c z \tag{5-13}$$

式（5-13）中，$\omega^2 = Z_e B_c / m$，为粒子运动回旋频率；$n_c = -\frac{r_c}{B_c}\left(\frac{\partial B_z}{\partial r}\right)_c$，为磁场沿径向的变化，称为磁场降落指数。式（5-13）为谐振方程的形式，该方程存在实解，即粒子轴向运动稳定的条件为 $n_c > 0$。$n_c > 0$ 表示回转加速器的主磁场随半径的增大而逐渐减小。

按照相同的思路可以得到粒子径向运动的稳定条件。在中心轨道附近，把粒子的轴向磁场用泰勒展开式表示为

$$B_z(r) = B_c + \left(\frac{\partial B_z}{\partial x}\right)_c + \cdots \tag{5-14}$$

其中 $x = r - r_c$，表示粒子在径向上的相对偏移，将式（5-14）代入式（5-6），并结合磁场降落指数的表达式，可得

$$\frac{\mathrm{d}}{\mathrm{d}t}\left(m\frac{\mathrm{d}x}{\mathrm{d}t}\right) = -m\omega^2(1-n_c)z \tag{5-15}$$

所以，径向运动稳定的条件为 $n_c < 1$。

综合来看，粒子径向和轴向运动稳定的条件为磁场沿半径增加方向缓慢下降。但是这个条件会破坏谐振加速原理，使粒子的回旋相位逐渐落后于加速器的加速相位，这种现象被称为滑相过程。另外，由于在粒子能量较高时，粒子的惯性质量随着能量的增加而增加，会加剧滑相过程的发生。在经典回旋加速器中，可以把主磁场设计得比理论需要的磁场稍高，这样在加速的前半段，粒子运动相位高于高频相位；在加速的后半段，粒子的相位往回滑动，在进入减速区之前把粒子引出即可。

（4）等时性回旋加速器理论　当粒子的能量比较大时，就需要考虑相对论效应，经典回旋加速器模型不再适用，接下来将简单介绍等时性回旋加速器的原理。

粒子在回旋加速器中的运动周期为

$$T = \frac{2\pi m}{Z_e B} \tag{5-16}$$

随着粒子能量的增加，粒子的惯性质量 m 会增加，为了保持运动周期不变，就必须让主导磁场随着惯性质量的增大而同步增大。由相对论关系可得

$$\varepsilon = mc^2 \tag{5-17}$$

$$\varepsilon = \frac{\varepsilon_0}{\sqrt{1 - \dfrac{v^2}{c^2}}} \tag{5-18}$$

可以得到运动周期的相对论表达式为

$$T = \frac{2\pi\,\varepsilon_0}{Z_e B c^2} \frac{1}{\sqrt{1 - \dfrac{v^2}{c^2}}} \tag{5-19}$$

也就是让 $B\sqrt{1 - v^2/c^2} = B_0$ 保持不变。

假设加速器中心的磁感应强度为 B_0，代入 $v = \omega_0 r$，就可以得到磁场随半径变化的关系式为

$$B = B_0 \frac{1}{\sqrt{1 - \dfrac{\omega_0^2}{c^2} r^2}} \tag{5-20}$$

这种情况下磁场降落指数为

$$n = -\frac{r}{B}\frac{\partial B}{\partial r} = \frac{\dfrac{\omega_0^2}{c^2} r^2}{1 - \dfrac{\omega_0^2}{c^2} r^2} = 1 - \frac{\varepsilon^2}{\varepsilon_0^2} \leqslant 0 \tag{5-21}$$

这种磁场的轴向运动是不稳定的。

为了解决等时性回旋加速器中的聚焦问题，Thomas 在 1938 年提出了扇聚焦回旋加速器原理，在磁极平面上制造磁场的峰和谷，让磁场随着方位角变化，利用在峰区和谷区的边缘磁场产生轴向聚焦力，示意如图 5-8 所示，可以看到，经典回旋加速器的平衡轨道近似标准的圆，但是对于等时性回旋加速器，由于磁谷和磁峰里面的磁场值不一样，导致在磁谷和磁峰里粒子的回旋半径不一样，并且在磁峰和磁谷，磁谷和磁峰交界的地方分别受到聚焦力和散焦力的影响，形成了交变梯度聚焦结构，保证了轴向运动的稳定性。为了增加轴向聚焦力，也可以采用带螺旋角的扇形铁，更进一步，可以把各个扇形铁分开，形成各自独自的回路。现行的等时性回旋加速器中，具体实现轴向聚焦的力有两种：一种是由

—— 经典回旋加速器中的平衡轨迹
—— 等时性回旋加速器中的平衡轨迹

图 5-8 理想方波场扇
聚焦回旋加速器示意

场沿方位角的变化而产生的，称为托马斯聚焦；另一种是由扇形铁在随半径增大时做螺旋线变化，从而造成粒子运动方向与边缘场形成的夹角在进入磁峰和离开磁峰时不同而产生的，称为螺旋线聚焦。

在等时性回旋加速器中，因为所有的粒子在所有半径上都具有相同的回旋频率，所以这种加速器没有相聚焦特性。因此，磁场与射频频率的准确调谐十分重要，一般情况下都需要一组或者几组垫补线圈来调节不同半径的磁场。如果实际的磁感应强度大小和等时性磁场的误差为 $\Delta B = B - B_0$，那么由此误差引起的相位漂移可表示为

$$\Delta \sin(\phi) = 2\pi h n \frac{\Delta B}{B_0} \tag{5-22}$$

式中，n 是加速圈数；h 是谐波数；ϕ 是束流与加速粒子的射频场之间的相位差，当滑相超过 $+90° \sim -90°$ 时，粒子将被减速而丢失。

对于等时性回旋加速器来说，有一种特殊的共振机制限制着可以加速的最高粒子能量。当给定了扇形铁数量 N 之后，该加速器的最高能量也就给定了，建造更大半径的加速器是没用的，粒子能量到某个值后，会穿越一个致命的共振线，称为 π 模禁带，粒子会严重损失。通常来说，对于动能 $T < 20\mathrm{MeV/u}$ 的加速器来说，采用三扇螺旋式结构或四扇直边结构的紧凑型扇聚焦回旋加速器就足够了；对于 $20\mathrm{MeV/u} < T < 150\mathrm{MeV/u}$ 的加速器来说，可以采用四分离扇结构的分离扇回旋加速器；如果需要加速更高能量的粒子，就需要采用四扇螺旋式结构的分离扇或更多扇叶的回旋加速器。

（5）回旋加速器在医疗方向的应用　回旋加速器相比于同步加速器，占地面积更小，造价更便宜，所以被大范围应用于非基础科学研究方面，特别是医疗领域，主要应用的方向有医用放射线同位素的生产、正电子断层扫描、质子/重离子治疗等。在这些领域，人们对束流的性能指标没有太大的要求，反而比较追求造价便宜、可靠性高、运行维护简单的小型回旋加速器，促进了中小型回旋加速器的发展。自 20 世纪 80 年代以来，一些国际公司抓住了市场机遇，陆续推出了一系列应用型回旋加速器，这些加速器大多数为质子回旋加速器，加速的能量从几 MeV 到 250MeV 不等，都是紧凑型加速器，粒子种类和能量固定不变。目前，国际上三家主要的回旋加速器供应商为比利时的 IBA、日本的制钢所和日本的住友重工。

3. 直线加速器

直线加速器（Linear accelerators，Linac）是一种通过高频电场对带电粒子进行加速增能，且加速粒子的轨道为直线的设备。与环型加速器相比，直线加速器具有束流注入及引出方便、流强大、灵活性高等优点，因此其应用十分广泛，包括癌症放疗、同位素生产、材料辐照改性、驱动核废料嬗变、中子照相、离子注入等。其中，直线加速器用于癌症放疗被称为高能和核物理研究造福人类的最重要的副产品之一。除此之外，直线加速器也是同步加速器最好的注入器，是医用重离子癌症治疗装置的关键设备之一。

医用直线注入器一般由离子源、低能束流传输线（Low Energy Beam Transport，

LEBT)、射频四极（Radio Frequency Quadrupole，RFQ）加速器、中能束流传输线（Medium-Energy Beam Transport，MEBT)、漂移管直线加速器（Drift Tube Linac，DTL）及辅助系统组成，主要作用是为同步加速器提供一定能量和品质的束流。图5-9所示为一个简化的直线加速器组成框架图。拟加速的束流由离子源系统注入，经过直线加速器加速和磁铁聚焦后引出。真空系统对于良好的束流传输是必需的。电力主要由射频电源系统使用。冷却系统用于带走能量在加速腔壁上损耗产生的热量，常温加速腔的冷却液用水，超导加速腔的冷却液用液氦。表5-1列出了已运行的基于同步加速器的典型治疗装置及其直线注入器的类型。

表 5-1　已运行的基于同步加速器的典型治疗装置及其直线注入器的类型

所在地	生产商	注入器类型	能量/MeV
美国洛马林达大学外科医院	Optivus	RFQ	2.0
日本静冈癌症中心	Mitsubishi	RFQ	3.5
美国 MD 安德森癌症中心	Hitachi	RFQ & Alvarez 型 DTL	7.0
北海道大学	Hitachi	RFQ & Alvarez 型 DTL	7.0
德国	HICAT	RFQ &IH 型 DTL	7.0
日本	HIMAC	RFQ &IH 型 DTL	4.0

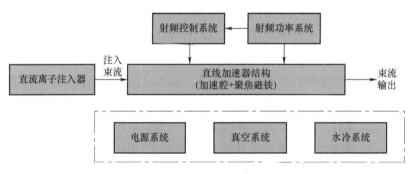

图 5-9　简化的直线加速器组成框架图

（1）多粒子直线加速原理　直线加速器是通过不同的加速器结构来实现束流传输和加速的。不同类型的直线加速器适用的频率和能量不同，其承担的作用也不相同。从离子源引出的束流经过低能传输线偏转和聚焦后进入 RFQ 中聚束和加速，然后进入加速效率更高的 DTL 实现能量的进一步提升。MEBT 用以实现 RFQ 与 DTL 的横纵向匹配。

带电粒子在传输方向上同时存在横向和纵向的运动，为保证束流能够得到有效加速和聚焦，需要研究其在直线加速器中的动力学问题。

1）纵向动力学。在研究直线加速器之初，我们首先定义理想粒子，即同步粒子。这种粒子的相位和频率与高频谐振腔完全一致，其运动始终与高频电场保持同步。

图 5-10 所示为单个加速间隙及其电场。

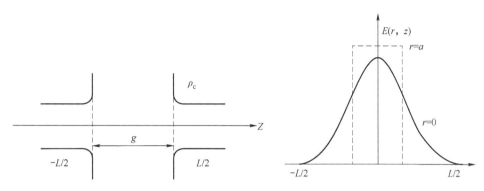

图 5-10　单个加速间隙及其电场

电磁波在波导中沿着 z 方向传播时，z 方向的电场可表示为

$$E_z(z,\ t) = E(z)\cos\left(\omega t - \int_0^z k(z)\,\mathrm{d}z + \phi\right) \tag{5-23}$$

式（5-23）中，波数 k 由相速度 v_p 和角速度 ω 计算得到，即 $k(z) = \omega / v_\mathrm{p}(z)$。假定一个带电量为 q 的粒子也沿着 z 方向运动，其速度与电磁波的相速度始终保持相等，为 $v(z)$，该粒子到达 z 处所需的时间为 $t(z) = \int_0^z \mathrm{d}z / v(z)$，此时受到的电场力为 $F_z = q E_z \cos \phi$，其中 ϕ 为同步相位。

粒子通过间隙时的能量增长为

$$\Delta W = q E_0 LT \cos\phi \tag{5-24}$$

式中，E_0 是轴向平均电场；T 是渡越时间因子；q 是电荷；L 是加速间隙长度；ϕ 是加速相位。

如图 5-11 所示，当同步粒子恰好在稳定相位时，比同步粒子早到达的附近粒子将经历一个较小的加速场，而比同步粒子晚到达的粒子将经历一个较大的场。这将使同步粒子附近的非同步粒子（超前相位或落后相位处）围绕稳定相位振荡，从而提供相位稳定性，而不稳定区的粒子会在后续的传输过程中发生滑相乃至丢失。

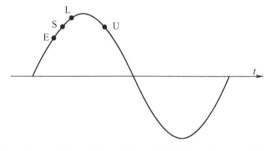

图 5-11　稳定相位（S）、不稳定相位（U）、超前相位（E）和落后相位（L）的分布

2）横向动力学。当粒子在加速单元中被纵向加速时，同样受到横向作用力，如图 5-12 所示。

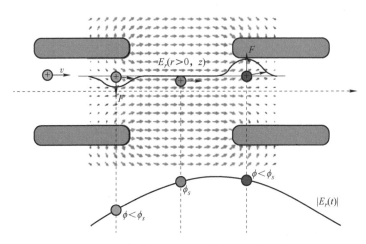

图 5-12 单个加速间隙中横向电场的分布

假定E_z在轴线附近与r无关，可以得到

$$E_r = -\frac{r}{2}\frac{\partial E_z}{\partial z}\cos\phi \qquad (5\text{-}25)$$

$$B_\theta = \frac{r}{2c^2}\frac{\partial E_z}{\partial t}\cos\phi \qquad (5\text{-}26)$$

那么粒子受到的径向力及运动方程可以表示为

$$F_r = -\frac{\pi qeT_n E_0 \sin\phi_s}{\lambda \beta_s \gamma_s^2}r\cos\phi \qquad (5\text{-}27)$$

$$\frac{d}{dz}\left(\beta_s\gamma_s\frac{dr}{dz}\right)+\frac{\pi qe\,T_n E_0 \sin\phi_s}{\varepsilon_0\lambda\,\beta_s^2\gamma_s^2}r=0\cos\phi \qquad (5\text{-}28)$$

式中，ε_0是粒子静止能量；β_s和γ_s是同步粒子的相对论因子；ϕ_s是同步粒子的加速相位。间隙前半段$E_r<0$，横向聚焦；间隙后半段$E_r>0$，横向散焦，纵向稳定加速的相位需满足$-\pi/2<\phi_s<0$。在该范围内，电场随着时间增大，后半段散焦的作用将大于前半段聚焦的作用，因此穿过一个加速单元后的最终表现为横向散焦，即在直线加速器中，粒子的径向运动稳定性和纵向相运动稳定性是矛盾的。

（2）RFQ加速器　RFQ加速器是一种结构紧凑的强流低能离子直线加速器。它的特点是可以利用单一的高频四极电场同时实现对束流的横向聚焦和纵向加速。RFQ可以看成是由静电四极透镜演变而来，静电四极透镜仅有聚焦作用，不能实现粒子的加速。因此，需要对电极进行改进。当电极纵向带有波浪形状的"电极调制"时，z方向则会出现可以使粒子加速的电场。极面到束流中心的最小孔径为a，最大孔径为ma，其中m称为调制系数，调制的周期为$\beta\lambda$，如图5-13所示。用射频电场代替静电场就能实现对粒子连续的同步加速。由于粒子每经过$\beta\lambda/2$长度时，电场需要变换一次方向才能使粒子始终处于加速状态，因此一个加速单元的长度为$\beta\lambda/2$，每个调制周期内包含两个单元，相邻两个单元的轴向电场方向相反。

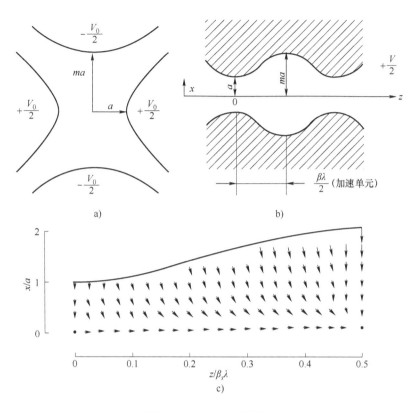

图 5-13　RFQ 加速器原理

a）RFQ 横向界面示意　b）RFQ 电极剖面示意　c）RFQ 在 x-z 平面上的电场分布

RFQ 的射频结构主要分为四杆型和四翼型。

1）四杆型 RFQ。四杆型 RFQ 最早由德国法兰克福大学应用物理研究所（IAP）设计。它用波长 $\lambda/4$ 谐振线来支承与激发两对电极，其特点是：适合在低频（200MHz 以下）时加速低速重离子；频率、电场分布对外界变化不灵敏。如图 5-14 所示，两个支承板及其间的底板组成一个 $\lambda/4$ 谐振线，通过电极间的电容组成一个谐振单元，相对的两个电极短路连接。四杆型 RFQ 的电流主要集中在电极杆上，腔壁的电流分布非常小，因此腔壁的位置对频率影响不大，因而腔体的横向尺寸可以非常紧凑。当频率较高时，电极杆尺寸变小，导致水冷较难，这在高频应用中是一个缺点。四杆型 RFQ 的电极与支承结构相对独立，现已发展多种形式，如分离同轴型、分离环型、线性 $\lambda/2$ 型等。

2）四翼型 RFQ。早在 1979 年洛斯阿拉莫斯国家实验室（LANL）就已开始了对四翼型 RFQ 的研究，它是一种将四根电极固定在腔壁上的谐振腔结构。四根电极直接与腔壁相接，将腔体分为四个象限，磁场则分布在分隔出的四个象限中，在相邻象限纵向相反的方向流动，并围绕每个电极形成闭合的磁力曲线，如图 5-15 所示。

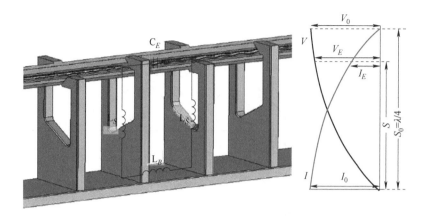

图 5-14　四杆型 RFQ 的谐振单元及 $\lambda/4$ 谐振线

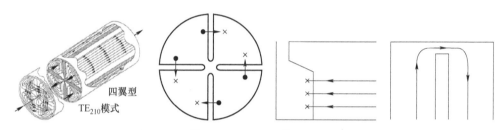

图 5-15　四翼型 RFQ 在 TE_{210} 模式下的磁场分布

四翼型 RFQ 在较高工作频率下的腔体体积不大，适合加速轻离子；机械强度大，水冷方便，适合高占空比或连续波（Continuous Wave，CW）工作模式。但是，当四翼型 RFQ 的工作四极模与最邻近二极模的模式间隔较小时，会导致腔体的电稳定性较差，频率和电场分布对外界变化灵敏，需要添加额外的结构来加大模式间隔。为了增加工作四极模与最邻近二极模的模式间隔，多种方法已被发掘和采用，如图 5-16 所示。翼耦合环（Vane Coupling Ring，VCR）结构因为高功率下水冷困难，现在几乎不再采用。目前常用的方法是在腔内插入多对 π 模稳定杆（Pi-mode Stabilizer Loop，PISL），或在腔体两端的端板上插入二极模稳定杆（Dipole mode Stabilizer Rod，DSR）。

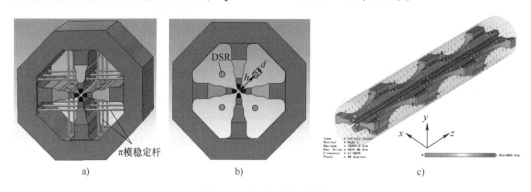

图 5-16　多种四翼型结构

a）带 π 模稳定杆的四翼型结构　b）带二极模稳定杆的四翼型结构　c）带耦合窗的四翼型结构

　　π 模稳定杆可加强相对电极之间的连接，极大地降低二极模的腔体并联电感，提升二极模频率，而工作四极模频率则变化不大，从而将两个模式分开。二极模稳定杆会产生干扰波，与二极模电磁场强烈耦合，对二极模频率和场分布产生很大影响，而对工作四极模的频率及场分布几乎没有影响，从而将模式间隔拉大。近年来，Ostroumov 等人提出的带耦合窗的四翼型结构也得到了一定的发展。

　　（3）DTL　DTL 是另一种常用的常温直线加速器，通常匹配在 RFQ 后面，可以将束流能量加速至数百 MeV/u。最先广泛使用的漂移管加速结构是阿尔瓦列兹（Alvarez）型，其适合加速能量为 $0.75 \sim 150 \mathrm{MeV/u}$（$\beta = 0.04 \sim 0.50$）的粒子，工作频率一般低于 200MHz，有效分路阻抗小于 $40 \mathrm{M\Omega/m}$。Alvarez 型 DTL 的每个漂移管中都放置磁铁，尺寸大，结构复杂。因此，H 型结构被提出，H 模加速结构也可称为横电（TE）模结构，是一种射频纵向磁场占主导地位的结构。射频电场集中分布在腔体内侧区域。相邻加速间隙中心沿着纵向的距离为 $\beta\lambda/2$，相位变换为 π。H 型结构共有两种类型，一种是 IH 型，另一种是 CH 型。这两种 H 型结构的优点是并联阻抗高、射频加速效率高。具有高并联阻抗的两个原因是：①使用了非常紧凑的漂移管，从而使电容非常小；②π 模式运行具有更大的渡越时间因子 TTF。这两种结构都可以直接串联在 RFQ 直线加速器之后使用，也可以对束流进行处理后再注入其中并加速。对于 H 型结构，横向聚焦可由三组合四极透镜或磁性螺线管提供。这两种 H 型结构的机械强度都高于 Alvarez 腔。原则上，它们既可用于轻离子加速，也可用于重离子加速；既可作为常温腔使用，也可作为超导腔使用。另外，在加速器谐振频率相同的情况下，H 型 DTL 的横向尺寸比常规的 Alvarez 型 DTL 小 30%。

　　IH 型 DTL 于 1956 年在欧洲核子研究组织（CERN）的讨论会上由 Blewett 首次提出，作为将质子加速至 30MeV 的一种具有吸引力的解决方案，并于此后十几年得到了快速的发展，并成功在一些项目中得到了应用，如在德国亥姆霍兹重离子研究中心-常规直线加速器（GSI UNILAC）的升级改造中，使用 IH 型 DTL 加速结构代替原来的维德罗（Wideroe）型漂移管直线加速器，将粒子能量从 120keV/u 提升至 1.4MeV/u。此外，高流强直线注入器、未来反质子离子研究装置、海德堡医用装置直线注入器等也都采用了 IH 型加速结构，并在脉冲模式下实现了 10.7MeV/u 的加速梯度，同时也成功应用在 CW 模式下。图 5-17 所示为典型的 IH 型 DTL 的加速结构以及电场和磁场在腔内的分布。电场模式为 TE_{110} 模式。这种结构具有交替排布的交叉指型支承杆，使得腔内的分布电容降到最低，因此同样的工作频率下 IH 型 DTL 腔体更小；或者同样尺寸的加速腔，IH 型 DTL 腔体的工作频率更高。IH 型 DTL 的工作频率一般小于 300MHz，有效分路阻抗可达到 $100 \sim 300 \mathrm{M\Omega/m}$，甚至更高。因为漂移管内部不需要安放磁铁，其注入能量可以很低（$\beta \approx 0.01$）。此外，IH 型 DTL 结构的不对称性会带来电场的二极场分量，使得束流在传输时其中心产生偏移，通过优化漂移管形状可以降低二极场的影响。

　　在低能段横向聚焦元件（四极磁铁或螺线管）需安装在 IH 型 DTL 加速腔内（见

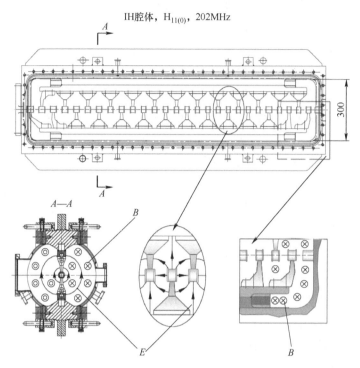

图 5-17　CERN 202MHz Pb25+ IH 型 DTL

注：上图为腔体全长，下图分别为腔体横截面以及电场和磁场分布。

图 5-18），聚焦元件前后相邻的两个间隙之间的距离 L 满足

$$L=\frac{N\beta\lambda}{2}\frac{(\phi_1-\phi_2+180)}{180}, \quad N=1, 3, 5\cdots \tag{5-29}$$

式中，ϕ_1 与 ϕ_2 分别是聚焦元件前后加速间隙的同步相位。将聚焦元件安装在腔内增加了结构设计与射频调场的复杂性。为了保持各段电场分布的平整性，需要综合使用体调谐等各种手段。而在高能段，聚焦元件则可安装在腔外（见图 5-18），各个加速腔的相位可分别调节。

　　CH 型 DTL 则在频率更高的情形下使用（150~800MHz），将粒子能量进一步提高至 150MeV/u（$\beta\approx0.5$），有效分路阻抗为 $50\sim100M\Omega/m$。电磁场模式为 TE_{210} 模式。CH 型 DTL 腔中漂移管的支承方式为十字交叉排列，如图 5-19 所示。这种结构稳定性高，对称性好，腔体功耗分布均匀，因此漂移管易于水冷，在 CW 运行方面具有很好的前景。高科技应用多用途混合研究反应堆（MYRRHA）、反质子与离子研究装置（FAIR）等项目在 RFQ 后端采用常温 CH 加速结构。近年来，超导 CH 腔的研究也取得了很大的进展。兰州近代物理研究所研制了工作频率为 162.5MHz、$\beta=0.067$ 的超导 CH 腔。GSI 为高能直线加速器（HELINAC）研制的 15 间隙、工作频率为 217MHz 的超导 CH 腔，最大加速梯度达到 9.6MV/m，并成功进行了束流试验。

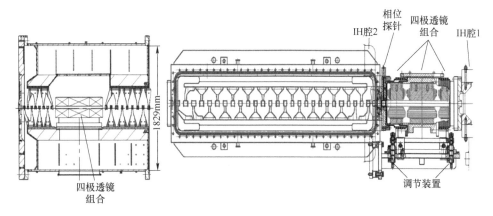

图 5-18　IH 型 DTL 磁铁布局

注：左图为 GSI 36MHz HIS 注入器，右图为 CERN Linac 202MHz。

图 5-19　常温（175MHz）与超导（350MHz）CH 加速结构（图片来自 MYRRHA 项目）

5.2.2　同步加速器

同步加速器是医用治癌装置中普遍采用的集束流注入、加速、引出于一体的核心装置。为使带电粒子在一定空间范围内被加速达到所需能量，就需要粒子在偏转磁场的作用下以环形轨道不断运动，并在此过程中受到电场加速而逐步升能。随着粒子能量的增加或减少，磁场强度和高频频率同步变化，因此这类环形加速器被称作"同步加速器"。

图 5-20 所示为同步加速器基本布局。当束流以一定能量被注入同步环中时，会受到磁场的聚焦和偏转作用，并在循环的每圈被高频腔俘获加速，通过一系列布置在环上的束流探测元件，就可以实时了解同步加速器的运行状态。与其他加速器相比，同步加速器具有能量可连续调节的特点，以适应放射治疗对束流能量精确变化的需求，同时减少了能量选择系统的使用。

单个粒子经过加速器所形成的运动轨迹称为粒子轨道。而将加速器设计的目标轨道称为参考轨道（或理想轨道），运动于参考轨道上的粒子称为参考粒子（或理想粒子）。一般情况下，参考轨道在传输元件的磁场中心平面上。为方便描述粒子在加速器中受电磁场力作用下的运动轨迹，一般采用 Frenet-Serret 坐标系（基于曲线的局部坐标系），如图 5-21 所示。其中 $\hat{s}$ 代表参考轨道的切线方向，$\hat{x}$ 代表水平方向，与 $\hat{s}$ 垂直且指向偏转方向外侧，$\hat{y}$ 为垂直方向，满足 $\hat{y}=\hat{s}\times\hat{x}$。

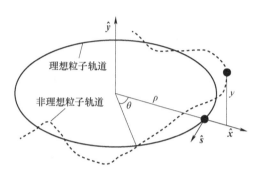

图 5-20　同步加速器基本布局　　　　　图 5-21　加速器中粒子局部坐标系

当构成束流的粒子之间无相互作用时，一般采用六维坐标 (x, x', y, y', z, z') 来描述粒子信息。位置及偏转角度就构成了加速器物理中描述束流状态的相空间，图 5-22 所示为束流水平和垂直相空间分布。

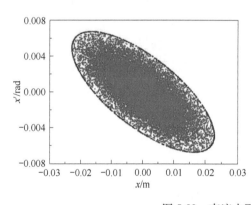

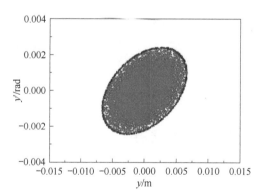

图 5-22　束流水平和垂直相空间分布

工程上一般采用磁刚度 G 来描述粒子能量，即

$$G=B\rho=\frac{1}{300}\frac{A}{Z}\sqrt{E_k(E_k+2E_0)}\cos\phi \tag{5-30}$$

式中，B 是束流特定能量下对应的二极磁铁磁场值；ρ 是偏转半径；E_k 是每核子动能；E_0 是每核子静止能量；A 和 Z 分别是核子数和电荷量。

1. 束流横向动力学

静磁场中粒子所受洛伦兹力可表示为

$$F = qVB\cos\phi \tag{5-31}$$

在此基础上可以推导出粒子运动方程，又叫希尔（Hill）方程，即

$$u'' + K(s)u = 0\cos\phi \tag{5-32}$$

式中，u 代表 x 或 y。

$$K_x = \frac{1}{B\rho}\frac{\partial B_y}{\partial x} + \frac{1}{\rho^2}\cos\phi \tag{5-33}$$

$$K_y = -\frac{1}{B\rho}\frac{\partial B_x}{\partial y}\cos\phi \tag{5-34}$$

在环形加速器中，$K(s)$ 是 s 的周期函数，$1/\rho^2$ 来自于二极磁铁的水平聚焦作用，$\partial B_y/\partial x$ 项来自于四极磁铁的贡献。该运动方程属于二阶线性微分方程，解由 u 和 u' 的初始值唯一确定，可表示为

$$u(s) = C(s)u_0 + S(s)u_0'\cos\phi \tag{5-35}$$

$$C(s) = \cos(\sqrt{K}s) \qquad S(s) = \frac{1}{\sqrt{K}}\sin(\sqrt{K}s) \qquad K > 0\cos\phi \tag{5-36}$$

$$C(s) = \cosh(\sqrt{|K|}s) \qquad S(s) = \frac{1}{\sqrt{|K|}}\sinh(\sqrt{|K|}s) \qquad K < 0\cos\phi \tag{5-37}$$

进一步地，对 $u(s)$ 求导可以得出粒子角度随位置 s 的变化，写成矩阵形式，有

$$\begin{pmatrix} u \\ u' \end{pmatrix} = \begin{pmatrix} C(s) & S(s) \\ C'(s) & S'(s) \end{pmatrix}\begin{pmatrix} u_0 \\ u_0' \end{pmatrix} = \boldsymbol{M}\begin{pmatrix} u_0 \\ u_0' \end{pmatrix}\cos\phi \tag{5-38}$$

对于不含任何磁铁的漂移段 l，$K = 0$，传输矩阵 $\boldsymbol{M}$ 具有最简单的形式，即

$$\boldsymbol{M} = \begin{pmatrix} 1 & l \\ 0 & 1 \end{pmatrix}\cos\phi \tag{5-39}$$

粒子在漂移段的运动轨迹如图 5-23 所示。

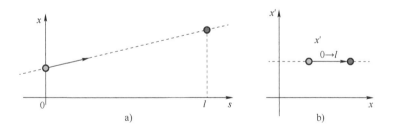

图 5-23　粒子在漂移段的运动轨迹

a）实空间　b）相空间

同样地，对于长度为 l 的横向聚散焦的四极磁铁而言，$K_x = \frac{1}{B\rho}\frac{\partial B_y}{\partial x}$，$K_y = -\frac{1}{B\rho}\frac{\partial B_x}{\partial y}$，$x$ 和 y 方向的传输矩阵分别为

$$\boldsymbol{M}_x = \begin{pmatrix} \cos(\sqrt{K_x}\,l) & \dfrac{1}{\sqrt{K_x}}\sin(\sqrt{K_x}\,l) \\ -\sqrt{K}\sin(\sqrt{K_x}\,l) & \cos(\sqrt{K_x}\,l) \end{pmatrix} \cos\phi \qquad (5\text{-}40)$$

$$\boldsymbol{M}_y = \begin{pmatrix} \cosh(\sqrt{|K_y|}\,l) & \dfrac{1}{\sqrt{|K_y|}}\sinh(\sqrt{|K_y|}\,l) \\ \sqrt{|K_y|}\sinh(\sqrt{|K_y|}\,l) & \cosh(\sqrt{|K_y|}\,l) \end{pmatrix} \cos\phi \qquad (5\text{-}41)$$

以 x 方向聚焦为例，粒子在四极磁铁中的运动轨迹如图 5-24 所示。

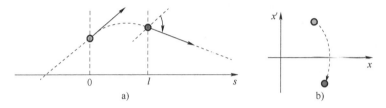

图 5-24　粒子在四极磁铁中的运动轨迹

a）实空间　b）相空间

四极磁铁的聚焦作用在 x 和 y 两个方向并不是兼容的，图 5-25 所示为带电粒子在四极磁场作用下不同位置的受力情况。若带正电荷的粒子进入四极磁铁时处在与轴线距离为 x 的 A 点，它将受到一个指向磁铁中心的聚焦力；反之，若粒子在垂直方向偏离轴线，则将受到一个远离轴线的散焦力。为了使束流在传输过程中 x 和 y 方向均受到一定的聚焦力而避免发散损失，可成对交替采用不同方向聚焦的四极磁铁构成传输段，即 x 聚焦（y 聚焦）+漂移段+ y 聚焦（x 聚焦）+漂移段，这种排布方式也是加速器设计中最为常见的 FODO 结构。

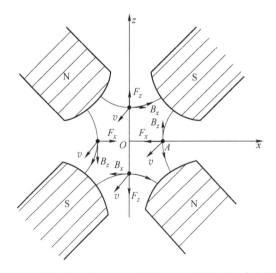

图 5-25　带电粒子在四极磁场作用下不同位置的受力情况

二极磁铁主要用于束流水平方向的偏转，$K_x = 1/\rho^2$，$K_y = 0$。最简单的二极磁铁为束流管道与磁铁两端面垂直的扇形铁，传输矩阵表示为

$$M_x = \begin{pmatrix} \cos\theta & \rho\sin\theta \\ -\dfrac{1}{\rho}\sin\theta & \cos\theta \end{pmatrix}$$

(5-42)

$$M_y = \begin{pmatrix} 1 & l \\ 0 & 1 \end{pmatrix}\cos\phi$$

式中，θ 是扇形铁的偏转角度。然而，实际工程中设计更多的是矩形铁，出入口极面相互平行，如图 5-26 所示。水平方向所有粒子（$x'=0$）的路径都相同，因此没有聚焦作用，传输矩阵为

$$M_x = \begin{pmatrix} 1 & \rho\sin\theta \\ 0 & 1 \end{pmatrix}$$

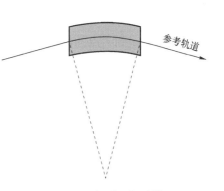

图 5-26 矩形二极磁铁

值得注意的是，在同步环设计中，为了匹配特定的束流光学，二极磁铁往往会存在边缘角，如图 5-27 所示，角度 ψ 即为束流参考轨道与极面夹角。形象地理解，假设在 $s=0$ 的位置，粒子沿 x 轴排布（$x'=0$）水平入射二极磁铁，对于 $x>0$ 的粒子感受到的二极场偏转力较小，而 $x<0$ 的粒子则感受到更大的偏转力，束流经过二极磁铁之后整体将呈现一种散焦的效果，反之则是一种聚焦的效果。x、y 方向包含边缘场效应的二极磁铁传输矩阵将表示为

$$M_{\text{dipole}} = M_{\text{exit}} M_{\text{sector}} M_{\text{entrance}}$$

$$= \begin{pmatrix} 1 & 0 & & \\ \dfrac{\tan\left(\dfrac{\theta}{2}\right)}{\rho} & 1 & 0 & 0 \\ & & 0 & 0 \\ & & 1 & 0 \\ 0 & 0 & & \\ 0 & 0 & -\dfrac{\tan\left(\dfrac{\theta}{2}\right)}{\rho} & 1 \end{pmatrix} \begin{pmatrix} \cos\theta & \rho\sin\theta & 0 & 0 \\ -\dfrac{\sin\theta}{\rho} & \cos\theta & 0 & 0 \\ 0 & 0 & 1 & l \\ 0 & 0 & 0 & 1 \end{pmatrix} \begin{pmatrix} 1 & 0 & & \\ \dfrac{\tan\left(\dfrac{\theta}{2}\right)}{\rho} & 1 & 0 & 0 \\ & & 0 & 0 \\ & & 1 & 0 \\ 0 & 0 & & \\ 0 & 0 & -\dfrac{\tan\left(\dfrac{\theta}{2}\right)}{\rho} & 1 \end{pmatrix}$$

(5-43)

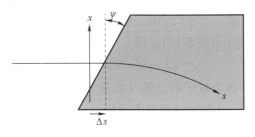

图 5-27 二极磁铁边缘场效应

当边缘角 $\psi = \theta/2$ 时，$\boldsymbol{M}_{\text{dipole}}$ 将和矩形铁的传输矩阵一致。也就是说，矩形铁的传输可等效为边缘角为偏转角一半的扇形铁。

由二极磁铁、四极磁铁和漂移段构成的同步加速器聚焦布局结构称为磁聚焦结构（Lattice），它对束流的横纵向运动有着关键影响。不同类型或不同用途的同步加速器磁聚焦结构往往不同，对于小型化医用同步加速器，各段的聚焦结构相同，具有多折对称性。一般而言，束流在同步环中将循环往复地运动上百万圈甚至更多，无论加速器设计还是实际运行的过程中，关注的核心是束流传输的稳定性以及包络大小，因此有必要从更大的范围去探讨束流传输中的各种关键性质。

将粒子从 s_1 到 s_2 点的传输矩阵以另一种形式表示为

$$\boldsymbol{M}(s_1 \mid s_2) = \begin{pmatrix} \sqrt{\dfrac{\beta_2}{\beta_1}}\left(\cos\psi + \alpha_1\sin\psi\right) & \sqrt{\beta_1\beta_2}\sin\psi \\[2mm] \dfrac{\alpha_1-\alpha_2}{\sqrt{\beta_1\beta_2}}\cos\psi - \dfrac{1+\alpha_1\alpha_2}{\sqrt{\beta_1\beta_2}}\sin\psi & \sqrt{\dfrac{\beta_2}{\beta_1}}\left(\cos\psi - \alpha_2\sin\psi\right) \end{pmatrix} \tag{5-44}$$

特别地，当粒子转一圈回到初始位置 s_1 时，式（5-44）的矩阵将改写为

$$\boldsymbol{M}(s_1 \mid s_1+C) = \begin{pmatrix} \cos2\pi\nu + \alpha_1\sin2\pi\nu & \beta_1\sin2\pi\nu \\[2mm] -\gamma\sin2\pi\nu & \cos2\pi\nu - \alpha_1\sin2\pi\nu \end{pmatrix} \tag{5-45}$$

式中，ψ 是两点之间的相移；ν 是工作点，反映了粒子在一圈内运动横向自由振荡频率。α、β 以及和二者息息相关的变量 γ 是加速器物理中最为重要的三个参数，称为 Courant-Snyder 参数或 Twiss 参数，它们是磁聚焦结构的固有属性，而与束流无关，三者关系为

$$\alpha(s) = -\frac{1}{2}\beta'(s) \qquad \gamma(s) = \frac{1+\alpha^2(s)}{\beta(s)} \tag{5-46}$$

一旦 β 函数确定，所有的 Twiss 参数都将是可知的，再次根据希尔方程，粒子在同步环任意位置处的解可写为

$$u(s) = \sqrt{2J\beta(s)}\cos\left[\psi(s) + \psi_0\right] \tag{5-47}$$

式中，J 称为作用量，$2J$ 为束流发射度，用 ε 表示，乘以 π 则为束流在相空间中所占的面积大小。在不发生能量变化（加速、减速或能量交换）的前提下，束流传输过程中各维度发射度是保持不变的。束流包含了大量粒子，在某一位置处的尺寸就等于 $\sqrt{\varepsilon\beta(s)}$，也称作束流包络。由此可以看出，$\beta$ 函数的设计决定了束流在同步环中传输的大小，以及磁铁孔径、真空管道的选取。束流发射度和 Twiss 参数共同描述了束流在某一元件处相空间的形状（见图 5-28），即

$$\varepsilon = 2J = \gamma u^2 + 2\alpha u u' + \beta u'^2 \tag{5-48}$$

实际上，一团束流中各个粒子的动量（能量）、相位与参考粒子总是有一定偏差，在经过同一个二极磁铁后，不同离子将具有不同的运动轨迹（见图 5-29），这种由于不同动量分散引起的轨道偏差就称作色散效应，具体的位置偏差表达式为

$$\Delta x = D_x \frac{\Delta p}{p_0} \qquad\qquad (5\text{-}49)$$

式中，D_x 称为色散函数；Δp 是非理想粒子动量与理想粒子动量 p_0 的偏差。只要在加速器设计中引入偏转磁铁，均会产生色散。对于同步环而言，较小的色散函数可以有效控制具有一定动量分散的束流包络，使得真空管道不至于太大。而对于束线，一般往往需要将色散消除，常用的做法是采用偏转铁+四极磁铁+偏转铁的组合消除色散。

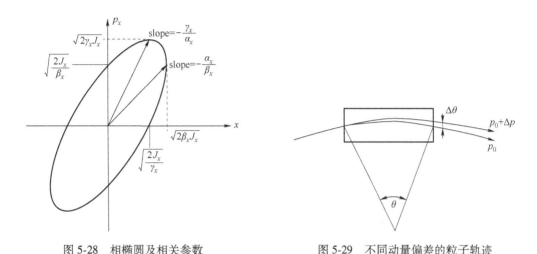

图 5-28　相椭圆及相关参数　　　　　　图 5-29　不同动量偏差的粒子轨迹

　　基于上述加速器基本理论，对于束流传输将会有一个基本的认识。作为加速器，毫无疑问还需要具备对注入同步环的粒子进行加速的能力，接下来将具体介绍同步环加速的基本原理。

2. 纵向束流动力学

　　粒子在同步环中运动是非常快的，循环一圈基本在微秒量级，这对于高频设计具有很大优势，即在同步环任意直线段放置一个高频腔就可以实现极短时间内的粒子加速。对于质子或重离子而言，随着能量的增加，粒子回旋频率也在不断增加，当粒子每次经过高频腔时，需要保证高频相位不变，因此高频频率也是随着粒子回旋频率的变化而变化，且总是倍数关系，倍数的多少称为谐波数。整个纵向运动主要围绕偏转磁场、高频相位和高频电压三者来展开。

　　同步环中高频电压一般采用正弦形式，定义 ϕ_s 为参考粒子（同步粒子）在高频加速间隙中所处的相位，即同步相位，同步粒子每次被高频加速获得的能量为

$$\Delta E_s = qV\sin\phi_s \qquad\qquad (5\text{-}50)$$

式中，V 为高频电压幅值。对于非同步粒子，它获得的能量将与所处间隙的高频相位息息相关。纵向位置（相位）超前的非同步粒子，由于正弦型的高频电压曲线将感受到更大的加速电压，因此将获得更多的能量，并在色散效应的加持下使得整个循环轨道靠外，回旋周期变长，当增加的能量不足以弥补回旋周期时，该粒子再次到达高频腔时相位将减小，所获得的加速能量也随之减小，直到加速相位小于同步相位时，粒子获得的

121

能量小于同步粒子，此时该粒子在同步环中将靠内圈运动，同理，当再次到达高频腔时，它的相位将逐步靠近并超过同步相位，如此反复。因此，非同步粒子在纵向加速过程中将围绕同步粒子做往复运动，而不会出现粒子丢失的情况，这种现象也称作自动稳相。图 5-30 所示为粒子纵向相空间的运动，也称作 bucket（在加速器物理中特指"纵向运动稳定区域的边界"），横坐标为相位 ϕ，纵坐标为能量偏差 δ。由于整个相空间运动轨迹类似于小鱼的形状，因此也被叫作"鱼图"。

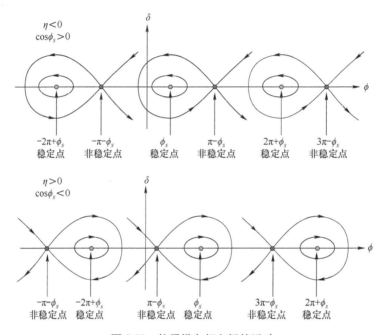

图 5-30　粒子纵向相空间的运动

当束流以较低能量注入同步环中时，纵向呈现连续束的状态，如图 5-31a 所示，粒子将分布在整个同步环上。从纵向匹配的角度而言，理想情况下是完全的束团到束团的匹配注入。但在很多情况下，前一级预加速的束流并没有与环的高频频率相对应的脉冲时间结构，束流在环中的脉冲化是通过高频俘获过程开始的，并且是绝热的，以保证足够高的俘获效率。同步相位 $\phi_s = 0$，利用最大的相面积来俘获束流，减小损失。同时高频电压缓慢升高，使束流得以在相空间内充分匹配，bucket 纵轴逐渐增大。如果从一开始高频电压就很大，束流的同步振荡频率也很大，会在纵向相空间形成明显的丝化，并具有很大的纵向发射度。其中，高频电压从 0 上升到俘获电压所需的时间被称为俘获时间，当该时间远远大于粒子纵向振荡周期时，即满足绝热俘获，俘获后相空间分布如图 5-31b 所示。

经过俘获之后，束流基本填充整个 bucket，在接下来的加速过程中，同步相位 ϕ_s 逐渐增大，bucket 在面积保持不变的情况下高度逐渐增加，高频电压先增加后减小，加速过程中不同时刻的束流纵向相空间分布如图 5-32 所示。

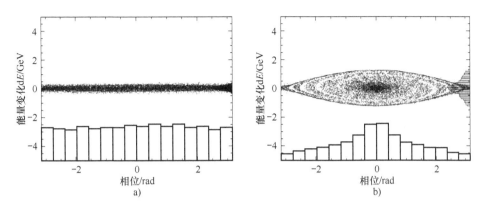

图 5-31　相空间分布

a）连续束纵向相空间分布　　b）绝热俘获后相空间分布

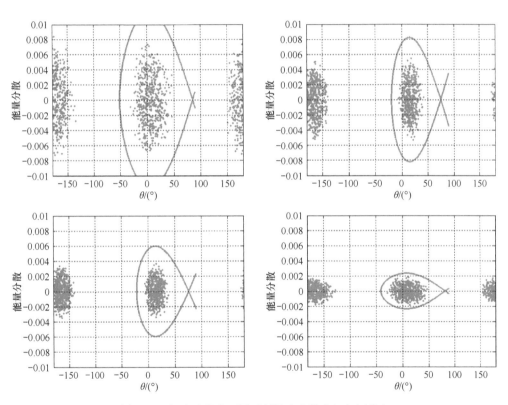

图 5-32　加速过程中不同时刻的束流纵向相空间分布

3. 同步加速器的注入

环形加速器的束流注入常常是整个加速器设计的关键部分，涉及输运线与环的匹配、束流累积等。又因为注入元件有可能对环 Lattice 的布局造成影响，以及磁铁之间的场干扰、漏磁场对循环束流的干扰和较为复杂的空间安装问题，都需要设计人员充分考虑和解决。

强流加速器中，注入过程应保证尽量小的束流损失，通常还应尽可能保持发射度或使发射度的稀释保持在一个可控的范围；但在重离子治疗使用的同步加速器中，束流损失率的要求不严格，束流品质的要求也相对更低，获取更大的累积粒子数以提高终端的剂量率往往是主要的目标。

单圈注入是一种直接且简单的注入方式，可以将单个束团注入同步环接收度内，但同步环流强受限于注入器流强。多圈注入或剥离注入等技术可以将束流多次注入，从而有效提高同步环流强。当注入器为另一同步加速器时，单圈注入较为常见；当注入器为回旋加速器时，注入束一般为连续束，且流强一般较小，注入过程通常采用剥离注入或多圈注入；若注入器为直线加速器，注入流强相对较高，且横向束流品质更好，注入过程通常会采用多圈注入。以下对这几种注入方式进行逐一介绍。

（1）单圈注入　单圈注入通常采用一块切割磁铁（SEPTUM）和一块快脉冲踢轨磁铁（KICKER）完成，如图 5-33 所示。以下假设注入过程在水平方向完成，垂直方向或水平垂直耦合的方向均同理。

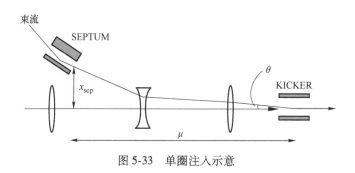

图 5-33　单圈注入示意

束流通过 SEPTUM 偏转后与同步环的闭轨形成一个小的角度，KICKER 位于注入束轨道与闭轨相交处，束流在 KICKER 位置来到闭轨中心，此时 KICKER 提供一个踢角，将其偏转到与闭轨重合。

x_{sep} 为 SEPTUM 出口处注入束的水平位置，x_{sep} 的取值需考虑循环束包络、注入束包络、闭轨误差、真空管道壁厚、切割板厚度等因素。μ 为 SEPTUM 出口与 KICKER 之间的相差，θ 为注入束在 KICKER 处与闭轨的角度，即 KICKER 所需提供的踢角值，推导可得

$$\theta = \frac{x_{\text{sep}}}{\sqrt{\beta_{\text{sep}}\beta_{\text{kic}}}\sin\mu} \tag{5-51}$$

式中，β_{sep}、β_{kic} 分别是 SEPTUM 和 KICKER 处的 β 函数。为了降低 KICKER 的强度，即减小 θ，可以考虑将 SEPTUM 和 KICKER 放在环上 β 较大的地方，并且使两者间的相差尽量接近 $\pi/2$。

相空间参数匹配是单圈注入的一个重要要求。在注入点（KICKER 处），注入束和循环束的横向光学参数应相等或相近，如果不匹配，束流在环中传输的过程中相空间会

发生丝化，导致束流发射度增长甚至损失。

单圈注入过程中，同步环粒子束受限于注入束流强。目前的重离子治疗装置基本都采用 ECR 离子源，单圈注入流强不能完全满足重离子治疗对剂量率的要求，因此除非有特殊需求，一般都不采用这种注入方式。近年来随着激光离子源的发展，其产生的束流可以达到超高的强流（几十到上百毫安），且脉冲长度短（数纳秒到数百纳秒），特别适用于重离子装置的单圈注入过程，束流可以直接注入同步环高频的加速 bucket 中，从而有效降低空间电荷力带来的影响，这可能是将来重离子治疗同步加速器装置注入系统的一个研究方向。

（2）多圈注入　多圈注入，顾名思义，会在同步环中注入多圈束流。单圈注入只注入一圈束流，而同步加速器的接收度往往远大于其前级注入器（直线和回旋加速器），多圈注入则可以在同步环的接收度内填充注入束，从而在同步环中获得高于注入器的束流强度。多圈注入包括横向多圈注入、纵向多圈注入等，下面以水平方向的多圈注入为例进行介绍。

图 5-34 所示为多圈注入的原理示意，SEPTUM 的作用与单圈注入相同，ES 为静电偏转板，BUMP1~BUMP3 为凸轨磁铁。多圈注入使用 2~4 块凸轨磁铁形成局部的凸轨，使环的接收度接近 ES 位置，注入束在 SEPTUM 和 ES 的作用下进入同步环的接收度内，束流持续注入，并使凸轨磁铁的强度逐渐降低，由于同步环的工作点不是整数，因此，注入束在同步环中循环一周后不会完全打到 ES 上损失，从而获得束流在同步环中的累积。

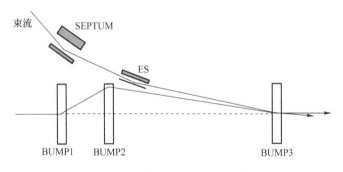

图 5-34　多圈注入的原理示意

图 5-35 所示为多圈注入归一化相空间的演变过程示例。图中正圆形表示同步环的接收度，圆心为接收度的中心，其水平位置随凸轨磁铁的强度下降而减小，图中的竖线表示 ES，束线右侧的束团为注入束，左侧的束团为循环束。假设同步环工作点的小数部分为 0.25，即束流每在同步环中循环一周，在归一化相空间中旋转 $\pi/2$。如图中第 2 圈所示，第一圈注入束回到 ES 位置时，由于凸轨的下降和相空间的旋转，第 1 圈注入束中心得以避开 ES；以此类推，一直到凸轨降至零，环的接收度将被注入束填充。图中可以看到仍有部分空间未被利用，多圈注入系统的设计目标即是调整同步环工作点、凸轨下降曲线、注入匹配参数等，使注入束尽可能填充到环的接收度中。

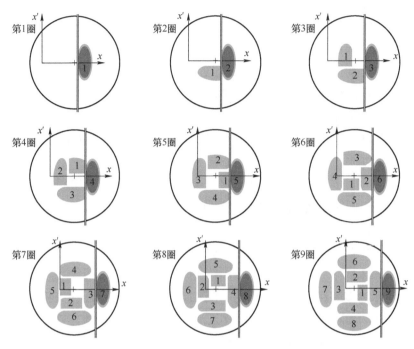

图 5-35 多圈注入归一化相空间的演变过程示例

强流加速器中，束流的损失率要求比较严格，发射度稀释比较严重，一般只能得到 $10\sim20$ 圈的有效注入。重离子治疗同步加速器对束流损失的要求较低，注入增益是一个更重要的参数，其定义为注入后同步环中的粒子数与每圈注入粒子数的比值。通过减小凸轨磁铁的磁场下降速率，增加注入圈数，可以有效提升注入增益，例如，在重离子医用加速器（HIMAC）中，注入圈数超过 100 圈，注入增益可以达到 30 以上。

多圈注入在注入点（ES 出口位置）的光学参数同样非常重要。和单圈注入类似，垂直方向仍需保证光学参数相同；水平方向则不同于单圈注入的要求，而是使用优化的失配参数。最佳的失配参数由以下公式给出，即

$$\frac{\beta_i}{\beta_m} \geqslant \left(\frac{\varepsilon_i}{\varepsilon_m}\right)^{\frac{1}{3}} \tag{5-52}$$

$$\frac{\alpha_i}{\beta_i} = \frac{\alpha_m}{\beta_m} = -\frac{\overline{x}'}{\overline{x}} \tag{5-53}$$

式中，α_i、β_i 是注入束光学参数；α_m、β_m 是循环束的光学参数；ε_i 是注入束的发射度；ε_m 是同步环的接收度；$\overline{x}$ 和 $\overline{x}'$ 分别为注入束的位置和角度。满足该失配条件可以减小注入束在同步环中循环后再次打到 ES 的概率，从而提高注入效率。

（3）剥离注入 由于刘维尔定理的限制，多圈注入的注入增益有限，受限于同步环接收度及注入束发射度的比值，一般为 $10\sim30$。剥离注入通过在注入点设置一块剥离膜，注入束在穿过剥离膜时发生电荷态改变，从而突破刘维尔定理的限制，可以在相空

间的同一位置进行反复注入，提升注入增益。

图 5-36 以碳离子的注入过程为例给出了剥离注入的示意。与多圈注入类似，剥离注入同样使用凸轨磁铁形成一个局部的凸轨。注入器端的束流为 C^{5+}，经过 SEPTUM 偏转进入同步环，同步环中的循环束为 C^{6+}，注入束 C^{5+} 由于电荷量不同，在同步环二极铁（DIPOLE）中会受到不同的偏转作用，经过剥离膜（FOIL）时被剥离一个电子变为 C^{6+}，和循环束合并。随着凸轨的逐渐下降，束流持续注入，最终完成整个注入过程。

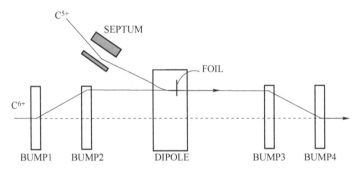

图 5-36　剥离注入示意

剥离注入过程在注入点的最佳失配条件和多圈注入过程相同，不再详述。

在重离子治疗领域，多圈注入是目前最常见的注入方式。高剂量率一直是重离子装置设计的一个重要目标，从而提高单位时间能提供的粒子数以降低治疗时间，因此，单圈注入一般不作考虑。剥离注入相较于多圈注入可以达到更高的注入增益，但当前的重离子装置大多在设计时都会考虑提供不同种类的粒子进行治疗，如 C^{6+}、H^+、He^{2+} 等。剥离注入如果要兼容不同的粒子，需要对不同粒子的注入轨道和剥离元件进行单独设计，这无疑增加了系统的复杂度和成本；而多圈注入过程与注入束电荷量无关，能够适应不同粒子的注入需求。另一方面，随着离子源技术和直线加速器技术的发展，直线注入器提供的束流强度也在不断提高，直线注入器配合多圈注入已能够在同步环中获得满足治疗需求的粒子数。因此，多圈注入也是目前世界上大多数重离子治疗同步加速器所采用的注入方式。

4. 同步加速器的引出

束流引出旨在将一定流强和能量的粒子从加速器引出至各个终端。按照引出方式主要分为快引出和慢引出。快引出是把同步环中已加速的粒子一次性全部引出，以获得短脉冲束流，引出时间在粒子的一个回旋周期以内，因此，对引出元件上升速率提出了较高要求。快引出主要借助冲击磁铁和切割磁铁实现，为了减小冲击磁铁的强度，元件可放置于聚焦四极磁铁附近，以保证较大的 β 函数，同时距切割磁铁的相移尽量靠近 $90°$。对于切割磁铁而言，切割板厚度与 β 函数成正比，所以切割磁铁也应该置于聚焦四极磁铁附近，从而获得较大的切割磁铁安装空间。图 5-37 所示为水平快引出示意。

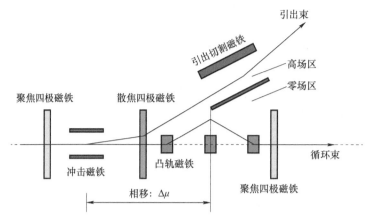

图 5-37　水平快引出示意

慢引出要求粒子在较长时间连续均匀地从同步环引出。1967 年，Kobayashi 率先分析提出了三阶共振慢引出模型，随后基于该思想逐步形成了完善的三阶共振慢引出理论，尤其在 Pullia 的博士论文中进行了系统完备的阐述，时至今日仍是绝大部分医用治疗装置采用的束流引出方法。慢引出的工作原理是在引出之前将同步环水平工作点调节至非常靠近三阶共振线的位置，然后激发在合适位置放置的六极磁铁，形成如图 5-38 所示的相空间，它代表的是在环上同一位置处不同圈数时粒子的运动轨道。可以看出，在相图的中间部分有一个具有一定面积的稳定区，初始位置处在稳定区内的粒子做闭合的循环运动，而落在稳定区边界上的粒子就会沿渐进线运动，逐渐偏离中心从而进入引出静电偏转板，经过一定的偏转再通过一个或多个切割磁铁完成引出。

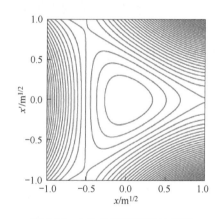

图 5-38　1/3 共振线附近的相图

为了得到较高的引出效率，确保束流进入静电偏转板时损失尽可能小，静电偏转板阳极丝往往做得很细，直径仅为 0.1mm，磁场强度最大在 100kV/cm 左右。但想要获得稳定的引出束流，加速器的磁铁电源系统必须非常稳定，以减小工作点的波动。同时选择在静电偏转板和切割磁铁之间有合适的相移和 β 函数值也有利于减小对静电偏转板的强度要求。

为了将全部粒子引出，六极磁铁首先构建出特定面积的相稳定区，粒子处于稳定区之内，在没有额外作用力的情况下是无法引出的，实现引出的主流方式有移动共振和移动束流。

移动共振一般通过同步环四极磁铁调节引出工作点，使其缓慢靠近共振线，以减小稳定区面积，使得粒子不断从稳定区边界溢出，如图 5-39a 所示。该方法不需要在环中额外增加设备，但会影响同步加速器的 Lattice 结构，引出束在静电偏转板处的角度与位置会发生变化，增大了静电偏转板处的束流损失。

移动束流包含了加速驱动与 RF-KO 方法。首先加速驱动是通过改变循环束的动量分散，以达到改变工作点的目的，从而改变稳定三角形的面积实现束流引出，如图 5-39b 所示。该方法的优点是在束流引出过程中不需要改变同步环 Lattice，同四极磁铁驱动引出一样，束流在静电偏转板处的引出角度和位置也会发生改变，通常可用环中的引出凸轨磁铁对位置和角度进行补偿。CERN 率先在其设计的质子治疗装置 PIMMS 上成功采用了该方法。

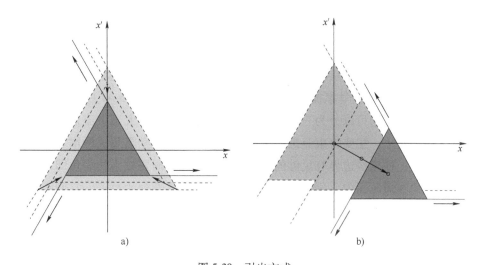

图 5-39　引出方式

a）四极磁铁驱动引出　b）加速驱动引出

RF-KO 方法相比其他慢引出方法具有诸多优点，在重离子治癌中有着不可替代的作用。例如，环中磁聚焦结构保持不变，束流关断时间短，引出束位置和角度保持恒定，引出束时间结构易于调节，流强易于控制等。

作为一种高频横向激励，RF-KO 方法通过极板间的高压建立横向电场，粒子经过时相当于受到一个水平方向踢角，当水平振荡频率与激励频率共振时，粒子运动幅度逐渐增大，直到进入非稳定区，并沿着引出界轨到达静电偏转板，从而实现束流慢引出。激励在很大程度上决定了粒子引出效率和时间结构，而频率参数和幅度参数共同描述了激励的作用过程。当激励带宽覆盖稳定区内所有粒子的振荡频率时，在往复扫频的过程中束流时间结构将具有明显的空白区，且间隔为激励重复周期。为了避免空白区的产生，提高引出束流均匀性，HIMAC 上提出了双频调制方法，即额外增加一个相移差为 180° 的扫频信号，当第一组扫频信号作用于稳定区边界的粒子时，第二组同时作用于稳定区内部，反之亦然。如图 5-40 所示，双频模式下无论两组扫频信号间相移如何，引出束时间结构均存在空白区，但会明显减小。另一种有效提高束流均匀性的方法为分离函数法，同样采用两组扫频信号，一组直接作用于稳定区边界，另一组作用于稳定区内部，在一个重复周期内只要稳定区边界有粒子，就可以一直有引出，从而消除了空白区。

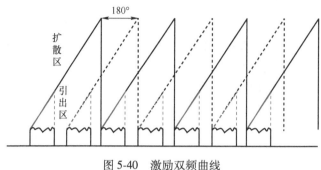

图 5-40　激励双频曲线

束流分布的不同也将直接影响激励横向踢角的作用。为保证能将相稳区内的所有粒子引出，HIMAC 相关物理学家提出了激励扫幅的理论模型。图 5-41 所示为激励踢角扫幅曲线。整个曲线结构可以分为三部分：①初始相稳区面积略大于束流发射度，此时激励踢角由大逐渐变小，主要将束流振荡至稳定区边界；②激励踢角缓慢增加，该过程中束流发射度较大，稳定区边界有足够的粒子分布，因此仅需要较小的踢角即可将它们引出；③激励踢角在短时间内急剧增大，主要用于引出束核部分的粒子，它们距相稳区边界较远，所需激励踢角将是最大的。由此可以看出，该理论模型能够与束流引出过程吻合得较好，可以保证较好的引出均匀性。一般激励的最大踢角可在几微弧度到十几微弧度之间，并采用双频扫幅模式。

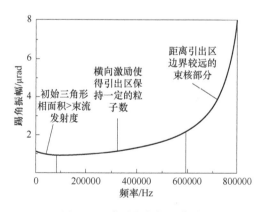

图 5-41　激励踢角扫幅曲线

图 5-42 所示为引出束流时间结构（引出粒子数随时间的变化），理论上 RF-KO 扫频频率同时覆盖相稳区内部及边界时，内部粒子在共振作用下运动至稳定区边界，同时边界上的粒子也在共振作用下被源源不断地引出，时间结构呈现连续均匀的状态。而在实际的引出过程中，电源纹波、引出过程中元件状态的变化均会影响时间结构的均匀

性，因此加速器往往会增加束流反馈系统，以便实时调节引出粒子数，保证均匀缓慢的束流引出。

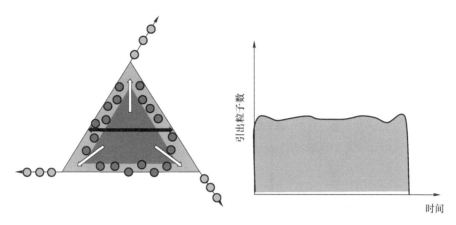

图 5-42　引出束流时间结构

5.2.3　束流输运线

一般来说，根据束线中粒子的能量可以大致把重离子治疗系统的束流输运线分成低能束流传输线、中能束流传输线和高能束流传输线，重离子治疗装置的旋转机架也属于一种特殊的旋转传输线。在传输线上的主要元件有以下几种：电磁铁，主要用于束流的偏转、聚焦、校正等；束测元件，主要用于探测束流的品质，如流强、位置、尺寸等；真空元件，维持束流管道内的真空度，防止束流和空气中的粒子发生作用而损失掉；电源系统，为各个元件提供电能。

1. 常规束流输运线

低能束流传输线指的是从离子源到预加速器之间的束线，预加速器可以是直线加速器，也可以是回旋加速器。

中能束流传输线一般存在于同步加速器系统中，指的是从第一级加速器到同步加速器之间的这一段束线。这一段束线的主要作用就是把第一级加速器加速的束流参数匹配到同步加速器注入要求的束流参数。

高能束流传输线是从同步加速器引出口之后到治疗室等中心点之前的束线。高能束流传输线的作用如下：把加速好的粒子配送到各个治疗室；调节束流的包络，使束流在束线中尽量不损失；把束流在等中心点匹配成治疗需要的大小。一般情况下，每个治疗室前面都会有一组二极磁铁，当这个治疗室需要束流时，这组二极磁铁工作，当这个治疗室不需要束流时，二极磁铁不工作，束流可以被配送到下一段高能线。

为了更好地说明，以德国海森堡离子束治疗中心（Heidelberg Ion-Beam Therapy Center，HIT）的重离子装置为例来说明（见图 5-43）。HIT 装置有三个 ECR 离子源，从离子源到直线加速器的束流段就是低能束流传输线；从直线加速器到同步加速器之间的束线就是中能束流传输线；从同步加速器引出以后的束线就是高能束流传输线，HIT 装置共有三个治疗室，其中两个为固定头水平治疗室，一个为重离子旋转机架。

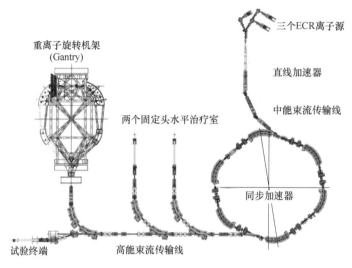

图 5-43　德国 HIT 装置示意

2. 旋转机架

旋转机架的主要功能是使束流从不同的角度对患者实施照射。旋转机架分为等中心旋转机架和非等中心旋转机架。等中心旋转机架是旋转机架随束流轴旋转，肿瘤放在治疗头的中心轴和束流轴的交点，也就是等中心点；非等中心旋转机架是旋转机架随束流轴旋转，患者治疗台则固定在机架的偏心圆某处，旋转机架旋转，患者治疗台也随之转动，直到束流以某个角度照射患者。

旋转机架也算是束流传输系统的一部分，但是它可以绕着等中心点进行旋转，范围一般为 180°或 360°，从而可以给一个仰卧的患者提供垂直平面任意角度的束流，以避开重要器官。旋转机架的设计难点之一是如何保证等中心点的束流品质不会随着旋转角度的变化而变化；另外一个难点是，因为旋转机架通常都非常重，从数十吨到数百吨，如何保证旋转机架在旋转过程中的高精度和高稳定性。图 5-44 所示为德国 HIT 装置旋转机架束线示意。因为 HIT 装置是重离子装置，重离子的磁刚度比较大，所以二极磁铁的偏转半径比较大，HIT 的旋转机架长度达到 13m 以上，高度也接近 4m。

图 5-45 所示为该旋转机架的机械结构示意。由图可见，为了达到比较高的稳定度，其机械结构非常复杂，从而导致质量也非常大，超过 600t。

对于第一个难点，有几种不同的解决办法，分别为对称束法、圆束斑法和旋转束线法。

对称束法指的是在旋转机架入口处，把横向 x 和 y 方向的束流参数调成完全一样的状态。这样理论上终端束斑的形状和大小就与旋转机架的旋转角度无关了。这种方法多

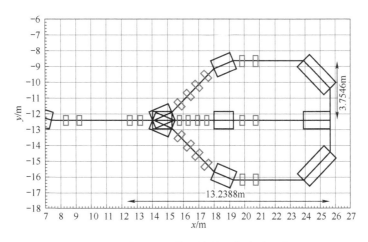

图 5-44　德国 HIT 装置旋转机架束线示意

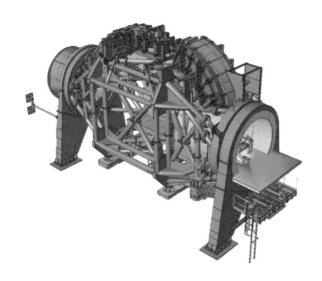

图 5-45　德国 HIT 装置旋转机架的机械结构示意

用于从回旋加速器中引出的粒子，因为从回旋加速器中引出的粒子 x 和 y 方向的束流发射度差别不大，比较容易满足这个条件；但是从同步加速器中通过慢引出引出的束流 x 和 y 方向的发射度差别比较大，达几倍到十几倍不等，若是想要满足对称束的条件，需要经过一些处理，如散射膜法。日本的 HIMAC 就采用了这种对称束法，HIMAC 的主加速器为同步加速器，所以他们在高能传输线上的旋转机架前面采用了散射膜法来使 x 和 y 方向的束流参数变得对称。

圆束斑法指的是把束斑在旋转机架入口处调成圆束斑，并且把旋转机架对束流的作用调整成一个类似于光学放大镜的作用，通常把放大倍数选为 1。这样也可以保证等中心点的束斑大小和旋转角度无关。

旋转束线法是需要在旋转机架前面另外建造一段束线出来，这段束线需要满足以下条件：束流在这段束线里面横向的相移分别为 2π 和 π，并且当旋转机架旋转时，这段束线也需要跟着一起旋转，旋转的角度为旋转机架转动角度的一半。该方案的具体示意如图 5-46 所示。

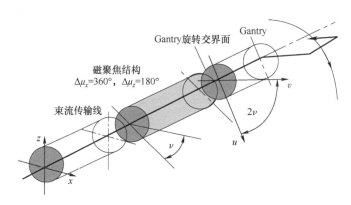

图 5-46　旋转束线法示意

兰州泰基离子技术有限公司（简称兰州泰基）作为国内的重离子治疗装置生产商，其超导重离子旋转机架（见图 5-47）也已经完成技术论证和工程转化，目前处于生产阶段。该装置采用超导磁铁技术，减小了旋转机架的体积及质量，长度小于 10m，旋转半径小于 6m，总质量小于 180t。超导重离子旋转机架的结构采用筒型回转结构，径向支承部分为叉式浮动滚轮支承，具有刚性好、等中心处误差小等优点；传动采用双伺服电动机驱动的摩擦滚轮传动方案，制动采用抱轴式制动器（摩擦制动），搭配各类传感器，保证精度要求及安全性。

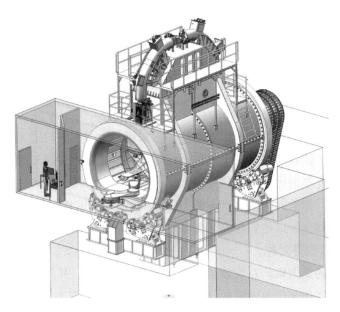

图 5-47　兰州泰基超导重离子旋转机架

5.2.4　束流配送技术

　　粒子治疗的束流配送技术发展，历经三种技术，即被动散射（包括单散射和双散射）、均匀扫描和笔形束扫描。对于所有这些配送技术，束流在以特定能量离开加速器时产生剖面直径为 2~4mm 的窄束用于治疗。在回旋加速器中，常使用射程移位器（也称为降能器）调整束流能量或射程，这会增加束流的束斑大小及能谱。同步加速器则不需要使用降能器，通过以数毫秒到数秒的时间引出几乎单能的粒子。加速器中引出的离子束，其横截面呈高斯分布，其半高宽为数毫米至十几毫米，在治疗头中，会在束流路径上设置各种束流调制设备，使束流被扩散以产生符合治疗目标的束流。如何实现临床治疗所需的束流取决于所使用的束流扩展系统的类型，下面将详细讨论。

1. 被动散射束流配送

　　广泛使用的被动散射技术是双散射（Double Scanter，DS）技术，在 DS 系统中，使用两个散射体散射束流。第一散射体横向扩展高斯分布形状的束流。第二散射体进一步扩展束流，并使其径向强度分布变平以用于治疗用途。束流在纵向的分布是非常窄的布拉格峰，仅有数毫米，不能覆盖较大的肿瘤靶区，治疗中需要将布拉格峰展宽（Spread-out Bragg Peak，SOBP）形成扩展的布拉格峰（见图 5-48）。有几种方法可以调制束流的深度分布以产生扩展布拉格峰，如脊形过滤器（见图 5-49）或射程调制轮（见图 5-50）。一些制造商在监测电离室上游使用单个散射体，其中射程调制轮位于散射体和监测电离室之间，而另一个位置将射程调制轮和散射体都放置在监测室上游的相同位置。对于一些束流配送系统，可以使用单个射程调制轮来产生不同宽度的范围调制。此过程需要在射程调制轮旋转时（即约 400 r/min）精确同步束流电流和轮角。分别通过限光筒（有时使用挡块）和射程补偿器实现横向和远端与靶区体积的剂量一致性。这些装置结合在一起，产生了适形离子束治疗的三维剂量分布。双电离室监测束流的平坦度和对称性，以及照射过程中输送的剂量。双散射束流调制系统的治疗头组件布局如图 5-51 所示。

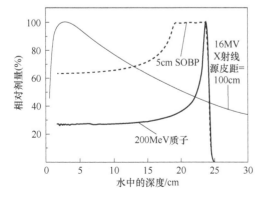

图 5-48　单能布拉格峰以及展宽的
布拉格峰相对剂量-深度曲线

图 5-49　脊形过滤器

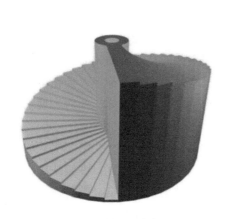

图 5-50　射程调制轮

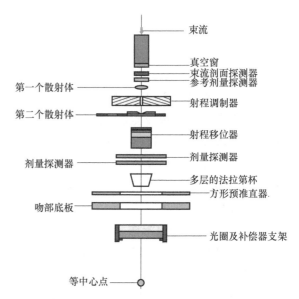

图 5-51　双散射束流调制系统的治疗头
组件布局（图片引用自 AAPM TG-224）

散射系统在重离子中不可用。由于重离子有较大的质量，在散射体中的吸收截面远远大于散射截面，因此入射粒子经过散射后，束流流强大幅降低，粒子的利用效率大幅降低。其次会产生大量的中子，造成束流的严重污染。因此，重离子治疗常用的束流配送模式为均匀扫描束流配送和笔形束扫描束流配送。

2. 笔形束扫描束流配送

笔形束扫描（Pencil Beam Scanning，PBS）或称为调制扫描（Modulated Scanning，MS）。扫描离子束的束流传输方法分为两大类，一类通常称为"点扫描"，另一类一般称为"连续扫描"。

点扫描包括照射体积中的一个特定位置，在该位置沉积所需剂量，关闭束流（以点扫描的"离散"形式），移动到下一个位置，打开束流，然后照射该位置。栅扫描是另一种点扫描形式，其特点是束流在点与点之间不关闭，可以形象地描述为跳跃式照射，即在一个点照射完预设的剂量后，跳跃到下一个点继续照射，直到整个靶区被照射。

线扫描是一种连续扫描方式，当束斑移动时，束流始终保持打开，并且任何给定位置的剂量大小由束流的流强和/或束流的移动速度调节。重离子治疗使用调制扫描模式，一般为栅扫描，由于重离子束流的关断时间在毫秒级，而束斑切换时间为纳秒量级，因此束流关断和恢复时间将极大降低束流配送效率。

加速器引出的未经调制的束流纵向剂量分布为一个较窄的布拉格峰，横向是一个呈高斯分布的剂量，如图 5-52 所示。因此，PBS 治疗的过程，是使用一个能量的束斑扫描填充一定深度的靶区，再变换能量，填充下一个深度的靶区，逐次完成整个靶区的填充。

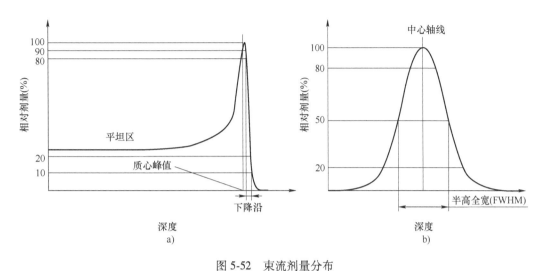

图 5-52　束流剂量分布

a）积分深度剂量　b）表征窄单能笔形束束斑（原始布拉格峰）的横向轮廓参数

PBS 的一个优点是，由于束流路径中的材料很少，因此可以最大限度地减少主束的散射辐射和治疗头中的中子产生（见图 5-53）。射程移位器可以与扫描束一起使用，以减少离子束的射程，从而治疗非常浅的层（例如，对于最小可配送能量为 70MeV/u 的系统，需要射程移位器来治疗浅于 2cm 的治疗深度）。PBS 配送方法最大的优势是可以在任何形状的靶区中改变离子束剂量，对于使用多个射野的优化方法实现靶区剂量，每个射野的剂量可能是非常不均匀的，这也是其称为调制扫描的原因。

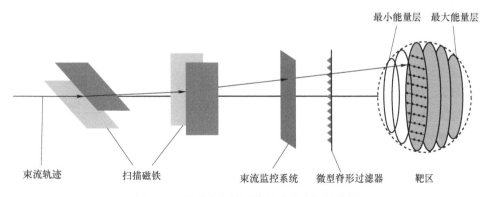

图 5-53　笔形束扫描系统的治疗头组件布局

笔形束扫描技术的横向剂量是由一个个呈高斯分布的束斑叠加而成，因此，其束斑的位置精度直接决定了横向剂量是否均匀，如图 5-54 所示，一个束斑的位置发生偏差，导致横向剂量不均匀。为了保证横向剂量的均匀，束斑的间距不能过大，一般认为束斑的点间距小于 1.5 倍的束斑高斯函数标准差 σ 时，叠加的横向剂量分布即可达到临床所需的均匀度。

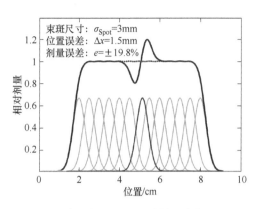

图 5-54　束斑位置误差导致剂量均匀性变差

3. 均匀扫描束流配送

均匀扫描（Uniform Scanning，US）系统是介于散射和 PBS 之间的一个概念。均匀扫描系统不像散射系统那样使用物理散射体横向散射束流，而是使用扫描磁体在治疗射野上以高速（3~50Hz）涂抹束斑。一些均匀扫描系统使用第一散射体来控制束斑大小，而另一些系统仅通过电磁光学器件来实现所需条件。

均匀扫描模式包括李萨如（Lissajous）形、圆形、栅形、三角形和螺旋形。束斑尺寸、扫描频率和模式间距可能随着束流能量的变化而变化，需要在调试阶段进行优化，以满足横向平坦度要求。均匀扫描系统射程调制设备（脊形过滤器、射程调制轮）将布拉格峰一次性扩展为靶区沿束流方向所需的大小，也可以使用能量层堆叠的方法，其中固定能量的离子束以预定的权重比一次一个地将剂量沉积到特定深度的各个层，如图 5-55 所示。能量层堆叠技术的优势是，可以使用 MLC 改变射野大小，从而在靶区的近端实现剂量的适形。为了获得合理的整体治疗时间，需要快速（例如，小于 1s）从一个层切换到另一层。因此，目前层切换是在治

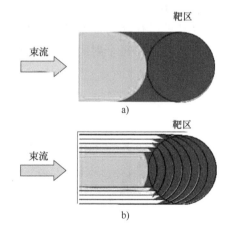

图 5-55　均匀扫描和能量层堆叠技术示意
a）均匀扫描　b）能量层堆叠

疗头中用一组射程移位器和/或射程调制轮（步进式）进行调制的。对于同步离子束加速器，均匀扫描需要散射和被动降能，因此治疗头中需要相应的设备，如图 5-56 所示。

当重离子束均匀扫描时，一般使用脊形过滤器产生 SOBP，与质子束治疗不同，产生的 SOBP 不是物理吸收剂量均匀，而是基于相对生物学效应（RBE）的生物剂量均匀，因此物理吸收剂量的百分深度剂量曲线不再平坦，如图 5-57 所示。

均匀扫描技术由于束流线上存在很多的束流调制设备，使得束流中产生的中子较

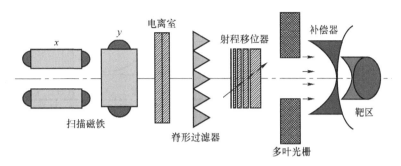

图 5-56　均匀扫描系统的治疗头组件布局

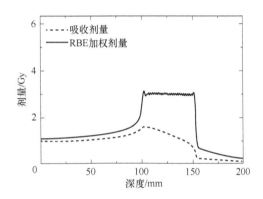

图 5-57　重离子束均匀扫描 SOBP 示意

多，束流中子污染较为严重；此外，治疗患者的每个射野都需要添加一块补偿器，而且不能实现剂量调强，因此逐渐被淘汰。笔形束扫描技术将是未来离子治疗的主流技术。

4. 与束流配送技术相关的其他技术

（1）快速重复扫描技术　快速重复扫描技术，也被称为重复涂抹或自适应重复扫描技术，用于应对由患者运动（如呼吸）和解剖学变化（如肿瘤大小或位置变化）引起的剂量配送不确定性，旨在提高靶区的剂量配送精度。

快速重复扫描技术是将单次扫描的剂量降低，对肿瘤的每个能量层进行多次扫描，且将多次扫描的时间限制在同一呼吸门控窗内。快速重复扫描技术主要适用于肺部或腹部肿瘤的治疗，这些部位的肿瘤会受到呼吸运动的影响，在治疗期间可能导致肿瘤位移，快速重复扫描确保离子束准确地覆盖肿瘤，使射线对健康组织的影响最小化，如图 5-58 及图 5-59 所示。

（2）单周期变能技术　单周期变能技术是一种运用于调制扫描治疗的束流引出控制技术，可以在同步加速器的单个运行周期内通过主动变能引出多个不同能量的粒子束进行多层照射。在高流强同步加速器中能有效地提升束流的利用效率，减少治疗时间。单周期变能技术的实现需要同步加速器各元件精准的同步控制，以保证束流在各能量加速和引出阶段保持稳定。单周期变能技术让束流能量的切换时间由原来的同步加速器运

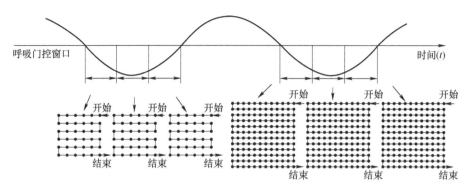

图 5-58　快速重复扫描原理示意（含呼吸门控）

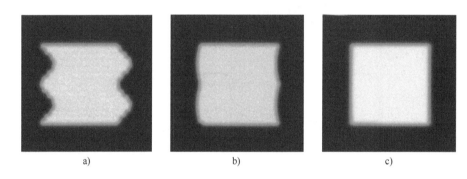

图 5-59　快速重复扫描测试结果

a）常规扫描　b）仅采用呼吸门控　c）呼吸门控配合快速重复扫描

行周期时间 10s 量级缩短到小于 200ms。

采用单周期变能技术，除了在常规治疗工况下可以提高治疗效率，在采用呼吸门控或快速重复扫描技术的情况下，治疗效率也可以得到一定程度的提升。

（3）FLASH 混合式扫描技术　FLASH 治疗（闪光放射治疗）是指采用超高剂量率（≥40Gy/s）对肿瘤靶区进行照射的放疗方式，可在微秒到数百毫秒内完成照射，在保证肿瘤治疗疗效的同时可极大减少对正常组织的损伤。FLASH 技术的关键优势在于，它可以在治疗期间减少对周围正常组织的辐射损害，同时保持对肿瘤的治疗效果。

质子重离子 FLASH 技术是一种放射治疗技术，旨在以极短的时间配送高剂量的质子和重离子（如碳离子）束治疗癌症，而使周围正常组织的损害最小化。与传统放射疗法相比，剂量率显著提高。

同步加速器每个加速周期可配送至终端的粒子数固定，为了提高剂量率，可将配送时间缩短以满足剂量率的要求，如在 0.2s 内配送完成。FLASH 混合式扫描技术是针对同步加速器 FLASH 剂量配送而提出的解决方案，可以在极短的时间内完成整个肿瘤靶区的剂量涂抹。

FLASH 混合式扫描技术利用特制的三维适形装置，使每个横向位置处的布拉格峰展宽与肿瘤形状相匹配，剂量配送过程无须换能，束流配送时间与调制扫描进行单层扫描的速度相当，可在极短时间内完成束流配送，如图 5-60 及图 5-61 所示。

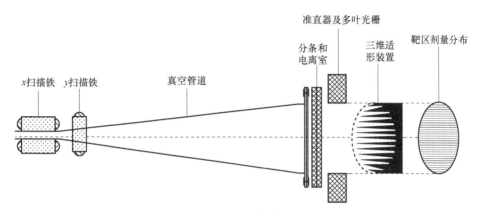

图 5-60　FLASH 混合式扫描技术

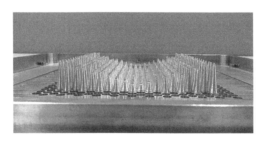

图 5-61　FLASH 混合式扫描三维适形装置示例

5.3　典型临床应用

　　重离子治疗作为一种新型的肿瘤放疗技术，在疗效和安全性方面与传统的放疗相比都展现出较大的优越性，是目前世界肿瘤放疗领域最先进和有效的治疗方法。我国是继美国、德国、日本之后，世界上第四个掌握重离子治疗肿瘤技术的国家，国科离子医疗科技有限公司（简称国科离子）控股企业兰州泰基当前已经具备重离子临床治疗能力和治疗专用装置的生产能力，成功实现了设备的国产化，并在临床应用中取得了良好的效果。通过自主研发和技术创新，我国不仅在重离子治疗技术领域取得了显著进展，也展示了我国在高端医疗装备领域的自主创新能力。随着更多重离子治疗中心的建立和技术的不断优化，重离子治疗将为更多癌症患者带来希望。

　　截至 2024 年底，国科离子及兰州泰基已经与多个地方政府和医疗机构开展项目治谈合作，先后签署了 9 台医用重离子加速器合同。其中，2 套示范装置分别落地于甘肃省武威肿瘤医院重离子中心（于 2020 年 3 月 26 日正式开业运营，已累计治疗 1800 余例患者）和兰州重离子医院（于 2024 年 11 月 15 日开始临床治疗），其余 7 套装置分别落地于福建省莆田市、湖北省武汉市、浙江省杭州市、吉林省长春市、江苏省南京市、山东省济南市和福建省福州市，目前正在按计划稳步推进建设。

首台示范装置落地于甘肃省武威市，由甘肃省武威肿瘤医院负责临床运营（见图 5-62）。

武威碳离子治疗系统研制合同于 2012 年 4 月签订，2015 年 12 月完成设备安装并调试出束，2018 年完成注册检测后开始临床试验，2019 年 2 月完成 46 例临床试验患者治疗，2019 年 9 月 29 日取得注册证，标志着国产重离子治疗系统研发生产成功，并真正转化为能够用于放射治疗的

图 5-62　武威肿瘤医院重离子中心

国之重器。2020 年 3 月 26 日，国产重离子治疗系统在武威投入运营，开始治疗患者，前三年仅 1 个治疗室投入使用，2023 年开始有 2 个治疗室投入使用。截至 2024 年 12 月，该系统已经投入运营 57 个月，治疗患者 1800 余例，取得了良好的治疗效果。

武威碳离子治疗系统全权由兰州泰基负责运行维护，运营首年开机率即达到了 97%，达国际先进水平；后经过持续改进及优化，产品稳定性逐步增强，2023 年度开机率达到 98%，且运行 4 年多未出现重大质量事故及医疗事故，产品稳定性及可靠性经受住了长期考验。

2023 年 9 月，国产重离子治疗装置在全球招标中中标山东省肿瘤医院项目，代表着国产重离子治疗装置在束流强度、治疗效率、软硬件结合等性能方面已经与国际水平持平。

截至 2024 年 12 月，兰州泰基已经完成 5 套重离子治疗装置的安装调试检测，全部获批注册。碳离子治疗系统的产品性能也在逐步提高，碳离子束终端流强由 4×10^8 ppp（每单位脉冲粒子数）提高到了 2.5×10^9 ppp 以上；单周期变能技术也已经研发成功，周期内能量切换时间 $\leqslant$200ms，治疗效率提高 2 倍以上。

参 考 文 献

[1] GOBIN R. High Intensity Beam Production and Diagnostic Developments at CEA/SACLAY [R]. Beijing：Peking University, 2011.

[2] 唐靖宇，魏宝文. 回旋加速器理论与设计 [M]. 合肥：中国科学技术大学出版社，2008.

[3] STRIJCKMANS K. The isochronous cyclotron：principles and recent developments [J]. Computerized medical imaging and graphics, 2001, 25 (2)：69-78.

[4] WANGLER T P. RF Linear accelerators [M]. Hoboken：John Wiley & Sons, 2008.

[5] RATZINGER U. H-type linac structures [J]. Cern Accelerator School, 2005 (3)：

351-380.

[6] XIAO Guoqing, XU Hushan, WANG Sicheng. HIAF and CiADS national research facilities：progress and prospect [J]. 原子核物理评论，2017，34（3）：275-283.

[7] 陈佳洱. 加速器物理基础：初版 [M]. 北京：原子能出版社，1993.

[8] 唐靖宇. 质子加速器基础 [M]. 北京：中国科学院大学，2017.

[9] UESUGI T H，FURUKAWA T，NARUSE T，et al. Study of Multiturn Injection at HIMAC Synchrotron [J]. [s. n.]，2004.

[10] BEEBE-WANG J，PRIOR C R. Injection mismatch for the SNS accumulator ring [R]. Upton：Brookhaven National Lab，2000.

[11] 阮爽. HIAF-BRing 引出系统总体设计与动力学研究 [D]. 北京：中国科学院大学，2018.

[12] KOBAYASHI Y. Theory of the resonant beam ejection from synchrotrons [J]. Nuclear Instruments and Methods，1970，83（1）：77-87.

[13] Pullia M. Detailed dynamics of slow extraction and its influence on transfer line design [D]. Lyon：Universite Claude Bernard，1999.

[14] Badano L，Crescenti M，Holy P，et al. Proton-ion medical machine study（PIMMS）[J]. Strahlentheraple und Onkologie，1999，175（S2）：1-4.

[15] NODA K，FURUKAWA T，SHIBUYA S，et al. Advanced RF-KO slow-extraction method for the reduction of spill ripple [J]. Nuclear Instruments and Methods in Physics Research Section A：Accelerators，Spectrometers，Detectors and Associated Equipment，2002，492（1-2）：253-263.

[16] FURUKAWA T，NODA K，MURAMATSU M，et al. Global spill control in RF-knockout slow-extraction [J]. Nuclear Instruments and Methods in Physics Research Section A：Accelerators，Spectrometers，Detectors and Associated Equipment，2004，522（3）：196-204.

[17] BAJARD M，KIRCHER F. Rotative gantry for dose distribution in hadrontherapy [C] //Anon. Proceedings of 11th European Particle Accelerator Conference（EPAC08）. Genoa：[s. n.]，2008.

[18] FUJIMOTO T，IWATA Y，MATSUBA S，et al. Emittance matching of a slow extracted beam for a rotating gantry [J]. Nuclear Instruments and Methods in Physics Research Section B：Beam Interactions with Materials and Atoms，2017，406：229-232.

第6章 聚焦超声治疗装备

6.1 装备基本工作原理

聚焦超声（Focused Ultrasound，FUS）治疗技术利用聚焦的超声能量对人体内部目标组织进行精确处理，不需要传统的外科手术切口，也不使用电离辐射，能够实现门诊化的治疗流程。这种非侵入性治疗方法舒适度高、并发症少、康复速度快。作为一种新兴的平台性治疗技术，FUS 有可能彻底改变传统手术、放射治疗、药物递送、化学治疗、康复、美容和肿瘤免疫治疗等领域的方法和策略，为改善严重疾病患者的生存质量及降低医疗成本带来巨大潜力。

FUS 技术的核心原理与使用凸透镜聚焦阳光类似，即将多束低能量密度的超声波汇聚成一个高能量密度的焦点，利用超声波的组织穿透和能量沉积特性，在确保声通道和目标区域以外的正常组织不受损害的前提下，借助 B 超或 MRI 等影像学技术进行引导和监控，对体内特定的组织或器官进行精确处理。超声波在生物组织靶区内引发的各种效应可用于治疗多种疾病。目前，已在临床应用或正处于研究阶段的聚焦超声作用机制已超过 20 种，包括热消融、组织损毁、微血管破坏、声动力治疗、细胞破碎、增强免疫治疗药效、提高药物递送效率、局部递送治疗药物、增加血管通透性、开放血脑屏障、增强细胞膜通透性、替代电离辐射、放疗增敏、化疗增敏、神经调节、免疫调节等。

根据超声提供的能量类型（热能或机械能）以及处理效果（永久性或暂时性）的不同，聚焦超声治疗应用可以分为以下几个主要类别。

（1）聚焦超声热消融　当聚焦超声产生大功率的连续压力波，也就是人们常称的高强度聚焦超声（High Intensity Focused Ultrasound，HIFU）时，能量在焦点处迅速沉积，利用机械能在焦区转换为热能产生的 60℃ 以上的温度，瞬间造成焦点处细胞凝固性坏死，达到灭活组织的目的。这种技术又被称为聚焦超声消融手术（Focused Ultrasound Ablation Surgery，FUAS）。FUAS 在组织中产生永久性的生物效应，通常用于良恶性肿瘤治疗，是目前 FUS 技术最成熟、治疗病例数最多的临床应用。

（2）聚焦超声非热消融　利用高强度聚焦脉冲超声产生的机械能和空化效应，在人体组织中诱导出"气泡云"，这些微气泡在强超声作用下剧烈振动并崩塌，产生足够的机械力，可以瞬时非侵入性和非热地摧毁靶区细胞和亚细胞水平的生物组织。该技术被称为组织损毁术（histotripsy），在组织中同样可以产生永久性的生物效应。

（3）超声热疗　超声热疗（hyperthermia）利用超声能量产生的温热效应，诱导恶性肿瘤细胞凋亡，其原理是利用恶性肿瘤组织细胞耐受温度较正常组织细胞更低的机制。研究表明，恶性肿瘤组织细胞处于 42.5～44.5℃ 温度范围内一段时间后会发生不可逆性凋亡，而正常组织细胞却能耐受这个温度范围。通常，超声热疗在临床应用中采取多次治疗方案。不过由于在人体内复杂组织结构中实现精确的区域温度控制难度极大，因此采用超声热疗治疗恶性肿瘤的技术方案近年来已逐渐淡出了人们的视线。

（4）低/中强度聚焦超声　利用较低强度聚焦超声的热效应和力学效应可对多种疾病进行干预和治疗，适应证包括变应性鼻炎、骨关节炎、外阴白色病变、子宫颈炎、子宫颈 HPV 感染、高血压、静脉曲张、甲状旁腺功能亢奋、软组织损伤、青光眼、帕金森病、阿尔茨海默病、强迫症、抑郁症、自闭症、神经性疼痛、癫痫、药物成瘾等。

（5）非聚焦或弱汇聚超声理疗　采用低强度的非聚焦或弱汇聚超声可实施理疗，其作用机制主要是利用超声波在生物组织中产生的非损伤性力学效应和热效应达到按摩生物组织、促进血液循环、改善生物组织微环境、促进内源性镇痛物质释放等功效。

（6）开放血脑屏障　近年来正在开展 FUS 极有应用前景的临床试验，采用低功率超声脉冲方式产生温和的机械力，通过开放血脑屏障（opening the blood-brain barrier）提高药物向大脑的输送能力以及施行液体活检（liquid biopsies）。其原理是聚焦超声在媒质中产生在压缩和舒张之间变化的机械波，引起生物组织振荡，注射到血液并暴露在超声场中的气泡比周围组织和血液中经历更大程度的压缩和扩张，在血管壁上产生机械应力，导致内皮细胞之间紧密的组织结构被拉伸和打开，造成血脑屏障的完整性受到一定程度的破坏，允许较大的药物分子扩散到大脑中。这种聚焦超声产生的效应和作用是暂时的，不会对生物组织产生不可逆转性的损伤，经过超声处理的组织在一段时间后即可恢复正常功能。

（7）超声免疫调节　超声免疫调节（immunomodulation）是通过超声波影响和改变组织的免疫反应，达到提高人体系统免疫功能的目的。FUS 在免疫治疗领域的应用机会包括刺激免疫反应、将"冷"肿瘤转化为"热"肿瘤、增强免疫治疗的有效性，以及增强免疫治疗药物向肿瘤的传递能力。需要开展更多的研究工作来明确 FUS 在这方面的作用机制。

6.2　装备系统组成

高强度聚焦超声治疗系统目前已在临床上用于治疗肝癌、肾癌、胰腺癌、乳腺癌、骨癌、软组织癌等恶性肿瘤以及子宫肌瘤和乳腺纤维腺瘤等良性肿瘤，同时也可治疗子宫腺肌病等非肿瘤类疾病。该系统主要由以下部分组成。

1）聚焦型超声治疗头：采用高效能聚焦技术生成并聚焦超声波能量，可在特定深度和体积内精确控制能量沉积，对目标组织进行靶向消融。

2）超声驱动电源：支持多种能量输出模式，以适应不同的治疗目的。具备精确的控制功能，可根据治疗需要调整输出功率，确保治疗效果和安全性。

3）治疗床：具备精确的定位系统，配备舒适的床垫和灵活的调节机构，确保患者在整个治疗过程中保持准确舒适的体位。

4）扫描运动装置：具有高精度多维移动能力，能够精准地将治疗头焦点移动到指定位置，具备动态跟踪能力，可及时调整患者体位轻微变化，确保治疗的精确度。

5）影像监控装置：利用各种医学成像技术，清晰显示目标组织的形态和位置，为治疗提供精确引导并实时监控治疗过程，确保治疗的安全性、有效性和准确性。

6）计算机自动控制和处理装置：集成先进的计算能力和智能算法，根据患者的解剖结构和病情制定个性化的治疗方案，完成整个治疗过程的自动控制和数据处理，确保治疗计划的精确执行。同时，支持患者数据的自动采集和管理，方便医生调取和分析治疗数据。

7）介质水处理装置：提供超声耦合需要的介质水，调节和维持治疗过程中介质水的温度、水位，保证治疗声通道的安全。

8）患者体位固定装置：根据治疗部位和患者体型，采用人体工程学原理设计制造，确保患者在治疗过程中保持适当体位，提高治疗精准度、患者舒适度和治疗的安全性。

9）软件系统：包含用于治疗规划和监控的专业软件，提供友好的交互界面，支持设备的操作和管理，同时具备高级数据分析功能，支持根据患者的病情和解剖结构制定个性化治疗规划，采用图像融合技术，支持与其他影像学技术（如 CT 或 MRI）的图像融合，提高定位精度。

10）其他辅助部件：包括患者体位搬动装置、护士操作面板、患者转移床等选配部件，用于提高治疗过程的便利性和患者的舒适度。辅助部件采用人性化设计原则，方便患者和医护人员使用，支持多种配置和附件，并可根据医疗机构的需求进行个性化配置。

低/中强度聚焦超声治疗设备用于外阴白色病变，宫颈炎，尖锐湿疣，变应性鼻炎，膝关节炎，颈肩部、腰腹部和四肢部位慢性软组织损伤性疼痛，产后子宫复旧等疾病的治疗。设备主要由主机、治疗枪、治疗头、一次性使用治疗头套、水箱、脚踏开关、承载车、辅助机械臂、体位支撑附件、可视化摄像头（选配）、软件等组成。

6.3 装备关键零部件及关键技术

6.3.1 治疗头

治疗头是聚焦超声治疗设备的关键零部件，其性能是决定临床治疗效果和效率的基础。按照 GB 9706.205 中的术语定义，治疗头指由超声换能器和将超声作用于患者的相关部件组成的组件。从上述定义可知，治疗头的核心是超声换能器。

　　换能器是进行能量转换的器件。顾名思义，超声换能器指能够将超声频率范围内的机械能与电能之间进行能量相互转换的器件。目前应用最多的超声换能器有两大类，分别是压电式超声换能器和磁致伸缩式超声换能器，在治疗领域中主要采用的是压电式超声换能器。

　　压电式换能器工作的物理原理是压电材料的压电效应或逆压电效应。利用逆压电效应把电能转换为机械能，从而向媒质中发射声波的换能器称为发射器；利用压电效应，接收声波的声能（机械能），并将其转换为电信号的换能器称为接收器。治疗头属于发射换能器。某些情况下，换能器既可以用作发射器，也可以用作接收器，即所谓的收发两用型换能器。压电换能器的发展和应用以压电效应的发现和压电材料的发展为前提条件，但直到电子管放大器的发明，压电材料的压电效应才在真正意义上实现了电声转换器件的商业化应用。因此，超声换能器的发展与压电材料和电子技术的发展密不可分。

　　超声换能器是超声工程技术中极其重要的组成部分，是近年来声学换能器中发展最快的一个分支领域。尤其是近二十余年以来，聚焦超声治疗技术的兴起极大地促进了聚焦超声换能器的研究与应用发展。聚焦超声治疗技术利用超声波具有的组织穿透性和能量沉积性，将体外发生的超声波经传声媒质聚焦到生物体内病变组织（治疗靶点）处，通过超声在生物组织内的力学效应、热效应、空化效应、声化学效应等达到治疗和缓解疾病和症状的目的。聚焦超声治疗技术的特点是换能器表面发出的超声波能量密度很低，而聚焦后在焦点处可形成能量密度很高的焦区，在不损伤声通道上组织或器官的前提下，能将超声能量有效地投放到靶区处，对靶组织进行处理，同时保证靶区外周边组织或器官的安全，这是确保聚焦超声实现从体外对体内进行安全有效治疗的根本和核心。因此，聚焦超声换能器是聚焦超声治疗系统最重要、最核心的部件。通过改变聚焦超声换能器的参数和聚焦方式，可以在生物组织内产生不同形态、深度、能量密度的超声波焦区，对不同部位、不同组织、不同器官的实体病灶进行治疗或处理，也可以通过对超声输出能量以及输出方式的控制，在生物组织中实现机械按摩、炎症缓解、神经调控、免疫调节、促进药物递送等功能。

1. 超声换能器的聚焦方式

　　聚焦方式是聚焦超声换能器研究的主要内容，现阶段采用的聚焦方式主要有球面自聚焦、凹透镜聚焦、多元汇聚聚焦和相控阵聚焦，以下分别进行介绍。

　　1）球面自聚焦超声换能器是将压电元件加工成球壳状或中心开孔的球壳状，其内表面曲率半径等于或近似等于换能器的焦距，压电材料在交流电激励下发射的超声波自动向焦点处聚焦，如图 6-1 所示。

　　球面自聚焦超声换能器由单个压电元件加工而成，受压电材料成型和加工性能的限

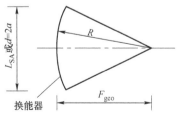

图 6-1　球面自聚焦超声换能器聚焦方式示意

L_{SA}—换能器发射孔径　d—换能器直径

a—换能器半径　R—球壳内表面曲率半径

制，这类换能器的尺寸通常不会很大。

2）凹透镜聚焦超声换能器采用声透镜聚焦声波，聚焦原理类似于光学透镜聚焦光线。当声波穿过声透镜时，由于其传播速度与其在周围介质中的传播速度不同而产生折射，从而将声束聚焦到焦点位置，其结构示意如图 6-2 所示。根据需求确定设计参数，将透声材料发射面加工成一定形状的凹面，然后将其背面与平面压电元件粘接，形成完整的聚焦超声换能器。设计时需要注意声透镜材料的声阻抗与换能器的透射系数之间的关系，以满足换能器的电声转换效率。声透镜材料的声阻抗应尽量与周围介质的声阻抗相差不大，这样可以获得最大的透射效率。常用于制作声透镜的材料包括铝合金、钛合金、聚苯乙烯、ABS 塑料、有机玻璃和环氧树脂等。

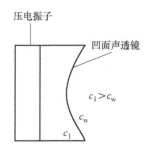

图 6-2　凹透镜聚焦超声
换能器结构示意
c_1—透镜声速　c_w—介质声速

3）在高强度聚焦超声治疗中，对深部组织的治疗需要有足够的能量，在满足治疗安全的前提下，焦点处声强越高，治疗效率越高。增加换能器的直径是提高焦点能量的有效技术手段。受压电材料成型和加工工艺的限制，单个压电元件直径一般不超过 100mm，否则材料性能的一致性和元器件成本存在挑战。因此，大功率聚焦超声换能器的设计多采用多元汇聚聚焦方式。图 6-3 所示是一个六阵元组合的汇聚聚焦换能器，将 6 个相同尺寸的扇窝形压电阵元紧密拼接成一个中心开孔的凹球面自聚焦换能器，每个扇窝形压电阵元具有相同的曲率半径，在同相位交流电的激励下发射同频率超声波，形成一个共同的汇聚焦点。多元汇聚聚焦换能器具有良好的聚焦声场和较高的声功率，可形成较高声强的焦区，满足高强度聚焦超声消融术的临床需求。值得注意的是，这类换能器对压电陶瓷材料性能的一致性、加工精度及粘接工艺控制要求均较为严格。

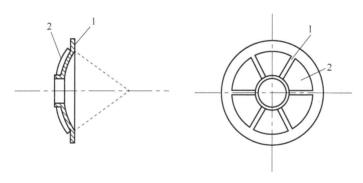

图 6-3　六阵元组合汇聚聚焦换能器结构示意
1—匹配材料　2—压电陶瓷材料

4）前面介绍的三类聚焦超声换能器组成的治疗头均具有固定的焦距和焦域，其优点是结构简单，聚焦能力强，焦距和焦域尺寸可按临床适应证的需求进行设计，稳定性好，成本低，制造相对容易；缺点是治疗大范围区域时，焦点的移动需要通过机械扫描实现，声场分布和焦域形态受不均匀组织结构的影响大，声束穿过骨性组织如头颅、肋骨时会导致局部过热，从而引发安全问题。

相控阵聚焦超声换能器将多个相互独立的压电阵元组合成特定的阵列，通过控制各阵元超声发射的时间，利用声波在空间的干涉效应，使各阵元发射的声波在声场中某一/某些位置处的相位达到一致，相互叠加，从而实现声能聚集。图 6-4 所示为超声相控阵聚焦的基本原理示意。相控阵聚焦超声换能器可以通过精确的电子调控技术，自由灵活地控制焦点的位置、大小和声强，甚至可以同时实现多点聚焦来增大消融范围，提升治疗效率。另外，相控阵聚焦还可对组织差异或者组织移动等引起的声场畸变进行误差校正和能量补偿，提高治疗的安全有效性。不同于在均匀介质里传播时形成固定声场分布的情况，声波穿过活体多层复杂组织时，由于各种界面处产生的反射、折射、衍射等物理现象，声场会发生畸变，严重影响聚焦效能。通过相控阵技术可实现声波在组织内的精确聚焦，提高组织内焦点处的能量，为实现安全有效的治疗奠定基础。相控阵技术另一个突出的优势是可以"避开"肋骨、颅骨等的遮挡而进行深部组织治疗，进一步扩大和提高聚焦超声治疗技术满足不同临床需求的能力。

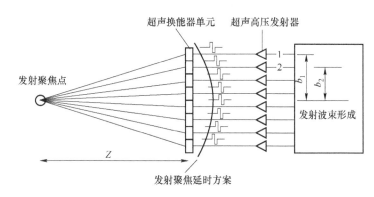

图 6-4　超声相控阵聚焦的基本原理示意

良好的声场分布和足够的焦点能量是保证聚焦超声治疗安全性和有效性的基础。相控阵聚焦超声换能器的参数，如工作频率、阵元数目、阵元排布方式等，决定了其声场特性，其中相控阵阵元的排布方式是影响相控阵聚焦超声换能器性能的重要因素。

按照阵元的排布方式大致可以把相控阵阵列分为周期阵列、随机阵列和螺旋阵列三大类。周期阵列是阵元按照某种方式周期排列，如早期用于治疗的线性阵列、矩形阵列、同心圆环阵列等，图 6-5 所示为上述三种常用周期阵列的布阵方式。研究发现，周期阵列结构与电路之间的匹配较为简单，但问题是形成的聚焦声束的偏转能力不足，容易产生较高的旁瓣和栅瓣，导致聚焦效果不理想。随后，人们对阵元随机排列进行了研究，发现随机阵列在有效降低旁瓣和栅瓣水平方面优势突出，但由于阵元的充填率较低，形成的聚焦声束焦点能量略显不足。近期研究出的螺旋阵列是相控阵阵列技术的重大突破，与周期阵列相比，螺旋阵列的旁瓣和栅瓣更小，而与随机阵列相比，螺旋阵列在焦点处能量更高。螺旋阵列种类较多，其中阿基米德螺旋结构相对简单，且布阵灵活，具有很强的可实现性。

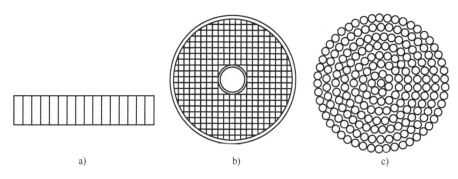

图 6-5　三种常用周期阵列的布阵方式
a）线性阵　b）矩形阵　c）同心圆环阵

为了直观理解不同阵元排布之间的差异，表 6-1 列出了各种相控阵阵元的布阵方式及其特点。

表 6-1　相控阵阵元的布阵方式及其特点

	周期阵列	随机阵列	螺旋阵列
典型布阵方式			
布阵特点	周期性方式布置阵元	阵元随机排列，间距可变	按螺旋线方式紧密排列
优点	结构、电路匹配简单	栅瓣水平较低、声束偏转范围较大	填充系数较高、偏转范围较大、栅瓣较小、焦点能量高
缺点	栅瓣水平高，声束转向能力差	填充系数较小，输出功率相对较低	结构、电路、电气匹配复杂，成本高

碍于技术水平，早期相控阵聚焦超声换能器技术发展较为缓慢，随着各类数值计算、物理仿真、数据分析等理论的进展和软件的应用，研究越来越深入，发展速度越来越快。例如采用 MATLAB 可进行相控阵聚焦超声换能器声场数值模拟，分析和优化各种参数对声场的影响；利用 COMSOL Multiphysics 软件，采用有限元法可对相控阵聚焦超声换能器进行仿真设计和特性对比等。这些方法的使用对换能器各项特性的描述和控制越来越精准，很大程度上促进了相控阵聚焦超声换能器技术的发展。目前，由数千个

阵元构成的相控阵聚焦超声换能器已逐渐进入商业化应用阶段。

表 6-2 给出了上述几种超声换能器聚焦方式的特性对比。

表 6-2　几种超声换能器聚焦方式的特性对比

换能器类型		优点	缺点
单元聚焦	球面自聚焦	结构简单，电声转换效率高，易实现理想焦域，性能稳定，易批量生产，适用于中小功率	焦距固定，尺寸受限
	凹透镜聚焦	技术成熟，制造难度和成本低，适用于中小功率	焦距固定，尺寸受限，电声转换效率低
多元聚焦	汇聚聚焦	电声转换效率高，焦点能量高，适用于大功率	对材料、工艺一致性要求高，焦距固定
	相控阵聚焦	焦距、焦点形状可调控，聚焦精度高，可实现复杂组织内的精确聚焦	技术难度大，成本高

聚焦超声换能器的性能指标是相互关联的，一般而言，在焦距相同的情况下，换能器孔径尺寸越大，频率越高，形成的焦域尺寸越小。设计换能器时，应系统考虑作用对象的特性、声束的传播路径、换能器的驱动方式以及具体应用需求。由于生物组织具有多层次、非均匀、黏弹性的特点，超声波在生物组织中的传播与聚焦是一个涉及多个相互关联变量的复杂问题，想要通过控制单一变量来解决非常困难，甚至是不可能的。为此，换能器设计思路是把超声波的产生、传播及在生物组织中的效应作为一个系统，以生物学效应为目标，对换能器结构和技术参数进行统筹优化，实现整体性能最佳，满足临床需求。

虽然超声换能器属于传统学科，但在医学领域中的应用历程尚处于发展的初期阶段。随着聚焦超声应用领域的逐步扩展，聚焦超声治疗的适应证从 2012 年的 66 种增加到了 2023 年的 170 余种，10 年间扩大了近 3 倍。超声聚焦换能器技术也在不断发展创新，例如 CMTU 换能器，采用创新振动结构，充分兼容了集成电路设计和制造方法的优势，在尺寸和成本上具有很大潜力，正逐步开发出多种新型超声换能器；基于声学超材料的超声换能器，呈现出特有的声学性能，研究方兴未艾；基于柔性基板、电路及换能器阵元制作方法的创新，有望在超声可穿戴治疗、保健技术上实现新的突破。此外，仿真设计工具的不断推陈出新也极大地提高了新型超声换能器的设计速度。

2. 典型聚焦超声治疗头

随着聚焦超声治疗设备在临床上的推广使用，针对各种适应证的聚焦超声治疗头层出不穷。这里以重庆海扶医疗科技股份有限公司（海扶医疗）为聚焦超声治疗设备设计的几种治疗头为例（见图 6-6），进行简要介绍。

1）目前临床中使用较为广泛的高强度聚焦超声治疗头多采用球壳式多元汇聚聚焦换能器，图 6-7 所示海扶医疗自主研制的聚焦超声消融手术用治疗头是其典型代表，主要技术参数见表 6-3。

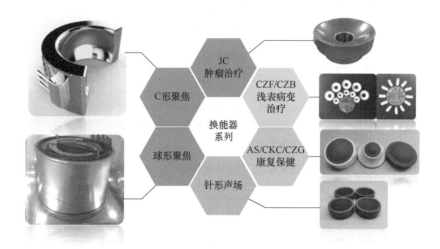

图 6-6 海扶医疗聚焦超声治疗设备治疗头示例

图 6-7 聚焦超声消融手术用治疗头

表 6-3 聚焦超声消融手术用治疗头主要技术参数

技术指标	技术参数
标称工作频率	1MHz
额定声功率	400W
焦域横向尺寸	≤1.5mm×1.5mm
焦域纵向尺寸	≤10mm
最大旁瓣级	≤−9dB
轴向次极大级	≤−9dB
焦点高度	150mm±5mm
焦域最大声强	20000 W/cm^2
聚能比	>5000

通常情况下，聚焦超声治疗头发出的超声声场以主声轴为中心线呈对称分布。特殊情况下，根据应用部位的需求，也可将治疗头发出的超声声场设计成非对称分布形式，

图 6-8 所示的前列腺疾病专用聚焦超声治疗头就采用了非对称设计方案。该治疗头在标称工作频率 900kHz 下的额定声功率为 1000W，焦域尺寸为 1.5mm×2mm×3mm，焦域最大声强可达到 50000W/cm^2。

2）低/中强度聚焦超声治疗设备治疗头一般采用单晶片凹球面自聚焦方式，尺寸和形状按照治疗部位和适应证设计。图 6-9 所示为用于治疗外阴和宫颈疾病的超声波妇科治疗仪专用治疗头外观。

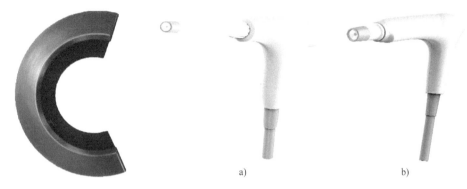

图 6-8　前列腺疾病专用
聚焦超声治疗头

图 6-9　超声波妇科治疗仪专用治疗头外观
a）宫颈治疗头　b）外阴治疗头

聚焦超声鼻部治疗设备用于治疗变应性鼻炎，根据治疗部位的特点，治疗头设计为侧向发射超声波，外观如图 6-10 所示。

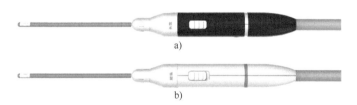

图 6-10　超声波鼻炎治疗仪专用治疗头外观
a）长焦治疗头　b）短焦治疗头

超声膝关节治疗设备用于退行性膝关节炎的治疗和康复，治疗头组件包括固定装置和四个可调整位置的超声波发射头，如图 6-11 所示。该治疗头利用收敛技术，采用球面自聚焦方式产生弱聚焦超声声场，通过调节 4 个发射头的位置从膝关节周围不同部位和不同方向发射出超声波作用于患者的膝关节腔内和相关穴位，有治疗和康复两种不同模式。

图 6-11　超声波膝关节治疗仪治疗头组件外观

3）超声理疗采用的是低强度平面超声或弱汇聚超声，利用其在生物组织中产生的热效应或力学效应来促进血液循环、改善组织微环境、增强新陈代谢、按摩组织器官、提高内啡肽等物质释放能力等，达到治疗或缓解病痛的效果。

阿是超声波治疗仪是这类设备的典型代表。该治疗仪配备了两种不同焦距的治疗头，可实现对不同深度软组织的覆盖，其中一种外观如图 6-12 所示。

另一款用于子宫复旧的超声理疗设备的治疗头，同样采用收敛技术产生超声波弱汇聚声场，其外观如图 6-13 所示。

图 6-12 阿是超声波治疗仪治疗头外观

图 6-13 超声波子宫复旧仪治疗头外观

6.3.2 超声驱动电源

超声驱动电源的作用是把电能转换成与超声换能器相匹配的高频交流电信号，通过高频振荡电流激发换能器压电陶瓷晶片，产生频率、波形稳定，满足应用需求的超声波。超声驱动电源主要由 EMC 滤波电路、PFC 单元、高频逆变单元、控制调节电路及信号采集电路组成，其工作原理如图 6-14 所示。

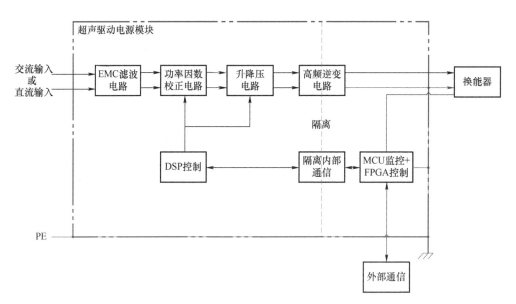

图 6-14 超声驱动电源工作原理框图

聚焦超声换能器在超声驱动电源激励下，根据临床应用需求，按照操作者指令，通过软件自动调节和反馈控制匹配参数，使换能器工作在最佳工作状态。采用一体式超声驱动源技术，引入开关模式电源技术（switch mode power supplies），可以明显提高电源效率；采用分时-功率合成技术，可以满足大功率和高频率的需求。现代超声驱动电源具有多种输出模式，并具有过压、过流、过温保护，输出状态监测调节，自动频率追踪，动态能量补偿，通信中断保护等多种功能。利用开关放大技术，结合高度模块化集成，超声驱动电源的输出效率可以达到 95% 以上。超声驱动电源实物示例如图 6-15 所示。

图 6-15　超声驱动电源实物示例

典型超声驱动电源的主要技术参数见表 6-4，各种工作模式下的输出波形如图 6-16~图 6-18 所示。

表 6-4　典型超声驱动电源主要技术参数

技术性能	技术参数
输出方式	连续模式、脉冲模式、多模态模式
工作频率	0.3~1.3MHz 可选
带宽	工作频率±10%
输出波形	正弦波
输出阻抗	50Ω
输出功率	2500W
峰值输出功率	10000W
输出功率稳定性	≤±5%
通信接口	485/TCP/ECAT

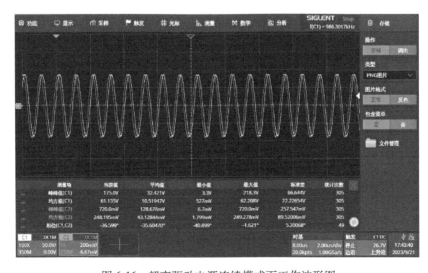

图 6-16　超声驱动电源连续模式下工作波形图

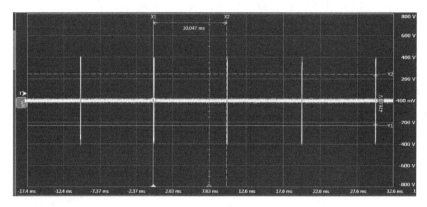

图 6-17　超声驱动电源脉冲模式下工作波形图

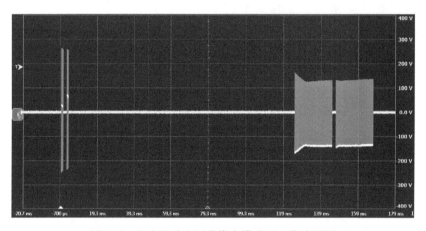

图 6-18　超声驱动电源多模态模式下工作波形图

6.3.3　高强度聚焦超声肿瘤治疗软件

高强度聚焦超声肿瘤治疗软件（以下简称治疗软件）是高强度聚焦超声肿瘤治疗系统的核心组成部分，不仅提供了直观的人机交互界面，而且还集成了大量的数据和信息处理功能，使医生能够以简单易用的方式完成聚焦超声消融手术的整个流程。此外，治疗软件还为设备维护人员提供了必要的故障诊断信息和技术支持，便于进行有效的检测与维修工作。

治疗软件具备以下核心功能。

1）治疗案例管理：该功能允许医生记录、查询和管理患者的个人信息以及相关的治疗数据，包括但不限于患者的历史病历、影像资料、治疗前后对比数据等，确保了每个病例的完整性和追溯性。

2）靶区定位：治疗软件提供一系列先进的工具，通常包括基于多种影像学资料（如 MRI、CT 等）的融合成像技术，帮助医生准确识别并确定肿瘤的位置和大小，精确规划治疗范围。

3）制定治疗计划/方案：根据医生设定的目标，软件可以智能化地生成详细的治疗方案，包括治疗的具体步骤、所需参数设置以及可能的治疗路径等。此步骤对于确保治疗效果至关重要。

4）实施治疗：根据预先设计的治疗方案，软件能够自动或半自动地控制 HIFU 设备完成对目标区域的精确照射。在此过程中，软件还会同步生成并保存治疗相关数据，为后续评估提供依据。

5）有效性分析：通过对治疗过程中和治疗后收集到的数据分析，可评估 HIFU 照射的有效性。这可能包括对比影像灰度变化、分析造影剂信号强度变化等定量指标。

6）安全性分析：治疗软件具备实时监测治疗进程的功能，能够在出现潜在安全风险时（如患者体位变化过大导致治疗区域偏离等）及时发出警告，确保治疗的安全性。

7）数据统计分析：为了进一步提升治疗效果，软件会对治疗过程中产生的大量数据进行统计分析，并生成详细的报告供医生参考，有助于持续优化治疗策略。

8）辅助接口与集成能力：除了上述核心功能之外，治疗软件还提供了多种辅助接口，以满足不同场景的需求。

① HIS/PACS 接口：通过这些接口，治疗设备可以轻松地与医院的信息系统（Hospital Information System，HIS）和影像存储与传输系统（Picture Archiving and Communication System，PACS）实现无缝对接，确保数据的及时交换和共享。

② 远程支持维护接口：该功能支持远程技术支持和服务，即使设备出现问题也能迅速获得解决方案，减少了停机时间。

③ 数据导出接口：方便科研人员和医疗机构对治疗数据进行深入研究和分析，促进了新技术的研发和推广。

图 6-19 所示为一幅治疗软件的典型工作界面。

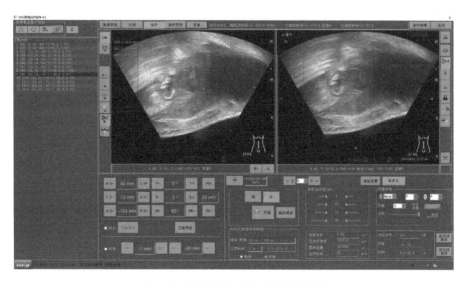

图 6-19　治疗软件典型工作界面示例

6.3.4　聚焦超声手术导航智能辅助系统

与传统开刀手术不同，施行聚焦超声手术的操作医生不能通过肉眼直接观察手术场景、目标器官、病灶及周边器官。为了实现对病灶的准确定位，需要采用数字化医学影像技术（如 MR、CT、B 超等）进行手术引导。由于 B 超具有实时性、经济性、易整合性等优点，目前大多数聚焦超声治疗系统采用 B 超作为引导和监控手段。但 B 超也存在许多局限性，如图像分辨率不高、解析度不好、只能显示局部影像、缺少立体空间信息等，尤其是聚焦超声治疗系统特定的工作条件会严重影响 B 超的成像环境，造成 B 超图像质量进一步降低，使得治疗过程中的病灶定位和实时安全有效性监控变得更加困难，必须要有丰富经验的医生才能很好地开展治疗。

聚焦超声手术导航智能辅助系统是一个高度集成化的技术平台，旨在显著提高聚焦超声手术的安全性和精确性。该系统能够应对传统聚焦超声手术中的一些关键挑战，特别是那些与病灶定位准确性以及实时监控治疗效果相关的问题。

聚焦超声手术导航智能辅助系统主要由诊断影像（MR/CT）识别分割模块、实时超声影像处理模块、多模态影像配准模块、跟踪分析模块、三维可视化模块和图像融合模块构成。

1）诊断影像（MR/CT）识别分割模块通过运用先进的深度学习算法，能够在术前的磁共振成像（MRI）或计算机断层扫描（CT）影像中精确地识别和分割目标组织或器官。这通常涉及使用经过大量标记数据集训练的卷积神经网络（CNNs），这些网络能够自动学习不同组织类型的特征，从而实现高精度的三维重建。此外，还可以采用诸如 U-Net、DeepLab 等专门用于图像分割的架构来提高分割的准确性和鲁棒性。为了进一步提高模型的可靠性和鲁棒性，可以使用迁移学习技术，微调在大规模公开数据集上预训练的模型，以适应特定的医疗应用场景。另外，还可以引入注意力机制，帮助模型聚焦于病灶区域的关键特征。

2）实时超声影像处理模块从聚焦超声治疗系统实时捕获超声影像，并利用机器学习模型来快速且准确地识别出关键解剖结构特征。为了实现这一目标，可以采用轻量级的神经网络，比如 MobileNet 或 EfficientNet 等，这些模型能在保持高精度的同时保证实时性能。此外，还可能采用数据增强技术来提高模型在不同患者群体间的泛化能力，包括旋转、缩放、平移等变换，以模拟不同的拍摄角度和患者体位。

3）多模态影像配准模块通过精确匹配 MRI/CT 和实时超声影像，建立了二者间空间坐标的一致性。这一步骤对于确保手术计划的准确性至关重要。该模块可能会采用刚体变换、弹性变形或自由形式变形等高级配准方法，以最小化配准误差，并通过迭代最近点（ICP）、主动形状模型（ASM）等技术来优化匹配过程。为提高配准精度，还需要考虑呼吸运动、心脏搏动等因素的影响，并采取相应的补偿措施。例如，可以通过预测模型预测呼吸模式，提前进行补偿，以减少因呼吸造成的影像偏移。

4）跟踪分析模块持续监测患者的生理状态变化，并能实时调整图像配准参数，以应对患者移动、呼吸等引起的图像偏移。此外，该模块还包括复杂的反馈控制系统，确保治疗过程中的影像引导始终保持最优化。跟踪分析模块不仅需要监测患者的生理指标，还需要结合治疗进程中的超声波信号变化，通过自适应算法动态调整治疗参数，确保治疗的有效性和安全性。

5）三维可视化模块通过将处理后的数据转换为直观的三维模型，能够帮助医生更清晰地理解病灶及其周围组织的空间关系。它利用现代计算机图形学技术，如光线追踪、纹理映射等，以高保真度渲染出病灶、正常组织、超声声束路径以及聚焦区域的细节。三维可视化不仅能提供全方位视角，还能支持虚拟现实（VR）或增强现实（AR）技术的应用，进一步增强交互性和沉浸感。为了提高医生对治疗过程的理解和控制，三维可视化模块还可以集成触觉反馈设备，使医生能够通过触觉感知病灶的位置和硬度等物理属性，这对于提高手术的精确性和安全性尤为重要。

6）图像融合模块将实时超声影像与对应的诊断影像进行融合或对比显示，使医生能够同时参考两种影像信息，以更全面地评估病灶状态及其邻近结构的情况。该模块还可能集成其他功能，如基于颜色编码的热图表示、自动对比度增强等，以增强可视性。此外，图像融合模块还可以结合增强现实技术，将融合后的图像直接投射到实际操作区域，帮助医生更直观地定位病灶。

综上所述，聚焦超声手术导航智能辅助系统通过集成多种先进技术，极大地增强了聚焦超声治疗的精度和安全性，为医生提供了强大的工具支持，特别是在复杂病例中发挥着重要作用。此外，对于初学者来说，这样的系统也能加速其技能的掌握过程，有助于提高整个治疗领域的标准化水平。随着技术的进步和临床应用的深入，聚焦超声手术导航智能辅助系统的潜力还将不断被挖掘和扩展。

聚焦超声手术导航智能辅助系统具有数据输入输出、影像浏览、三维体重建、三维面重建、对比看图、智能勾画和智能配准等多种功能。系统导入 DICOM、BMP、JPG 格式的 MR/CT 图像后，通过影像浏览功能可查看导入的影像数据，对 MR/CT 序列图像进行处理，结合各种参数进行三维体重建，恢复人体三维场景信息（见图 6-20）；然后采用人工智能或人工的方式将病灶组织的轮廓勾画出来，根据勾画曲线进行三维面重建，重建出整个组织的表面三维形态（见图 6-21）；最后通过智能自动配准或手动配准对三维体进行平移或者旋转等操作，使得三维体的切割图像轮廓与实时 B 超图像中的组织最大程度地吻合，将实时 B 超图像与 MR 图像融合（见图 6-22），实现图像融合精准定位导航（见图 6-23），在治疗过程中辅助医生完成影像定位，建立并实施手术计划。

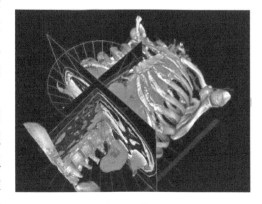

图 6-20　根据 MR 序列图像重建的
人体三维场景图

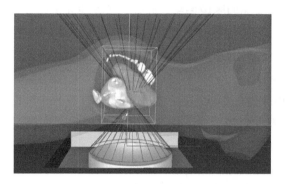

图 6-21　重建出的人体组织表面三维形态

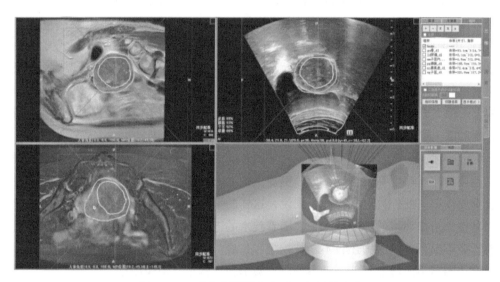

图 6-22　三维切割图像与实时 B 超图像配准

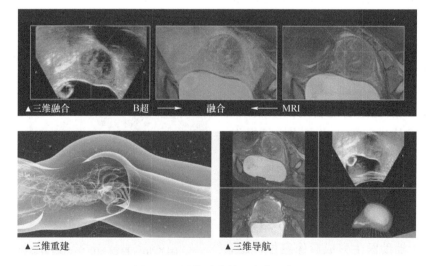

图 6-23　图像融合精准定位导航

6.3.5　高声压测试水听器

高强度聚焦超声（HIFU）治疗要求在靶组织处瞬时形成致组织/细胞凝固性坏死的温度，彻底灭活病灶区域。为了确保治疗的安全性和有效性，需要准确的超声剂量预测方法和精密的监控技术，以将安全有效的超声能量送达靶组织部位。因此，必须建立可靠的超声治疗头/换能器超声声场测量手段和表征方法。

在兆赫兹（MHz）频率范围内，医用超声声场的声压幅度和空间分布一般是在水中采用水听器进行测量，并通过采用吸收/反射靶测量作用在靶上的辐射力来计算声功率。在较低声压情况下，由于声压波形接近于正弦波，可以通过测量声压幅度来导出声强，而通过对一个覆盖整个超声波束的声压进行积分可计算出声功率；声场的几何性质（例如焦距和束宽）可以根据声压或导出声强（采用声压平方积分）来定义。

通常情况下，HIFU 治疗要求的时间平均声功率在 400W 以下，只要小心操作并采取适当措施，辐射力天平法或量热法已能基本满足声功率测量的要求。而对于 HIFU 声场声压的测量和描述，面临着下述一些问题和困难。

（1）高声压引起的空化作用　HIFU 设备的高声压通常会超过测量媒质（通常是水）的空化阈值，由于媒质中被溶解的气体会逸出产生气泡，这会引起下述问题：首先，形成的气泡会阻挡传感器对超声波的接收；其次，空化作用产生的巨大压力和张力会损坏或损毁传感器。通过除去测量媒质中的溶解气体和微粒物质可以降低上述两种效应发生的可能性，然而长时间保持足够的低溶气状态是相当困难的。再者，由于涉及高声压，相对于气泡较少的媒质，相应较大部分的压力谱会分布在较高次的谐波中，这会极大地影响测量结果的准确性。

（2）高声强造成的温度上升　HIFU 产生的能量会使传感器变热，从而影响其性能甚至损坏传感器。当温度接近压电材料的居里点时，水听器的灵敏度将发生变化。对于最广泛使用的聚偏二氟乙烯（PVDF）而言，当温度高于 70℃时，长时间的超声作用会使其发生退极化，当温度达到 110℃时，水听器会失去工作性能。

（3）强聚焦状态下声场特性的变化　在强聚焦声场中平面波假设不再成立，质点的速度与声压不是严格同相的，由于声强并不真正与声压的平方成正比，用测得的声压不能准确导出声强。在聚焦声场中，焦点处的声压由不同方向的子波叠加而成，测量水听器的输出信号应该与各子波之和成正比。由于水听器存在指向性，实际的输出电压将是计入各子波入射角度的加权和，因此，在强聚焦声场中，水听器输出电压波形与实际压力波形是不同的。采用水听器测量换能器声场的声压分布时，由于强聚焦声场中各点处声波的幅度和相位起伏较大，将使测量结果变得更加复杂。

（4）水听器响应引起的谐波失真　HIFU 设备所产生的高强度超声波在水中以非线性的方式传播，会引起声压波形的畸变。由于水听器的灵敏度会随着频率变化，因此其输出电压波形与真实声压波形是不相同的。由于高强度聚焦超声包含丰富的谐波分量，要求水听器在较宽的频率范围内具有平坦的灵敏度响应，方能准确还原声压波形的形式。

（5）声饱和与非线性损失的影响　高振幅的声脉冲在水中以非线性的方式传播将引起声波的畸变，相应地会产生高次谐波。由于水的声衰减系数与频率的平方成正比，相比于基波，高次谐波会被水介质更快地吸收从而导致非线性损失，进而出现声饱和现象。在声饱和状态下，使用水听器在声场中进行测量时，将无法观察到换能器所产生的声压变化。因此，与在水中测量诊断超声的情况不同，为了准确测量治疗超声设备所产生的高声压，对测量系统的频响提出了更严格的要求，测量中需要密切观察高次谐波的变化，以避免非线性损失，尤其是声饱和对测量结果的影响。

总之，HIFU 治疗设备所产生的超声波声场一般情况下工作频率为 0.5~10MHz，能量被汇聚在焦域直径 3mm 的范围内，声强大于 $1kW/cm^2$，声压幅度超过 10MPa，并且包含不同频谱分量。

为了能够描绘 HIFU 治疗头（换能器）高强度工作状态下在自由声场（脱气水）中的声压及其分布，必须使用耐高声压测量水听器。按照制作方法和工作原理的不同，这些水听器被分为针式水听器、膜式水听器及光纤水听器。

常规针式水听器的外观及其头部内部结构如图 6-24 所示，敏感元件一般采用 PZT（锆钛酸铅）或者 PVDF（聚偏二氟乙烯）压电材料制作。针式水听器一般工作在 0.5~15MHz 频率范围内，为了减少器件本身对声场分布的干扰和提高测试的空间分辨力，敏感元件的尺寸应尽可能小，目前的工艺水平可以达到 1mm 以下。一般情况下，直径 1mm 的 PVDF 针式水听器的灵敏度可以达到 800mV/MPa，图 6-25 给出了其灵敏度的典型频率响应曲线。受到水听器结构及制作工艺的影响，水听器灵敏度在 1MHz 以下频率范围内起伏较大；常规针式水听器所能承受的最大声压一般小于 5MPa，一般用于中小功率超声声场的测量。

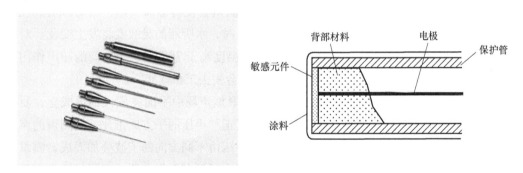

图 6-24　常规针式水听器外观及其头部内部结构

采用 PZT 材料制作的耐高声压针式水听器外观及内部结构如图 6-26 所示，敏感元件由直径为 0.4mm 的压电陶瓷圆片构成。不同于常规针式水听器，其压电元件被固定在实心金属导体上，该导体既作为水听器的背衬，又作为水听器的引出电极。PZT 材料的前表面用金属电镀层密封，通过选择合适的金属电镀层厚度，可以保持水听器灵敏度不会明显下降，同时也为敏感材料提供耐压保护。这种水听器的灵敏度大约为 50mV/MPa，在 1~20MHz 工作频段范围内的灵敏度起伏为 4dB 左右，可以测量高达 15MPa 的连续波峰值压力，图 6-27 给出了其灵敏度的典型频率响应曲线。

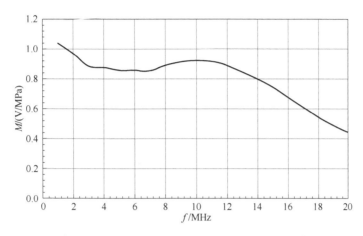

图 6-25　直径 1mm 的 PVDF 针式水听器灵敏度的典型频率响应曲线

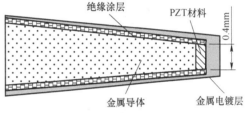

图 6-26　耐高声压针式水听器外观及内部结构

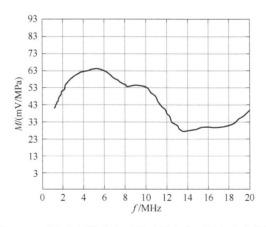

图 6-27　耐高声压针式水听器灵敏度典型频率响应曲线

另一种耐高声压针式水听器为反射式设计，如图 6-28 所示。其工作原理是高强度聚焦超声焦点作用在直径小于 0.1mm 的石英球上，石英球被毛细管固定在球壳结构的中心，球壳内表面贴附厚度为 25μm 的 PVDF 材料。声波在石英球面向空间散射，被 PVDF 材料所接收并转换成相应的输出电压。理论上，这种水听器工作频率可以达到 30MHz。

膜式水听器由内径大约为 100mm 未极化的 PVDF 薄膜组成，表面真空溅射有金/铬电极，这些电极在中心区域中重叠排布，然后被极化形成水听器的有源元件。相比之下，膜式水听器的敏感源尺度可以做得比针式水听器更小，其外观和结构如图 6-29 所示。膜式水听器的敏感材料一般采用 PVDF，在 0.5~40MHz 范围内具有更为平滑的频率响应，在 MHz 频率范围内的灵敏度大约为 40mV/MPa，图 6-30 给出了其灵敏度的典型频率响应曲线。膜式水听器所采用的 PVDF 材料在 10MPa 范围内能可靠

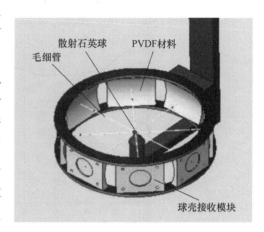

图 6-28　反射式探针水听器示意图

地工作，并能承受 100MPa 的脉冲声压波形，但是该类水听器不适用于对连续波声场的测量，而且双层屏蔽膜式水听器容易被高声压所损坏。

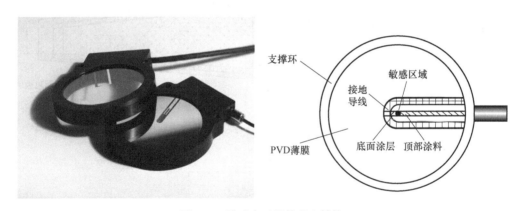

图 6-29　膜式水听器外观和结构

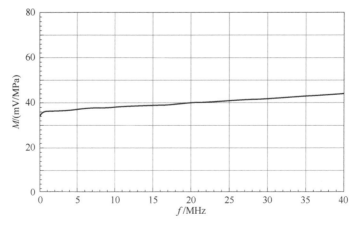

图 6-30　敏感元件直径 0.4mm 的 PVDF 膜片水听器的灵敏度典型频率响应曲线

近年来，德国 GAMPT 公司新研制出一款用于高强度聚焦超声声压测试的夹层膜式水听器，外观如图 6-31 所示，其主要技术参数见表 6-5。

图 6-31　德国 GAMPT 公司夹层膜式水听器外观

表 6-5　德国 GAMPT 公司夹层膜式水听器主要技术参数

技术性能	技术参数
声频率范围	100kHz~40MHz
可选校准频率范围	0.1MHz~40MHz
典型灵敏度（5MHz）	5×10^{-8} V/Pa
最高测量声压	100MPa
频率响应（1~40MHz）	6dB
敏感源有效直径	< 250μm
输出阻抗	50Ω

　　高声压测量中，为应对射频电磁干扰、水听器空间平均效应、高空蚀风险等不良因素，人们研制出了光纤水听器。光纤水听器的测量原理一般分为光强型和干涉型两类，而干涉型又可分为双光束干涉和法布里-珀罗（Fabry-Perot）多光束干涉两类。

　　光强型光纤水听器工作原理示意如图 6-32 所示。这类水听器基于弹光效应，光纤端面介质在声压作用下发生密度变化，从而导致对光的折射率变化，根据菲尼尔公式，沿光纤入射的激光在光纤端部的反射率也将随之发生变化。因此，可通过监测反射光强大小对光纤端面处的声压进行测量。光强型光纤水听器的主要优势是具有很高的测量范围，一般超过 80MPa，理论应用上限可以达到 400~500MPa。光强型光纤水听器还有另一个极大的应用优势，即在高声压测量中，当光纤端头在空蚀作用下发生损坏时，可通过简单修剪光纤端部重新获得较高端面平整度，立即就可完成对水听器的修复。不过光强型光纤水听器也存在自身的缺陷，由于灵敏度较低，噪声等效声压通常会高达 0.5MPa，因此不适合精细声场检测。此外，由于光纤非常柔软，在辐射力和声冲流的作用下，其端部定位是一大难题，尤其是在对连续波的测量时。目前这类水听器市面上常见的有两款：一款是美国 ONDA 公司的 HFO 690，其标称灵敏度为 6mV/MPa，频率响应可达 150MHz；另一款是英国 RP Acoustics 公司的 FOPH 2000，其典型灵敏度为 1mV/MPa，敏感直径 100μm，带宽 100MHz。

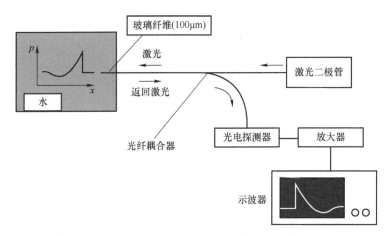

图 6-32　光强型光纤水听器工作原理示意图

相比于光强型光纤水听器，干涉型光纤水听器往往具有更高的灵敏度。在单模光纤端头镀上一层金属反射膜，可以制成双光束干涉水听器的传感头。内置激光器发出的激光经光纤耦合器分为两路，一路构成光纤干涉仪的参考臂，不接受声波的调制，另一路则构成传感臂，光信号经光纤端面金属膜反射后返回光纤耦合器，与参考光束发生干涉，工作原理如图 6-33 所示。当加载声场时，光纤头金属反射面会随声场振动，于是产生若干个光波长的相位变化，干涉的光信号强弱会随之变化，经光电探测器转换为电信号，通过信号处理就可以获取声波的信息。据资料报道，这类水听器可测量高达 60MPa 的声压，带宽可达 40MHz。

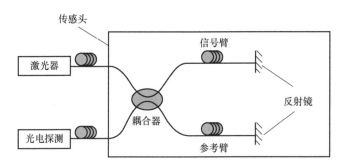

图 6-33　干涉型光纤水听器工作原理示意图

法布里-珀罗干涉水听器在具备高灵敏度探测能力的同时，还具有很好的抗干扰能力，是一种极具潜力的光纤水听器类型。在光纤端头制备一个两端具有高度平行反射面的法布里-珀罗干涉空腔，特定波长的激光在空腔中来回反射，形成多光束干涉，干涉的强度与光束间的相位差有关。在声压的作用下，通过机械耦合使光纤法布里-珀罗干涉空腔的腔长发生变化，从而影响激光反射相位及干涉强度。通过光电探测器对光信号的探测，即可解调出声场信息。图 6-34 所示为法布里-珀罗的光学谐振腔结构及干涉测量原理。该类水听器已见报道的最优分辨率可达 10μm，另外在其应用中显著的技术优势是可通过设计不同腔长的光纤法布里-珀罗干涉空腔，支持不同量程、不同灵敏度的声压测量需求。

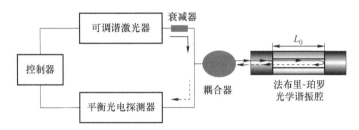

图 6-34　法布里-珀罗光学谐振腔结构及干涉测量原理示意图

6.4　典型临床应用

6.4.1　聚焦超声适应证

聚焦超声作为一种平台性治疗技术，临床应用范围涵盖人体各个系统的多种疾病，有望改变多种疾病的治疗模式。据聚焦超声基金会 2024 年发布的行业发展报告，目前处于各个发展阶段（包括临床前研究、早期临床试验、临床试验、医保获批）的聚焦超声适应证已有 171 种，见表 6-6。

表 6-6　处于各个发展阶段的聚焦超声临床适应证

序号	人体部位和疾病类型	聚焦超声临床适应证	目前所处的状态
1	心脏	房颤	早期临床试验
2		心脏瓣膜钙化	早期临床试验
3		心肌肥厚	临床前研究
4		心脏起搏	临床前研究
5		主动脉缩窄	临床前研究
6		充血性心力衰竭	临床前研究
7		胎儿心脏异常	临床前研究
8		左心发育不全综合征	临床前研究
9		二尖瓣反流	临床前研究
10		室间隔穿孔	临床前研究
11		室性心动过速	临床前研究

（续）

序号	人体部位和疾病类型	聚焦超声临床适应证	目前所处的状态
12	外周血管	静脉曲张形成	医保获批
13		高血压	临床试验
14		动静脉畸形	早期临床试验
15		外周动脉疾病	早期临床试验
16		双胞胎输血综合征	早期临床试验
17		动脉粥样硬化	临床前研究
18		深部静脉血栓	临床前研究
19		血肿	临床前研究
20		血友病	临床前研究
21	内分泌系统	甲状腺结节	医保获批
22		格雷夫斯病	早期临床试验
23		甲状旁腺功能亢进	早期临床试验
24		甲状腺癌	早期临床试验
25		糖尿病	临床前研究
26	消化系统	恶性胰腺肿瘤	医保获批
27		肝肿瘤	适应证获批
28		结直肠肿瘤	临床试验
29		胆道癌	早期临床试验
30		牙齿感染	早期临床试验
31		食管肿瘤	早期临床试验
32		胃肿瘤	早期临床试验
33		肝转移癌	早期临床试验
34		恶性梗阻性黄疸	早期临床试验
35		非酒精性脂肪性肝炎（NASH）	早期临床试验
36		良性胰腺肿瘤	早期临床试验
37		牙周疾病	早期临床试验
38		牙组织脱矿	临床前研究
39		炎症性肠道疾病	临床前研究
40		过敏性结肠综合征	临床前研究
41		肝纤维化	临床前研究
42	其他部位	光化性角化病	早期临床试验
43		基底细胞癌	早期临床试验
44		德尔肯氏病	早期临床试验
45		头颈部肿瘤	早期临床试验

（续）

序号	人体部位和疾病类型	聚焦超声临床适应证	目前所处的状态
46	其他部位	脾功能亢进	早期临床试验
47		卡波西肉瘤	早期临床试验
48		脂肪瘤	早期临床试验
49		黑色素瘤	早期临床试验
50		多发性肿瘤	早期临床试验
51		肥胖症	早期临床试验
52		异位骨化	临床前研究
53		感染	临床前研究
54		尼曼-皮克病	临床前研究
55		鼻窦炎	临床前研究
56		睡眠呼吸暂停	临床前研究
57		伤口愈合	临床前研究
58	肌肉和骨骼	骨转移癌	医保获批
59		结缔组织瘤	医保获批
60		骨样骨瘤	医保获批
61		小关节炎	适应证获批
62		骨癌	适应证获批
63		良性骨肿瘤	适应证获批
64		多发性骨髓瘤	适应证获批
65		软组织癌	适应证获批
66		良性软组织肿瘤	适应证获批
67		关节炎	早期临床试验
68		踝关节炎	早期临床试验
69		手关节炎	早期临床试验
70		髋关节炎	早期临床试验
71		膝关节炎	早期临床试验
72		骶髂关节炎	早期临床试验
73		椎间盘退行性病变	早期临床试验
74		足底筋膜炎	早期临床试验
75		骶骨脊索瘤	早期临床试验
76		肌肉萎缩	临床前研究
77		骨髓炎	临床前研究
78		骨质减少	临床前研究
79		肩袖损伤	临床前研究
80		软组织损伤	临床前研究
81		肌腱挛缩	临床前研究

（续）

序号	人体部位和疾病类型	聚焦超声临床适应证	目前所处的状态
82	运动障碍	特发性震颤	医保获批
83		帕金森病（震颤）	医保获批
84		帕金森病（运动障碍）	适应证获批
85		肌张力障碍	早期临床试验
86		手部肌张力障碍	早期临床试验
87		福尔姆斯震颤	早期临床试验
88		直立性震颤	早期临床试验
89	神经组织	阿尔茨海默病	早期临床试验
90		肌萎缩性侧索硬化症	早期临床试验
91		痴呆	早期临床试验
92		亨廷顿病	早期临床试验
93		多发性硬化症	早期临床试验
94		帕金森病（其他类型）	早期临床试验
95		Rett 综合征	临床前研究
96	其他神经疾病	脑瘫	早期临床试验
97		癫痫	早期临床试验
98		脑积水	临床前研究
99		视神经脊髓炎	临床前研究
100	疼痛	神经性疼痛	医保获批
101		癌症疼痛	早期临床试验
102		头痛	早期临床试验
103		神经病	早期临床试验
104		疼痛性截肢神经瘤	早期临床试验
105		三叉神经痛	早期临床试验
106	精神疾病	抑郁	适应证获批
107		强迫性神经失调	适应证获批
108		焦虑症	临床试验
109		多动症	早期临床试验
110		双相情感障碍	早期临床试验
111		情绪障碍	早期临床试验
112		阿片类药物和其他成瘾	早期临床试验
113		创伤后应激障碍	早期临床试验
114		精神分裂症	早期临床试验
115		自闭症	临床前研究
116	心理创伤	创伤性脑损伤	早期临床试验
117		脊髓损伤	临床前研究

（续）

序号	人体部位和疾病类型	聚焦超声临床适应证	目前所处的状态
118	肿瘤（颅内）	普通脑瘤	临床试验
119		胶质母细胞瘤	临床试验
120		星形细胞瘤	早期临床试验
121		乳腺癌脑转移	早期临床试验
122		肺癌脑转移	早期临床试验
123		神经母细胞瘤	早期临床试验
124		神经纤维瘤	早期临床试验
125		桥脑胶质瘤	早期临床试验
126		黑色素瘤脑转移	临床前研究
127	脑血管	中风、颅内出血	早期临床试验
128		血栓栓塞性中风	早期临床试验
129		海绵状血管瘤	临床前研究
130	眼	青光眼	适应证获批
131		干眼症	临床前研究
132		黄斑变性	临床前研究
133		老花眼	临床前研究
134		视网膜损伤	临床前研究
135		视网膜伤害	临床前研究
136	呼吸系统	鼻炎	适应证获批
137		肺癌	早期临床试验
138		肺转移癌	早期临床试验
139		肺炎	早期临床试验
140		肺结核	临床前研究
141	泌尿系统	良性前列腺增生	医保获批
142		前列腺癌	医保获批
143		肾肿瘤	适应证获批
144		膀胱肿瘤	早期临床试验
145		乳糜尿	早期临床试验
146		肾结石	早期临床试验
147		急性肾小管坏死	临床前研究
148		胎儿膀胱梗阻	临床前研究
149		急性肾脏疾病	临床前研究
150		输尿管膨出	临床前研究
151		尿路支架梗阻	临床前研究
152		尿路感染	临床前研究
153		输精管切除术	临床前研究

（续）

序号	人体部位和疾病类型	聚焦超声临床适应证	目前所处的状态
154		良性乳腺肿瘤	医保获批
155		恶性乳腺肿瘤	医保获批
156		子宫肌瘤	医保获批
157		子宫颈炎	适应证获批
158		外阴增生	适应证获批
159		苔藓硬化症	适应证获批
160		子宫腺肌症	适应证获批
161		宫颈肿瘤	早期临床试验
162	妇女健康	异位妊娠	早期临床试验
163		子宫内膜肿瘤	早期临床试验
164		子宫内膜异位症	早期临床试验
165		子宫内膜异位症（结直肠）	早期临床试验
166		卵巢肿瘤	早期临床试验
167		胎盘滞留	早期临床试验
168		应激性尿失禁	早期临床试验
169		阴道肿瘤	早期临床试验
170		外阴营养不良症	早期临床试验
171		多囊卵巢综合征	临床前研究

注：表中医保获批指在美国范围内的情况。

以下对已获批的部分聚焦超声适应证作简要介绍。

1. 高强度聚焦超声治疗

在医学影像引导下，超声波从体外聚焦经皮进入体内，对靶区病灶实施消融治疗，也称为聚焦超声消融手术。聚焦超声消融手术的主要技术指标是在靶区病灶产生整块的凝固性坏死，适用于治疗实体良恶性肿瘤以及子宫、乳腺、前列腺等器官的增生性疾病，是对传统外科切除手术的有效补充。

（1）技术适应证与技术非适应证

1）技术适应证。技术适应证指从设备技术层面能够治疗的适用范围。在影像引导下能够显示或通过图像融合等技术确定病灶位置、大小等，并能实时评估消融效果，一般病灶≥1cm，同时需要有供超声波传播的声通道，超声波能够在靶区聚焦达到一定强度致组织发生凝固性坏死。

2）技术非适应证。技术非适应证指目前从设备技术层面尚不宜治疗的病症。主要包括：① 病灶位于超声波聚焦点不能到达的位置；②聚焦超声声通道需要经过骨性结构或重要脏器，导致不能设置出安全、有效的声通道；③受聚焦超声焦点移动行程限制，病灶不能被焦域有效覆盖。

（2）临床适应证　目前，高强度聚焦超声治疗系统临床应用的适应证主要包括：子宫肌瘤、子宫腺肌病、乳腺纤维腺瘤、良性前列腺增生等良性疾病，以及肝癌、胰腺癌、骨肿瘤、软组织肿瘤、前列腺癌、乳腺癌、肾癌等恶性肿瘤。

1）子宫肌瘤。子宫肌瘤是女性生殖系统最常见的良性肿瘤，好发于生育年龄，为激素依赖性肿瘤，育龄期出现，在性激素分泌旺盛期生长，绝经后萎缩。子宫肌瘤引起的症状有月经量增多、经期延长或周期缩短、腹部触及包块及压迫症状、下腹坠胀感、不孕与流产、继发性贫血等。

子宫肌瘤的治疗决策依据包括：①肌瘤的大小及部位；②有无症状；③患者的年龄及对生育的要求；④肌瘤生长速度及有无并发症；⑤诊断是否明确。

子宫肌瘤剔除术和子宫切除术是子宫肌瘤传统的治疗方式，适应证包括：①子宫肌瘤合并月经过多导致贫血；②子宫肌瘤压迫膀胱、直肠及神经系统等出现相关症状；③子宫肌瘤合并不孕或反复流产者；④子宫肌瘤患者准备妊娠时若肌瘤直径大于4cm建议剔除；⑤绝经后未行激素替代治疗但肌瘤仍生长者。

高强度聚焦超声消融子宫肌瘤的适应证基本同手术治疗，适用于要求保留子宫者，尤其适合于不能耐受或不愿意手术者。技术上的适用范围有：①治疗系统机载超声可以显示的肌瘤；②有安全的声通道，即声通道上无骨骼及固定肠道的肌瘤。

2）子宫腺肌病。子宫腺肌病是指子宫内膜与间质侵入子宫肌层生长形成的一种良性疾病，病灶多为弥漫性生长，也有部分呈局限性生长，可部分或完全累及子宫后壁和（或）子宫前壁。子宫肌层内异位的子宫内膜随着卵巢周期的变化会在月经期出血，刺激子宫平滑肌产生痉挛性收缩，引起不同程度的痛经症状，且呈进行性加重趋势。子宫腺肌病的临床症状可表现多样，典型临床表现为继发性痛经且进行性加重、月经失调、子宫增大及不孕。子宫腺肌病治疗的目的是减灭和消除病灶、缓解疼痛、改善和促进生育、减少和避免复发，而缓解疼痛是最基本的临床需求。子宫腺肌病选择保留子宫的治疗方案需要长期管理，兼顾长期疗效与不良反应。

高强度聚焦超声消融子宫腺肌病的适应证：①有症状的子宫腺肌病；②病变处子宫肌壁厚度≥30mm者；③机载超声能够清楚显示病灶，且有足够的声通道；④拒绝手术和药物治疗或药物治疗失败者。

3）乳腺纤维腺瘤。乳腺纤维腺瘤是最常见的乳腺良性肿瘤，多好发于20~25岁青年女性。多数为一侧或双侧乳房一个或多个无痛性肿块，肿块呈卵圆形，表面光滑，质地坚韧，边界清楚，活动度好，生长缓慢，一般≤3cm。

高强度聚焦超声消融治疗乳腺纤维腺瘤的适应证：①诊断明确，经细胞学或组织学确诊的乳腺纤维腺瘤；②非中央区乳腺纤维腺瘤，监控超声能显示；③局部皮肤完好，无明显的手术瘢痕，以及红、肿、热、痛等炎症性表现。

4）肝脏肿瘤。肝脏恶性肿瘤包括原发性肝癌和转移性肝癌，原发性肝癌以肝细胞性肝癌为多见，转移性肝癌多见于消化道肿瘤转移。肝癌的治疗决策主要依据：①肿瘤大小、数目、范围和是否侵犯肝内血管；②肝脏功能是否代偿；③全身情况。肝癌的治疗包括局部和全身综合治疗。局部治疗方法主要有经导管动脉栓塞（TAE）、经导管动脉化疗栓塞（TACE）、经皮无水乙醇注射（PEI）、超声消融、冷冻消融、激光消融、射频消融和微波消融等。转移性肝癌常采用化疗和手术治疗，但仅极少数患者有接受手术治疗的机会。

在治疗肝癌的众多方法中，高强度聚焦超声在治疗靠近肝脏大血管、胆囊、膈顶等困难位置的病灶方面具有独特的优势。临床研究证据显示，对早期小肝癌，可以达到根治效果；对于没有手术机会的中晚期肝癌，在经 TAE/TACE 治疗后病灶往往都有残留，结合高强度聚焦超声治疗可以显著延长患者的生存时间。

原发性肝癌根治性治疗的适应证：①早、中期肝癌；②单个病灶，肿瘤最大径小于超声换能器有效焦距；③巨块型肝癌伴有卫星结节，结节数量不超过 4 个，并局限于同一叶内；④结节型肝癌，病灶数目不超过 4 个，正常肝脏体积超过整个脏器的一半以上；⑤机载超声能清楚显示肿瘤边界；⑥患者一般情况较好，KPS 评分不低于 70 分，预计生存期超过 3 月，能够耐受麻醉；⑦肝功能 Child 分级 A 级或 B 级，C 级需谨慎。

转移性肝癌：与原发性肝癌类似，但必须配合有效的全身治疗，如化疗、靶向治疗等。

5）胰腺癌。胰腺癌可发生于胰腺的任何部位，一般发生在胰头最多见，胰体、胰尾较少见。临床中，仅 10%~20% 的初诊胰腺癌患者有机会接受外科手术根治切除，对不能手术切除的胰腺癌采用放化疗等非手术治疗的方法疗效有限。60%~80% 的晚期胰腺癌患者伴有疼痛，且很难用药物控制疼痛。因此，控制症状、提高生活质量和延长生存期是治疗胰腺癌的主要目的。

高强度聚焦超声治疗胰腺癌的适应证：①不能手术切除的中晚期胰腺癌；②无明显的梗阻性黄疸；③机载超声能清楚地显示病灶；④肿瘤未侵犯重要的血管，如肠系膜上的动、静脉等；⑤预计生存期大于 3 月，能耐受治疗所需的麻醉或镇静、镇痛方案。

6）骨肿瘤。恶性骨肿瘤是发生在骨骼系统的恶性肿瘤，分为原发性恶性骨肿瘤、继发性恶性骨肿瘤和转移性骨肿瘤，包括肉瘤和癌。原发性和继发性恶性骨肿瘤种类繁多，包括骨肉瘤、尤文氏肉瘤、软骨肉瘤、恶性淋巴瘤、恶性纤维组织细胞瘤等，其中骨肉瘤最常见。骨肉瘤是高度恶性的肿瘤，就诊时 90% 的患者存在有转移灶或微小转移灶，好发于四肢，传统的治疗是高位截肢。

高强度聚焦超声消融治疗是将肿瘤"切除"和肢体重建融为一体的非侵入性保肢治疗措施。高强度聚焦超声可致骨内外的肿瘤组织凝固性坏死，即"热切除"肿瘤，同时利用原位灭活肿瘤骨段进行肢体重建，达到非侵入性保肢治疗原发性恶性骨肿瘤的目的。对于不能根治的部分原发性恶性骨肿瘤和转移性骨肿瘤患者，以减瘤负荷为目的，可以缓解症状、改善生存质量、延长生存期。

较低强度聚焦超声治疗恶性骨肿瘤有两方面目的，即保肢治疗和姑息治疗，适应证各有不同。

① 保肢治疗适应证（保留肢体功能）：年龄在 15 岁以上，骨骼的生长发育已趋成熟；成骨性肿瘤最大轴位径线≤12cm；重要神经、血管束未被侵犯或被推挤移位；估计肿瘤能够被完全消融；所保留的肢体功能不比假肢差；术后局部复发率与转移率不应高于截肢；患者强烈要求保留肢体。

② 保肢治疗相对适应证（目的为满足心理要求的保肢，不要求保留肢体功能）：未达到保肢的条件，但拒绝截肢的患者；成骨性肿瘤最大轴位径线≤12cm；肿瘤能够被完全消融；术后局部复发率与转移率不应高于截肢；患者强烈要求保留肢体。

③ 姑息治疗适应证：有疼痛等症状的原发性、继发性恶性骨肿瘤和转移性骨肿瘤；化疗和/或放疗敏感的肿瘤的减负荷及增敏；不能手术切除的患者减瘤负荷治疗，增加手术切除机会。

7）软组织肿瘤。软组织肿瘤是一组来源于中胚层的良、恶性肿瘤，可起源于任何一种除骨骼外的非上皮性结缔组织（纤维组织、脂肪、滑膜、脉管组织、肌肉及肌腱等），可发生在全身任何部位，以四肢最多见。恶性软组织肿瘤的治疗以手术广泛切除为主，因肿瘤的解剖位置和肿瘤的大小限制，获得广泛切除机会常有困难，局部复发率 33%~63%。

聚焦超声治疗软组织肿瘤的适应证：①不能手术、拒绝手术或手术后复发，位于四肢、躯干的对超声敏感的实体软组织肿瘤；②机载超声可以显示肿瘤，有足够的声通道。禁忌证：①血管和淋巴来源的恶性肿瘤；②以水、浆液或黏液成分为主的肿瘤；③声通道上皮肤有大量的瘢痕，或有严重的放射性损伤者；④侵犯主要神经者；⑤有肠梗阻未解除的腹腔、腹膜后及盆腔恶性软组织肿瘤患者。

8）乳腺癌。乳腺癌是危害妇女健康的常见恶性肿瘤。手术治疗是乳腺癌的主要治疗方法之一。保乳手术包括乳房部分切除与腋窝淋巴结清扫两部分。

聚焦超声保乳治疗的适应证：①有强烈保乳愿望的 I、II 期乳腺癌患者，肿瘤最大径≤4cm；②周围型乳腺癌；③单发性病灶；④彩超检查肿瘤边界清楚；⑤皮肤无侵犯。

2. 聚焦超声浅表治疗

近年来，采用聚焦超声经过皮肤、黏膜或自然腔道治疗疾病的技术在临床上已开始逐渐应用，常见适应证如下。

（1）慢性宫颈炎　慢性宫颈炎是妇科门诊的一种常见病及多发病，其症状包括白带增多、腰骶部疼痛、性交疼痛及宫颈出血，严重时可并发输卵管炎、宫颈狭窄、不孕等，严重影响患者的生活质量。

聚焦超声治疗的适应证有：①慢性宫颈炎，表现为宫颈肥大或糜烂样改变者；②低级别宫颈上皮内瘤样病变（CIN-1 级）合并人乳头瘤病毒（HPV）感染引起的宫颈炎。

（2）外阴色素减退性疾病　外阴色素减退性疾病是一组以瘙痒为主要症状、外阴皮肤色素减退为主要体征的外阴皮肤疾病，临床上常见症状包括外阴硬化性苔藓和外阴慢性单纯性苔藓等。

聚焦超声治疗的适应证包括：①有外阴瘙痒、外阴烧灼感、性交痛等症状，药物治疗无效；②病变位于大小阴唇、阴唇间沟、阴蒂包皮、后联合及肛门周围；③外阴活检为外阴皮肤慢性炎症改变或表皮过度角化、胶原纤维玻璃样变等特征性改变。

（3）变应性鼻炎　变应性鼻炎是由全身多种细胞因子、炎症介质和免疫细胞参与的与鼻黏膜局部血管、神经和腺体功能紊乱相关的疾病。

聚焦超声治疗的适应证为阵发性喷嚏、鼻痒、大量清水样鼻分泌物以及不同程度的鼻塞。

（4）慢性软组织损伤　慢性软组织损伤指皮下肌肉、肌腱、筋膜、腱鞘、韧带、关节囊、滑液囊等，由于特定姿势引发的积累性损伤或承受超负荷活动而引起的不同程度的纤维断裂、无菌性炎症所导致的一系列临床综合症状，常伴有顽固性疼痛和功能受限，往往难以治愈。

聚焦超声治疗的适应证为符合慢性软组织损伤的诊断者。

（5）关节炎　关节炎是关节软骨完整性破坏以及关节边缘软骨下骨板病变，导致关节症状和体征的一组慢性关节疾病。骨性关节炎的治疗目的是缓解疼痛、延缓疾病进展、保护关节功能、改善生活质量。

聚焦超声治疗的适应证主要是退行性膝关节炎。

6.4.2　临床应用典型案例

1. 子宫肌瘤

患者：女性，32 岁，G2P1，剖宫产术后 4 年，月经量多 2 年。表现有经血成块，月经期延长，月经量多伴贫血，血红蛋白（HBG）68g/L。B 超显示：子宫 128mm×80mm×76mm，形态饱满，子宫后壁见大小 60mm×55mm 低回声类圆形结节影，突入宫腔，内膜厚 8mm。诊断意见：子宫增大，子宫实性占位性病变，考虑子宫肌瘤。经盆腔 MRI 确诊为子宫肌瘤（黏膜下），给予超声引导下高强度聚焦超声消融治疗，其手术前后影像学变化如图 6-35 所示。术后第一次月经来潮，出血量减少，血红蛋白逐渐恢复正常，贫血得以纠正。

2. 子宫腺肌病

患者：女性，41 岁，G2P1，月经量多，淋漓不净 2 年，加重半年。半年前检查血红蛋白（HGB）50g/L，经 B 超检查考虑子宫腺肌病。给予输血治疗，并口服妈富隆治疗，效果不满意。入院时 HGB 70g/L，B 超显示：子宫 126mm×82mm×66mm，形态饱满，子宫肌层回声不均匀，以左后壁为著，其内见 46mm×55mm 不均质等低回声区，边界欠清，内膜厚 9mm，盆腔内见 10mm 无回声区。诊断意见：子宫增大，回声不均质，实性占位性病变（子宫腺肌瘤）。经盆腔 MRI 确诊为子宫腺肌病。给予超声引导下高强度聚焦超声消融治疗，消融范围 50mm×41mm×46mm，其手术前后影像学变化如图 6-36 所示。术后 2 周第一次月经来潮，出血量减少，淋漓不净现象消失，HGB 水平逐渐恢复正常，贫血得以纠正。

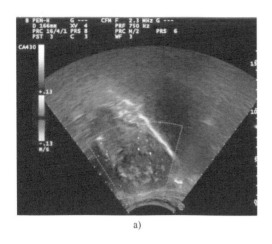
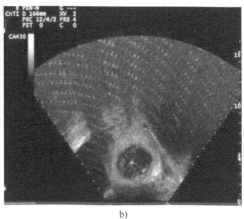

a)　　　　　　　　　　　　b)

图 6-35　子宫肌瘤聚焦超声消融前后影像学变化

a) 治疗前, 彩色多普勒超声显示突入子宫腔内占位性病变, 血流信号丰富

b) 高强度聚焦超声消融后即刻, 超声造影显示病灶内无血流灌注, 肌瘤近完全消融

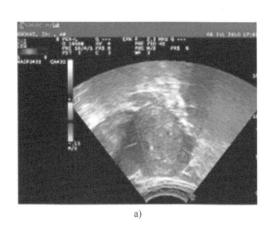
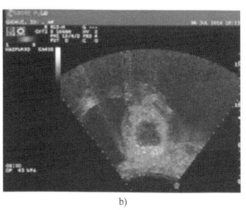

a)　　　　　　　　　　　　b)

图 6-36　子宫腺肌病聚焦超声消融前后影像学变化

a) 治疗前, 子宫后壁增厚, 呈等低回声　b) 高强度聚焦超声消融后即刻,

超声造影显示后壁病灶内无血流灌注, 后壁病灶近完全消融

3. 乳腺纤维腺瘤

患者: 女性, 24 岁, G0P0, 体检发现乳腺包块 3 年。肿块单发, 无痛, 边界清晰, 活动度好, 无压痛。定期体检, 肿瘤逐渐增大。经细针穿刺活检, 诊断为乳腺纤维腺瘤。给予超声引导下超声消融治疗, 消融范围 20mm×20mm×18mm。术后经增强 MRI 证实肿瘤无血流灌注, 门诊定期随访, 肿瘤逐渐缩小, 其手术前后影像学变化如图 6-37 所示。

4. 慢性宫颈炎

患者: 女性, 32 岁, G2P1, 阴道分泌物增多 1 年余, 伴接触性出血 3 个月。宫颈

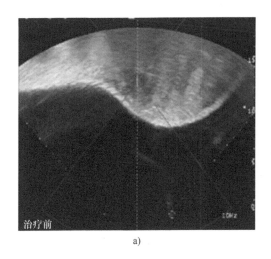
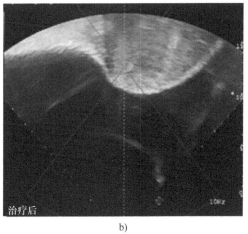

a)   b)

图 6-37　乳腺纤维腺瘤聚焦超声消融前后影像学变化

a）治疗前，机载超声显示乳腺纤维腺瘤，呈低回声　b）治疗后，机载超声显示乳腺病灶，呈高回声改变

呈糜烂样改变，炎性渗出物覆盖，纳氏囊肿多见，接触性出血（+），宫颈细胞学检查提示慢性炎性细胞。聚焦超声治疗后 2 个月，宫颈外观恢复正常，无异常分泌物，纳氏囊肿消失。聚焦超声治疗前后对比如图 6-38 所示。

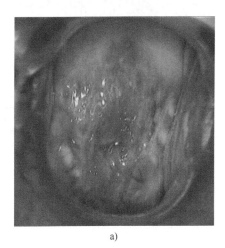
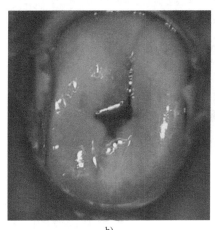

a)   b)

图 6-38　慢性宫颈炎聚焦超声治疗前后对比

a）宫颈糜烂样改变，炎性渗出物覆盖，纳氏囊肿多见　b）聚焦超声治疗后 2 个月，
宫颈外观恢复正常，无异常分泌物，纳氏囊肿消失

5. 外阴色素减退性疾病

患者：女性，43 岁，外阴瘙痒、外阴烧灼感 3 年。间断使用局部皮质激素药物治疗，效果差。外阴见右侧大阴唇中下缘白色病损区，皮肤增厚，质地变硬。聚焦超声治疗后 3 个月，外阴皮肤颜色及弹性基本恢复正常。聚焦超声治疗前后对比如图 6-39 所示。

 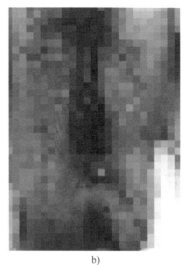

a)　　　　　　　　　　　　　　　b)

图 6-39　外阴硬化性苔藓聚焦超声治疗前后对比

a）右侧大阴唇中下缘白色病损区，皮肤增厚，质地变硬

b）聚焦超声治疗后 3 个月，外阴皮肤颜色及弹性基本恢复正常

参 考 文 献

［1］ 俞梦孙. 聚焦超声治疗技术行业发展动态［J］. 中国医学装备，2023，20（6）：1-6.

［2］ Focused Ultrasound Foundation. Focused Ultrasound and Cancer Immunotherapy Workshop White Paper Summary［EB/OL］. （2023-10-05）［2024-09-01］. https：//cdn. fusfoundation. org/2023/11/03164653/FUSF-Cancer-Immunotherapy-Workshop-White-Paper-July-2023. pdf.

［3］ Mark Carol. Why It Takes So Long to Develop a MedicalTechnology［EB/OL］. （2022-12-15）［2024-09-01］. https：//www. fusfoundation. org/posts/blog-series-why-it-takes-so-long-to-develop-a-medical-technology-part-5/#：~：text＝Why％20It％20Takes％20So％20Long％20to％20Develop％20a，Turf％20Wars％20. . .％207％20Payment％20and％20Compensation％20.

［4］ Focused Ultrasound Foundation. State of the Field Report 2019［EB/OL］. （2019-08-15）［2024-09-01］. https：//www. fusfoundation. org/content/images/pdf/FUSF_State_of_the_Field_Report_2019. pdf.

［5］ Focused Ultrasound Foundation. State of the Field Report 2023［EB/OL］. （2023-09-05）［2024-09-01］. https：//cdn. fusfoundation. org/2023/11/03165226/FUSF-State-of-the-Field-Report-2023_October-23. pdf.

第 7 章 生命支持、微创治疗及配套设施

7.1 呼吸机

呼吸衰竭是重症患者最常见的器官功能衰竭，机械通气是重症患者最重要的生命支持手段之一，当前以呼吸机给予患者正压通气提供通气支持是最普遍的机械通气手段。在 2003 年的 SARS 疫情和 2019 年底爆发的新型冠状病毒感染疫情中，呼吸机都扮演了举足轻重的角色，甚至可以说是抗疫的中流砥柱，被称为"救命神机"。我们越来越清醒地认识到呼吸机是关系国家卫生安全的重要医疗装备。

7.1.1 呼吸机基本工作原理

现代呼吸机主要分为气动电控和电动电控两种类型，其主要区别是呼吸机动力来源是高压气体（空气和氧气）还是涡轮风机（配合高压或低压氧气）。其主要工作原理是吸气时通过吸气阀或者涡轮等给予患者一定压力或体积的通气支持，呼气时开放呼气阀使患者被动呼气，来完成一个呼吸周期。气动电控呼吸机需要外接压缩氧气和压缩空气，采用电磁阀等执行器件以及高精度的流量传感器和压力传感器等，在电子或者计算机技术的控制下，实现多种通气模式、多种呼吸参数的监测等。电动电控呼吸机则不需要外接压缩空气，而是通过内置涡轮提供通气压力，可以实现与气动电控呼吸机类似的通气效果，迈瑞医疗的 SV300 系列电动电控呼吸机如图 7-1 所示。此外，迈瑞医疗还推出了行业内首款气动电控和电动电控一体化的高端重症呼吸机——SV800 系列呼吸机，这类呼吸机既可以在有外接压缩空气时实现高端呼吸机的功能和性能，又能在没有压缩空气时切换为电动电控呼吸机，持续提供高质量的通气支持，如图 7-2 所示。

因为不需要外接压缩空气，而且随着涡轮技术

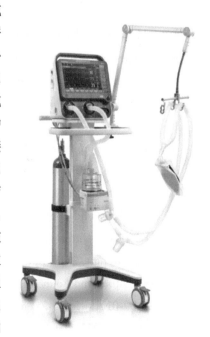

图 7-1 迈瑞医疗 SV300 系列
电动电控呼吸机

的不断发展，电动电控呼吸机的功能和性能越来越强大，正在被越来越多的呼吸机所采用。如迈瑞医疗的 HF90 系列高流量呼吸湿化治疗仪，也是电动电控类型，如图 7-3 所示。

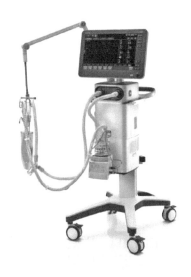

图 7-2　迈瑞医疗 SV800 系列气动电控和　　　　　图 7-3　迈瑞医疗 HF90 系列
电动电控一体化高端重症呼吸机　　　　　　　　　　高流量呼吸湿化治疗仪

机械通气是正压通气，而正常人呼吸是靠呼吸肌（膈肌和肋间外肌等）收缩产生负压进行通气。因此机械通气具有明显的"反生理"特性。而患者的呼吸系统和肺与正常人相比往往存在各种各样的病变，如急性呼吸窘迫综合征（Acute Respiratory Distress Syndrome，ARDS）的患者存在肺泡塌陷或者肺水肿等，导致肺顺应性减小，这类患者在正压通气时容易因为通气压力高或者潮气量高引起气压伤或容积伤，导致呼吸机相关性肺损伤，进而可能导致呼吸机上机时间延长或病死率升高。临床研究表明，对于重度 ARDS 患者，全球病死率达到 40%，而国内病死率更是高达 60%。因此，在机械通气中，肺保护一直以来是临床研究的核心问题。

传统呼吸机通过其压力和流量传感器监测通气时的压力和潮气量等呼吸力学状态，因此当前基于呼吸机的肺保护机制也主要通过限制通气压力或潮气量实现。但是呼吸力学的监测只能把肺看成一个整体，而 ARDS 患者的肺具有明显的异质性，不同区域的肺泡状态不同，要实现精准的肺保护，需要对肺的状态进行更加全面的监测或评价。

7.1.2　呼吸机组成及关键零部件

呼吸机本质上是一种将一定氧浓度、一定流量和/或压力的气体送至患者的控制装置，至少需要电磁阀和/或涡轮等执行器件，以及流量和压力等传感器。电动电控呼吸机系统结构如图 7-4 所示。

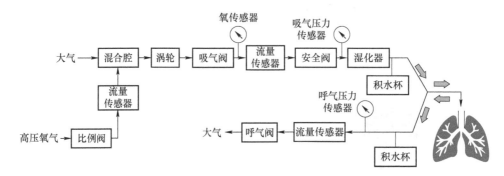

图 7-4　电动电控呼吸机系统结构

1. EIT 模块

电阻抗断层成像技术（Electrical Impedance Tomography，EIT）作为一种医学功能成像技术，具有无辐射、床旁、实时、连续动态监测等突出特点。它能够持续监测肺部通气变化和通气分布等二维甚至三维信息，可以说是对呼吸力学监测的有效补充。与 X 射线层析成像、磁共振成像（MRI）等传统的医学成像技术相比，EIT 对人体无创伤，可以重复测量使用，且成本低廉，操作简单，对工作环境要求低，可以作为一种长期、连续监护的临床诊断技术。但是目前 EIT 技术在临床暂时还没有得到很好的推广使用，更多的是停留在科研方面的应用。其主要原因是对 EIT 图像的解读没有形成统一的共识标准，很多一线医生在能力和经验上的限制导致他们难以直接从 EIT 图像获得对临床决策有决定性价值的信息。

为了能够在机械通气时更好地实现肺保护的目的，通过将呼吸机的呼吸力学监测信息与 EIT 的通气分布等信息深度融合，采用算法分析可以在呼吸力学和 EIT 信息的基础上提供额外的通气相关的深层次信息，比如肺部各区域通气是否存在过度膨胀、塌陷或者剪切，定量评价不同区域肺泡的开放压力。通过算法对监测信息的深层次解读可以直观地指导临床进行通气参数方面的设置。

要实现上述信息的深度融合，需要将两者有机结合，而不是两个独立的设备，因此呼吸机集成模块化 EIT 就显得十分必要。通过两者的有机结合，可以发挥 1+1>2 的效果，帮助做出最佳的临床决策，更好地实现肺保护的目的。

2. 执行器件

如前所述，涡轮是电动电控呼吸机的核心零部件，而电动电控呼吸机越来越多地被应用于各种各样的呼吸机中，既包括重症呼吸机、亚重症呼吸机、急救和转运呼吸机等院用呼吸机，也包括睡眠呼吸机等家用呼吸机。

不同种类的呼吸机，其所使用的涡轮也不尽相同。比如，院用重症呼吸机对涡轮的要求最高，既要有强劲的输出能力和极快的动态响应速度，又要有较低的噪声和较长的使用寿命。急救和转运呼吸机对于涡轮的输出能力通常比院用重症呼吸机的要求略低，但是在抗振动、抗冲击、存储和工作温度范围等方面有着额外高的要求。而家用呼吸机的涡轮对输出能力的要求则要低得多，但是对噪声方面的要求很高，同时还要求极低的成本。此外，对于院用呼吸机，为了提高涡轮控制的安全性，通常选用有感涡轮，也就是带有霍尔传感器的涡轮，并在涡轮控制上采用冗余设计，以保证某个控制电路失效或者软件有缺陷时，最大程度地降低给患者带来的伤害。

瑞士 Micronel 公司生产的 U65HN 涡轮，是一种常用于医用重症呼吸机的涡轮，其最大输出压力可达 $90cmH_2O$，最大输出流速超过 $400L/min$，并且有着极快的动态响应，如图 7-5 所示。

按气体流动的方向，可以将涡轮分为离心式、轴流式、斜流式（混流式）和横流式等类型。呼吸机涡轮有高压力、高流量的要求，因此多采用离心式结构。其运行原理是叶轮在电动机的带动下转动时，叶道（叶轮内的气道）内的空气受离心力作用向外运动，气流在获得动能/势能后进入蜗壳，经出风口排出。同时在叶轮中央产生真空，进风口轴向吸入空气，形成连续进风和出风。气流通过叶轮的加速形成高压气源。涡轮工作原理如图 7-6 所示。

图 7-5　Micronel U65HN 涡轮

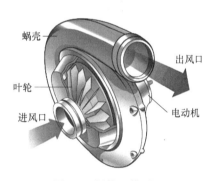

图 7-6　涡轮工作原理

3. 传感器

按照测量原理，呼吸机流量传感器主要分为压差式流量传感器、超声波式流量传感器和热式流量传感器三种类型。

根据呼吸机的通气原理及系统设计，需要应用多个流量传感器，用于测量气道中吸气和呼气的流速，从而计算并实时反馈送入患者的潮气量。而根据位置和应用场景的不同，需要同时使用不用类型传感器。如在吸气支路上，由于气体成分固定和干燥，同时要作为其他流量传感器的标定来源，一般选用精度高、免标定的热式流量传感器，在呼气支路上，由于气体含有患者呼出的污染物和水汽等，需要定期清洁消毒，一般选用压差式流量传感器。

相比压差式流量传感器和超声波式流量传感器，热式流量传感器具有体积小、精度高、稳定性好等优点，在医用呼吸机中有较多的应用，有着不可替代的作用和地位，目前主要被美国的 TSI 和瑞士的 Sensirion 等公司所垄断。

1）美国 TSI 公司生产的热式流量传感器（8405X 系列，见图 7-7），用于麻醉机和医用呼吸机中监测气体流量，如用于空气流量测量的 840521，精度为 0.05SLPM 或 2% 读数，响应时间小于 2.5ms，测量范围为 0~300SLPM。

2）瑞士 Sensirion 公司生产的热式流量传感器（SFM3000 系列，见图 7-8），如用于空气/氧气流量测量的 SFM3100，精度为 0.02SLPM 或 6% 读数，响应时间小于 3ms，测量范围为−24~240SLPM。

图 7-7　TSI 8405X 系列热式
流量传感器

图 7-8　Sensirion SFM3000 系列
热式流量传感器

热式流量传感器的检测原理涉及三个方面的理论，分别为 King 公式、牛顿冷却定律以及电阻-温度关系，具体关系如图 7-9 所示。

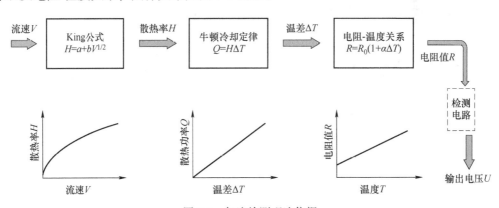

图 7-9　气流检测理论依据

1）King 公式：对于气体介质，固体的散热率 H 和气体流速 V 成正相关，即气体的流速越大，散热率 H 就越大，通过测量出散热率即可求出气体流速。

2）牛顿冷却定律：散热功率 Q 和物体温度变化量 ΔT 成正相关，即 $Q = \Delta T H$。当将传感器看作一个传热系统，Q 约等于敏感电阻的电加热功耗，从而推出流速 V 和温度变化量 ΔT 存在关系，通过温度变化量大小即可得出气体流速。

3）电阻-温度关系：热敏材料自身的电阻值 R 和自身温度变化量 ΔT 符合一定线性关系，即 $R = R_0(1 + \alpha \Delta T)$，其中，$R_0$ 为某一固定温度下的电阻值，α 为温度因子。通过推导可知热敏电阻阻值与流速 V 一一对应，得出电阻值即可求出流速大小。

简单来说，热式流量传感器的测量基于传热学原理来设计，在测量管内放置一加热器，加热器上下游对称分布两个温度传感器，流体在管内流动时，会引起热分布的变化。当流量为 0 时，测量管轴向的温度对称分布，温度传感器之间的温差 ΔT 为 0。当流体流动时，流体将上游的部分热量带给下游，导致温度分布如图 7-10 所示。质量流量与温差存在如下关系

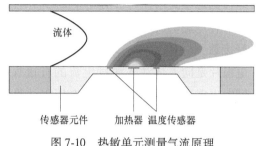

图 7-10　热敏单元测量气流原理

$$q_m = K \frac{\lambda}{C_p} \Delta T$$

式中，q_m 为质量流量；K 为仪表系数；λ 为热敏电阻周围环境热交换系统间的热传导系数；C_p 为被测气体的定压比热容；ΔT 为温差。

瑞士 Sensirion 公司的热式医用流量传感器，以 SFM3100 为例，测量范围为 $-24 \sim 240$SLPM，满量程精度方面存在阶梯式分布，流量越大读数精度越低，60SLPM 以下为 $\pm 3\%$，150SLPM 以下最大为 $\pm 4\%$，240SLPM 以下最大为 $\pm 6\%$。其技术路线为以硅基 MEMS 热电堆式医用流量传感器芯片为核心，同时在 MEMS 芯片上单片集成 CMOS 信号处理电路，可通过内部集成的软件算法对输出信号进行补偿，最后通过标定实现对流量的精确测量。此外，气体流经的管路内部还设计有层流结构，以保证气体流量测量的精度。

7.1.3　呼吸机关键技术

1. EIT 模块关键技术

呼吸机集成 EIT 模块的关键技术除了呼吸机本身的技术和功能以外，需要重点考虑两个方面，一方面是 EIT 模块本身的关键技术，包括电极阵列技术、电流激励、数据采集和图像重建等，另一方面是呼吸机和 EIT 的融合技术，包括两者信号对齐、呼吸力学信号与 EIT 图像信号的融合分析、基于呼吸机和 EIT 模块配合的临床自动化诊疗功能等。

（1）EIT 电极阵列技术　电极阵列是 EIT 测量系统的重要组成部分，它们直接与人体皮肤接触，用于向人体施加高频刺激电流并测量两电极之间的电压。电极的数目、排列方式以及与皮肤的接触阻抗对成像质量有重要影响。目前，业界 EIT 常用的电极阵列主要有 16 电极或 32 电极，理论上电极数量的提高可以帮助提高成像的分辨率和准确性。

EIT 电极带（见图 7-11）是直接与患者皮肤接触的部件，因此对电极材料的生物相容性具有严格的要求，除此之外电极带材料也直接影响电极带佩戴的舒适性，进而影响

患者依从性，因此电极带材料是其关键技术之一。对于重复性使用的电极带，其耐用性和可靠性也是重要指标。目前业界常用的电极带材料为硅胶材料，具有良好的生物相容性，并具有一定的弹性，可以保证与患者皮肤良好接触。

电极片是向人体注入激励电流的直接媒介，同时也需要通过电极片测量电压以计算得到生物电阻抗信息。电极片的特性决定了信号的信噪比，进一步影响了 EIT 的成像质量。电极片除了要满足特定的安全标准，其与皮肤的接触阻抗是影响电阻抗成像的关键因素，一般对该接触阻抗要求应低于 300Ω。电极片形状一般呈矩形，由于其直接接触皮肤，也对其有生物相容性要求，同时电极片也应平整光洁，以提升使用时的舒适度。

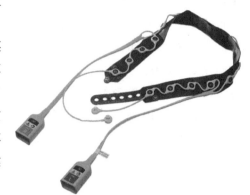

图 7-11　EIT 电极带

电极阵列由于包含数量较多的电极，因此需要具备良好的抗干扰能力，以减少外部噪声和伪差的影响，确保 EIT 成像的准确性。

（2）数据采集与控制　在硬件上需要电流注入和采集系统，包括压控恒流源、激励电流的通道切换控制、电压采集通道切换控制、电压采集等模块，确保数据的高精度采集。EIT 工作时是在特定电极之间注入高频交流电，并在所有剩余的电极上依次测量相应的电压，进而可以计算得到相应的生物电阻抗信息。电极注入位置会按照一定的顺序进行轮换，由此可以测量全面的电压数据，以得到完整的生物电阻抗信息（见图 7-12）。EIT 系统中有多种电极激励模式，包括相邻激励模式、相对激励模式、自适应激励模式等，这些激励模式一定程度上会影响成像的分辨率和数据的独立性。为了充分利用有限的电极数目，提高成像分辨率，EIT 系统采用循环测量方式，通过不同电极间的组合来增加测量数据，降低成像误差。

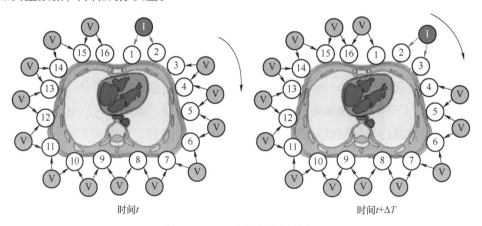

图 7-12　EIT 采样与控制示意

（3）图像重建算法　图像重建算法是 EIT 技术中的核心部分，它通过一系列数学和计算方法将从体表电极测量得到的电压或电流信号转换成体内电阻抗分布的图像。EIT 的基本原理是通过在体表的电极测量得到的电压或电流信号重建出物体内部的电阻抗或电阻抗变化的分布图像。图像重建算法包括牛顿法和正则化算法，近年来随着人工智能技术和算力的发展，逐步开始引入深度学习算法进行图像重建，有助于从测量数据中挖掘有效信息，提高成像质量。EIT 图像重建如图 7-13 所示。

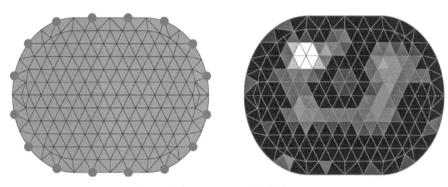

图 7-13　EIT 图像重建

牛顿法是一种迭代算法，它基于最优化原理，通过迭代过程逐步逼近电阻抗分布的真实值。牛顿法利用了 EIT 正向问题的雅可比矩阵，这个矩阵描述了电压测量值对电导率变化的敏感性。在每次迭代中，牛顿法利用当前的电导率估计值来计算雅可比矩阵，并结合测量数据来更新电导率分布。重复进行这个过程，直到满足收敛条件或达到预定的迭代次数。由于 EIT 问题通常是病态的（ill-posed），牛顿法在迭代过程中可能会放大噪声，因此需要引入正则化项来稳定解。

正则化法图像重建算法主要用于解决病态问题，即当测量数据不完全或噪声较大时，直接的逆运算可能无法得到稳定的解。正则化技术通过添加先验知识来改善这个问题。①Tikhonov 正则化是一种经典的正则化方法，通过在数据拟合项中添加一个正则化项来稳定解，它通常用于减少解的不确定性并抑制噪声，提高图像质量。②混合正则化结合了 Tikhonov 正则化和一步牛顿法（NOSER），旨在降低雅可比矩阵的条件数，改善逆问题的病态性，并提高空间分辨率和图像质量。研究表明，混合正则化算法能显著降低重构误差，提高图像的识别度和分辨率。③基于 L1 和 L2 范数的全变分正则化利用图像的稀疏表示，通过最小化一个结合了数据拟合项和基于范数的正则化项的目标函数来实现图像重建，L1 范数促进稀疏解，而 L2 范数则保持解的平滑性。④双边正则化结合了图像的空间邻近度和像素强度相似性，用于保持图像边缘的同时去除噪声。⑤迭代正则化高斯牛顿法结合了正则化和高斯牛顿优化算法，通过迭代过程逐步改善图像重建的质量。

随着深度学习技术的发展，一些基于深度学习的方法，如 TN-Net，已经被提出用于 3D EIT 图像重建，这些方法可能结合了牛顿法和其他技术以提高重建性能。深度学习技术也被用于 EIT 图像重建，通过训练神经网络来学习数据和重建图像之间的关系，实现正则化。

（4）呼吸机与 EIT 模块的融合　呼吸机融合 EIT 模块，除了需要解决呼吸机和 EIT 本身的核心技术，在两者融合方面也需要解决一系列核心问题，才能使两者真正做到深度融合，产生 1+1>2 的技术效果。

首先是要解决基本的信号同步问题，由于呼吸机和 EIT 本身在硬件上属于两个系统，只是在接口上通过插件或者其他形式连接到一起。两者的信号链路和处理器等均有较大的差异。呼吸机需要实时监测患者的吸呼状态，进而快速响应吸呼切换等，它在实时性方面具有极高的要求，这个要求甚至达到毫秒级。而传统的 EIT 设备由于其更多用作监测设备，临床对其实时性要求并不会特别高，并且由于 EIT 处理的信号极其微弱，算法相对较复杂，因此需要复杂的降噪和图像重建等算法，就导致其实时性仅能够达到秒级。两者的差距极其明显。要解决两者的信号同步问题，首先需要对两个模块，特别是 EIT 模块的信号链路进行完整分析，明确在算法设置等条件下的定量延迟，进而将其信号与呼吸机信号实现对齐。

其次，在解决信号对齐的基础上，将呼吸机的呼吸力学信号与 EIT 的影像学信号结合。首先可以将一些需要手动执行的临床诊疗操作自动化，比如呼气末气道正压（Positive End-Expiratory Pressure，PEEP）的定量滴定是当前 EIT 临床应用的重要方向之一，通过呼吸机融合 EIT 技术后，可以实现自动化 PEEP 滴定，过程不需要医护人员手动干预，自动滴定最佳 PEEP。进一步对两方面信号进行深度分析，可以得到患者肺内通气的更深层次的信息，比如结合呼吸机信息后通过 EIT 监测可以定量评价不同区域肺泡的开放压等。

2. 涡轮关键技术

呼吸机涡轮是一种典型的综合了材料学、工程学、电机学、电子学、控制学、生物学等多学科的高精尖零部件，关键技术包括高转速微型无刷直流电动机设计、叶轮和蜗壳设计、叶轮和蜗壳材料选型、涡轮组装工艺、涡轮驱动控制电路和算法、生物相容性等。

（1）高转速微型无刷直流电动机的研制　医用呼吸机涡轮需要高功率、高转速、高寿命、高动态响应，低转动惯量的无刷直流电动机作为动力源，需要解决一系列的关键技术。

1）绕组的设计优化。国内的无齿槽无刷直流电动机中，绝大多数的定子绕组是斜绕，如图 7-14 所示。斜绕绕组因为操作简单，不需要特殊工装，方便人工操作，

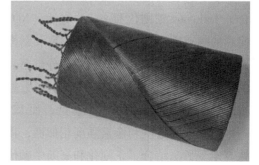

图 7-14　斜绕绕组

在国内一些消费产品中比较流行。但是此种绕组的缺点是效率低，电动机发热高。

在高转速微型无刷直流电动机行业，瑞士的 M 公司以及 P 公司有六七十年的历史，并且其技术和产品性能一直占据领先地位。我们观察他们的绕组形式，就会发现他们采用的是菱形或者 U 形的绕组（见图 7-15 和图 7-16），这两种绕线方式都具有高效率、低发热的特点，但是都分别被他们申请了专利保护。

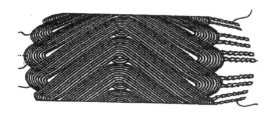

图 7-15　M 公司菱形绕组　　　　　　　　图 7-16　P 公司 U 形绕组

可见，要想国产化高转速微型无刷直流电动机，必须发明一种新的高效率低发热绕组，并同步解决新型绕组的生产和加工难题。

2）硅钢片选型。硅钢片也叫电工钢，全称电工用硅钢薄板，是电力、电子和军事工业不可缺少的重要软磁合金，主要用作各种电动机、发电机和变压器的铁心。它的生产工艺复杂，制造技术严格，国外的生产技术都以专利形式加以保护，视为企业的生命。

日本新日铁和川崎公司采用提高硅含量、减薄产品钢带厚度和细化磁畴技术，陆续生产了 0.35mm、0.30mm、0.25mm、0.20mm 及 0.15mm 的高磁感无取向新牌号硅钢。

电动机和变压器一般都要求效率高、耗电量少、体积小和重量轻。硅钢板通常是以铁心损耗和磁感应强度作为产品磁性保证值。电动机是在运转状态下工作，铁心是由带齿圆形冲片叠成的定子和转子组成，要求硅钢板为磁各向同性，因此用无取向冷轧硅钢片或热轧硅钢制造。一般要求纵横向铁损差值 8%，磁感差值 10%。

（2）叶轮和蜗壳设计　叶轮的叶型及蜗壳的内部形状，对涡轮整机的 PQ 特性、效率、噪声、寿命等都有着直接的影响。比如，根据叶轮叶片出口角度的不同，可分为前倾式（叶片和叶轮边缘平行，叶轮出口角大于 90°）、后倾式（类似于前倾式，叶轮出口角小于 90°）和径向式，如图 7-17 所示。

前倾式叶片风压大、效率低、噪声大、易形成涡流，工艺复杂；后倾式效率高、噪声小、风压较小、涡流较小，工艺复杂；而径向式介于前倾式与后倾式之间，工艺简单。此外，前倾式适合用于低速、单向旋转电动机的场合，较少采用；后倾式适合用于高速、单向旋转电动机的场合，被广泛采用；而径向式适合用于双向旋转电动机的场合。可见，后倾式叶轮的涡流较小，损耗较小，效率高，是大部分单向旋转中高速风机的首选，是最适合呼吸机涡轮的技术路线。

叶轮的叶型还包括叶片的片型线，其主要取决于安装角。对于后倾式叶轮，常用的型线有直线、圆弧线和对数螺旋线等，当进出风口角相等时，不能采用直线；由于对数螺

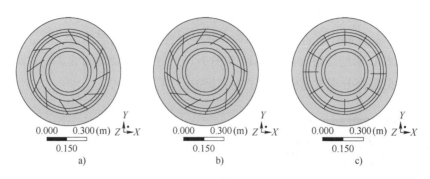

图 7-17 叶轮的叶型

a）前倾式　b）后倾式　c）径向式

旋线相对复杂，为了制造方便，叶片采用圆弧线为佳。常见的后倾式叶片结构如图 7-18 所示，其中的多个参数都会影响涡轮的最终性能，如叶轮外径 D_1、叶轮进口直径 D_2、进口安放角 β_1、出口安放角 β_2、相邻叶片之间的夹角等。

除了叶轮的叶型，还有若干与叶轮相关的因素需要考虑，它们都会影响到涡轮的最终性能，这些因素包括叶片数量、叶轮是否带盖等。比如，叶片数量 N 与叶轮内外径相关，主要影响涡轮的效率。叶片数量 N 过少会导致叶片之间的气体紊乱，效率低；反之则会减小有效进风面积，增加摩擦损耗，同样也会导致效率下降。

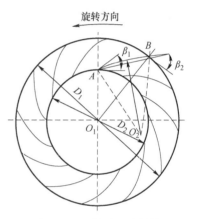

图 7-18 后倾式叶片结构

有利的是，随着计算机仿真技术的发展，上述影响因素都可以通过计算机 CFD 进行辅助设计，并通过 3D 打印快速验证迭代，从而大大地提高研发速度，并能快速设计出最优的叶轮。图 7-19 所示是几种比较典型的叶轮设计。

蜗壳流道的流体力学设计，也关系到涡轮风机的流量压力特性、噪声及频谱特性，以及涡轮的整机效率，可以通过 CFD 和 3D 打印迭代，快速设计出最优的蜗壳。

（3）叶轮和蜗壳材料选型　呼吸机普遍会应用在双水平工况下。在此工况下，叶轮每次的急加速和急减速，因为速度变化巨大，叶轮都会产生一次轴向的微量形变，这个形变尤其是在叶轮的外沿更加严重。这个形变发生的次数非常惊人，如果按正常呼吸频率 15 次/min 计算，在涡轮的 2 万 h 设计寿命中，这种变形发生的次数为：$15 \times 60 \times 20000 = 1.8 \times 10^7$ 次。对任何材料而言，这都有造成严重的疲劳断裂的风险。所以，挑选、测试并验证可以承受如此高疲劳强度的高分子材料，同时满足医用呼吸机的生物相容性和富氧环境兼容性要求，是一项艰巨的任务。

除此之外，在叶轮叶型设计中也需要考虑如何避免机械疲劳应力点，并运用计算机辅助设计进行机械强度仿真计算，优化叶轮的设计，使涡轮平均失效前时间（Mean

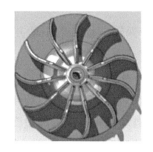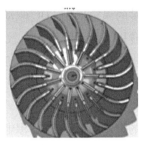

图 7-19　典型的叶轮设计

Time to Failure，MTTF）大于 20000h，甚至更高。

（4）涡轮组装工艺　简单来说，涡轮组装就是将电动机、叶轮和蜗壳装配为一个整体的过程，但实际过程要复杂得多，是包括了一系列精密生产工艺的过程。在涡轮生产组装工艺中，如果涡轮的叶轮或者电动机转子的动平衡不能做到很高的级别，因为医用涡轮通常工作在非常高的转速工况（通常在 1 万~5 万 r/min，甚至更高的转速）下，叶轮和电动机转子就会产生很强的振动，产生噪声，加速轴承磨损，缩短涡轮寿命，严重时会造成涡轮提前失效。为此，必须对涡轮叶轮和电动机转子进行平衡，使其达到允许的平衡精度等级。

1）微型高精度动平衡机。因为历史原因，国内高转速微型电动机的生产厂商极少，或者对动平衡精度等级的要求不高，所以没有国内供应商可以提供专门针对高转速微型转动体的微型高精度动平衡机。此外，因为此类动平衡机可以用于军工行业（如用于惯性导航高精度陀螺仪的动平衡），所以国外的高精度动平衡机限制对我国出口。

2）激光在线平衡去重。上述微型高精度动平衡机属于测量设备，用于测量转动体的不平衡量。为了让呼吸机涡轮达到很高的动平衡精度，还需要去重设备。

在常规生产工艺中，因为需要去除的重量非常小（从 20mg 到几毫克），所以用机械设备进行去重很难控制切削量，一般都是让熟练的技术工人凭多年的操作经验进行手工去重。这样就造成了高度依赖操作人员、生产效率低下、产能受限等一系列问题。

激光在线平衡去重的原理是在动平衡机测出不平衡点的瞬间用超快激光能量照射去重位置将其气化，整个去重过程在转动体旋转的动态中进行，速度快且精度高。

（5）涡轮驱动与控制技术

1）两种涡轮驱动方案对比。涡轮电动机的驱动方式主要有两种：方波驱动和磁场定向控制（Field Oriented Control，FOC）驱动。

方波驱动的电动机电流呈梯形波形态，其主要特点是每 60° 换向，转矩和速度脉动大，不适合用于对振动、噪声和效率有极高要求的场合。

FOC 也叫矢量控制，通过对电动机相电流的矢量变换，电动机电流平滑呈正弦波形态，其主要特点是可以实现角度的实时控制，对应的转矩和速度脉动小。因为 FOC 的上述优势，越来越多的涡轮采用 FOC 驱动方式。FOC 通过精确地控制磁场大小和方向，使得电动机的运行转矩平稳、噪声小、效率高，并且具有高动态响应。其基本控制思想是：通过矢量变换将三相电动机等效为直流电动机，根据磁链定向原理分别对电动机的励磁电流和转矩电流进行控制，以达到控制转矩的目的，从而实现电动机磁链和转矩的解耦控制。

FOC 驱动算法的控制流程为：三相电流 I_a、I_b、I_c 采样；通过 Clark 变换将 I_a、I_b、I_c 转换到直角坐标系得到 I_α、I_β；结合电动机转角 θ_e，Park 变换得到 d、q 轴的电流 I_d、I_q；分别在 d、q 轴设计两个 PI 控制器控制 I_d、I_q，输出为 U_d、U_q；U_d、U_q 再通过反 Park 变换得到 U_α、U_β，最后通过 SVPWM 调制算法将控制器调节后的电压调制成斩波，实现正弦电流。FOC 调制原理如图 7-20 所示。

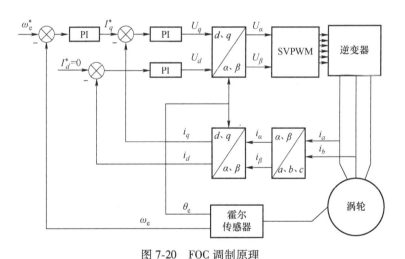

图 7-20　FOC 调制原理

ω_e^*—目标转速　ω_e—由霍尔传感器计算得到的实际转速　θ_e—霍尔传感器计算得到的转子转角

实际涡轮高速运行下的相电流波形如图 7-21 所示，驱动电流正弦度较好，明显抑制了其他高频谐波分量，大大缓解了涡轮在高速运行过程中的发热和噪声，同时提升了电动机的效率。

2）FOC 驱动电路。FOC 驱动电路由微控制器单元（Microcontroller Unit，MCU）、驱动电路和金属-氧化物-半导体场效应晶体管（Metal-Oxide-Semiconductor Field Effect Transistor，MOSFET）、电流采样电路以及供电电路组成，其中驱动电路和电流采样电路

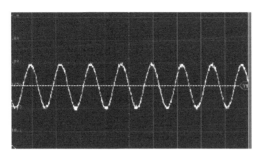

图 7-21　FOC 正弦相电流波形

通常由一片专用驱动 IC 集成在一起实现。驱动 IC 要支持 6 路脉冲宽度调制（Pulse Width Modulation，PWM）输入且占空比独立可控，支持 3 路电流采样。FOC 驱动电路框图如图 7-22 所示。

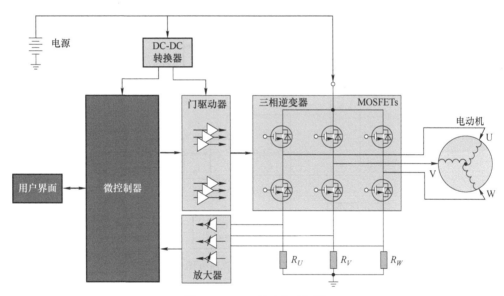

图 7-22　FOC 驱动电路框图

3）涡轮能量吸收电路。针对呼吸机高动态性能、人机同步要求高的需求，涡轮电动机需要快速地进行加减速切换。在涡轮加速的过程中，需要涡轮驱动电路提供很大的瞬时功率，并且在减速时可以很快地将涡轮电动机反电动势能量吸收，避免损坏驱动电路器件。常见的反电动势能量吸收方案包括大功率电阻吸收、大容量电容吸收和瞬态二极管吸收等方案。

4）基于 FOC 的非线性控制算法。涡轮控制包含电流环和速度环控制器。电流环控制器要求对瞬态电流信号有快速准确的响应，同时控制器应对电流传感器产生的各频段的噪声有较好的抗扰性，保证电流控制的稳定性。涡轮需要变速控制以提供不同的呼吸气体流速，因此对涡轮在各个转速段都有跟踪快、速度稳的要求，涡轮电动机固有参数在各个速度段有较大的差异，给控制器设计引入了非线性因素，需要速度环控制器对参数变化有更强的鲁棒性，同时，涡轮控制在治疗过程中也会受到来自不同患者体征的干扰，复杂的应用场景给速度环控制带来了非线性扰动。

通过 d、q 轴解耦算法可以解决两个电流环控制器之间存在的耦合扰动，提升控制器带宽。速度环自抗扰控制（Active Disturbance Rejection Control，ADRC）算法从根本上解决了传统速度环 PI 控制器积分饱和的问题，同时不存在稳态误差，在速度指令变化大（双水平压力通气模式）、负载干扰变化大（患者类型多）的场景下性能更优。

电流环设计：FOC 驱动算法在电流经过 Park 变换后，q 轴电压方程中会包含 d 轴相关变量，同理 d 轴也包含 q 轴相关变量，这种耦合给 d、q 轴的独立控制带来较大的干扰；d、q 轴解耦算法采用前馈解耦方式，利用电动机本身模型参数计算出在不同转速下 d、q 轴的耦合量，在控制过程中剔除掉相互耦合对控制的影响，提升了电动机在高速下的性能表现。FOC 控制算法框图如图 7-23 所示。

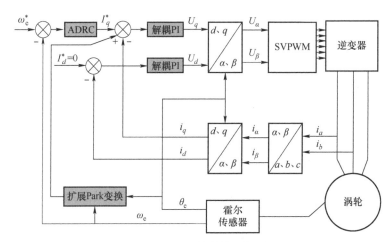

图 7-23　FOC 控制算法框图

速度环设计：涡轮的速度环普遍使用 PI 控制器。普通 PI 控制算法基于线性化控制理论，难以在理论上分析非线性过程（涡轮速度转换）的控制器性能，最佳动态响应的控制参数调节困难；同时传统 PI 控制器在负载扰动较大时，无法兼顾快速性和稳定性，控制品质明显下降；在极限用例中可能存在积分饱和的弊端。非线性控制算法如 ADRC，可以对非线性过程实现优化控制。

5）反电动势非正弦分布的电动机谐波抑制方法。使用 FOC 方式驱动，对于反电动势非正弦分布的涡轮电动机，会有电流环控制性能恶化的问题，导致转矩脉动。使用诸如最佳电流法或谐波消去法，有利于减小转矩抖动和涡轮运行噪声。

涡轮 FOC 控制由于齿槽效应和反电动势非正弦分布（梯形反电动势）会产生转矩上的突变，进而给压力/流速控制带来干扰。可以在 FOC 驱动算法的基础上应用扩展 Park 变换算法，减少 d、q 轴指令电流的谐波，进而减少调制出相电流波形上的谐波，抑制转矩抖动。

3. 热式流量传感器关键技术

从热式流量传感器的原理可以看出，气流通过 MEMS 芯片，芯片上的温度传感器产生温差从而输出模拟电压信号，信号处理电路采集该模拟信号并转化为气体流量值。因此，热式流量传感器的关键技术主要包括 MEMS 芯片相关技术、层流结构的流道设计、硬件信号处理及标定工艺。同时由于用于呼吸机，还需要满足生物相容性的相关要求。

（1）MEMS 芯片设计 微机电系统（Micro Electro Mechanical System，MEMS）技术，是利用溅射方法在半导体硅片或者陶瓷底片上形成多个铂膜电阻，分别作为微加热器和温度传感器。在设计时采用带孔悬膜式结构减少传感器芯片的无效热损失，提高芯片性能。通过合理布置传感器敏感元件在基底表面的位置，提高传感器性能。敏感元件的位置、大小、间距等参数可通过仿真软件进行优化，最终设计出一款电阻式热温差医用流量传感器。

MEMS 芯片设计流程为：理论分析、材料选择、初步结构设计、仿真优化、芯片制备。

1）理论分析方面，MEMS 芯片基于热敏电阻的传热学原理和 King 公式。

2）材料选择方面，主要包括芯片基底材料、芯片绝缘隔热层材料、芯片敏感元件层材料、芯片钝化层材料。芯片基底材料首先考虑通用性、成本低和可制造性强，则可选择的有硅、陶瓷和玻璃。同类对比而言，硅材料稳定性强，成本低，易于与 CMOS 电路集成，成为主流 MEMS 传感器基底材料。

3）初步结构设计方面，传感器组成部分包括硅基底、氮-氧化硅多层复合膜、铂金属薄膜电阻以及氧化硅钝化层。具体来说，传感器芯片正中心的硅为空腔结构，空腔正上方布置有金属薄膜电阻，空腔由 MEMS 特色工艺——湿法腐蚀制备而来。

4）在仿真优化环节，仿真的目的是基于前期的材料选择和初步结构设计，对传感器芯片结构参数进行优化，优化的方向是对传感器的性能和工艺能力进行折中。利用有限单元方法，对实际问题进行求解计算，结果逼近实际情况。芯片仿真分为静态热场分布和动态热场分布两个部分。

5）芯片制备，传感器芯片的制备是以标准 MEMS 工艺技术为基础的，其中包括接触式紫外光刻、薄膜沉积技术、等离子体干法刻蚀和湿法刻蚀等技术。实际芯片制备包括：隔热支撑层复合薄膜的制备、热敏 Pt 电阻的制备、刻蚀隔离薄膜层的制备、打线键合 Pad 窗口的刻蚀以及隔热空腔的形成。芯片制备工艺流程如图 7-24 所示。

（2）层流流道设计 传感器流道的作用是将传感器芯片置于特定的空间中完成待测气体的流量测量，流道结构会对传感器的性能产生相应的影响，流道结构层流的效果将直接影响测量精度，同时也可以对传感器芯片进行保护。传感器流道设计如图 7-25 所示。

结合 MEMS 芯片性能、应用场景和需求，流道通常采用主-旁路一体式设计，通过在主流道关键核心位置设置压差挡流结构，挡板位于支路正下方，挡板的存在使得支流

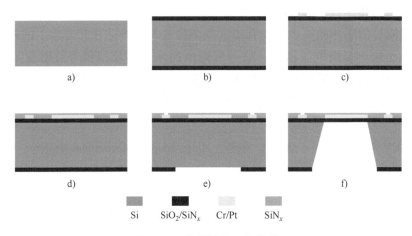

图 7-24　芯片制备工艺流程

a）晶圆　b）复合薄膜　c）制作热敏电阻　d）刻蚀隔离　e）刻蚀键合　f）制作隔热空腔

道进气口和出气口出现压力差，从而主流道气流进入支流道；在主流道内部进行层流导流结构设计，主流道内部存在半扇形格栅，格栅之间可以保证形成一个稳定的层流气流场。支流道的设计依据 MEMS 芯片核心区域的尺寸进行适当调整，将进气口和出气口位置布置在不同挡流格栅内，增加

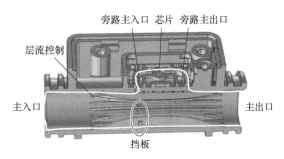

图 7-25　传感器流道设计

压力差，使得传感器芯片在微小气流检测时能更好地发挥性能。稳定的流道结构是热式流量传感器设计的基础。

（3）硬件信号处理　信号处理电路的结构如图 7-26 所示，包括传感器芯片的驱动电路、芯片输出信号调理电路、微控制器单元、信号输出电路和存储器等。通过设计合理的信号发生、采集和调理电路并进行优化，可以使硬件信号处理的响应速度加快。

驱动电路：为芯片上的加热电阻提供固定的电流，加热电阻发热产生温度场；用精密电阻与芯片上的测温电阻组成惠斯通电桥，从而将气流引起的温度不平衡转化为电压信号；另外提供一路单独的热敏电阻供电电路，用来测量气体温度。

信号调理电路：差分放大电路将惠斯通电桥输出的微弱电压信号放大，以及通过有源低通滤波器滤除信号中的高频噪声。用高速高分辨率模-数转换器将模拟信号转化为数字信号输入微控制器单元中。

MCU 包括高速微处理器以及外部"看门狗"。通过运行相应的程序实现将电压信号与流速相对应，利用相关数据处理算法减小温度等因素对测量结果的影响。

（4）传感器标定　标定过程需要使用高精度的流量监测设备与传感器输出的电信

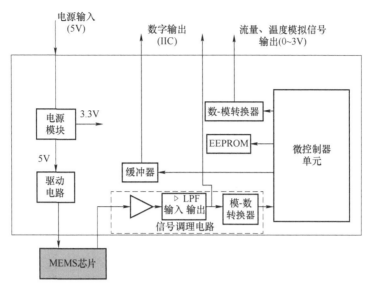

图 7-26　信号处理电路

号进行比对，同时利用高次函数进行曲线拟合，从而得到流量与传感器电信号的对应关系，并将拟合曲线存储到相应的存储器中。

传感器的标定和测试通常使用同一个系统，主要包括空气压缩机、空气过滤干燥器、流量控制器、标准流量计、待测传感器、数字源表和管路等。

（5）生物相容性　MEMS 芯片以硅材料为主体，表面为氮氧化物和铂金属，材料均对人体无反应，PCB 硬件电路采用环保、无公害材料，也符合生物相容性要求。流道的注塑件也要选择满足生物相容性要求的材料，该材料一般是聚苯醚（PPE）+聚苯乙烯（PS）的非增强共混物。这种可注塑成型的材料是美国食品药品管理局和欧洲食品接触组织批准的，符合 RoHS 标准，且具有良好的抗冲击性、优异的水解稳定性和耐化学性，该材料重量轻且可着色，是医疗装备和药物应用（如药物输送吸入器）的首选材料。

（6）可靠性　呼吸机流量传感器除了突破上述的 MEMS 芯片设计、层流流道设计、硬件信号处理、传感器标定、生物相容性等难题，关键还要保证高可靠性。对于可靠性，关键要基于呼吸机流量传感器的失效模式。传感器的组成划分为 MEMS 芯片、PCB硬件电路板、壳体结构和软件四个部分，应针对这些部分在设计过程中应用 DFMEA 等手段，进行全面的分析和优化。

1）MEMS 芯片：MEMS 芯片的功能主要包括通过加热电阻提供均匀的温度和温度传感器监测周边气体温度等。以加热电阻提供均匀的温度为例，其潜在失效模式为膜区中心温度远高于边缘温度且温度场不对称；潜在失效后果为膜区中心变形严重，基础性能受损。分析其潜在失效原因，可能为发热效率过高或者加热电阻形貌设计不合理。可以通过多物理场仿真，优化加热电阻的形貌设计尺寸，并通过热-力仿真和电-热仿真进行确认，预防此类失效的发生。

2）PCB电路板：PCB电路板失效模式主要集中为PCB板制备时的沉金区域氧化、PCB底板气道区域平整度不够、接口元器件ESD损坏、接插件母座拉拔力不足等。可对设计电路针对上述失效模式进行最坏情况分析（Worst Condition Analysis，WCA）和高加速寿命试验（Highly Accelerated Life Testing，HALT），发现设计的薄弱环节，进行进一步的纠正和优化。

3）壳体结构：壳体需要考虑的是气道两端接口尺寸要求符合规格书、产品气密性较好等，同时需要进行尺寸链分析和密封校核，确保装配的可靠性和密封性。

4）软件：要求软件能够长期运行稳定，具有异常后恢复及处理机制，同时输出异常信号，便于监测系统（使用者）及时处理和采取相应的防护措施，以保证整个呼吸机系统的安全。

除了设计，还需要探索建立呼吸机流量传感器的可靠性测试模型，并完成相应的验证，对流量传感器的可靠性进行确认。包括但不限于：

双85：在温度85℃、85%湿度条件下连续运行，累计运行48h试验结束后，试样在标准大气条件下放置2h。试验前后记录流量传感器外观和测试流量精度，确定是否满足设计要求。

高温高湿存储：在（70±2）℃、95%湿度试验箱内放置72h，试验结束后，传感器在标准大气条件下放置2h。试验前后记录流量传感器外观和测试流量精度，确定是否满足设计要求。

低温存储：在（−20±2）℃试验箱内放置72h，试验结束后，在标准大气条件下放置2h。试验前后记录流量传感器外观和测试流量精度，确定是否满足设计要求。

恒定湿热：在温度40℃，95%湿度条件下连续运行，累计运行240h试验结束后，试样在标准大气条件下放置2h。试验前后记录流量传感器外观和测试流量精度，确定是否满足设计要求。

振动：牢固安装在试验支架上，试验支架刚性固定在试验台面上，进行频率为5Hz~55Hz~5Hz、振幅0.35mm正弦波的扫频实验，每分钟一倍频程，三个相互垂直的轴线方向（X、Y、Z三个方向），每个方向10次，共30次。试验结束后，流量传感器在标准大气条件下放置2h。试验前后记录流量传感器外观和测试流量精度，确定是否满足设计要求。

7.1.4 典型临床应用

1. 呼吸机在新型冠状病毒感染疫情中的临床应用

呼吸机在新型冠状病毒感染疫情中被公众所熟知（见图7-27），被称为"抗疫神机"。新型冠状病毒会导致患者发生呼吸衰竭，甚至威胁患者生命，此时需要呼吸机的机械通气支持来维持患者的氧合，排出二氧化碳。对于重症患者，有创通气支持是必不可少的，因此重症呼吸机在抗疫中发挥了举足轻重的作用。

在最具挑战的疫情初期，迈瑞医疗紧急驰援武汉火神山和雷神山医院的建设，并为国

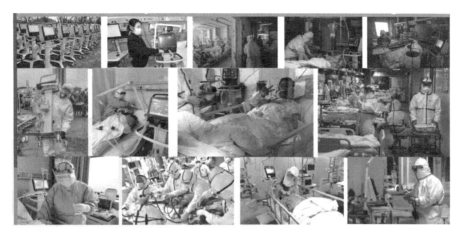

图 7-27　抗疫中呼吸机的身影

内各个省市提供了超过 80% 的重症呼吸机。在满足国内呼吸机需求的前提下，迈瑞医疗也积极支持全球抗疫，为全球市场提供呼吸机产品，成为我国制造的亮眼名片。

2. 呼吸机集成 EIT 模块的临床应用

呼吸机集成 EIT 模块已经逐渐成为业界高端呼吸机的标志之一。两者的结合不仅能够推动临床肺保护通气策略的有效执行，也能够推动 EIT 在临床的实际应用。

国际上，海伦 ELISA800 VIT（见图 7-28）是首款集成 EIT 模块的重症呼吸机，但基本上仅停留在简单的硬件集成层面，并未在呼吸机融合 EIT 上进行进一步的研发，没有达到 1+1>2 的效果。

迈瑞 SV900 高端重症呼吸机是国内首款集成 EIT 模块的高端重症呼吸机（见图 7-29）。它对于 EIT 模块不是简单的硬件集成，将两个设备信息显示在一个显示器上，而是深度挖掘呼吸机与 EIT 集成后的临床价值。例如自动化 PEEP 滴定工具，可以实现一键 PEEP 滴定；基于静态 *P-V* 曲线的肺开放压成像技术，能够定量评价不同区域肺泡的开放压，在重度 ARDS 的 PEEP 策略调整、单肺通气患者肺保护等方面具有良好的应用前景；为了降低 EIT 图像的解读难度，让临床更好地应用 EIT 进行临床决策，SV900 呼吸机通过 EIT 图像智能分析不同区域的通气状态，形成塌陷/过度膨胀/剪切的自动分析功能，在通气中对各个区域肺泡的状态进行定性评价，来指导医生调整机械通气策略。

（1）迈瑞 SV900 呼吸机基于 EIT 的自动化 PEEP 滴定工具（见图 7-30）　PEEP 滴定是 EIT 在临床中最直接的应用之一，EIT 技术在 PEEP 滴定时有多种方法，包括基于肺泡复张和过度膨胀平衡的 PEEP 滴定方法，例如 OD/CL（过度膨胀与塌陷）法、EELI（呼气末肺电阻抗）法、GI（全肺不均一性指数）法和 RVD（区域肺动态变化）法，近些年学术界也逐渐提出了一些新的方法来滴定最佳 PEEP，比如 V/Q（通气血流比）法。这些方法通过 EIT 监测不同 PEEP 水平下的肺通气或血流情况，选择最佳 PEEP 值，已被用于多种临床情况，包括急性呼吸窘迫综合征（ARDS）患者、肥胖患者、慢性阻塞性肺病（COPD）患者或哮喘患者等。通过 EIT 监测和 PEEP 滴定，有助于改善氧合、提高呼吸系统顺应性、降低驱动压。

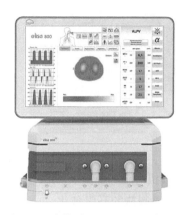

图 7-28　海伦 ELISA800 VIT 呼吸机

图 7-29　集成 EIT 模块的迈瑞 SV900 呼吸机

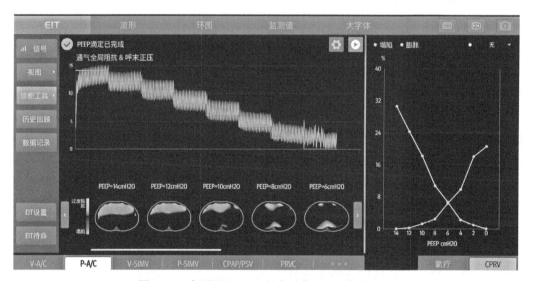

图 7-30　呼吸机基于 EIT 的自动化 PEEP 滴定工具

以往呼吸机和 EIT 分别是独立设备的情况下，医护人员需要手动进行多次调节 PEEP 并记录 EIT 数据，然后通过数据的离线分析寻找最佳 PEEP。通过 EIT 和呼吸机的融合，医护人员只需要设置起始和终止 PEEP、PEEP 递减的步长，以及每个 PEEP 持续的时间等基本设置，呼吸机就可以结合 EIT 模块自动完成整个 PEEP 滴定过程，并输出最佳 PEEP 结果。整个过程不需要医护人员干预，可以大大降低医护人员的工作量，让 EIT 能够更好地服务机械通气患者。同时，尽管 EIT 技术在 PEEP 滴定中具有重要实用价值，但目前尚缺少统一的技术规范和临床应用共识标准。通过呼吸机融合 EIT

后的自动化 PEEP 滴定工具，医护人员可以自定义地选择不同的评价指标进行 PEEP 的滴定，一定程度上降低了 EIT 的使用门槛。

（2）迈瑞 SV900 呼吸机基于 EIT 的开放压定量测量功能　急性呼吸窘迫综合征（ARDS）患者的肺部异质性是其重要特点。相较于正常人，他们的肺部在不同区域的通气状态差异极大，在机械通气时可能某些区域（如重力依赖区，即仰卧位时的背侧）的肺泡已经存在塌陷，而其他区域的肺泡则出现了过度膨胀（如非重力依赖区，即仰卧位时的腹侧）。呼吸机融合 EIT 后，使得我们可以定量评价不同区域肺泡的通气情况，比如不同区域肺泡的开放压。肺泡开放压（Opening Pressure of Alveoli，OPA）是指使塌陷的肺泡重新开放所需的最小压力。在机械通气过程中，肺泡开放压是决定 PEEP 设置的关键因素之一。PEEP 的适当设置可以帮助保持肺泡开放，减少肺泡周期性塌陷和开放所引起的肺损伤，同时改善氧合。传统的静态压力-容积（P-V）曲线将患者的整个肺作为一个整体，通过其下拐点可以定量评价整体开放压，而结合 EIT 后，通过每个像素点的静态压力-阻抗（P-Z）曲线，可以精确地计算每个像素点的开放压，进而形成整个肺的开放压图像。通过不同区域的开放压的定量评价，可以更加精确地指导临床决策，针对性地调整 PEEP，实现个体化精准治疗。肺部区域开放压定量评价如图 7-31 所示。

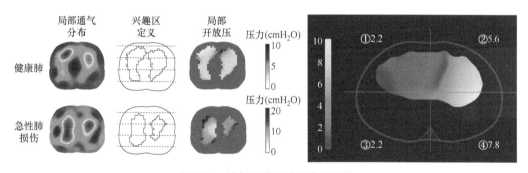

图 7-31　肺部区域开放压定量评价

肺部的气体交换依赖通气和血流灌注两个因素，当前 EIT 技术一定程度上解决了对于肺通气的监测。对于肺血流灌注的监测，当前主流需要注射造影剂（如高渗盐水），在数据采集时需要进行呼气保持等操作，之后需要通过离线分析才能得到灌注图像。整个流程十分复杂，且某些患者可能对高渗盐水不耐受，限制了其临床应用。近些年来，随着技术的发展，逐步提出了实时灌注监测的技术，它通过分离出血流变化导致的阻抗变化部分形成灌注分布的图像。

相信随着技术的发展、EIT 模块硬件性能的提升，成像能够更加精准。智能化也是未来发展的一大趋势，人工智能等技术的应用可以优化 EIT 的成像性能，也可以辅助进行 EIT 图像的智能分析和解读，降低其使用门槛。借助技术的进步以及临床对于 EIT 应用的标准化和规范化，呼吸机集成 EIT 模块将在未来发挥越来越大的价值，在机械通气患者肺保护和通气决策方面提供有力的支撑。

7.2 除颤设备

7.2.1 除颤设备基本工作原理

除颤设备一般分为两类：专业型除颤监护仪，包含有除颤、监护和起搏等功能，一般使用在院内和院前急救，由专业医护人员进行操作；自动体外除颤器（Automated External Defibrillator，AED），支持除颤或 ECG 监护（仅专业型 AED）功能，一般应用于公共场合，由受过基本急救技能培训的人员使用。

除颤设备的工作原理是将直流低压变换成脉冲高压，经高压整流后向储能电容充电，使储能电容获得一定的储能。在除颤治疗时，控制高压 H 桥开关和继电器按照一定时序进行闭合和断开，形成双相波除颤脉冲。

7.2.2 除颤设备组成及关键零部件

图 7-32 所示为专业型除颤监护仪主机的基本结构框图。系统由高压治疗组件、参数组件、AC/DC 电源板、电池组件、记录仪控制板和 LCD 显示按键板等部分构成。

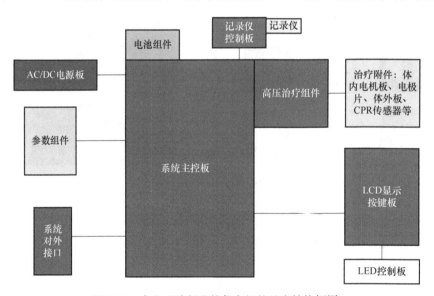

图 7-32　专业型除颤监护仪主机的基本结构框图

除颤监护仪核心部件包括主机、电池和附件。电池一般配置可充电电池，附件一般包括体内电极板、体外板、电极片电缆、电极片、CPR 传感器等，其他附件还包括扩展高级模块（如超声模块）、参数测量附件、电池充电器、车载固定底座等。

1. 体内电极板：开胸手术必须使用的部件

体内电极板涉及的关键材料是不锈钢材料及涂层。涂层是热塑性高分子材料，以合成树脂为基体，在一定温度和压力下塑化流动成型，并且冷却后能够保持既定形状。考虑到体内电极板的使用环境和特点，涂层材料需要选择耐高温、耐腐蚀、高附着性的结晶聚合物。

基于体内电极板的使用场景，其在操作过程中需要接触人体心脏组织，操作完成在下一次使用前需要进行清洁消毒灭菌，灭菌方式不限于高温蒸汽、环氧乙烷、过氧化氢低温等离子灭菌等，因此对体内电极板材料有生物兼容、耐高温、耐腐蚀、抗菌等要求。

2. 体外除颤的电极片

除颤放电的时候使用电极片（见图 7-33）已经越来越普遍。电极片的核心是水溶性导电凝胶以及电极片密封技术。水溶性导电凝胶材料对导电性能的影响比较大，性能不好可能导致与人体接触不好，极化电压变大。电极片密封技术主要影响产品的有效期，目前行业一般的寿命是 3 年左右，随着技术的进步，一些电极片的有效期可以做到 5 年。

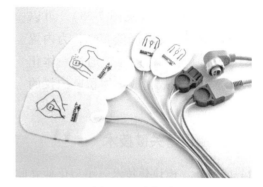

图 7-33　电极片

3. 高压治疗组件

高压治疗组件原理如图 7-34 所示。除颤充电电路是将直流低压变换成脉冲高压，经高压整流后向储能电容充电，使储能电容获得一定的储能。在除颤治疗时，控制高压 H 桥开关和继电器按照一定时序进行闭合和断开，形成双相波除颤脉冲。在除颤放电时，由储能电容（C）、电感（L）及患者人体串联接通，构成 RLC（R 为人体电阻、导线本身电阻、人体与电极的接触电阻三者之和）串联谐振衰减振荡电路。阻抗检测和 ECG 电路部分实现对人体心电和小信号阻抗的检测，对检测数据进行分析实现导联脱落判断、心电节律分析、心率计算等功能。持续优化除颤电容等关键部件是小型化的基础。高压治疗组件中使用了较多的体外除颤的高压绝缘栅双极型晶体管（Insulated Gate Bipolar Transistor，IGBT）、高压二极管等高压开关器件。

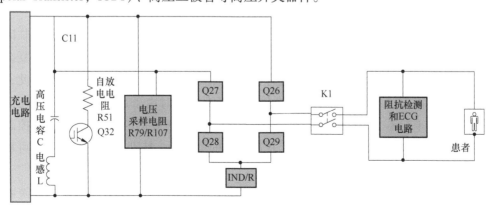

图 7-34　高压治疗组件原理

203

4. 高端监护模块

在急救中，监护参数中的 CO_2 模块测量是核心要求，在进行心肺复苏等过程中，它是自主循环恢复（Return Of Spontaneous Circulation，ROSC）的关键判断指标。

要集成 CO_2 模块，最大的难度是采用传统的机械调制的 CO_2 模块体积较大，同时在急救高冲击振动的场合可靠性较差。创新的光电调制方式（见图 7-35），可以使体积降低 50%，功耗降低 50%，为内置 CO_2 模块打下了坚实的基础。通过一体化集成设计，可以有效完成小体积监护仪的集成。

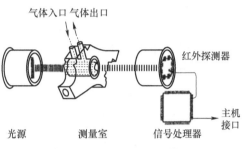

图 7-35　创新的光电调制的 CO_2 模块测量原理

7.2.3 除颤设备关键技术

1）小型化、模块化技术：小型化独立监护模块（见图 7-36）的体积小、重量大大下降，功能和性能却不弱于传统的监护仪。

2）高性能兼具高可靠性的解决方案。除颤监护仪本身是个高风险的产品，是在关键时刻救命的设备，集成更多的功能会对产品的可靠性造成负面的影响。

除颤监护仪系统架构如图 7-37 所示，它含有两个或两个以上的处理器，一个主处理器负责除颤的常规功能，比如联网、除颤、监护，这是除颤监护仪工作的核心系统，基本可以满足常规的院内以及救护车使用的场景。同

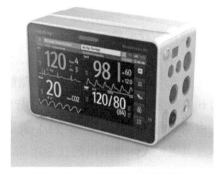

图 7-36　小型化独立监护模块

时这部分的任务属于高风险任务，直接应用在抢救中。由于抢救需要快速开机，分秒必争，这个主处理器需要使用成熟可靠的低功耗 CPU，保证快速启动的功能，降低产品出错的概率。

从处理器一般主要负责扩展功能使用，比如超声、视频等高级应用。这部分临床的风险较低，但需要非常强大的运算存储等功能，比如视频处理功能等，需要涉及复杂的算法，一般在使用时采用最新工艺的处理器并能保持持续不断的软硬件升级。因此，这部分的系统可能存在不稳定或者可靠性较低的情况，同时由于运行频率高，功耗比较大，就需要在平时不工作时能够将其关闭或者待机，在需要的时候通过主 CPU 控制将其启动。这样可以大大降低系统功耗，提高系统的可靠性。特别是在院前场景，可靠性以及待机时长是非常重要的要求。

3）相控阵探头以及图像算法。除颤监护仪中集成了超声功能，致力于解决院前急救中最重要的致命性的心脏紧急事件和创伤事件。使用单把相控阵探头能够方便地进行

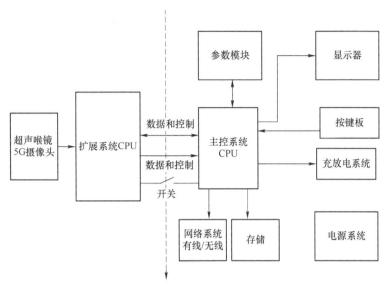

图 7-37　除颤监护仪系统架构

心脏结构运动等评估。除了小型的相控阵探头，有效集成超声图像的算法也是关键技术之一。有效集成超声图像算法是重中之重。采用创新的产品架构，通过扩展系统 CPU 进行算法集成以及分析，可以有效实现高品质的超声图像呈现。

7.2.4　典型临床应用

Philips 在 2018 年 6 月收购了 RDT 公司。Tempus ALS（见图 7-38）是 RDT 公司开发的一款新型除颤监护仪，Tempus ALS 包括一个 3.2kg 的监护仪和一个 2kg 的专业除颤器，这两个设备可以独立执行所有功能，可以进行无线通信。Tempus ALS 可以连接 Karl Storz 视频喉镜、手持超声，还支持智能数据采集和共享，可以与远程系统集成或进行实时流式传输。

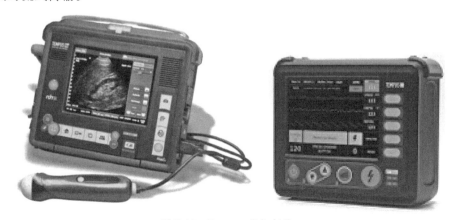

图 7-38　Tempus ALS 产品

迈瑞医疗在新一代的除颤监护产品中推出了 DX 除颤监护仪（见图 7-39），DX 除颤主机融合了模块化监护仪，既可合并使用，也可单独工作，下车时可根据现场情况，灵活选带。模块化监护仪可以与除颤主机无线连接，独立工作，轻巧便携（<1kg），5.5英寸全触摸屏，支持多参数监护。同时在主机上集成了探头超声，真正实现了监护、除颤、超声3种设备的融合。

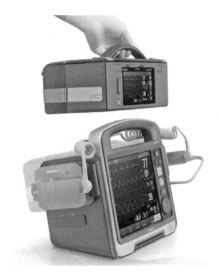

图 7-39　迈瑞 DX 除颤监护仪

7.3　微创外科摄像系统及能量设备

7.3.1　腔镜产品

1. 腔镜基本工作原理

整套腔镜系统由医用冷光源、硬管镜、摄像头、图像处理主机、显示器等组成（见图 7-40）。腔镜系统采用冷光源提供照明，硬管镜通过手术切口进入人体腔体，摄像头将硬管镜采集到的图像传导至图像处理主机，最终图像实时展示在显示器上。

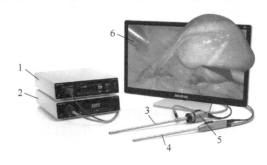

图 7-40　迈瑞腔镜系统组成

1—图像处理主机　2—冷光源　3—硬管镜　4—3D 电子镜　5—摄像头　6—显示器

医用冷光源通常采用氙灯或 LED 模组和控制板构成，一般包含光路系统以提高照明均匀性。冷光源通过导光束连接硬管镜，利用硬管镜的照明系统给患者体腔内提供照明，以保证医生手术观察时有良好的照明亮度。目前，随着手术操作场景的复杂化，医用冷光源除了提供最基础的白光照明外，还逐步扩展到近红外荧光成像领域，可为该功能提供足够的激发光能量。

硬管镜由照明光学系统和成像光学系统组成。照明光学系统主要由光锥和导光光纤丝构成，与冷光源通过导光束连接，直接为体腔内的组织观察提供照明。成像光学系统将体腔内的组织经复杂的光学系统成像于体外。根据内部结构，腔镜可分为光学镜和电子镜。光学镜一般由物镜组件、转像系统、目镜组件构成，被观察物经物镜所成的图像，通过转像系统传输到目镜组件，人眼可通过目镜直接观察或外接摄像头放大到显示器进行观察。电子镜一般由物镜组件加前置的 CCD 或 CMOS 构成，直接将光信号转变为电信号，然后通过电缆将电信号直接传输至图像处理主机后放大到显示器进行观察。相比于光学镜，电子镜结构更为简单，不需要光信号传递到后端摄像头再处理，因此没有棒镜转向系统和目镜系统。硬管镜根据不同科室涉及不同直径，主要有 10mm、5mm、4mm、2.9mm 等，腔镜的视向角有 0°、12°、30°、70° 等，针对不同的手术场景可选择不同直径、不同视向角的硬管镜。

摄像头由光学镜头加图像传感器组成，通过镜头卡口可与不同种类的光学硬管镜相连接，接收硬管镜信号。图像传感器可将接收的硬管镜光学图像信息转换成数字图像信号，再由线缆传输至图像处理主机进一步处理与输出。图像传感器，即 CCD 或 CMOS 模组决定了摄影图像的分辨率和清晰度。

图像处理主机接收摄像头传输的数字图像信号，采用图像算法处理后输出至显示器显示。对于有录像要求的用户，还可以外接刻录机或内置 DVR 模块实现 U 盘录像。图像处理主机也可设置冷光源自动调节功能，根据成像信号强度可自动调节光源强度，改善图像质量。

显示器直接将图像呈现给医生，其图像质量是医生手术操作的重要依据。相对于普通显示器，医用显示器对亮度、分辨率、对比度、颜色还原性以及抗干扰能力有更高要求。

2. 腔镜组成及关键零部件

（1）光学硬管镜　光学硬管镜主要负责将人体组织的图像清晰传输至体外，便于人眼或摄像头直接观测。其成像效果直接决定了医生最后观测的医学影像清晰程度，因此其性能好坏至关重要。光学硬管镜主要由成像光路和照明光路组成，成像光路负责将临床图像传输至后端主机系统，整个系统由三大部分构成：物镜组件、棒镜传像组件和目镜组件（见图 7-41）。物镜成像单元将真实场景图像以缩小的方式高效地成像到光学模块内部形成中间像，多组棒镜传像系统将物镜的缩小像以 1:1 的比例无损长距离传输，以实现 300mm 以上的细长光路结构，目镜单元将棒镜传输过来的中间像转换成平行光输出，方便后续光学系统观测。

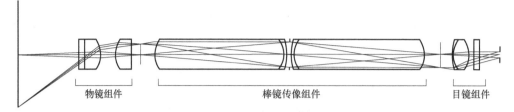

图 7-41 光学硬管镜系统组成

照明光路的作用主要是高效收集外部光源通过医用导光束传输过来的光能量，该模块主要涉及高效率的耦合光锥设计和光纤丝照明设计（见图 7-42），内镜腔内的照明光纤丝因为空间有限，只能排布在成像光路四周，光锥主要用于医用导光束和内镜照明光纤丝的耦合匹配。

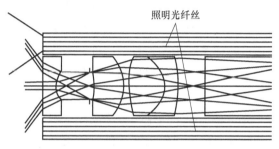

图 7-42 光学硬管镜照明光路

光学硬管镜种类众多，涉及腹腔镜、胸腔镜、宫腔镜、膀胱镜及耳鼻喉镜等。直径为 2~10mm 不等，涉及光学设计、机械装配及材料工艺等众多专业领域，直径越细，设计和工艺制造难度越高。如要获取清晰图像，必须解决复杂的光学设计及计算机辅助装调、蓝宝石密封焊接等难点。目前国内能生产出图像质量优异、耐高温特性可靠的光学硬镜的厂家屈指可数。

（2）高传输效率医用热熔导光束　在微创手术中，光源为腔内观察、检查提供照明，热熔导光束（见图 7-43）将光源发出的光传输至硬管镜的耦合光锥和照明光纤丝，使得医生能够直观地查看病灶并进行手术。

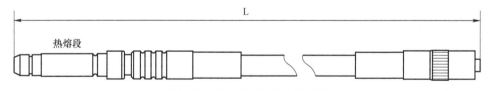

图 7-43 热熔导光束结构示意图

导光束是一种光纤制品，被广泛应用于医疗、工业等领域。通常，导光束的制作方法可分为胶水粘接法和热熔法。目前，国内普通光纤的制作工艺多为溶剂胶水粘接，通过溶剂胶水将一束光纤丝粘接成一个整体后磨抛端面。此工艺使用的溶剂胶水耐温性能等级决定了导光束的耐温性能等级。现有的溶剂胶水耐温范围为 $150 \sim 260 \, ^\circ\!C$，这也决定了普通导光束的耐温范围为 $150 \sim 260 \, ^\circ\!C$。微创手术中光源出光口耦合进导光束时会产生大量热量，普通胶水粘接的导光束无法耐受住耦合处的高温。

除耐温特性外，导光束的透过率也是衡量医用导光束性能好坏的重要指标。导光束透过率主要受纤芯材料的透过性能和光纤丝占空比两者影响。纤芯材料的透过性能越好，导光束的光纤填充率越高，导光束透过率才会越高。目前医用导光束选用多组分玻璃材料作为纤芯材料，它在光源照明波段范围具有良好的透光性能。而医用导光束中的光纤最佳填充率要求约为 90%，要想得到这样高的填充率，单丝纤维必须呈六角形截面。普通导光束的溶剂胶水粘接工艺易造成光纤在端面排列不直，故影响透过率。目前，国内普通胶水粘接导光束的透过率（规格长度 1m）的透过率无法突破70%（见图 7-44）。

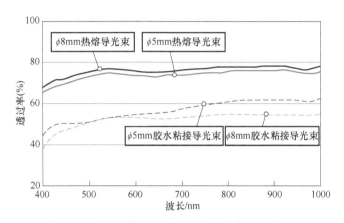

图 7-44　胶水粘接导光束与热熔导光束透过率对比

热熔工艺的导光束通过高温熔融替代原有的溶剂胶水粘接工艺，将一束定直径的光纤丝束通过高温熔融和定型模具挤压成型，使得光纤束成为一个整体。热熔导光束的耐温性能不再受限于溶剂胶水，可以实现耐温 350℃ 以上。同时热熔导光束的透过率也大幅度提升，突破了国产导光束透过率的最高值 70%，其原因在于热熔提高了导光束端面的填充系数，光纤丝与丝之间的排列完全紧密无间隙（见图 7-45），有效透光面积增大，透过率提高。

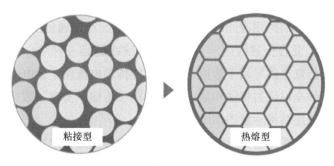

图 7-45　胶水粘接导光束与热熔导光束端面填充对比

（3）高显指/高通量医用 LED　医用内镜配套使用的光源经历了很长的变革过程。在 1806 年时仍是蜡烛或者酒精灯，直到 1878 年爱迪生发明了白炽灯，但传统光源的热效应使得手术存在灼烧的风险。LED 作为电致发光器件，与之前普遍使用的白炽灯、荧光灯光源相比，预期寿命是传统白炽灯或者荧光灯的 10 倍以上，远高于其他光源，且电光效率也远超白炽灯。所以，LED 被称为第四代光源，具有寿命长、功耗低、响应快、尺寸小、抗冲击性好和无汞污染等优势，在多种应用领域取代其他光源已成必然趋势。

目前，使用最广泛、技术最成熟的白光 LED 技术是蓝光芯片加 YAG 黄色荧光粉技术，用蓝光芯片发出蓝光去激发荧光粉产生黄光，剩余的蓝光与黄光混合形成白光。但是 YAG 黄色荧光粉存在发射光谱的宽度不够宽，缺少红光成分的固有缺陷。因此该种类型白光 LED 色温偏高、显色指数偏低，难以达到医用内镜的照明要求。目前提高 LED 显色性的主要方式是采用发射光谱较宽的其他荧光粉或者多种荧光粉混合的方式。不同荧光粉生成的 LED 光谱图如图 7-46 所示。

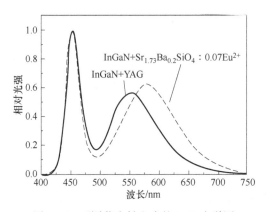

图 7-46　不同荧光粉生成的 LED 光谱图

除了 LED 显色指数，提高 LED 单位面积下的光通量也尤为重要，因为足够的光通量是为人体腔体内提供足够照明的前提条件。但是在常规条件下向 LED 芯片输入较大电力时其发光效率反而会降低，该现象称为 LED 光效下降现象。一般认为，芯片的发热及电流集中等若干参数与光效下降现象有关，因此各厂家主要采用散热性高的封装构造来抑制光效下降。目前医用冷光源使用的 LED 单位面积光通量已高达 $300\text{lm}/\text{mm}^2$。

（4）高带宽光电复合传输线缆　光电复合传输线缆是一种结合了光纤和导电材料的传输介质，既能传输光信号用于数据通信，又能传输电流用于供电。这种线缆在工作原理上结合了光纤的全内反射传输和导电材料的电子传输，实现了数据和电力的同步传输。光电复合传输线缆结构示意图如图 7-47 所示。

相较于传统的铜导线传输，光纤传输在保证数据传输的稳定性和可靠性方面具有明显的优势。光纤传输利用直径仅 $125\mu\text{m}$ 的多模光纤（纤芯直径为 $50\mu\text{m}$），以光脉冲的形式传输数据，其固有的先进纠错机制增强了数据的完整性和传输的可靠性，具有更高的带宽、更长的传输距离和抗电磁干扰能力，在日趋复杂的手术室内，光纤传输的临床优势明显。

目前医用光电复合传输线缆两端的高速连接器为纯电接口，前端传感器传输过来的

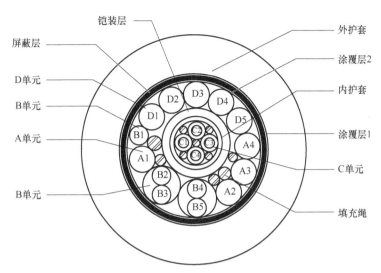

图 7-47　光电复合传输线缆结构示意图

超高清 4K 视频信号经 CHU 调制和处理后，其中高速信号通过光纤部分传输，在线缆两端经过电光和光电转换，低速信号通过电子铜线传输，最终将超高清 4K 视频信号传输给摄像系统。光电混装线缆设计预留带宽为 10GB/s×4＝40GB/s，传输距离最远可达 300m（见图 7-48）。

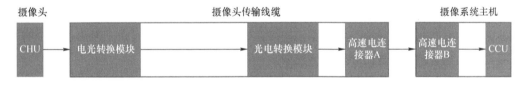

可支持传输数据带宽：10GB/s×4=40GB/s
可支持传输距离：最远300m

图 7-48　整体传输方案

　　光电复合传输线缆通过光模块实现信号的转换，光模块上垂直腔面发射激光器（Vertical Cavity Surface Emitting Laser，VCSEL）发出的光信号通过元件透镜阵列准直后，光路经过 45°棱镜转向后，经过光纤透镜阵列将光汇聚到光纤上，此时光纤端面位于光纤透镜阵列的焦点上，以实现最佳的接收位置（见图 7-49）。光信号经过光纤传输后，在线缆的主机配插端，通过光纤透镜阵再次将光准直，并经过 45°棱镜转向后，最后透过元件透镜阵列将光信号汇聚到光电探测器（Photoelectric

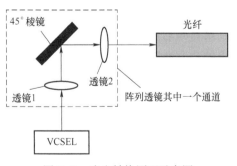

图 7-49　光电转换原理示意图

Detector，PD）上，PD 感受到光后会产生一个与之对应的电流信号值。

3. 腔镜关键技术

腔镜系统主要涉及四大关键技术：光学镜设计制造技术、电子镜模组装配技术、摄像头自动对焦技术和腔镜摄像系统图像处理技术。

（1）光学镜设计制造技术　光学硬管镜的设计制造涉及光学设计、机械装配及材料工艺等众多领域，如要获取清晰图像，必须解决以下技术问题。

1）超宽光谱成像设计技术。为了能够更精准地定位到病灶特征，光学硬管镜要求除了能对可见光进行清晰成像，还要求能够探测到如 ICG 等近红外荧光信号，因此要求光学硬管镜的成像波段至少覆盖 400~900nm。但对于不同波长，通过光学成像以后汇聚点会存在偏差，俗称轴向色差，而要求在大于 300mm 的光学传像系统内保证在 400~900nm 的宽谱范围内都有很好的合焦性，对光学设计提出了巨大的挑战。

宽谱棒镜传像系统采用胶合透镜+超低色散玻璃实现复消色差设计（见图 7-50），从而保证 400~900nm 的图像都在统一的像面内，荧光/白光图像切换时不需要重新对焦，同时保证了可融合荧光效果下的图像的分辨率和清晰度。

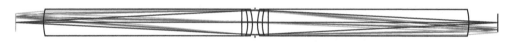

图 7-50　棒镜光路设计图

2）蓝宝石焊接技术。光学硬管镜因手术中需要进入人体腔内，无菌要求其耐受高温高压消毒灭菌。硬管镜内的光学腔体首末两端各有一片蓝宝石保护窗，这两片蓝宝石保护窗必须可靠地、密封地与金属零件连接在一起，以防止在高温高压灭菌过程中有高压蒸汽进入光学腔体，进而导致视场模糊。

蓝宝石与金属零件的密封连接拟采用特殊焊接工艺，使用共晶温度高的合金焊料，此种焊料特别适合对高温强度和抗热疲劳性能要求较高的应用，同时具有润湿性好、拉伸强度高、抗腐蚀性能强等优点，且在焊接过程中不需要使用助焊剂。这种焊接方式可将漏率长期可靠地控制在 $10^{-9}\mathrm{Pa\cdot m^3/s}$ 级别，且可耐受高温高压消毒 500 次以上，满足光学硬管镜临床快速洗消复用的要求。

而胶水粘接工艺则存在胶水高温老化、抗腐蚀性能差的问题。O 形圈密封结构同样存在密封圈老化的情况，且在高温高压情况下的密封能力也较弱，一般难以耐受数百次以上的高温高压灭菌。基于此类工艺生产的光学硬管镜在临床重复高温高压洗消下会出现照明光效降低、成像光路模糊等问题，因此厂家一般推荐低温等离子灭菌方式。而相较高温高压，等离子洗消方式对设备要求高且周转慢，会增加临床平均使用成本。

3）计算机辅助装调技术。细长型光学成像链路结构复杂，镜片数量达到数十片，且所有镜片直径尺寸小，加工和装配公差都会导致镜片产生较大的角度倾斜，对像质带来严重劣化。为了保证优异的像质，必须在设计和装配过程中引入公差补偿技术，装配过程中通过计算机实时监控图像辅助补偿元件的微米级平移与倾斜，将光学硬管镜图像补偿到最佳状态，从而达到满足设计目标，实现清晰内窥成像的效果。

（2）电子镜模组装配技术　腔镜的技术路线按照成像传感器的位置分为两种：一种是传感器置于摄像头手柄处（体腔外），腔内图像由光学硬管镜系统传导至摄像头手柄处成像，两者为分体式设计；另一种是传感器置于光学硬管镜前端（体腔内）的电子镜方案，腔内图像由前端成像模组经视频信号线路传导至手柄，再由手柄内的传输电路向后传递至图像处理引擎，该方案为一体式设计。光学镜由于传感器置于后端手柄内，对体积、功耗等的约束相对宽松，因此该方案器件可选择性更多，但涉及的双路光学调校及装配复杂度高；电子镜去除了棒镜传像系统的复杂设计及装调，一致性更容易保证，但前置的成像模组在空间上更加紧凑，制造工艺要求更高。

1）高精度配准及检测技术。传感器装调的目的是为了通过控制传感器相对于镜头的姿态来控制镜头模组的图像质量，主要方式是通过传感器的轴向位置和倾斜来调节在不同景深位置中心视场与边缘视场的 MTF 值的聚焦程度，来保证景深效果和整体图像的均匀性。单路镜头装调借助微米级精度的装调工装和实时软件反馈，可随时监控和调整单个镜头图像的好坏程度，主要衡量指标涉及相对照度、景深、像散、像面倾斜、鬼像、光心等，从而保证模组镜头都具有良好的图像表现。

2）模组热管理及抗高、低温冲击技术。通过模组机械加工件、镜片、胶水、电子器件等的选型，并进行 3D 双目模组及电子镜整镜全工况热仿真分析（见图 7-51），最终实现全链路全器件抗高、低温冲击。

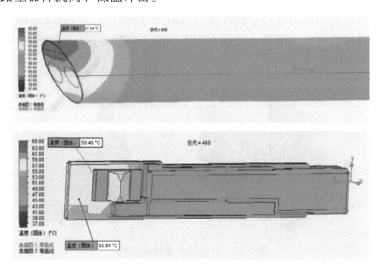

图 7-51　专业仿真软件进行全工况热仿真分析

（3）摄像头自动对焦技术　内镜摄像头在使用过程中，随着物距的改变，需要调整镜头或某一镜片组的位置，使观察物体通过镜头所成的像准确聚焦在成像芯片表面，使成像元件获得最清晰的像，该过程叫"对焦"。所谓"自动对焦"，就是指这一系列操作过程均由系统或设备自动完成。对于产品而言，除了满足基本的功能需求外，还需要满足高可靠性的使用要求。解决上述问题的关键在于内镜摄像头的自动对焦算法与自动对焦结构。

1）内镜摄像头自动对焦算法。微创手术图像清晰度要求高、手术节奏快，用户对自动对焦的准确可靠和执行效率有着较高的要求，即要求自动对焦"对得准""对得快"。为达到以上要求，算法需要解决以下技术问题：图像清晰度识别算法设计、高效的焦点搜索算法设计。

① 图像清晰度识别算法设计。对图像进行 ISP 处理，提升图像本身细节的对比度，增大准焦点的图像和非准焦点的图像清晰度指标差异，使得算法更容易区分出准焦点和非准焦点。

② 高效的焦点搜索算法设计。结合多种传统的对焦搜索算法，检测清晰度指标的细微差异，使得系统在对焦过程中能准确抓到焦点的位置并及时停止搜索。根据清晰度指标动态调整电动机的控制频率，最终实现快速、准确的自动对焦。

2）内镜摄像头自动对焦结构。自动对焦结构需要满足以下要求：①使用电动机驱动，可通过控制电动机转动实现对焦控制；②对焦镜片运动精度及范围满足光学指标要求；③可靠性要求，10 万次对焦寿命后仍能达到 99% 的对焦成功率。满足以上使用要求主要需要克服以下技术问题：活动镜片座导向结构设计、活动镜片座消隙结构设计、电动机选型与校核、光电开关控制系统方案设计。

活动镜片座导向结构采用导杆与滑槽组合导向的结构，如图 7-52 所示，一根导杆与活动镜片座精孔配合，用于精定位；滑槽与滑动销钉配合用来限制活动镜片座绕导轴旋转。导杆与滑槽共同作用使活动镜片座只能沿导杆和滑槽方向直线运动。此方案只需精确控制一根导杆的位置，滑槽直接做在固定镜筒上精度易保证，可满足光学镜片定位精度要求。

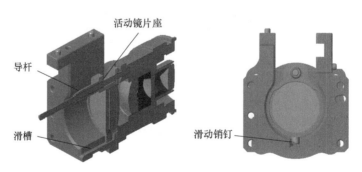

图 7-52　活动镜片座导向结构

（4）腔镜摄像系统图像处理技术　腔镜摄像系统在微创手术中充当着医生的"眼睛"角色，其图像质量表现对医生术中的判断至关重要，而决定腔镜图像表现的关键是主机端由一系列图像算法模块构成的图像信号处理（Image Signal Processing，ISP）引擎。通常，ISP 算法链路是以人眼感知质量为目标，从缺陷、颜色、亮度/对比度、清晰度/噪声、动态范围等影响图像质量的关键因素出发设计出多个图像处理模块，将来自图像传感器端的 RAW 图数据转化得到真实自然的彩色图像。近二十年来，随着图像传感器技术的发展和腔镜系统在微创外科的普及，腔镜图像也经历了从标清（SD）、高清（HD）、全高清（FHD）到超高清（UHD）的迭代，并从仅白光图像扩展至支持特殊光成像（如窄带光、近红外荧光等）、3D 立体成像以及多模态术中导航等。因此，如何通过图像算法链路设计来满足术中对于低延时、高帧率、超高清和多模态的视频处理要求是当代腔镜摄像系统的关键技术之一。

以白光图像算法为例，通常其 ISP 算法链路可根据图像格式分为 Bayer（Raw）域、RGB 域以及 YUV 域算法处理三部分，其中 Bayer 域主要通过黑电平校正（BLC）、坏像素校正（DPC）、视场渐晕校正（LSC）、畸变校正等修正传感器本身的缺陷，RGB 域则主要通过如白平衡（WB）、颜色校正矩阵（CCM）、Gamma、3D-LUT 等进行颜色管理，使得图像色彩更真实准确，YUV 域则主要可通过色调映射（Tone Mapping）、降噪、锐化等算法对图像的对比度和清晰度做增强与调整。ISP 链路除了基本的图像处理算法以外，还涉及控制算法，包括对传感器的自动曝光以及光源自动调光等。经过 ISP 处理后的临床输出图像如图 7-53 所示。

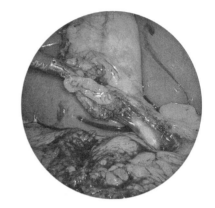

图 7-53 经过 ISP 处理后的临床输出图像

作为腔镜系统中不可或缺的部分，ISP 处理引擎凭借一系列的图像处理和调控算法，能够将图像传感器的原始数据转换成高质量的手术画面，为医生在各种复杂的微创外科场景下提供图像指引。此外，随着人工智能技术的发展，越来越多的腔镜图像处理也开始集成 AI 算法，以实现更高级的图像分析和处理功能，如自动识别手术器械和标记手术中的关键结构等。这些图像算法的协同作用，不仅确保了手术视野的清晰度、精准度和立体感，也能够让术中导航变得更加智能和高效，为医生提供了更好的手术体验和更高的手术效率。

4. 典型临床应用

自 1991 年开展首台微创外科手术，我国微创外科已走过 30 余个年头。在这 30 多年的岁月中，我国腔镜技术从青涩到成熟，从知者寥寥到外科医生常用技能。20 世纪 90 年代初，我国的腔镜手术主要用于良性疾病的治疗。自 1997 年超声刀进入我国临床应用，解剖结构的游离与间隙的拓展、血管的凝固与离断等，使腔镜手术如虎添翼；腔镜视觉系统的高清化，使腔镜视角下对解剖结构的辨识更加细微精准，视角更加清晰，不仅提升了操作的精准度和安全性，更提高了术者对于解剖结构的再认识，促进了外科手术从"大刀阔斧"走向精准手术。

腹腔镜为当前腔镜系统中的主流手术应用，主要可用于肝胆、胃肠等科室。微创技术在肝脏外科中的应用可追溯到 1991 年完成的首例腹腔镜下肝切除术，腔镜肝切除术相比于传统开放手术具有创伤小、出血少、并发症少、住院时间短等优势。此后的 30 余年里，微创肝脏外科技术得到了长足发展。目前，肝切除术的适应证几乎包括所有肝段的良恶性肿瘤。其中腹腔镜下左外叶切除术已经取代了开腹手术，成为标准术式。肝尾状叶的肿瘤切除一直是肝胆外科手术的难点。也有团队报道了腹腔镜下肝尾状叶切除术，共5例患者接受此手术，平均手术时间为240min，平均住院时间（6±4）天，随访3年后，患者均生存且肿瘤无复发转移，提示腹腔镜尾状叶切除安全可靠。近年来，腹腔镜下肝门胆管癌根治切除术也得到积极的探索。有人对23例行肝门胆管癌根治手术的患者进行了回顾性研究。结果显示，与开腹手术相比，虽然腔镜肝门胆管癌根治术手术时间延长，但出血量和术中输血量均无差异，两组的术后并发症发生率也无显著差异。研究表明，腹腔镜下肝门胆管癌根治术安全可行，具有一定的临床应用前景。乙状结肠癌术后肝转移患者实施精准肝切除手术如图7-54所示。

结直肠癌作为一种发病率和复发率高的恶性疾病，一直是医学界治疗的难题，不仅治疗后容易复发转移，愈后也不尽如人意，而且发病率在世界范围内呈逐年上升趋势。目前，临床治疗结直肠癌的主要方式是根治性手术（见图7-55），通过手术切除肿瘤、术后行放疗和化疗。腹腔镜微创手术具有手术出血量少、疼痛感轻、创伤小和术后恢复快等优点，已在临床广泛应用。腹腔镜微创手术治疗模式下，能够对结直肠癌患者直肠及周围组织结构予以清晰处理，明确其解剖关系，合理分离肠系膜下动静脉血管根部组织，提高淋巴结清扫数量。特别是针对肠周边及其侧方淋巴结的清扫处理，腹腔镜微创手术的治疗优势更加突出，能够保证手术治疗的有效率，全面清除病例淋巴结、肿瘤组织。

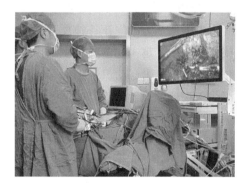

图7-54　乙状结肠癌术后肝转移患者
实施精准肝切除手术

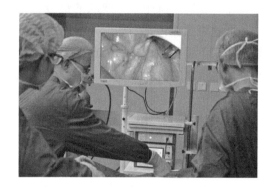

图7-55　结直肠癌根治性手术

除腹腔镜外，宫腔镜同样作为一种先进的内镜技术，在妇科疾病的早期诊断与治疗中展现出巨大的应用潜力。宫腔镜技术是一种通过宫腔镜将显微摄像头引入女性生殖道内，直接观察宫腔和子宫附属器官内部情况的方法。对于一些需要保留生育能力的患者来说，宫腔镜技术更是提供了一种保守治疗的选择，能够在保证治疗效果的同时，尽量减少对生殖器官的创伤。宫腔镜技术在子宫内膜异位症的诊断中发挥着关键作用。通过宫腔镜，医生可以直接观察子宫腔内的情况，评估子宫内膜异位病变的程度和范围。宫腔镜技术在子宫肌瘤的早期诊断中具有独特价值。通过宫腔镜，医生可以直接观察肌瘤的位置、大小和数量等特征。有时子宫肌瘤可能生长在子宫腔内，超声检查可能难以准确判断，而宫腔镜则能够直接展现病变，减少了漏诊的可能性。宫腔镜还可以帮助医生鉴别肌瘤和其他子宫腔内病变，例如息肉等。对于有生育需求的患者，宫腔镜的微创特点意味着可以避免对子宫的过度创伤，保留生育能力的可能性更大。阴道子宫切除手术如图 7-56 所示。

随着医学技术的不断进步，更多种类腔镜技术也将不断发展壮大。首先，图像处理技术的提升将使腔镜的图像更加清晰，医生能够更准确地观察病变。其次，荧光、3D 等技术会进一步提高手术的准确性，其中荧光内镜技术的出现使得病灶显影和肿

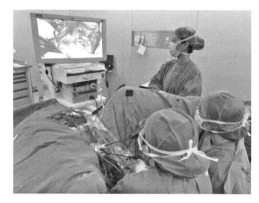

图 7-56　阴道子宫切除手术

瘤标记成为可能。它通过利用荧光造影剂对组织进行标记，极大提高了手术的精准性和安全性。3D 显示会使腹腔内脏器及组织结构真实显现，更易于辨认血管、神经及周围器官的自然解剖层次关系，提高操作的精准性，极大减少了术中对血管、神经及周围组织分离的误损伤率。同时，机器辅助导航等新技术的引入在未来也可能使手术更加精细和有效。这些新型腔镜系统将会成为微创外科新一代的高端设备，支撑微创外科的临床创新步入新的未来。

7.3.2　能量设备

1. 能量设备基本工作原理

（1）高频电刀　高频电刀的工作原理是将低压低频电流通过高频能量发生器变频变压，变换为频率 0.3~5MHz、电压可达千伏以上的高频交流电，此高频交流电能量作用于组织后仅产生热效应，达到对组织的切割和凝血效果，而不会对人体产生电击风险。通过电刀笔尖端产生的高频高压电流与肌体接触时可对组织进行加热，实现对肌体组织的分离和凝固，从而达到切割和止血的目的。

电刀的工作模式可以分为单极模式和双极模式，分别如图 7-57 所示。其中单极模式需要粘贴负极板形成高频电流回路，由图可见该模式下电流流经患者的路径较长；而双极模式下的高频电流仅在器械两个电极间流动，能够精确地作用于目标组织，其造成的热损伤范围要比单极小得多，比较适合于需要精细操作的手术。

（2）超声刀　超声刀的工作原理是利用超声波能量实现组织的切割和凝闭，如图 7-58 所示。在高频电压的驱动下，换能器将电能转换为高频机械振动，通过超声刀头将机械振动传递到尖端产生大约 55.5kHz 的机械纵振。该机械振动作用于组织产生空化效应使得组织破碎而被切断，同时由于机械振动摩擦生热，使得细胞内水分汽化、蛋白质氢键断裂、变性形成黏性凝结物，因此超声刀可以同时实现组织切割与凝血目的。

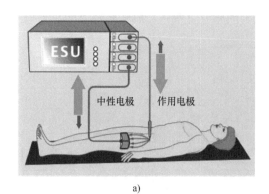 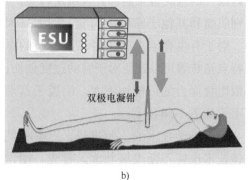

a)   b)

图 7-57　电刀的工作模式

a）单极模式　b）双极模式

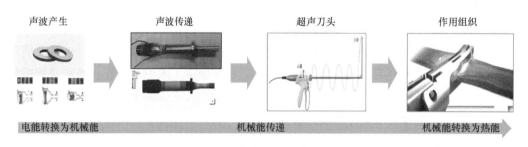

图 7-58　超声刀的工作原理

2. 能量设备组成及关键零部件

（1）高频电刀　高频电刀系统的产品
形态如图 7-59 所示，整个系统包括高频电
刀主机、器械连接线、高频电刀器械、负
极板和负极板连接线，其中负极板及其连
接线仅在单极工作模式下需要使用。

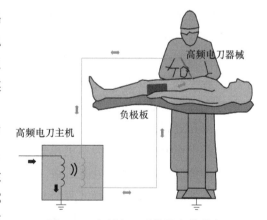

图 7-59　高频电刀系统的产品形态

高频电刀的关键零部件为电刀主机中
的功率器件、磁性元件和驱动器。其中，
功率器件有 MOS 管和二极管，常用的磁性
元件有变压器和电感。在电刀电路的 DC-DC
变换中，通过 MOS 管、二极管、电感的不
同组合形式可以得到不同的拓扑结构，常
用的 DC-DC 拓扑有 Boost、Buck 等。对前述关键零部件的设计要点包括：

1）拓扑及器件选型。需要根据功率、电压、电流、可靠性、成本等因素来综合考
量拓扑和器件的选择。

2）宽电压输出。为满足电刀不同模式的宽电压输出范围，DC-DC 输出通常为 0～
400V 可调电压，宽电压输出对整个电源环路的设计带来了更大的挑战。

在电刀应用中也需要通过 DC-AC 变换实现高频电能输出，通常选用谐振方式来满足电刀不同模式、功率、波形的要求，其中对于关键零部件的设计要点包括：

1）耐压。电刀的峰值电压能达到 4kV 甚至更高，因此，隔离变压器和后级通道切换高压继电器均需满足安全的耐压要求。

2）漏电流。电刀直接作用在人体，对漏电流控制有较高的要求，其核心在隔离变压器设计上，对变压器绕制方式、寄生参数控制提出了更高的要求。

3）谐振参数。基于电刀的宽电压输出范围、输出波形和可靠性考虑，谐振参数选择即要满足宽电压输出的增益要求，还需要满足 MOS 管的可靠性设计要求。

（2）超声刀　超声外科手术设备的结构如图 7-60 所示，主要包含超声电源（主机）、能量转换装置（换能器）和超声刀头。超声刀头通过较高频率的超声振动，对其所夹持的组织产生空化和热效应，促使组织凝固变性，进而达到切割和凝血的效果。

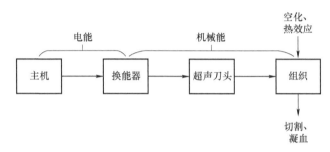

图 7-60　超声外科手术设备的结构

超声刀手术系统的关键零部件包括换能器和超声刀头。

其中，换能器是超声刀系统中连接超声主机和超声刀头的中间装置。换能器的作用是能量转换。换能器电声能量转换结合了压电共振、超声传递、机械材料等原理。压电陶瓷是换能器实现能量转换的核心元件，通过导线和电极片进行电气连接，采用四片压电陶瓷"机械串联，电气并联"布置，将主机的电能转换为陶瓷的高频机械振动。陶瓷前侧通过变幅杆设计将振动进行放大并传递到刀头端，带动刀头进行高频振动。同时，陶瓷后侧设置预紧螺杆，给陶瓷施加一定的预紧力，保证具有良好的振动性能，振动时不松脱。

超声刀头是手术中作用于组织的执行部件，其基本原理是通过波导杆将换能器端的振幅进行放大，并通过钳头对组织施加压榨力，在机械能、超声能和热能的综合作用下对组织做功，实现切割、凝血等临床操作。波导杆是超声刀头的核心元件，在工作状态下，刀尖处于高振幅高应力的状态，若设计不当容易出现断刀故障，因此在设计过程中需要降低刀尖应力，并通过精密加工技术完成刀尖的高质量高效加工，保证临床使用过程中的可靠性。

3. 能量设备关键技术

（1）高频电刀　高频电刀关键技术主要包括功率电路设计和能量调控技术，主要技术要点分析说明如下。

1）功率电路设计。高频电刀是个能量转换设备，先把市电转换成电压可调直流电，再通过逆变电路把直流电转换成频率为 300kHz~5MHz 的高频高压交流电。系统设计框架如图 7-61 所示，功率电路设计主要包括：

① 可调直流电源设计，市电通过 AC-DC 转换后变成高压直流电，为了适应电刀不同模式的电压和功率要求，高压直流电通过 BUCK 拓扑结构的开关电源转换成 0~400V 之间的可调高压电源，输出电压受 MCU 控制。

② 逆变电路，逆变电路负责把直流高压转换成高频高压。核心电路功放模块采用全桥并联谐振电路方案，通过变压器实现升压和浮地输出，相比线性功放能有效减少电路发热，提高效率，提高安全性。

③ 驱动设计，输入信号是一组 PWM 波，由 MCU 根据激发模式来产生。PWM 波通过驱动电路驱动功放模块进行升压转换。输出的高压信号需要进行电压和电流测量，再反馈回到 MCU，MCU 调整可调高压电源从而实现输出能量的精确调控。

④ 输出通道，通常一台能量设备需要支持多种器械，有多个输出接口，由于这些接口一般不需要同时输出，所以可以共用一套功率电路，然后通过高压继电器切换不同的输出通道。

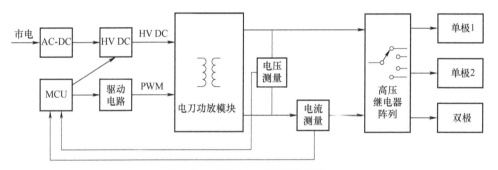

图 7-61　高频电刀系统设计框架

2）能量调控技术。电刀的工作原理是利用高密度的高频电流对局部生物组织的集肤效应，当有效电极与肌体接触时在电极尖端产生高频高压电流，使被切割部位的组织或者组织成分爆裂或者汽化，从而达到切割、止血或烧灼等手术目的。对周围组织的热损伤和切割手感是评价电刀产品性能的关键指标，也是电刀使用过程中医生较为关注的点。影响这些指标的因素包括电刀工作时输出的功率和电压，输出功率和电压过大会造成不必要的组织损伤，而输出功率和电压过小则会影响切割手感，出现切不动组织的现象。因此电刀工作时的能量调控技术（输出功率和电压的调控）是控制电刀输出的关键技术。

电刀的能量调控依靠高频外科能量控制系统，图 7-62 是系统结构示意图，该系统由高频能量发生单元、采样单元、处理单元和控制单元组成。图 7-63 是高频能量发生单元随时间输出的电压示意图。这种系统用于当实时测量的电参数中的测量电压达到目标电压，或者测量电压与目标电压的电压差值小于第一预设电压时，根据当前作用于目标组织的有功功率与待施加到目标组织的目标功率的功率差值和预设的补偿系数，对高频能量发生单元输出的高频能量进行调整，直至作用于目标组织的有功功率与目标功率之间的功率差值满足预设阈值。例如，使得作用于目标组织的有功功率达到目标功率，提高手术效果，如提高组织切割或凝闭效果，而且，对高频能量发生单元的高频能量的调整，与目标功率和有功功率直接相关，可以实现精准控制，提高控制的准确性。

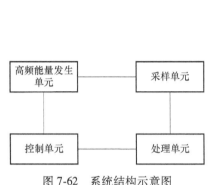

图 7-62　系统结构示意图　　　　图 7-63　高频能量发生单元随时间输出的电压示意图

（2）超声刀　超声刀的关键技术主要包括超声换能器、超声刀头设计和智能功率控制技术，主要技术要点分析说明如下。

1）超声换能器设计。换能器是超声刀系统中连接超声主机和超声刀头的中间装置（见图 7-64a）。换能器的作用是能量转换，将主机的电能转换为刀头机械振动能量。换能器的结构主要包括压电元件、变幅杆等元件。换能器的主要技术需求是高性能、低阻抗、特定的频率和振幅能量输出。超声换能器的设计与制造涉及声学设计、压电材料、工艺等多个方面。为了开发高性能超声换能器，需要突破以下技术：

① 换能器谐振特性及参数测量。换能器电声能量转换结合了压电共振、超声传递、机械材料等原理，主要关注其电声性能参数。换能器的电声性能参数主要包括频率、振幅、阻抗等，频率和振幅直接决定了超声刀的切割、止血效果。换能器原理是微观机械振动，根据 Mason 等效理论，换能器的机械振动在电学上可以等效为 Mason 等效模型（见图 7-64b）。其中，C_0 代表压电陶瓷的电容属性，C_1、L_1 和 R_1 组成的串联电路描述了机械性能的变化，C_1 描述弹性变形，L_1 描述有效质量（惯性），R_1 描述内部摩擦引起的机械损耗。基于 Mason 等效模型，可以推导出换能器具有随频率变化的阻抗和导纳特性曲线（见图 7-64c）。

② 声学设计方法——仿真。换能器频率处于超声级别，振幅通常处于微米级别，为了具象化地分析和设计换能器上每一部分结构对声学振动特性的影响，传统的方法可以用 KLM 模型进行表征，KLM 模型用 T 型网络描述换能器的动态支路阻抗特性。然而，该方法通常求解精度差，30%～40%的偏差都有可能，用于对频率、振幅结果准确度要求不高的场合。对于换能器来说，对振幅的精度要求高，通常要求误差在±10%。为了实现精准、高效的设计，需要开发正向设计的方法——有限元仿真。换能器的仿

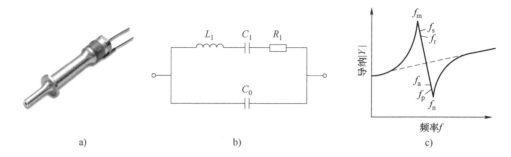

图 7-64　换能器实物、Mason 等效模型和特性曲线

a）换能器实物　b）Mason 等效模型　c）随频率变化的阻抗和导纳特性曲线

f_m—最小阻抗频率　f_s—串联谐振频率　f_r—相位为 0 时的频率

f_a—相位为 0 时的频率　f_p—并联谐振频率　f_n—最大阻抗频率

真，是将结构化的三维模型进行网格化划分，并赋予相应的材料参数和边界条件，然后进行求解。比如材料参数主要是变幅杆、后端盖的弹性模型、泊松比，压电材料的压电刚度矩阵、压电应变矩阵、介电常数矩阵；边界条件主要是电压载荷输入；求解主要是模态和谐响应分析，获得相应的模态频率、振型、振幅分布和应力等。

③ 压电材料与工艺。换能器的压电材料主要包括 PZT-4、PZT-5、PZT-8 几个大类，不同的材料具有不同的性能参数（见表 7-1），适合不同的应用。PZT-5H 具有较高的机电耦合系数和压电常数，广泛应用于医学成像换能器；PZT-5A 具有较高的压电常数和居里温度，广泛应用于传感器应用；PZT-4 和 PZT-8 具备低的机械损耗和介电损耗，适用于需要高压驱动的大功率换能器等。换能器的组装工艺对换能器的频率、阻抗和振幅等都有影响，换能器在不同的预紧力下表现出不同的性能参数。

表 7-1　换能器压电材料性能参数

压电材料	压电常数 d_{33}/ （pC/N）· 10^{-12}	机电耦合 系数 k_p	机械品质 因数 Q_m	居里温度 T_c/℃	相对介电常数 $\varepsilon_{33}/\varepsilon_0$（1kHz）
PZT-4	289	0.58	500	328	1300
PZT-8	218	0.5	1000	300	1000
PZT-5A	374	0.6	75	365	1700
PZT-5H	593	0.65	65	193	3400
PZT-6A	189	0.42	450	335	1050
PZT-7A	150	0.51	600	350	425

2）超声刀头设计。

① 刀头形状设计。超声刀头的钳头主要由夹持臂和刀尖构成（见图 7-65）。夹持臂是钳头的下半部分，能够绕销轴进行转动从而实现张开和闭合操作，并且可以施加一定的夹持力，以保证软组织或血管在需要的位置被牢固抓持。刀尖是钳头的上半部分，在

激发过程中刀尖存在高振幅的高频振动，因此刀尖是切割、凝闭生物组织和血管的重要零件，刀头凝闭面形状对临床效果有决定性作用。临床手术环境是非常复杂的，首先手术过程中会使用到很多的手术器械，比如说超声刀、双极电刀、夹钳、吻合器等，空间非常狭窄，因此为了避免器械之间的互相碰撞，超声刀头的钳头尺寸不能宽大笨重。此外，在一些临床场景，需要超声刀完成抓持剥离动作。但是当组织狭缝比较小的时候，宽大的刀尖无法顺利伸入狭缝中，因此无法实现剥离作用。结合以上两点，对刀头形状提了较高要求，细长形状的刀头更能满足临床的使用需求。但是细长形状下的弯曲振动会扰乱纵向振动，导致纵向振动"不纯"，刀杆存在较大的径向振动。一般来讲，为避免上述问题，可通过对刀尖形状进行优化，在实现弯曲形态的同时，保证刀尖截面是对称的。此外，也可以通过在一些关键位置增加径向尺寸来增加抗弯刚度，以抑制弯曲振动，同时避免对振幅增益的影响。

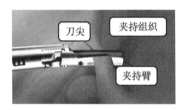

图 7-65　超声刀头的钳头组成及对组织的切割、离断

② 超声刀头仿真技术。有限元分析在超声振动系统的设计分析中扮演着重要角色，但关于仿真参数，如网格密度、载荷类型、载荷大小、阻尼等对超声手术刀刀杆振动模态、动态响应的影响鲜有分析，这在一定程度上影响了仿真的准确性。因此，开展此类研究工作，建立准确的仿真模型，提升仿真结果的可信度，对于波导杆的优化设计至关重要。在对材料参数、网格密度参数和约束条件进行修正后，仿真模型的相关参数就比较完善了。可基于超声刀头仿真平台，对刀头以及波导杆整体进行设计仿真计算，并提取振型、频率、应力、振幅等关键参数，通过打样测试来修正模型的准确性。然后通过性能测试、偏差修正，进行仿真迭代和打样迭代，对比仿真数据和实验数据，最终用来指导波导杆的设计。

（3）智能功率控制　超声刀的工作原理是通过超声频率发生器使金属刀头以一定的超声频率进行机械振荡，使组织内的水分子汽化、蛋白质氢键断裂、细胞崩解、组织被切开或者凝固、血管闭合。超声刀切割原理（见图 7-66）一般认为是基于机械冲击和空化效应，且机械冲击被认为是组织破碎的主要机理，具体表现为机械冲

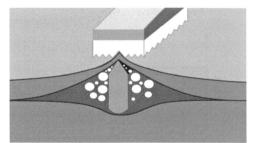

图 7-66　超声刀切割原理

击使蛋白质氢键断裂，同时由于热量产生、温度上升，导致生物组织发生局部液化，呈

匀浆化，最终使组织撕裂。超声刀凝血原理：在高温和振荡作用下，蛋白质开始变性且氢键断裂，组织中的细胞基质开始转化为液体，很黏的复合凝结物形成，在高温和钳口压力的作用下产生了对血管断端的粘合作用。

因此，超声刀的切割性能和凝血性能显得尤为重要，其中切割性能包括切割时间、组织热损伤、组织粘连情况等，凝血性能包括血管凝闭时间和血管凝闭爆破压。影响切割和凝血性能的关键因素是超声刀工作时的能量调控，针对不同的场景采用不同的能量调控策略。在组织切割时，通过主机内部计算的电参数，实时识别超声刀钳口内的组织状态，根据不同的钳口状态进行能量的输出调控。在钳口内存在较多组织时采用较高能量输出，保证组织的切割效率，在钳口内存在较少组织或者无组织时采用较低能量输出，并给出声音提示，减少组织切割时的侧向热损伤范围。通过智慧组织识别（Smart Tissue Sensing，STS）实时调控超声刀输出能量，保障超声刀的切割效率和减少组织侧向热损伤，如图 7-67a 所示。

血管凝闭的爆破压水平与凝闭的温度、凝闭的时间和钳口的压榨力直接相关，其中凝闭温度越低，凝闭时间越长，适当的压榨力有利于血管凝闭爆破压的提升，由此合适的能量输出控制对爆破压的提升尤为重要。国际厂商强生为提升血管爆破压采用的方法为：在血管凝闭阶段，采用三段式能量调控模式，分别时血管预热阶段、血管凝闭阶段和血管快速离断阶段，如图 7-67b 所示，保证凝闭温度，提升凝闭的爆破压；在血管快速离断阶段使用高功率输出，完成血管的封闭离断。国内超声刀厂商迈瑞医疗也为提升血管爆破压做了大量研究，采用增强凝血技术，通过预测并控制刀头温度，在凝闭血管时提供更合理的能量输出，保证了可靠的血管凝闭效果和离断效率，进一步提升了超声刀的血管凝闭性能。

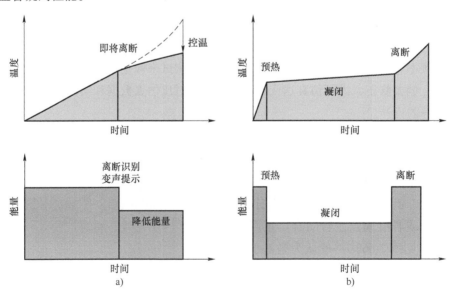

图 7-67 STS 技术原理和三段式高级凝血方案

a）STS 技术原理 b）三段式高级凝血方案

4. 典型临床应用

（1）高频电刀的临床应用　高频电刀的应用历史悠久，自 1920 年应用于临床至今已有 100 多年的历史，显示了其在医疗领域中的持续发展和进步。电刀利用高频电流来切开组织，可达到止血的效果。电刀是最常用的设备之一，其融切割、分离、止血为一体，使这些分开性的操作同时完成，可减少结扎或缝合止血的频度，极大地缩短了手术时间。其主要优点包括操作简单、治疗时间短、血管闭合好、术中术后不出血、患者痛苦小、无炭化切凝、高频低温精细微创等，这些优点使其成为微创外科手术器械最佳的解决方案之一，深受全世界各级医疗机构和医学专家的青睐。电刀的应用场景非常广泛，主要应用于普通外科（肝胆胰、肠胃、甲状腺、乳腺）、妇产科、泌尿外科、胸心血管外科、神经外科以及户外救治。高频电刀根据应用场景不同，可选择不同的模式，用于各种软组织的切割及凝血。

（2）超声刀的临床应用　超声刀临床应用广泛，可以用于抓持、分离、切割和凝固组织，其多功能特性使术者可以减少术中更换手术器械的次数，有效缩短手术时间，在腹腔镜手术中尤为重要。如果只使用超声刀头的工作端，可以实现单极电刀的效果，而且由于超声刀工作端的振动，组织粘连更少，局部产热更少，组织的热损伤也更小。这种特性尤其适合在血管处理要求高的精细手术中使用。超声刀主要应用于普通外科（肝胆胰、肠胃、甲状腺、乳腺）、妇产科、泌尿外科、胸心血管外科、神经外科以及户外救治，用于各种软组织的切割离断和凝血止血。

（3）集成式能量平台的应用　在微创手术中，医生常利用超声刀、基础电刀、高级电刀（包括高级双极和等离子电切），实现在不同术式中对不同组织进行切割、凝血等处理。例如通过超声刀对软组织快速切割，采用基础电刀高效地切开组织和处理出血，对不超过 7mm 的大血管利用高级双极电刀实现可靠凝闭，在泌尿外科手术中通过等离子技术切除病变组织等。超声刀和电刀作为微创外科的关键能量设备，已成为临床手术中不可缺少的产品，它们在临床手术中各有优点，一般会根据不同的手术场景，对基础电刀、高级电刀或者超声刀进行相互配合使用，进行组织的处理。当前市场上的能量设备通常仅支持单一能量输出，在手术中如果需要使用多种形式的能量，医护人员需要准备多台设备，根据使用需求在不同设备间切换。由于能量设备通常体积较大，且不同设备间操作设置不同，能量输出形式单一的设备会导致医护人员使用不便，降低工作效率，在手术室同时摆放多台设备也导致手术室空间狭小，增加医护人员的管理负担。因此，通过开发集成式复合能量平台系统，在一台能量设备中同时提供超声刀、基础电刀和高级电刀功能，实现能量设备平台化、小型化，可提升医护人员使用的便捷性，以帮助提升手术效率，同时可减少手术室设备数量和空间占用，提升手术室管理效率。

集成式能量平台（见图 7-68）同时支持高频电刀功能和超声刀功能，配合一种手术器械同时支持单极电刀应用、双极电刀应用和超声刀应用，医生可根据需要使用该器械通过不同的激发方式输出单极电刀能量、双极电刀能量和超声刀能量作用于手术部

位。此外，所述多功能器械既可支持单极电刀、双极电刀和超声刀三种能量分时输出，

也可支持双极电刀和超声刀能量
同时输出，以适应更广泛和更灵
活的应用需求。目前，部分国际
厂商已尝试进行不同能量设备的
融合，比如强生的 GEN11 集成了
超声刀和双极电刀功能，可支持
两种能量的分时复用，奥林巴斯
的 Thunderbeat 通过同时连接电刀
和超声刀主机，支持同时输出超
声和电刀能量。国产厂商迈瑞医

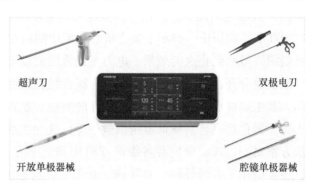

图 7-68　集成式能量平台

疗的 UP700 系列进一步实现了多能量、多模式的集成，通过一台能量平台主机即可实
现超声刀、基础单极和双极电刀、高级双极和盐水等离子电刀等功能，实现了外科常用
能量设备的综合集成。

7.4　激光治疗设备

7.4.1　激光治疗设备基本工作原理

　　激光用于医疗是基于激光与生物组织的相互作用，将人体生物组织中的靶色基对不
同波长激光的吸收特性加以利用，人体组织中存在的靶色基主要是水分、黑色素和含氧
血红蛋白，水分子在人体组织中的含量在 70% 以上，水分子对激光的吸收系数是激光与
生物组织相互作用的重要指标。无论是钬（Ho：YAG）激光、铥（Tm：Fiber）激光，
还是铒（Er：YAG）激光，它们的共同特点就是处于水的强吸收峰上或附近，这也是激光
在外科手术中的应用基础。当高能量密度的钬（Ho：YAG）激光、铥（Tm：Fiber）激光
或铒（Er：YAG）激光波段照射人体组织时，能被其中的水分高效吸收，从而对组织进行
有效而安全地汽化、止血或碎石，使组织细胞产生瞬时汽化和凝固，同时具备对机体组织
精确切割和止血的功能。由于水分子的强吸收，这些激光对组织的穿透深度会很浅，组织
热损伤仅限于切割部位下方 0.1~0.4mm 的范围，有很高的外科手术精确度。激光手术
相对于传统手术具有手术精准、时间短、恢复快、患者痛苦少、并发症少、疗效明显、
手术费用低等优点。用其他设备和方法难以解决的疾病，运用激光技术却显得十分方
便，激光作为外科医生手中的一把手术刀，为精准、微创、安全手术提供了保障。

7.4.2　激光治疗设备组成及关键零部件

1. 钬（Ho：YAG）激光治疗机

　　钬（Ho：YAG）激光治疗机由主机、脚踏开关和导光系统组成。其中主机包含

Ho：YAG 激光器、激光电源、安全控制系统、冷却系统（可为水冷或风冷）。导光系统包含适配的各芯径医用激光光纤。

钬（Ho：YAG）激光治疗机关键零部件有：Ho：YAG 晶体、聚光腔体、氙灯、光学镜片、激光电源等。

2. 掺铥光纤激光治疗机

掺铥光纤激光治疗机由主机、脚踏开关和导光系统组成。其中主机包括掺铥光纤激光器（含电源）、安全控制系统、冷却系统（可为水冷或风冷）。导光系统包含适配的各芯径医用激光光纤。

掺铥光纤激光治疗机关键零部件有：掺铥光纤激光器、耦合镜片、光纤等。

3. 铒（Er：YAG）激光治疗仪

铒（Er：YAG）激光治疗仪由主机、脚踏开关和激光传输系统组成。其中主机包括 Er：YAG 激光器、电源系统、安全控制系统、冷却系统。激光传输系统包含激光导光臂和手具。

铒（Er：YAG）激光治疗仪关键零部件有：Er：YAG 晶体、聚光腔体、氙灯、光学镜片、激光电源、导光臂等。

7.4.3　激光治疗设备关键技术

1. 钬（Ho：YAG）激光治疗机

（1）细光纤耦合大功率激光能量技术　为了实现细光纤能够耦合大功率激光能量，采取激光束耦合检测调试结构以及检测调试方法，将位于激光束光路上的光纤接入端套入光纤接头内，耦合镜位于光纤与激光器之间。光纤接头的端面上设置有光斑接收层，其中心与光纤端面中心重合，光斑接收层中心区域与光纤端面中心重合。通过获取在光斑接收层上形成的激光光斑的位置，来判断耦合镜与光纤之间的相对位置是否合格，有效避免了横向和纵向偏移误差问题。通过调节架调整耦合镜的位置，从而调整耦合镜与光纤之间的相对位置，使得光纤端面处的激光光斑位于光纤端面中心区域，保证激光束全部耦合进入光纤内，提高细光纤承载的激光功率。同时对耦合镜的参数不断优化，使焦点由原来的焦平面尽可能变成较小的焦斑，减轻了细光纤的耦合难度，提高了治疗机的耦合效率。

（2）抑制灯泵激光功率衰减较快技术　从制冷系统入手，采用制冷剂和冷却水的双循环结构。将蒸发器置于水箱中，制冷剂经过压缩机→蒸发器→冷凝器→节流阀→压缩机进行制冷剂的循环，冷却水经过水箱→水泵→过滤器→激光器→水箱进行冷却水的循环，其中制冷剂与冷却水的冷热交换在蒸发器和水箱中进行。对冷却水循环部分，所有管件均采用不锈钢材质，冷却水采用去离子水，从源头上杜绝一切污染物的产生。在水路中设置过滤器，对循环冷却水中的微颗粒进行过滤，还增加了旁路树脂过滤器，对循环水微生物进行吸附过滤，保证了进入激光器的冷却水的质量，让聚光腔、钬晶体和氙灯始终工作在无污染的环境中，提高了使用寿命，保证治疗机输出功率不易减弱。

（3）激光电源脉宽可调制技术　围绕着激光电源脉宽可调，提高碎石粉末化效果及清石率问题，激光电源控制部分使用国产 MCU 方案，使用片内通用定时器的捕获比较功能实现脉冲可调输出，脉冲输出可以直接驱动 MCU 的引脚，再使用 IGBT 驱动泵浦源。利用不同的定时器捕获比较模块的预装载比较数值，实现脉冲宽度可调功能，脉宽可调范围可以达到 200~800μs 的宽范围。利用单片机不同定时器互相独立和不共享任何资源的优势，实现双路激光的脉宽可调控制，且每一路可以实现不同放电脉宽。

（4）激光光束高质量和激光能量高精准控制技术　解决较高水平的激光波形、光束质量和高精准的激光能量控制技术有：聚光腔采用陶瓷腔反射形成漫反射，可以获得较均匀的光斑质量；通过大量的试验，测量出改善钬激光晶体热透镜效应所需要维修的光程半径和钬晶体的最佳工作温度点，减小了光束发散角，提高了治疗机输出功率；通过不断优化谐振腔长度及谐振腔出光口到耦合镜之间的距离，来改善激光波形；选择较优的谐振腔结构，既可保证激光光束质量，又可减小光路发散角；通过控制冷却水的水温精度和进行激光能量闭环控制，提高了激光能量的精准度。

（5）新颖嵌入式智能控制技术和大功率激光电源 EMC 技术　控制系统采用嵌入式微电脑配合自主研发的控制软件，实现对整机的智能监控、智能记录储存、故障显示，保障机器运行安全，使机器连续运行的可靠性大大提高，而且对实现控制系统不断升级奠定了基础。

软件系统由个人计算机数据处理软件和工业平板型计算机软件组成，完成对治疗机的操作运行数据和实时工作状态的控制。个人计算机数据处理软件对控制参数、控制器工作界面和专家数据库信息进行处理，并可回调机器控制数据；工业平板型计算机软件用于对激光器工作状态的实时控制，包括控制参数的在线实时修改、工作状态（硬镜、软镜、宽脉冲、窄脉冲）的选择等。

围绕大功率激光电源电磁兼容技术问题，通过分析锁定干扰源的具体部位，发现激光电源内部的两个晶体管 Q12、Q13 和输出整流二极管处在高频开关状态，会产生高频尖峰干扰，变压器的漏感也会产生尖峰干扰对，对空间形成电磁辐射。采用特殊的器件以及电路处理，可对这些干扰进行抑制，满足有源医疗器械电磁兼容的要求。

2. 掺铒光纤激光治疗机

（1）性能稳定的掺铒光纤激光器技术　性能稳定的掺铒光纤激光器需要考虑光路、机械和电控三方面。在光路方面，需要进行优化光路设计，在达到指标的前提下选择合适的光学方案，包括但不限于单端泵振荡腔、双端泵振荡腔、前向泵浦 MOPA 结构、反向泵浦 MOPA 结构等，以及在这些结构前提下，对具体器件的参数进行选型优化；在机械方面，光纤激光器的散热处理是核心考量点，在光纤激光器中，存在大量高热的组件，掺铒光纤对于温度格外敏感，高稳定的激光器必须做到对其中部件的稳定散热，因此必须对整个激光器进行热仿真，对发热元器件进行建模，运用有限元分析仿真散热条件，优化散热与机械设计，得到可靠的机械散热结构；在电控方面，需要稳定的驱动电源，对驱动电流的浪涌、纹波提出了较高要求，同时，对于控制及保护，需要对光纤激光器的运行状态进行全面的监控并针对异常进行及时的保护。

（2）较高水平的激光波形、激光质量技术和高精准的激光能量控制技术　围绕着获得较高水平的激光波形、激光质量技术和高精准的激光能量控制技术，泵浦光采用双向侧泵浦结构，将多个 LD 泵浦模块功率耦合到一根光纤中，以提高激光输出功率和功率（能量）稳定度，同时使得光纤激光器拥有较高的泵浦效率和最佳的光束质量。通过进行激光能量闭环控制，提高了激光能量的精准度。

（3）高效、高精度的风冷控温技术　突破已有的水循环制冷方法，通过将掺铒光纤激光器与选配的不同参数风扇进行匹配研究，选择能够高效、高精度满足冷却效果的冷却风扇及控制参数，此技术可以实现台式化，大大减轻治疗机的体积和重量。

（4）新颖嵌入式智能控制和安全保护技术　使用模块化集成电路技术，不同模块上单独配置电路板，集成一体即可实现安全功能、监测功能和操作功能。通过试验，不断修改嵌入式控制程序，以达到智能、安全控制要求。

（5）临床治疗参数范围的智能化、个性化选择　在临床验证过程中通过积累的数据予以确定，形成专家库，初学者只需在控制面板中进行选择，缩短了临床学习时间，提高了学习效率。

3. 铒（Er：YAG）激光治疗机

（1）高损伤阈值薄膜技术　采用单因素控制变量法，建立激光能量误差、聚焦光斑尺寸误差与损伤阈值误差的数值模型。结合铒晶体的光谱特性和能级特性，提高大功率铒（Er：YAG）激光光学器件的损伤阈值。

（2）激光腔镜及谐振腔创新设计技术　优化 Er：YAG 激光棒、泵灯以及聚光腔三者之间的匹配，其中特别是尺寸上的要求，精细调整优化，保证谐振腔具有最大的模体积与最小的几何损耗，使得激光谐振腔处于最佳状态。采用模块化设计和量产化工艺，结合先进的测试设备，从而提高激光器的输出功率。

（3）高精度智能化控温技术　冷却系统采用旁路泄压法，闭环调节压缩机制冷量，实现控温精度为±0.5℃，保证激光输出的稳定性。

（4）高性能激光电源技术　采用交错并联 BOOST 与滞环 BUCK 结合线性恒流源的多模块级联方案，结合 BUCK 电路与恒流源电路小型化、轻量化及高动态响应、低纹波的优势，通过支路并联的方法来增大总输出。采用窄脉宽、高强度方波充电脉冲技术，压缩放电脉宽和上升沿，辅以完备的启动、停机控制电路，过压、过流、过热保护电路，将提高电源的可靠性和安全性。

（5）高稳定性及高精度的控制系统技术　采用用户系统和控制系统独立，确保了系统的稳定性，采用可调矩形脉冲串驱动的方式，保证了输出激光脉冲功率的均一性和光束质量的一致性；选择高增益、高灵敏度的探测器，将探测器信号通过低噪声、高精度处理后进行软件滤波、数据分析、校准，获得激光束的实际能量。将测量结果反馈到控制系统，电控系统和功率控制形成全闭环控制，实现对激光能量的精确控制和调节，提高整机出光功率的稳定性。

（6）适用于临床的手具技术　采用大数值孔径短焦光束整形技术，通过附件手具光路的微型化设计，确保到达治疗面的激光满足临床需求，外观采用人体工程学设计，使得附件手具整体轻便，舒适度更高，提高临床使用的舒适性。

7.4.4 典型临床应用

1. 医用激光适应证

（1）钬（Ho：YAG）激光治疗机

钬激光治疗机的应用十分广泛，国家药监局注册的适应证有：

泌尿外科：泌尿系结石（肾结石、输尿管结石、膀胱结石、尿道结石）、良性前列腺增生、泌尿系肿瘤、尿道狭窄、输尿管狭窄。

皮肤科：尖锐湿疣、肉芽肿、浅表肿瘤、化脓性肉芽肿、老年疣、老年角化。

妇产科：宫颈炎。

耳鼻喉科：鼻息肉、咽喉部乳状瘤。

骨科：经皮穿刺颈、腰、胸椎间盘减压术/椎间盘切除术。

（2）掺铥光纤激光治疗机

在国家药监局注册的掺铥光纤激光治疗机适应证有：

泌尿外科：良性前列腺增生、泌尿系结石（肾结石、输尿管结石、膀胱结石、尿道结石）、泌尿系肿瘤、输尿管狭窄、尿道狭窄。

呼吸科：支气管镜下汽化和凝固气管与会厌处引起气道狭窄的良性病变。

妇科：子宫中隔、子宫内膜息肉。

（3）铒（Er：YAG）激光治疗机

在国家药监局注册的铒激光治疗机适应证有：表皮痣、疣、皮赘、疤痕修复、睑黄瘤；牙科手术中对硬组织及软组织的处理；痤疮性疤痕和皱纹；眼周皱纹。

2. 临床应用典型案例

（1）钬激光膀胱碎石+铥光纤激光前列腺剜除术（见图7-69）

医院名称：上海市第一人民医院

患者信息：男，76岁，膀胱结石+前列腺增生

结石大小：约2cm

腺体重量：约80g

激光品牌：瑞柯恩石魔方®钬激光治疗机、瑞柯恩优路®铥光纤激光治疗机

型号规格：SRM-H3B、SRM-T120F

激光设置：钬激光 4.0J×15Hz，优路铥激光 80W

激光用时：约50min

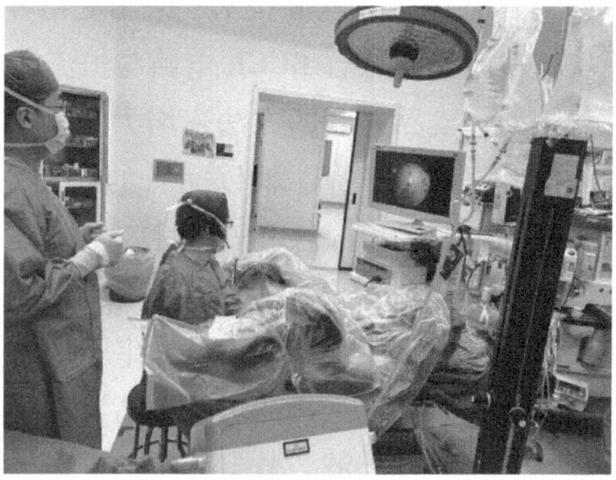

图7-69 钬激光膀胱碎石+铥光纤激光前列腺剜除术

手术评价：钬激光碎石快，铥激光汽化效果好。

（2）经尿道优路铥光纤激光前列腺剜除术（见图 7-70）

医院名称：北京大学第一医院

患者信息：男，66 岁，前列腺增生

腺体大小：120mL

激光品牌：瑞柯恩优路®铥光纤激光治疗机

型号规格：SRM-T120F

激光设置：80W

激光用时：32min

手术评价：切割效率高，止血效果好

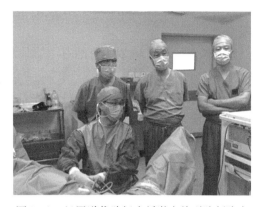

图 7-70　经尿道优路铥光纤激光前列腺剜除术

（3）输尿管软镜碎石取石术（见图 7-71）

医院名称：北京大学第一医院

患者信息：男性，56 岁，肾结石

结石大小：约 4cm

激光品牌：瑞柯恩优路自由星®铥光纤激光治疗机

型号规格：SRM-T2F

激光设置：左脚踏 3.0J，16.7Hz，50W；右脚踏 3.5J，15.7Hz，55W

激光用时：约 19min

手术评价：碎石效率高，设备安静

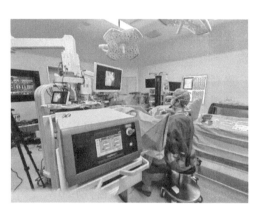

图 7-71　输尿管软镜碎石取石术

（4）经尿道输尿管软镜自由星铥激光碎石术（见图 7-72）

医院名称：中山大学孙逸仙纪念医院

患者信息：男性，35 岁，右侧输尿管结石

结石大小：约 1.2cm，CT 值 1250

激光品牌：瑞柯恩优路自由星®铥光纤激光治疗机

型号规格：SRM-T2F

激光设置：左脚踏 0.5J，40Hz，20W；右脚踏 0.3J，100Hz，30W

激光用时：10min

手术评价：粉末化效果好，碎石效率高

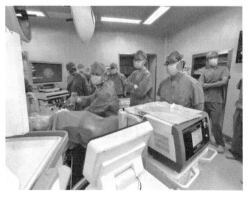

图 7-72　经尿道输尿管软镜自由星铥激光碎石术

（5）经皮肾激光碎石取石术（见图 7-73）

医院名称：广州医科大学附属第一医院

患者信息：女，56 岁，肾结石

结石大小：2cm

激光品牌：瑞柯恩石魔方®钬激光治疗机

型号规格：SRM-H3B

激光设置：软镜模式，1.0J，20Hz

激光用时：3min

手术评价：碎石效率高

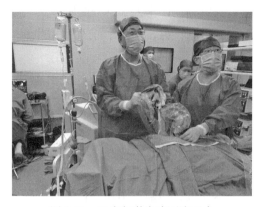

图 7-73　经皮肾激光碎石取石术

（6）经尿道铥光纤激光膀胱肿瘤切除术（见图 7-74）

医院名称：华中科技大学附属同济医院

患者信息：女，73 岁，膀胱肿瘤

肿瘤大小：1.5cm×1cm

激光品牌：瑞柯恩优路自由星®铥光纤激光治疗机

型号规格：SRM-T2F

激光设置：连续波，右脚踏 30W

激光用时：5min

手术评价：切割效果好，切割损伤小

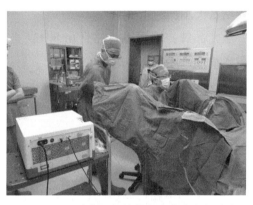

图 7-74　经尿道铥光纤激光膀胱肿瘤切除术

（7）经尿道铥光纤激光膀胱结石+前列腺剜除术（见图 7-75）

医院名称：广东医科大学附属医院

患者信息：男性，65 岁，膀胱结石+前列腺增生

结石大小：约 2cm

腺体重量：约 50g

激光品牌：瑞柯恩优路自由星®铥光纤激光治疗机

型号规格：SRM-T2F

激光设置：结石时，左脚踏 2J，22.5Hz，右脚踏 3J，18.3Hz；前列腺时，左脚踏 60W，右脚踏 1J，30Hz

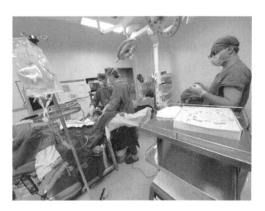

图 7-75　经尿道铥光纤激光膀胱
结石+前列腺剜除术

激光用时：结石时，3min；前列腺时，46min

手术评价：一机多能，止血效果好，碎石效率高

（8）经尿道锋瑞铥光纤激光前列腺剜除术（见图 7-76）

医院名称：清远市人民医院

患者信息：男，55 岁，前列腺增生

腺体大小：约 30g

激光品牌：瑞柯恩锋瑞®铥光纤激光治疗机

型号规格：SRM-T125

激光设置：左脚踏 100W；右脚踏 30W

激光用时：15min

手术评价：同步止血，视野清晰

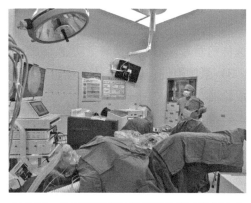

图 7-76　经尿道锋瑞铥光纤激光前列腺剜除术

（9）经尿道自由星铥光纤激光前列腺剜除术（见图 7-77）

医院名称：上海市第九人民医院

患者信息：男，72 岁，前列腺增生

腺体重量：约 100g

激光品牌：瑞柯恩优路自由星®铥光纤激光治疗机

型号规格：SRM-T2F

激光设置：左脚踏 3.0J，18.3Hz，55W，短脉宽；右脚踏 30W

激光用时：40min

手术评价：设备静音，止血效果好，切割快

图 7-77　经尿道自由星铥光纤激光前列腺剜除术

7.5　泵设备

7.5.1　泵设备基本工作原理

输注泵包括输液泵和注射泵。输液泵主要是通过电动机带动蠕动泵体挤压输液管来控制输液流速。注射泵是通过电动机带动精密丝杠（例如滚珠丝杠）机构驱动推拉盒移动来控制注射流速。输注泵是一种智能化的输液装置，是保证剂量精准且安全进入患者体内的一种专用医疗装备。输注泵在临床的应用，大大提高了输注的准确性、安全性及护理质量。

7.5.2 泵设备组成及关键零部件

输液泵系统组成如图 7-78 所示，主要部件如下。

1）门前后壳组件：机械强度支撑。

2）传感器组件：包含上下超声传感器、上下压力传感器、上下管在位检测传感器、滴速传感器等，用于实现测量功能。

3）泵体组件：包含泵体电动机、减速齿轮、推杆、泵体钣金、泵体支架等，用于完成输液功能。

4）电动门驱动组件：用于完成电动开关门功能。

5）止液夹组件：用于止液夹功能的实现。

关键零部件包括泵体组件以及传感器组件，它们可实现输液控制以及气泡防护的功能。

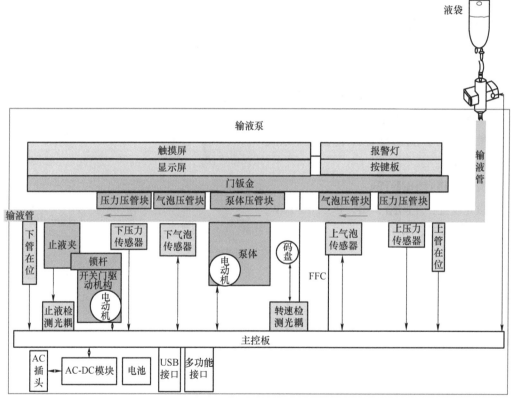

图 7-78 输液泵系统组成

对于注射泵（见图 7-79）来说，关键零部件包括：小尺寸高转速两相混合式步进电动机（见图 7-80）和高精度滚珠丝杠（见图 7-81）。电动机作为自动加载技术的核心部件，对尺寸、转速、力矩的要求极为严格，其主要技术指标一般包括以下几点：

1）两相混合式步进电动机。

2）不低于 200000r/h 的转速。

3）不低于 70mN·m 的保持力矩。

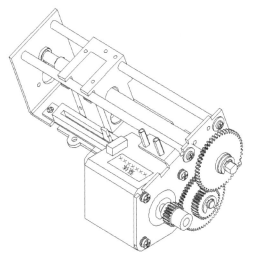

图 7-79　注射泵

图 7-80　两相混合式步进电动机

高精度滚珠丝杠也是自动加载技术的核心部件，由于自动加载技术需要极高的运行速度，对滚珠丝杠的传动效率提出了非常高的要求。同时由于滚珠丝杠也是保障注射泵输液精度的核心部件，对其加工精度也要求较高。螺杆常用材料为 SUS304，采用高精密轧制工艺，在

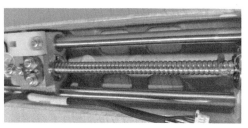

图 7-81　滚珠丝杠

保证精度的同时保证了其表面粗糙度，常用导程为 1～2mm。螺母为铜材质，采用机械加工方式，定制刀具。

7.5.3　泵设备关键技术

得益于电子和计算机科学技术的发展，输注泵产品逐渐小型化、智能化和信息化，有助于简化患者临床管理工作，提升医护人员工作效率并降低人为错误的概率，助力临床使用人员应对各种挑战。

1. 自动加载技术

注射泵，也称微量泵，广泛应用于各个医疗领域，如手术室、重症监护室、急诊室、疼痛科、儿科等，能够以极低流速（如 0.1mL/h）稳定输液。对于血管活性药物（如多巴胺、肾上腺素等），低流速稳定输液可以减少血流动力学的波动。

按照注射器加载方式的不同，注射泵可分为手动泵和自动泵。对于手动泵，注射器安装方式一般为手动，增加了对临床护理人员的要求。临床护理，尤其对于新手护士，可能存在对泵操作的不熟悉，导致给药不规范，产生安全隐患。另外对于某些临床科室（如重症监护室），护士人力资源严重缺乏，临床工作量大，易疲劳倦怠，存在疏忽风险。

自动加载技术可实现注射器的自动加载，降低对护士的要求，便于打造极简工作流，让护士回归患者。自动加载技术，通过配合现代传感器技术，可自动感知注射器在位并自动加载注射器，临床操作一步到位，大大规避了手动操作的意外风险。带有自动加载技术的迈瑞 nSP 注射泵如图 7-82 所示。

自动加载技术具体应用过程：如图 7-83 所示，打开门 1，将注射器放置在固定槽内，合上夹柄 2，系统可自动感知注射器在位，通过电动机驱动推拉盒移动，自动完成注射器的加载。

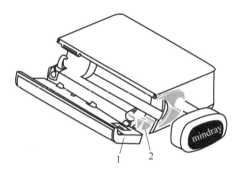

图 7-82　带有自动加载技术的迈瑞 nSP 注射泵　　　　图 7-83　注射泵

实际临床护理人员往往希望注射器的安装能够快捷简单，这就要求系统具有极高的加载速度，其中电动机的选型、齿轮减速比的确定及丝杠导程的设计至关重要。通过合理的电动机转速配置、齿轮减速比和丝杠导程设计，可以实现电动机输出力矩和负载力矩的平衡。极高的加载速度，也会带来运行噪声的增加。噪声的来源包括电动机自身的高频振动、电动机与泵体之间的共振、齿轮啮合撞击和导向套摩擦等，通过针对性的降噪设计，可以明显降低运行噪声，提升用户体验。

2. 智能防 bolus 技术

对于临床护理人员，使用手动注射泵时，需要手动将注射器安装在泵内。手动安装过程中，护士快速移动推拉盒，可能存在推拉盒不能及时停止的情况，进而导致注射器内药液意外推出的风险。

智能防 bolus（快速注射）技术利用推拉盒内的在位传感器，识别到注射器推柄到位后，自动触发机器内部的制动系统，避免推拉盒继续推进而产生意外药液输入。机器内部的制动系统，通过电动机驱动离合机构关闭，限制螺杆的转动，进而实现推拉盒的制动，可避免在手动安装注射器时产生的意外药液输入，保障患者用药安全。带有智能防 bolus 技术的迈瑞 iSP 注射泵泵体结构如图 7-84 所示。

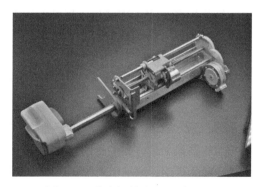

图 7-84　带有智能防 bolus 技术的
迈瑞 iSP 注射泵泵体结构

对于电动感应力离合技术的实现，离合电动机的选型、螺母的设计及制动元件的设计至关重要。通过合理的制动系统设计，可以实现可靠的防 bolus 功能。在离合电动机方面需要选用转速高、力矩大、体积小的 PM20 步进电动机，以实现快速的离合响应，避免对用户操作手感产生影响。在螺母的设计上，采用半螺母设计，并对铜材料采用机械加工工艺，可在保证精度的同时，有效快速地控制螺母、螺杆的离合。

3. 流量监测技术

在医院输液治疗、手术、急救等场景，医生需要掌握患者实际输液情况，及时做出调整。传统输液监控方式需要人工观察输液情况，不仅工作量大，误差率高，而且容易出现漏检、误检等情况。

流量监测技术，也称滴数检测技术，通过内置的传感器和智能算法，能够精准地监测输液管流量情况，及时发现异常情况，保障患者的治疗安全。流量监测系统主要由滴数传感器、滴数传感器板、监控 CPU 三部分组成。滴数传感器用于检测输液滴数，当检测到液滴滴下时，输出脉冲信号至滴数传感器板；滴数传感器板主要由滴数传感器工作和使能电路组成；监控 CPU 完成对滴数传感器在位、使能和滴数信号的监控。

滴数传感器（见图 7-85）通常有收发两侧布置，一侧内置发光管发出红外光线，一侧内置接收光敏管用于接收发光管的光谱信号。当滴壶内液滴滴下后，会阻挡发光管光线到达接收管，进而实现液滴检测功能。

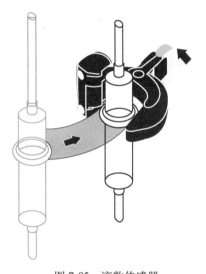

图 7-85　滴数传感器

4. 专用耗材技术

输液泵是通过电动机带动蠕动泵体挤压输液管控制药物输注，输液管实际流量可能会受到内径、材料、弹性及疲劳变化的影响。输液器的输液管在工作过程中会受到蠕动泵块的长时期周期性的挤压，由于该周期性的挤压、输液管材料的弹性及材料疲劳等因素的影响，输液管受挤压后不会恢复到起始时的内截面积大小。受挤压时间越长，截面积越小，所以输液泵的精度和输液管截面积以及输液管材料的弹性有很大关系。而不同输液管厂家生产的输液管相关参数各有区别，无法保证其一致性和稳定性。

目前国内市面上输液器的类型复杂，包括普通、精密、避光、袋式、滴定瓶式等，输液器的品牌也多达数百种。临床上更换输液器品牌、类型，甚至批次，可能都会导致输液泵实际输注精度不准，产生不良后果。

专用耗材技术，借鉴国外成熟经验，通过控制输液器关键参数，包括尺寸、材料和生产工艺等，保障输液器的一致性，进而保证输液泵的输液精度，极大地避免了更换输液器或者输液器批次差异可能带来的临床风险。

相比市面上的通用输液器，专用输液器附带有专用的止液片夹（见图7-86）。输液泵通过特殊的结构设计容纳专用片夹，然后结合传感器检测片夹在位，实现错误使用耗材的预防，规避输液泵精度不准的风险。

图 7-86 输液器专用止液片夹

7.5.4 泵设备典型临床应用

1. 自动加载技术

利用自动加载技术可实现在短时间内将注射泵的注射器柱塞快速推进到预定位置，以实现快速给药或快速排液。这通常用于急救、手术或其他需要快速给药的情况。迈瑞 BeneFusion nSP、BeneFusion eSP（见图7-87）注射泵行业首创的消噪技术，可在较小噪声水平的基础上实现推拉杆的拉出和复位操作单程不超过4s，达到业界最快的自动加载设计水平。

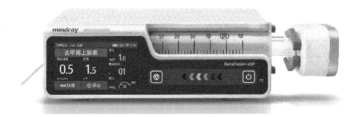

图 7-87 迈瑞 BeneFusion eSP 注射泵

2. 智能防 bolus 技术

智能防 bolus 技术对于手动加载注射泵，可以大大降低安装注射器过程中意外给药情况的发生概率，具有非常高的临床价值。迈瑞 BeneFusion iSP（见图7-88）、BeneFusion uSP 注射泵创新性的电动离合技术，采用旋转方式实现更高效、更快速的螺母、螺杆离合控制，防止手动安装注射器时，意外快速注射的产生，达到业界领先水平，在临床应用中，受到广泛好评。

3. 流量监测技术

输液泵配合滴数传感器在临床应用中，可有效检测出输液管上端阻塞、下端阻塞、自由流等多种异常场景，可有效降低临床风险。迈瑞 BeneFusion nVP（见图7-89）、BeneFusion iVP（见图7-90）均可连接滴数传感器，保障输液过程更加安全可靠。

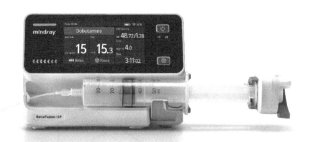

图 7-88 迈瑞 BeneFusion iSP 注射泵

图 7-89 迈瑞 BeneFusion nVP 输液泵

图 7-90 迈瑞 BeneFusion
iVP 输液泵

4. 专用耗材技术

专用耗材技术的应用解决了临床科室使用输液泵过程中，耗材质量差、批次差异大导致的输液精度不准痛点。迈瑞 BeneFusion nVP、BeneFusion eVP（见图 7-91）输液泵均具有专用管机型，迈瑞开发了多款硅胶专用管和 PVC 专用管耗材，可满足临床输液、输血等各种临床应用场景。迈瑞 BeneFusion nVP、BeneFusion eVP 输液泵配合迈瑞硅胶专用管后，可实现输液精度不大于±3%的误差，保护病患输液安全。

图 7-91 迈瑞 BeneFusion eVP 输液泵

7.6 高端监护设备

7.6.1 高端监护设备基本工作原理

患者监护仪经过多年的发展，已经开发出针对与人体生命体征紧密相关的三个系统，即循环系统、呼吸系统和神经系统的生理状态进行监测的技术，以满足重症监护室、手术室和急诊室等科室医护人员的应用需求。所谓的高端监护技术主要是指其技术门槛高，国内厂商尚未普遍掌握的生理参数监测技术，其临床应用范围与心电、血氧、血压等常规生理参数监测技术的应用范围相比较小。本节将对氧浓度、主流 CO_2 和组织氧测量技术进行介绍。

1. 氧模块

顺磁氧模块的主要优势在于其不涉及化学反应，因此不存在寿命衰减问题，所以可实现免维护使用。顺磁氧测量原理在于与其他气体（如氮气、氦气、氩气等）相比，氧气具有相对较高的磁化率，并表现出顺磁行为，如图 7-92 所示。顺磁氧传感器由一个圆柱形容器组成，容器内装有一个小玻璃哑铃。哑铃内充满惰性气体（如氮气）并悬浮在拉紧的铂丝上，置于非均匀磁场中。哑铃被设计成可以自由移动。当含有氧气的样本气体通过传感器时，氧分子会被两个磁场中的强者吸引，导致哑铃产生位移，从而导致哑铃旋转。由光源、光电二极管和放大电路组成的精密光学系统用于测量哑铃的旋转角度。在

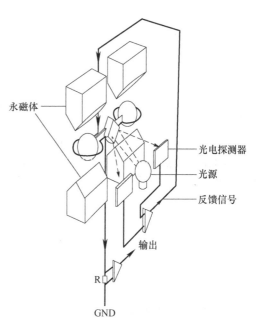

永磁体
光电探测器
光源
反馈信号
输出
R
GND

图 7-92　顺磁氧测量原理

顺磁氧传感器设计中，施加相反的电流可以将哑铃恢复到其正常位置。将哑铃维持在正常位置所需的电流与氧气分压成正比。

氧浓度测量系统原理如图 7-93 所示，包括一个电磁铁，其铁心的两个相对磁极之间形成一个气隙，气隙从外往内产生一个逐渐增加的非均匀磁场，到气隙中间形成均匀磁场 H。样本气体和参考气体分别通入相对磁极形成的气隙中，两种气体在气隙的均匀磁场区域中混合后，向另一出口流出。由于氧分子的顺磁特性，在非均匀磁场区域会受到磁场力 F（F_{100} 为氧气浓度为 100% 时的磁场力，F_{21} 为氧气浓度为 21% 时的磁场力）的作用而产生向气隙内的运动趋势，从而导致气隙内的气体压力增加。即气隙内的压力 p_c 高于气隙外压力 p_0，形成压力差。压力差（p_c-p_0）的大小与经过非均匀磁场的氧气浓度成正比。

2. 主流 CO_2 模块

CO_2 传感器采用非色散红外光谱分析技术，当红外光源发出的光穿过患者呼吸气路中的气体样本时，气路中的 CO_2 分子会吸收一定量的特定波长的红外光，其吸收关系服从朗伯-比尔吸收定律，即吸收的强弱与 CO_2 分子的浓度、气体层厚度以及红外光波长相关。CO_2 分子的吸收光谱如图 7-94 所示，其吸收峰主要聚集在 4.26μm 波长附近。

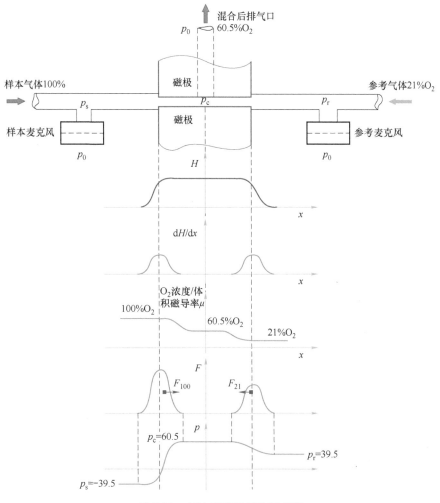

图 7-93　氧浓度测量系统原理图

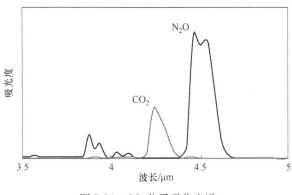

图 7-94　CO_2 分子吸收光谱

主流 CO_2 传感器采用双通道红外光电探测器测定两个特定波长的红外光的强度（见图 7-95），其中 $3.72\mu m$ 波长的红外光不会被 CO_2 气体分子吸收，探测器输出信号 V_{ref}

可作为测量基线，$4.26\mu m$ 波长的红外光会被 CO_2 气体分子吸收，且 CO_2 浓度越高，光信号被吸收得越多，探测器输出信号 V_{signal} 越弱。通过两通道的信号量的大小即可计算当前 CO_2 气体的吸收量，与传感器校准数据进行比对，即可计算出 CO_2 的浓度值。

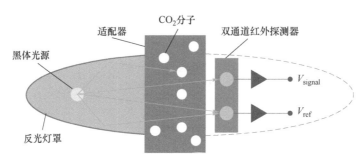

图 7-95　主流 CO_2 传感器原理图

3. 组织氧模块

组织氧测量原理是基于近红外光，在组织光学中，近红外光一般指波长 700～900nm 的红外光，它对人体组织具有良好的穿透性，在该波段，组织中的血红蛋白和氧合血红蛋白具有特异吸收峰，且该波段人体组织中的背景物质（包含水、色素、脂肪等）的吸收远小于血红蛋白和氧合血红蛋白的吸收，因此在这一波段，组织中血红蛋白和氧合血红蛋白的吸收占主要地位。基于英国学者 Delpy 提出修正的朗伯-比尔定律进行多个波长的信号解析，可以尽可能多地排除来自组织中水、色素、脂肪等背景物质的吸收干扰，提取与组织氧合状况高度相关的特征信息。如图 7-96 所示，组织氧饱和度监测技术开发主要包括高质量且寿命长的传感器研发、低功耗且高信噪比信号采集系统研发、高性能局部组织氧算法模型研究三部分内容。

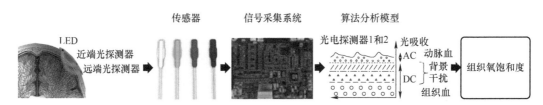

图 7-96　组织氧饱和度监测技术开发原理和方案

7.6.2　高端监护设备关键零部件和关键技术

1. 氧模块关键零部件和关键技术

（1）关键零部件　氧分子的顺磁性不强，产生的测量信号微弱，合适的系统方案设计和关键器件选型才能产生和采集到符合精度要求的有效信号。如前所述，其关键零部件为顺磁氧传感器和一体化气路。

（2）关键技术　在实际的临床使用中，环境及器件温度、环境及气路压力、抽气流量、气体湿度都会对氧浓度测量产生干扰。通过研究上述因素对氧浓度的影响大小和关系，并采取适当的校准和补偿方法，可确保传感器在各种复杂临床应用环境中的测量精度。其中，关键技术为多因素校准和补偿算法。

2. 主流 CO_2 模块关键零部件和关键技术

（1）关键零部件　在主流 CO_2 测量中，气路适配器等高质量附件的一致性是准确测量的基础。关键零部件还包括性能稳定、高寿命的光电器件，包括红外光源及红外光接收器。

（2）关键技术　临床实际使用过程中，环境及器件温度、环境及气路压力、气体湿度、气路中潜在的麻醉气体、O_2 和 N_2O 都会对 CO_2 的浓度测量产生干扰。通过研究上述因素对 CO_2 浓度的影响大小和关系，并采取适当的校准和补偿方法，可确保传感器在各种复杂的临床应用环境中的测量精度。其中，关键技术为多因素校准和补偿算法。

3. 组织氧模块关键零部件和关键技术

（1）关键零部件　关键零部件为多波长 LED 和光电接收传感器，并且是高集成度的，即为了满足小型化设计而封装在一个芯片中。该零部件目前都是根据厂家要求定制设计的，市面上没有标准品。

（2）关键技术　组织氧的测量是利用近红外光源发光，经过组织散射和吸收后，检测包含人体组织氧信息的出射光强度，从而得到人体组织的光学参量，然后基于修正朗伯-比尔定律和散射理论得到人体组织光学参量和血氧参量关系，再经过一系列解算得到人体组织的血氧参量。其中，关键技术为高性能组织氧算法。

7.6.3　典型应用案例

1. 氧模块

氧气是人体呼吸循环中的必需物质，人体需要获取充足的氧气进行正常代谢，以产生能量，维持生命正常活动。

氧监测包括呼吸氧监测、经皮氧监测和血气监测。经皮氧监测存在皮肤损伤的潜在危险，血气监测不能连续监测，呼吸氧监测具有连续、无创的特点，可以用于探测低氧或高氧混合气体的吸入，探测回路管道脱落或泄漏，探测通气量过低或协助诊断恶性高热等。相对于其他技术，呼吸氧监测在临床上的应用更为成熟广泛。

临床上常用呼吸氧浓度监测的顺磁氧传感器厂商有 Servomex（英国）、Drager（德国）、GE（美国）三家，其中 Drager 和 GE 氧传感器仅供其自身使用，国内无可替代产品，易受国外厂商"卡脖子"影响。同时氧传感器需求量在逐年攀升，2015—2019 年平均增长 72%，市场需求旺盛。

迈瑞医疗自研顺磁氧模块测量精度与业界领先的 Servomex 相当，上升时间性能显著优于 Servomex，在高呼吸率临床场景测量性能更优；同时，其抗振动性能优于 Servomex，质量可靠性高。二者性能对比见表 7-2。

表 7-2 系统规格及测量性能对比

性能	Servomex 氧传感器	迈瑞氧模块	成果说明
测量范围	0~100%（体积分数）	0~100%（体积分数）	测量性能与 Servomex 相当
测量精度	0~25%：±1% 25%~80%：±2% 80%~100%：±3%	0~25%：±1% 25%~80%：±2% 80%~100%：±3%	
上升时间	<500ms	<350ms	上升时间性能显著 优于 Servomex
延迟时间	<4s	<4s	
机械尺寸	44×33×30	44×33×30	质量可靠性高，兼容性好
输入电压	5V-DC	5V-DC	
可靠性	振动易损坏	抗振动	

氧是机体能量代谢的必需气体，是维持生命必需的物质，但人体内氧的储备极少，健康成人体内氧的储存量仅为 1~1.5L，仅够 3~4min 的消耗。机体代谢所需要的氧全靠呼吸器官不断从空气中摄取，并通过血液循环，输送到全身各脏器和组织。氧浓度监测具有十分重要的临床意义。

1）探测低氧或高氧混合气体的吸入。吸入低氧混合气体导致的低氧血症会严重威胁患者的生命安全，监测吸入气体中氧浓度比脉搏氧饱和度监测能更及时地发现及预防低氧血症的发生。在麻醉手术中控制吸入氧浓度有助于防止吸收性肺不张，对于机械通气和氧疗的患者监测氧浓度可帮助调制治疗方案，既可提高疗效，又能避免高氧肺损害等氧中毒情况的发生。

2）探测回路管道脱落或泄漏。

3）探测通气量过低或协助诊断恶性高热。正常情况下吸入与呼出氧浓度差为 4%~5%，如超过此范围即表示通气量过低或可能是恶性高热。此外，根据吸入与呼出氧浓度差也可大致判断患者全身的氧耗改变。

2. 主流 CO_2 模块

呼吸末 CO_2 浓度监测包括呼吸末二氧化碳（$ETCO_2$）、吸入二氧化碳（$FICO_2$）、气道呼吸率（AWRR）参数的监测，是临床重症监护室、手术室和急诊室等重点科室中针对危重患者的最重要的监护参数技术之一，是评估患者通气状态以及外部机械通气状态的重要指征，也是确保患者安全的重要参数之一，是生命信息监护中的高端配置监护参数之一。多年来，医用 CO_2 监测的应用一直受到临床医护人员的广泛重视，已成为重症监护室、手术室和急诊室等重点科室建设中的标准配置。

主流 CO_2 监测技术是重症监护室、手术室和急诊室等重点科室广泛使用的 CO_2 测量技术，国内市场主要被 Philips（荷兰）、Masimo（美国）、Drager（德国）等国外厂商占领，设备和耗材价值居高不下，同时存在探头体积大、重量重、抗跌落性能差、线缆容易折损等问题，影响临床使用。

同时主流 CO_2 监测需求量在逐年攀升，以迈瑞医疗的销售为例，2016—2020 年平均增长 23%，市场需求强烈。

迈瑞医疗的主流 CO_2 模块在广州市暨南大学附属第一医院、北京大学深圳医院等医院进行了 100 余例患者，约 3000 组临床性能的对比验证，覆盖成人、小儿、新生儿患者类型，参比设备为业界顶尖的 Philips 主流 CO_2 模块，测量性能与 Philips 相当。

呼吸末 CO_2 监测在临床上有着广泛的应用，主要包括：

（1）指导插管　目前临床上利用 $ETCO_2$ 监测辨识插管位置的方法较为常用且可靠。若插管在气管内，则监护仪上会显示正常的 CO_2 波形。若插管误插入食道，将不会检测到任何 CO_2 波形。同时也可根据 CO_2 波形的变化大致判断导管在气管内所处的位置，例如导管前端位于喉头左侧或右侧时将导致 $ETCO_2$ 值降低，呼气平台下降，呼气上升支延长，斜率增大。

（2）监测通气功能　无明显心肺疾病的患者 V/Q 比值正常。一定程度上呼气末二氧化碳（$PETCO_2$）可以反映动脉血二氧化碳分压（$PaCO_2$），而 $PaCO_2$ 可以反映肺部的通气状况。正常 $PETCO_2$ 浓度值为 5%，换算成压力值约为 5kPa（38mmHg）。正常 $PaCO_2$ 与 $PETCO_2$ 差值为 2~5mmHg，若 $PETCO_2$ 逐渐升高，则说明通气不足，若低于 35mmHg 则说明通气过度。依据 $ETCO_2$ 调节通气量，可避免发生通气不足和过度造成高/低碳酸血症。

（3）监测循环功能　休克、心跳骤停及肺梗塞、肺血流减少或停止情况发生时，CO_2 浓度会迅速降低为零，CO_2 波形消失。$ETCO_2$ 迅速下降及消失持续 30s 以上，表示心跳骤停。因此 $ETCO_2$ 是复苏急救时心前区挤压是否有效的重要无创监测指标，而且对于判断其预后价值更大。

（4）及时发现呼吸机的机械故障　呼吸机设备及管路接头脱落、回路漏气、导管扭曲、气管阻塞、活瓣失灵以及其他机械故障等，均可导致 CO_2 波形的变化。

3. 组织氧模块

近红外光谱组织氧监测方法可以实现无创、实时的组织氧监测，在新生儿脑组织氧参数无损监测、体外循环手术中的脑氧监测、皮瓣移植手术后的血运监测、胃肠黏膜缺血和吻合手术后的血液灌注监测、运动过程中骨骼肌氧代谢功能评定等多个方面具有重要的临床应用价值。

（1）新生儿脑组织氧参数无损监测　用近红外光谱技术对新生儿脑组织氧参数的无损监测是新生儿监护中的一项极具价值的监测方法，其能够客观地反映脑组织氧合状态的有效指标，直接反映被测者脑组织供氧和耗氧的动态平衡状态。新生儿脑组织供氧减弱会导致脑组织氧合异常，可能造成其发生不可逆的脑损伤，严重时甚至危及新生儿的生命。相关研究表明，脑缺氧、缺血新生儿的脑组织氧明显低于正常足月新生儿的脑组织氧，而两者的指端动脉氧饱和度（SpO2）没有显著差异，因此临床上对新生儿进行实时、连续的脑组织氧监测的需求日益增加。

（2）体外循环手术中的脑血氧监测　体外循环手术是将人体的上下腔静脉血引入体外循环机并在其中氧合成动脉血，然后将其输入人体主动脉的一种手术形式，其体外循环代替了人体的肺循环功能。在临床心脏和大血管的手术中，为便于手术操作需要将其中的血液引出，一般要使心脏短期停止跳动。传统的指端脉搏血氧饱和度测量原理依赖于指端动脉的波动，而体外循环过程中患者心脏停跳，微弱的动脉搏动会导致脉搏血氧饱和度无法测量。脑组织新陈代谢率高，耗氧量占全身耗氧量的20%，对缺氧十分敏感，短时间内缺氧都有可能造成中枢神经系统不可恢复的损伤，而长期的体外循环手术可导致患者脑组织缺氧、缺血等病变，因此应当在这类手术中实时监测脑氧，并根据脑氧水平及时对影响脑氧水平的循环流量和体温等进行调节。

（3）皮瓣移植手术后的血运监测　在整形外科的皮瓣移植手术中，皮瓣重建时的血供极为重要，当动脉发生栓塞或是静脉回流受阻时，移植的皮瓣会由于缺血而发生坏死。然而目前大多数外科医生在术后的关键时期仍依赖于皮肤的颜色和温度等因素进行主观性的判断，具有明显的局限性。应用近红外光谱法测量组织氧可以无损、实时地监测皮瓣血运功能变化导致的血氧参量变化，能有效地评价外科整形手术后移植皮瓣的血运状况，有利于发现栓塞等血运障碍，并据此采取有效的应急措施，对提高手术成功率、改善治疗效果具有重要意义。

（4）胃肠黏膜缺血和吻合手术后的血液灌注监测　目前临床上胃肠黏膜缺血由于症状不典型，因此对其进行早期诊断较为困难。目前包含 MR、CT 和肠镜观察在内的检测方法除了最严重的缺血病例外都无法直接进行诊断，普通的全身性的血氧监测方法也不能反映胃肠道中黏膜组织氧的状态，因而需要对黏膜组织进行直接的血氧监测来进行诊断。此外，在消化外科常见的胃肠道吻合手术中，切除病变区域后两段残余的消化道需要进行手术以吻合，而包括气密性检测和荧光检测在内的方法对于吻合手术效果的评估灵敏度较低，且荧光检测存在荧光染料残留的问题，导致不能连续监测。已有研究证明，利用近红外光谱测量的组织氧监测方法能够对吻合口的血氧和血液灌注进行监测，从而评估吻合手术的效果，消化道组织的血氧测量在临床诊断和治疗中有重要的应用价值。

（5）运动过程中骨骼肌氧代谢功能评定　除以上临床应用外，用近红外光谱技术检测运动过程中骨骼肌的血氧参量以评定其运动性能，也是当前研究的热点，这种方法利用近红外光谱技术来监测人体组织肌肉的氧合情况，进而能够对运动训练过程中的骨骼肌氧合代谢功能进行评定，在运动训练效果的评定和个体运动能力的评价上具有一定的应用潜力。

7.7　灭菌装置

灭菌是指利用物理或化学的方法，杀灭或除去所有致病和非致病微生物繁殖体和芽孢的手段。在医院的日常诊疗过程中，使用医疗器械进行手术、内镜检查等诊疗活动时，为防止器械表面附着的细菌、病毒、支原体等微生物对患者造成感染，需要对医疗器械进行灭菌处理。通常由消毒供应中心承担全院可重复使用的医疗器械、器具及一次性使用的辅料等物品的清洗消毒及灭菌工作。为达到理想的灭菌效果，并保护医疗器械免于损伤，医院在选择灭菌方式时，通常会考虑多种因素，包括灭菌效果、安全性、效率以及对器械的兼容性。

根据工作原理的不同，医院常用的灭菌装置可分为高压蒸汽灭菌器、脉动真空灭菌器、过氧化氢低温等离子灭菌器、环氧乙烷低温灭菌器、低温蒸汽甲醛灭菌器、干热快速灭菌器等。

7.7.1　灭菌装置基本工作原理

以下介绍一些常用灭菌装置的工作原理。

（1）高压蒸汽灭菌器　高压蒸汽灭菌器也被称为蒸汽灭菌器，其利用机器内产生的高温、高压蒸汽来杀灭所有微生物，包括细菌、病毒、孢子等，适用于医疗器械灭菌、敷料消毒、玻璃器皿消毒、一次性医疗用品预处理、医院污物处理等。这种灭菌器类似于高压锅，待灭菌物品被放入其中并密封后，通过在高压下充入高温蒸汽替代空气。湿热作用能够导致微生物的酶类和结构蛋白发生不可逆的凝固和变性，从而达到灭菌效果。整个灭菌周期根据需要可以持续 15~60min，适用于能承受湿气、高压（高于环境 1~3.5 个大气压）及高温（121~148℃）的医疗器械，例如外科器械。有研究表明，在 130~150℃ 的高温下，经过 20~30min 的处理，可以杀死所有细菌芽孢，达到99.99% 的灭菌合格率。高压蒸汽灭菌器是医院最常用的灭菌装置之一，具有快捷、安全、高效且无有害物质生成的特点，其工作量可占供应室灭菌工作量的 87%。

（2）过氧化氢低温等离子灭菌器　过氧化氢低温等离子灭菌器是利用过氧化氢的强氧化性，通过高频电场将气态过氧化氢激发成等离子体状态进行灭菌。等离子体是指不断从外部对物质施加能量而使其离解成阴阳电荷粒子的物质状态，由于按照能级顺序，物质状态依次为固态、液态、气态、等离子体，因此等离子体习惯上又被称为第四态。等离子体在消毒过程中的活性基团作用：等离子体中含有大量活性氧离子、高能自由基团等成分，极易与细菌、霉菌及芽孢、病毒中的蛋白质和核酸物质发生氧化反应，使各类微生物死亡；高速粒子击穿作用：高动能的等离子体会与细菌菌体与病毒颗粒作用，产生击穿蚀刻效应，进而杀灭细菌及病毒；紫外线的作用：在激发 H_2O_2 形成等离子体的过程中，伴随有部分紫外线产生，这种高能紫外光子（3.3~3.6eV）可被微生物或病毒中的蛋白质所吸收，致使其分子变性失活。该装置适用于非耐高热物品、非耐湿物品、外科手术器械、电凝线、电钻、电锯等的物理消毒。

（3）环氧乙烷低温灭菌器　环氧乙烷对细菌（包括结核分枝杆菌）、芽孢、真菌、立克次体及病毒等各种微生物均具有显著的杀灭作用，属于广谱杀菌剂。其灭菌机制是利用环氧乙烷的化学特性，在一定的真空度后，将环氧乙烷加热至沸点，使其蒸发形成环氧乙烷气体，与细菌蛋白质分子、酶、核酸中的氨基、羟基、羧基或巯基相结合，对菌体细胞的代谢产生不可逆的破坏，从而达到灭菌作用。该装置适用于非耐高热物品、非耐湿物品、手术器械及塑料、金属、橡胶、纸张和棉布等多种材质。

（4）低温蒸汽甲醛灭菌器 低温蒸汽甲醛灭菌器的工作机制与环氧乙烷低温灭菌器类似，是一种利用甲醛气体进行灭菌的设备。它通过压力和温度控制，激发酒精和甲醛成为化学混合气体，通过水蒸气压力变换增加混合气体的穿透力，使用甲醛气体对灭菌室内的物品进行作用，使微生物的蛋白质和遗传物质变性，导致微生物死亡，实现灭菌效果。甲醛杀灭微生物的机制主要是烷基化作用，甲醛分子中的醛基可与微生物蛋白质和核酸分子中的氨基、羧基、羟基、巯基等发生反应，从而破坏微生物分子的活性，通过温度控制增强混合气体的灭菌能力，对细菌、芽孢都具有杀灭作用，适用于多种畏热物品的灭菌。该装置工作温度一般在 $60 \sim 80 ℃$，适用于能够承受较高温度的物品、手术器械、各类腔镜和线缆等。

7.7.2 灭菌装置组成及关键零部件

1）高压蒸汽灭菌器关键零部件包括锅体、密封装置、加热系统、压力控制系统、真空系统、阀门控制系统等几个部分。

2）过氧化氢低温等离子灭菌器关键零部件包括等离子体发生器、汽化系统、加注系统、真空系统等几个部分。

3）环氧乙烷低温灭菌器关键零部件包括循环风机、控制系统、真空系统、加药及气化装置、残气处理系统、安全装置等几个部分。

4）低温蒸汽甲醛灭菌器的关键零部件包括蒸汽发生器、甲醛气体发生器和供应系统、甲醛检测仪、残气处理系统及排气系统。

7.7.3 高压蒸汽灭菌器关键技术

1. 真空系统

高压蒸汽灭菌方法具有高效、可靠、操作方便的特点，在医疗卫生领域得到了广泛应用。不同类型的高压蒸汽灭菌器在具体实现方式上有所差异，但其基本工作原理相似，关键技术是真空技术。首先对灭菌室内部抽真空，以尽量排除空气，当真空度达到设计要求时，通入高温高压蒸汽。这一过程会反复进行多次，通过多次抽真空和多次通入蒸汽，可有效置换灭菌器内室及灭菌物品的冷空气，确保无冷点。当内室压力和温度达到预设值时，蒸汽会均匀扩散并渗透至灭菌物品的内部，实现彻底灭菌的目的。

灭菌环境内存在空气，将会严重影响灭菌过程的质量，一是因为蒸汽与空气混合后不纯，使得温度控制不精确，也容易形成冷凝；二是因为空气在物品空隙留存，会阻碍蒸汽渗透，最终导致热传递的效率不足，无法有效杀灭微生物。因此，现代的高压蒸汽灭菌器一般具有真空系统，利用脉动真空排除空气取代过去的下排冷气置换蒸汽的方法。具有脉动真空系统的高压蒸汽灭菌器不但灭菌效果更好、效率更高，还能对多孔渗透性物品及空腔物品进行灭菌处理。

在灭菌装置使用中通常会进行物理监测和生物监测来确保灭菌效果，高压蒸汽灭菌器的真空度对灭菌效果有显著影响，水环式真空泵是一种常见的旋转式真空泵，是实现真空的主流方式，其工作原理是利用叶轮旋转时将水甩向泵体内壁形成旋转水环，与叶轮及圆盘形成封闭空间，周期性地改变空间容积来实现排汽过程。水环式真空泵的优点是结构相对简单，缺点是工作效率低，耗能高，浪费水资源。通常，水环式真空泵采用软化水或者纯水，在真空泵工作的整个过程中，都需要消耗水资源。

2. 蒸汽消除装置

（1）板式热交换器　蒸汽灭菌器在运行过程中会向外界排放蒸汽，较早类型的设备是通过金属排水管单独排放至室外集水井，集水井通常会有大量蒸汽冒出，对周围环境存在一定的湿热影响。现在，高压蒸汽灭菌器多采用板式热交换器（见图 7-97）。它是基于热传导和对流换热，运用两种温度不同的流体，如热水和冷水分别从两侧流入换热器时，被交替排列的传热板隔开，流体在波纹板间曲折流动，增加了接触面积和湍流程度，从而提高了热交换效率，热能从高温侧通过金属板传给低温侧，实现热能的转移。

图 7-97　板式热交换器

板式热交换器具有如下优点：

1）结构紧凑：单位体积换热面积大，占地面积小。

2）可扩展性强：可通过增减板片满足所需的换热面积。

3）高效节能：能使冷热流体充分接触换热，传热系数高，热量损失小。

4）易于清洁：板片可拆开清洗，维护方便。

5）精确控温：由于板隙较小，能够精确控制换热温度。

板式热交换器具有如下缺点：

1）密封要求高：需要采用橡胶密封垫，密封周边长，不易密封，且垫片老化后易出现泄漏问题。

2）承压能力有限：一般承压不高于 2MPa，使用温度不高于 180℃，受到垫片耐温性能的限制。

3）流道易堵塞：流道较小，若流体中含有杂质颗粒，容易堵塞流道。

4）流体阻力大：处理量一般相对较小。

（2）铜管螺旋盘式热交换器　也有一些高压蒸汽灭菌器生产厂家采用铜管螺旋盘式热交换器（见图 7-98）来消除排出的蒸汽。铜管螺旋盘是由一组或多组缠绕成螺旋状的铜管置于壳体之中制成的，其特点是结构紧凑、传热面积比直管大，温差应力小，但管内的清洗较困难，可用于较高黏度的流体加热或冷却。

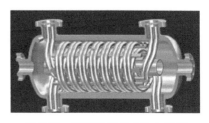

图 7-98　铜管螺旋盘式热交换器

铜管螺旋盘式热交换器具有如下优点：

1）适用于流量小或者所需传热面积小的情况。

2）因螺旋管中的滞流传热系数大于直管的，所以可用于高黏度流体的加热或冷却。

3）热交换器中的流动可认为是逆流流动。

4）因传热管呈蛇形盘管状，具有弹簧作用，所以没有热应力造成的破坏漏失。

5）紧凑，安装容易。

铜管螺旋盘式热交换器具有如下缺点：

1）当传热管与入口管和出口管连接处产生漏失时，修理困难。

2）用机械方法清洗管内侧很困难（壳侧可以用水喷嘴喷射清洗，而管内侧必须用化学处理清洗）。

3. 排水系统

高压蒸汽灭菌器在预真空阶段、脉动阶段及排汽和干燥阶段，运用真空泵排出空气和水蒸气，属于有压排放。高压蒸汽灭菌器在排汽阶段通常会对排出的气体进行降温和消蒸，无压排水真空系统（见图7-99）使得真空泵的噪声显著下降，同时有效地节省了水资源。

真空泵为水环泵，真空过程中排放真空泵用水，低噪声无压排水

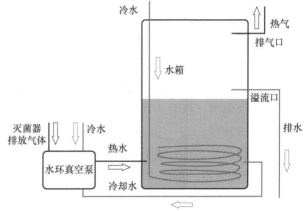

图7-99 无压排水真空系统

真空系统将真空泵用水排放到敞口冷却水箱，对排放出的蒸汽、空气、水进行冷却，并使水从溢流口流出排放。水箱底部有水管，将水箱中的水循环回真空泵进行回收利用。在冷却过程中，水箱温度会上升，冷水会从冷却管进入水箱，对水箱内部水进行降温。水箱内部有温度传感器，可设置水箱温度，控制进入冷水的量。

优点：从溢流口排水温度可控，安装设备对排水管道要求较低。溢流口排水为进入的冷水量，节约水资源。水箱为敞口排放，排水无压排放，较为安全。

7.7.4 灭菌装置典型临床应用

灭菌装置在临床应用中的作用至关重要，它们确保了医疗器械的清洁和无菌，从而保障了患者安全和医疗质量。以下是几种典型灭菌装置的临床应用。

（1）高压蒸汽灭菌装置 高压蒸汽灭菌装置在临床中应用非常广泛，高压蒸汽灭菌是一种高效且可靠的灭菌方法，能够杀灭包括耐热的细菌、芽孢在内的所有微生物。以下是高压蒸汽灭菌的典型临床应用：

1）医疗器械灭菌：手术器械、牙科工具、注射针头等通过高压蒸汽灭菌，以防止手术和治疗中的交叉感染。

2）敷料消毒：纱布、棉签、绷带等医疗用品的无菌处理，确保使用安全。

3）玻璃器皿消毒：实验室中使用的培养皿、试管、烧杯等，需要经过高压蒸汽灭菌，以避免实验污染。

4）橡胶制品消毒：手套、导管、气球等橡胶医疗用品，通过高压蒸汽灭菌，确保其在使用过程中的无菌性。

5）药液与培养基灭菌：药液、营养培养基等在制备过程中的灭菌，可防止微生物污染，保障药品和实验的纯度。

6）一次性医疗用品预处理：一次性医疗用品在包装前的高压蒸汽灭菌，可确保无菌状态，提升使用安全性。

7）医院污物处理：通过高压蒸汽灭菌处理医院产生的微生物污染废物，可降低感染风险。

随着技术的进步，高压蒸汽灭菌器的设计和功能也在不断优化，以提供更加高效、安全的灭菌解决方案。

（2）过氧化氢低温等离子灭菌装置　过氧化氢低温等离子灭菌装置在临床应用中用于解决热敏材料的灭菌难题，它适用于不耐高温的精密医疗器械。过氧化氢低温等离子灭菌器既可对金属医疗器材进行低温灭菌，也可对非金属医疗器械进行低温灭菌。以下是过氧化氢低温等离子灭菌装置的典型临床应用。

特别适用于非耐高热物品、非耐湿物品；不适用于带盲端、半盲端管腔的器械。

1）外科手术器械：运动医学、妇科、外科、五官科、眼科、泌尿外科等手术器械。

2）腔镜类器械：关节镜、腹腔镜、鼻窦内镜、电切内镜、输尿管镜等。

3）橡胶塑料附件：电凝线、电钻、电锯、线缆类附件等。

（3）环氧乙烷低温灭菌装置　环氧乙烷低温灭菌装置在临床有着广泛的用途，可用于下列仪器设备的灭菌。

1）硬式和软式内镜，如关节镜、气管镜、胃镜、肠镜、尿道镜、耳镜等。

2）医疗装备，如麻醉设备、人工肾、心肺机、血液透析器等。

3）器械，如牙钻、外科手术器械、显微手术器械、压力计、针头等。

4）橡胶制品，如外科手套、引流管、气管插管等。

5）塑料制品，如起搏器、心瓣膜、介入治疗支架、培养皿、一次性诊疗用品等。

6）其他，如书、线形探条、温度计、缝线等。

环氧乙烷低温灭菌已成为医院中一种可靠的低温灭菌方法，但是环氧乙烷有毒，对操作人员、环境均有影响，因此，环氧乙烷低温灭菌应在做好各种保护的情况下进行。

（4）低温蒸汽甲醛灭菌装置　低温蒸汽甲醛灭菌的临床应用范围随着低温蒸汽甲醛灭菌技术的不断发展越来越广泛，可应用于：

1）各种内镜，如囊肿镜、腹腔镜、关节镜、胃镜、肠镜等。

2）塑料制品，如注射器、导管、透热缆线等。

3）所有眼科手术使用的热敏器械。

参 考 文 献

［1］FRERICHS I，AMATO M B P，VAN KAAM A H，et al. Chest electrical impedance tomography examination，data analysis，terminology，clinical use and recommendations：consensus statement of the TRanslational EIT developmeNt stuDy group［J］. Thorax，2017，72（1）：83-93.

［2］ADLER A，GAGGERO P O，MAIMAITIJIANG Y. Adjacent stimulation and measurement patterns considered harmful［J］. Physiol ogical measurement，2011，32（7）：731-744.

［3］SVEN P，FRERICHS I. Regional lung opening and closing pressures in patients with acute lung injury［J］. Journal of Critical Care，2012（27）：323.

［4］中国卫生信息与健康医疗大数据学会重症医学分会标准委员会，北京肿瘤学会重症医学专业委员会，中国重症肺电阻抗工作组，等. 肺电阻抗成像技术在重症呼吸管理中的临床应用中国专家共识［J］. 中华医学杂志，2022（9）：615-628.

［5］ZHAO Z Q，CHANG M Y，FRERICHS I，et al. The incidence and interpretation of large differences in EITbased measures for PEEP titration in ARDS patients［J］. Journal of Clinical Monitoring and Computing，2020，34（5）：1005-1013.

［6］EDUARDO L V C，JOAO B B，ALEXANDRE，M，et al. Bedside estimation of re-cruitable alveolar collapse and hyperdistension by electrical impedance tomography［J］. Physiological and Technical Notes，2009，35：1132-1137.

［7］HOCIIHAUSEN N，BIENER I，ROSSAINT R，et al. Optimizing PEEP by electrical impedance tomography in a porcineanimal model of ARDS［J］. Respir atory Care，2017，62（3）：340-349.

第 8 章　手术机器人

8.1　手术机器人概述

医疗机器人是在医院、诊所等医疗机构中使用的机器人，用于提供医疗或辅助医疗服务。随着临床适应性和交互性的提高，医疗机器人可以帮助医生更有效地诊断和治疗患者。

手术机器人可以克服人体生理限制，并以其较高的操作精度、重复性和操作稳定性，适用于各种精度要求较高的微创治疗，为患者带来了巨大的临床优势。与传统手术相比，手术机器人借助高分辨率的 3D 立体视觉系统和灵活的操作自由度，可在狭小、密闭的手术空间中提供超高清视觉系统，具备位置导航、灵活运动和精准操作能力，可有效改善手术效果。

按照医疗应用领域划分，手术机器人分为腔镜手术机器人、骨科手术机器人、血管介入手术机器人、神经外科手术机器人等；按照技术特点划分，手术机器人分为主从操作手术机器人和导航定位手术机器人。手术机器人的分类、主要功能和代表性企业见表 8-1。

表 8-1　手术机器人的分类、主要功能和代表性企业

技术特点分类	医疗应用领域分类	主要功能	代表性企业
主从操作手术机器人	腔镜手术机器人，适用于普通外科、泌尿外科、妇科、儿科等腔镜下微创手术	腔镜使外科医生的视线可延伸至患者的体内，而机械臂则模仿双手以操纵腔镜及手术器械	达芬奇、北京术锐机器人股份有限公司（北京术锐）、上海微创医疗机器人（集团）股份有限公司（微创机器人）、深圳市精锋医疗科技股份有限公司（精锋医疗）等。
	血管介入手术机器人，适用于心血管、脑血管、外周血管的介入手术	机器人可提高血管介入手术操作的便利性和精准度，减少医生的受辐射剂量	Siemens、Robocath、强生等
导航定位手术机器人	骨科手术机器人，适用于创伤骨科、关节置换及脊柱外科手术	骨科手术机器人可提供更好的手术部位影像，对正常组织的损伤性较低，可缩短患者的康复时间	北京天智航医疗科技股份有限公司（天智航）、Medtech、美敦力等

（续）

技术特点分类	医疗应用领域分类	主要功能	代表性企业
导航定位手术机器人	放射介入手术机器人，用于经皮穿刺手术，主要为收集组织样本用于诊断用途，例如穿刺活检、消融、粒子植入等	经皮穿刺手术机器人能够提高单次穿针成功率，减少并发症，提升穿刺手术精度	Perfint、Interventional System 等
	神经外科手术机器人，适用于微创神经外科、内镜辅助神经外科、显微神经外科等各种类型手术	能辅助神经外科医生微创、精准、高效、安全地完成神经外科手术	北京柏惠维康科技股份有限公司（柏惠维康）、华科精准（北京）医疗设备股份有限公司（华科精准）、Medtech、Neuromate 等
	口腔种植手术机器人，适用于口腔种植手术，包括单颗、多颗以及全口无牙颌	能辅助口腔医生精准完成牙列缺失手术	柏惠维康、雅客智慧（北京）科技有限公司（雅客智慧）、Neocis 等

8.2 手术机器人的系统结构

8.2.1 导航定位手术机器人系统结构

导航定位手术机器人是按照医生术前制定的手术方案自主运动，实现导航定位、穿刺、磨削等功能，适用于神经外科、骨科、口腔等刚性组织狭小空间的精细手术操作。

当前，此类手术机器人的主流产品通常由"脑、眼、手"三部分构成。"脑"是计算机手术规划软件，其作用是利用医学影像在计算机上重构手术部位的三维图像，为医生制定安全的手术方案提供地图，并融合"眼"和"手"的信息实现手术模拟和定位控制；"眼"是光学跟踪定位仪，通过机器视觉算法准确识别标志物，建立计算机三维模型和手术场景空间的对应坐标关系，实现手术注册和实时跟踪导航机械臂运动姿态的作用；"手"是多自由度灵巧机械臂，根据手术规划方案自动执行钻孔、穿刺、磨削等手术操作。导航定位操作机器人将手术规划、导航和操作三者统一，辅助医生微创、精准、高效、安全地完成各类手术。

目前，国内外绝大部分神经外科手术机器人、骨科手术机器人、口腔种植手术机器人产品都由"脑、眼、手"三部分组成，这种技术构成代表了导航定位手术机器人的主流技术发展方向。小部分导航定位手术机器人产品组成部分缺少了具备空间立体定位功能的"眼"，即缺少独立的光学跟踪定位功能，使得产品的精度性能和适应证范围受到了很大影响。图 8-1 所示为柏惠维康的"睿米"RM-50 型号神经外科手术机器人，采用了典型的"脑、眼、手"结构，该导航定位手术机器人主要由光学跟踪定位仪、机械臂和手术规划系统组成。

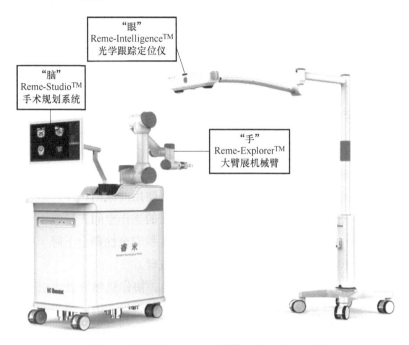

"眼"
Reme-Intelligence™
光学跟踪定位仪

"脑"
Reme-Studio™
手术规划系统

"手"
Reme-Explorer™
大臂展机械臂

图 8-1 "睿米" RM-50 型号神经外科手术机器人

8.2.2 主从操作手术机器人系统结构

主从操作手术机器人由医生操作主端力位交互装置,实时控制患者体内的从端机械臂和末端手术器械的动作,主要适用于各类内镜引导下的微创手术和血管介入手术。

图 8-2 所示为美国直觉外科公司的达芬奇 Xi 型号的腔镜手术机器人,是典型的主从操作手术机器人,其结构构成分为"主手"和"从手","主手"是医生操作的力位交互装置,"从手"是手术机械臂和末端的手术器械,还包括内镜视觉模块。主从操作

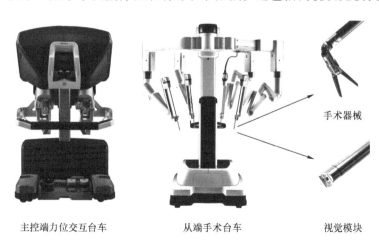

主控端力位交互台车   从端手术台车   视觉模块

手术器械

视觉模块

图 8-2 达芬奇 Xi 型号的腔镜手术机器人

手术机器人能够实现医生手部抖动过滤和运动比例缩小的功能，因此医生手部的大范围运动可以通过机械臂控制变成更精确的小空间精巧运动。

8.3　手术机器人的关键零部件

8.3.1　导航定位手术机器人关键零部件

1. 手术机械臂

工业机械臂可以满足手术场景中基本的定位和轨迹运动的需求，但是具有自重负载比过大、体积大的缺点，与手术设备轻巧灵活、方便使用的原则相悖。微创外科手术实施的操作空间较小，机械臂自身体积过大会挤占有限的操作空间，影响手术效果；过大的自重会导致机械臂的惯性较大，人机协作的操作性和安全性都会下降。因此手术场景需要自重负载比小、体积小、安全性更高的协作机械臂。

随着 UR 机器人、库卡 iiwa 机器人等产品的落地，协作机械臂技术进入了快速发展期。相比传统的工业机械臂，协作机械臂具有更高的安全性，因此被当前的手术机器人厂家广泛应用，仅有少数厂家采用工业机械臂方案。为了提高安全性，协作臂的自重更轻、体积更小、运动速度更低且每个关节具有力矩检测能力。这些特点的背后，是高功率密度伺服驱动器、力位混合控制技术、高速总线技术、超小型减速器技术等关键技术的快速发展。更轻、更小、更安全将是手术机械臂的发展趋势。轻便小巧，更加类似人类的手臂，将会进一步提升手术的灵活性和手术效果，随着高功率密度关节技术的进步，该目标会逐步实现。目前主流的协作机器人都是通过关节电动机电流检测来间接计算转矩，其精度还不够高，未来随着关节力矩传感器的普及、算法的进步及成熟，手术机械臂的人机安全性将会进一步提升。

2. 光学跟踪定位仪

光学跟踪定位仪是导航定位手术机器人系统中的"眼"，用于识别检测标志物的坐标和姿态，系统根据这些信息对机械臂进行反馈控制。

光学跟踪定位仪按采集图像类型主要分为红外类型和可见光类型。两类设备的原理都是立体视觉技术，但红外跟踪定位仪使用红外反光标志物作为检测点，而可见光跟踪定位仪使用角点、圆形等图案作为检测点。早期的跟踪定位仪是基于红外的，其图像处理算法的复杂度低，对计算平台的性能要求不高，因此得到了更广泛的使用；但其缺点是仅能给用户红外图像，没有可用于更高层次处理的立体自然图像。随着计算机硬件、并行计算、人工智能等技术的快速发展，基于可见光图像的跟踪定位算法处理速度已经赶超了红外跟踪定位仪。基于图像识别定位的自然特征，在诸如口腔、植发、神经外科等手术领域占有越来越重要的地位，而可见光跟踪定位仪提供的双目图像信息可以供用户完成立体自然图像的各类处理。两类光学跟踪定位仪的发展方向都是处理速度更快、定位精度更准、标志物体积更小更多样，但发展更为迅速的还是基于可见光原理的定位仪。伴随着计算机视觉技术、人工智能技术等的发展,可检测的标志物从最早的棋盘格角点到现在的平面二维码、曲面二维码,再到各类自然特征,越来越丰富;传感器分辨率越来越高,更多的图像信息可以用于识别和定位,因此可见光跟踪定位仪在未来的发展将会更加蓬勃,同时可见光技术和增强显示技术相融合,进一步促进了手术机器人临床功能的拓展。

8.3.2　主从操作手术机器人关键零部件

1. 灵巧手术器械

灵巧手术器械是主从操作手术机器人最为关键的核心零部件,也是国内外研发的热点。灵巧手术器械的核心指标是外径尺寸及末端负载能力,然而同时兼顾小尺寸和高负载将对研发带来更高难度。目前成功实现临床应用的公司包括美国直觉外科公司、北京术锐等。此外,诸如美国约翰斯·霍普金斯大学、美国范德比尔特大学、英国帝国理工学院、日本早稻田大学、上海交通大学、天津大学、中国科学院沈阳自动化研究所、香港理工大学、哈尔滨工业大学等科研机构均有相关研究工作开展。

2. 高清视觉模块

视觉模块主要负责提供手术视野,目前主要有高清双目内镜和近红外荧光成像技术等途径。在高清双目内镜方面,较为成熟的产品有日本奥林巴斯株式会社的柔性双目内镜和德国 B. Braun Melsungen、Schoelly 公司的双目内镜模组等,荧光成像技术也于 2014 年整合进入达芬奇系统中。目前,国内的手术机器人荧光成像产品仍处于迎头追赶阶段。

3. 主控端力位交互设备

力位交互设备集成在主控端操作平台上,负责采集医生手部的位姿信息并下发给从动端手术机器人,同时会向医生输出一定的力与力矩,使其拥有更真实的操作感觉,是主从操作手术机器人的主要人机交互设备。早期的手术机器人力位交互设备多采用来自 Force Dimension、3D Systems 等公司的产品,为了进一步降低成本、提升系统的适配程度,目前大多数手术机器人公司都采用独立自主研发的力位交互设备。

8.4　手术机器人的核心技术

手术机器人作为医疗装备领域的尖端科技,其核心技术涉及多个学科,包括机械工程、控制工程、计算机科学、医学影像、人工智能等。这些技术的协同作用,使得手术机器人能够以更高的精度、更小的创伤完成复杂的手术。本节内容从手术机器人执行机构、手术机器人视觉与导航系统、手术机器人控制系统分别介绍手术机器人相关的核心技术。

8.4.1　手术机器人执行机构

1. 高精度运动控制

高精度运动控制是手术机器人机械臂系统的基础,它依赖于先进的控制算法、高精度的传感器以及精密机械设计等多个方面。

控制算法方面：手术机器人通常采用位置控制、力控制或混合控制等策略来实现机械臂的精准运动，包括自适应控制、滑模控制、模糊控制等，这些算法可以根据手术环境和任务需求进行调整，保证机械臂在不同情况下都能实现高精度运动。

传感器方面：高精度的传感器是实现亚毫米级运动的关键，手术机器人通常会使用光学编码器、磁性编码器等高精度传感器来实时监测机械臂的位置和姿态。

机械设计方面：精密机械设计，例如低摩擦轴承、高刚性材料等，也是保证机械臂运动精度的重要因素。

2. 多自由度设计

多自由度设计指的是机械臂拥有多个可以独立运动的关节，这使得机械臂能够在三维空间内灵活地运动，模拟人手的灵巧操作，从而适应各种复杂的手术场景。例如，达芬奇手术系统的机械臂拥有 7 个自由度，可以模拟人手腕的运动，进行非常精细的操作。

3. 力反馈技术

力反馈技术可以让医生在操作机械臂时感受到手术器械与组织之间的交互力，就像医生直接用手进行操作一样。这项技术的实现依赖于力传感器。力传感器可以测量机械臂末端器械与组织之间的接触力、切割力等信息，并将这些信息转化为力反馈信号，传递给医生的操作手柄。力反馈技术可以帮助医生更好地控制手术操作力度，避免对组织造成过度损伤，提高手术的安全性。通过力传感器可以感知微小的力变化，并提供高质量的力反馈信号，增强医生的触觉感知。

8.4.2 手术机器人视觉与导航系统

1. 图像配准技术

图像配准的目的是建立不同图像空间之间的坐标映射关系。每一种医学影像（如CT、MRI、超声、内镜图像等）都有其独特的成像原理和坐标系，因此每一种影像都代表了一个独立的图像空间。图像配准技术要做的是找到一种方法，将一个图像空间中的点对应到另一个图像空间中相应的点。这就像是在两张不同的地图上找到同一个地标一样。一旦建立了不同图像空间之间的坐标映射关系，就可以将一个图像空间中的信息（如肿瘤的位置、大小、形状等）准确地映射到另一个图像空间中，从而实现信息融合和互补。

在导航定位手术中，可将不同模态的医学影像（如 CT、MRI、PET 等）进行配准，综合不同影像的信息，帮助医生更加全面地了解患者的病情，制定更加精准的手术方案。在主从操作手术中，可将术前获取的高分辨率三维影像（如 CT、MRI）与术中实时二维影像（如超声、内镜图像）进行配准，将术前影像的信息准确地映射到术中影像上，帮助医生在手术过程中准确定位目标组织和器官，并规划手术路径。另外，将术前、术中和术后的影像进行配准，比较不同阶段的影像变化，可评估手术的效果和患者的恢复情况。

2. 三维成像技术

在主从操作手术中，三维成像技术为医生提供了传统手术无法比拟的视野优势。大部分手术机器人三维成像系统采用双目视觉原理，即通过两个不同角度的摄像头捕捉手术场景的图像，然后通过计算机视觉算法重建出三维立体图像。

为了让医生能够看清手术部位的细微结构，手术机器人视觉系统通常配备高分辨率的摄像头和显示器，目前常见的是高清（HD）3D 显示器，一些最新的手术机器人系统甚至配备了 4K 超高清 3D 显示器，能够提供更加清晰的手术视野。

3. 图像增强技术

手术过程中，由于血液、组织液等的干扰，手术视野的清晰度往往会受到影响。图像增强技术可以针对性地提高图像的对比度和清晰度，帮助医生更好地识别细小的组织结构。常用的图像增强技术包括对比度增强、边缘增强、降噪等算法。例如，可以利用图像直方图均衡化来提高图像对比度，或者采用高通滤波来增强图像边缘。一些先进的图像增强技术，例如近红外荧光成像，还可以帮助医生区分正常组织和病变组织。例如，基于近红外荧光的视觉伺服技术，可以帮助医生在手术中更精准地切除肿瘤组织。

4. 实时跟踪技术

手术过程中，手术器械和组织都在不断运动，实时跟踪技术可以帮助医生准确地掌握它们的位置和运动轨迹，确保手术操作的准确性。导航定位手术机器人常见的实时跟踪技术是利用光学标记或电磁标记来跟踪手术器械的位置。例如，可以在手术器械上安装标志物或反光球，然后通过摄像头捕捉标志物或反光球的位置信息，从而计算出手术器械的位置和姿态。一些最新的实时跟踪技术则采用无标记的方式，例如利用计算机视觉算法直接从手术视频中识别和跟踪手术器械和组织。

8.4.3　手术机器人控制系统

1. 主从遥操作控制

在主从操作手术机器人中，外科医生在远离手术台的操作台中，通过主控制器（如手柄、控制杆等）发出操作指令，机器人的机械臂会同步复制医生的动作，从而进行手术操作。

主从遥操作控制可以过滤掉医生手部的生理性震颤，将医生的手部动作更精准地转换为机器人的动作，从而提高手术的精度和稳定性。另外，可以让医生在舒适的操作姿势下进行手术，减轻医生的疲劳，提高手术效率。

传统的主从遥操作控制系统缺乏触觉反馈，医生无法直接感受到手术器械与组织之间的交互力，这可能会增加手术风险。此外，主从遥操作控制需要医生具备良好的手眼协调能力和空间想象能力，才能熟练操控机械臂。

2. 人机交互界面

手术机器人的人机交互界面设计目标是为医生提供一个直观、易用、高效的操作平台，降低医生的学习成本，提高手术效率。传统的图形用户界面（Graphical User Interface，

GUI）在手术机器人控制中已经发挥了重要作用，但它存在一些局限性。

1）注意力分散：医生在手术过程中需要同时关注多个信息，频繁切换视线在 GUI 上操作可能导致注意力分散，影响手术效率和安全性。

2）操作复杂：一些复杂的指令在 GUI 上实现可能需要多个步骤，增加操作难度。

3）非自然交互：通过鼠标、键盘等设备进行操作，与医生自然的手术动作存在一定差异。

为了克服这些局限性，部分手术机器人系统逐渐采用多模态交互方式，医生可以通过语音直接下达手术指令，如"打开夹钳""旋转关节"等，并实时查询机器人的状态。手势识别则让医生能够通过手势直接操纵手术器械，实现更加精细、灵活的操作。此外，眼动追踪技术可以根据医生的视线焦点自动调整手术视野，进一步提高手术效率。通过将语音、手势、眼动等多种模态的信息进行融合，多模态交互系统能够更准确地理解医生的意图，并做出相应的响应。这种多模态交互方式不仅降低了医生操作的复杂性，还提高了手术的精准度和安全性。然而，多模态交互系统在鲁棒性、安全性、个性化等方面仍面临一些挑战。未来，随着人工智能、计算机视觉等技术的不断发展，多模态交互技术将在手术机器人领域得到更加广泛的应用，为医生提供更加智能、高效、便捷的工具。

3. 运动规划

运动规划的目标是根据手术目标和环境约束，自动生成安全、高效、可执行的手术器械运动轨迹。常用的运动规划算法包括 A* 算法、Dijkstra 算法、快速搜索随机树（Rapidly-exploring Random Tree，RRT）算法等。在实际手术时，可根据术前影像数据，自动规划出手术器械的最佳路径，避开血管、神经等重要组织；在手术过程中，可实时跟踪手术器械和组织的位置，并根据实际情况动态调整手术器械的运动轨迹。还有一些研究中，针对在一些简单的操作任务，例如穿刺、缝合等，可以由机器人自主完成，不需要医生手动操控。手术环境的复杂性和不确定性对手术机器人的运动规划算法提出了很高的要求，例如软组织的变形、手术器械的碰撞、手术视野的遮挡等因素都会影响到运动规划的效果。

4. 故障诊断与安全性

手术机器人系统须能够及时检测并处理系统故障，确保手术的安全性，这对手术机器人的可靠性至关重要。故障诊断与容错的目标是及时发现和隔离系统故障，并采取相应的措施来保证手术的安全进行，例如停止手术操作、切换到备用系统等。常用的故障诊断方法包括基于模型的方法、基于数据驱动的方法和基于专家系统的方法等。

8.5 骨科手术机器人系统

8.5.1 骨科手术机器人概述

骨科疾病常见多发，致残率居于全球第四位。随着经济水平的提升和人口老龄化发展，骨科疾病发病率持续上升，骨科手术量快速增长。统计数据显示，我国骨科手术量从 2012 年的 171 万例增长到 2021 年的 461 万例，复合年均增长率 11.6%。骨科疾病引起的疼痛、活动受限、残疾和死亡，会严重影响患者的生活质量和生命健康，导致严重的社会问题和经济问题。

传统的开放式骨科手术创伤大、出血多、并发症多、精确性不足，微创手术创伤小、出血少、恢复快，但对手术精确性要求高，徒手操作的手术方式难以满足。开放式和经皮微创脊柱椎弓根钉内固定手术如图 8-3 所示。

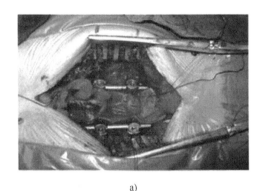 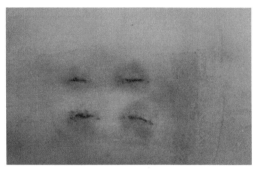

a) b)

图 8-3 开放式和经皮微创脊柱椎弓根钉内固定手术

a）开放式脊柱椎弓根钉内固定手术 b）经皮微创脊柱椎弓根钉内固定手术

徒手操作方式的主要不足，体现在如下方面：

1）精准性不足，手术风险高。骨科手术位置深，人眼无法直视人体内部，即使开放式手术中可暴露的组织结构也是有限的；医生疲劳、人手抖动等造成徒手操作的稳定性不足。骨科手术部位周围毗连重要神经和血管组织，对手术操作的精确性要求高，误操作容易导致重要神经和血管损伤，导致多种并发症，甚至导致术后疼痛、残疾或死亡。

2）依赖术中 X 射线透视，辐射损伤大。传统的图像引导手术方法，依赖术中不断进行 X 射线透视和医生对手术路径进行反复的调整和尝试。一方面，X 射线透视图像是重叠影像，存在盲区，缺乏立体感，必须多次多角度透视才可能确定手术路径的准确性；另一方面，反复的透视和手术路径调整，增加了术中 X 射线辐射损伤，以及对骨组织解剖结构的破坏。

机器人具有定位精准、操作稳定的特点，将机器人技术引入骨科手术，为骨科手术的智能化、微创化发展开辟了广阔的道路。

8.5.2 骨科手术机器人关键技术

1. 骨科手术机器人导航定位基本原理

骨科手术机器人的导航定位是利用机器人定位精确、工作稳定、操作灵活的特点，辅助医生精准完成手术操作，其工作过程主要包括：①手术规划，即根据临床诊疗的要求在手术规划图像上设计手术路径，选择合适的植入物；②空间定位，即获得手术规划手术路径的空间坐标，通过图像注册技术实现；③路径导航，即根据手术路径的空间坐标控制机器人运动，将手术工具运动至手术路径。

典型的骨科手术机器人系统组成如图 8-4 所示，包括机械臂、光学定位跟踪设备、手术规划和控制软件、手术导航工具包等部件。根据不同的手术需求，手术导航工具包主要包括机械臂跟踪器、患者跟踪器、图像标定器、导向套筒等手术工具。

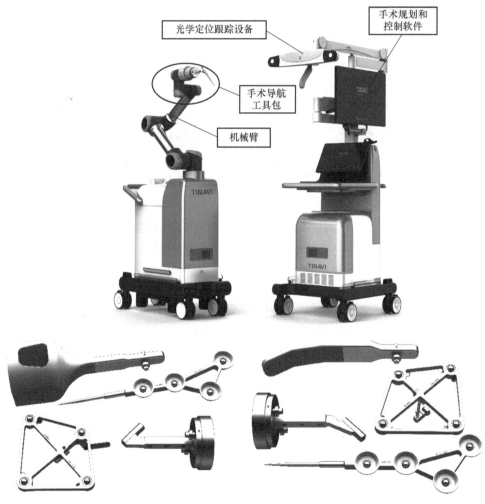

图 8-4　骨科手术机器人系统

2. 空间定位技术

空间定位是骨科手术机器人的关键技术和关键环节。根据不同手术类型的临床要求和手术习惯，需要采用不同模态的医学图像进行手术规划，同时也需要采用不同的图像注册方法。骨科手术常用的医学图像包括术中 X 射线透视图像、术中 CBCT 图像、术前 CT 图像等，相应的图像注册方式描述如下。

（1）基于术中 X 射线透视图像的图像注册　术中 X 射线透视成像的模型如图 8-5

所示，空间点 $P(x_\mathrm{w}, y_\mathrm{w}, z_\mathrm{w})$ 与其透视图像点 $p(u, v)$ 符合投影变换的关系，具有如下的坐标转换关系。

$$z_\mathrm{c} \begin{bmatrix} u \\ v \\ 1 \end{bmatrix} = \begin{bmatrix} m_{11} & m_{12} & m_{13} & m_{14} \\ m_{21} & m_{22} & m_{23} & m_{24} \\ m_{31} & m_{32} & m_{33} & m_{34} \end{bmatrix} \begin{bmatrix} x_\mathrm{w} \\ y_\mathrm{w} \\ z_\mathrm{w} \\ 1 \end{bmatrix} \qquad (8\text{-}1)$$

式中，z_c 为尺度因子。

设 $\boldsymbol{M}$ 为投影矩阵。

$$\boldsymbol{M} = \begin{bmatrix} m_{11} & m_{12} & m_{13} & m_{14} \\ m_{21} & m_{22} & m_{23} & m_{24} \\ m_{31} & m_{32} & m_{33} & m_{34} \end{bmatrix}$$

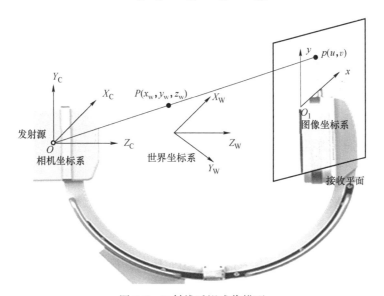

图 8-5　X 射线透视成像模型

当从两个不同角度拍摄同一空间点 P 的投影图像时，可以得到两个投影关系。

$$z_\mathrm{c}^1 \begin{bmatrix} u_1 \\ v_1 \\ 1 \end{bmatrix} = \boldsymbol{M}_1 \begin{bmatrix} x_\mathrm{w} \\ y_\mathrm{w} \\ z_\mathrm{w} \\ 1 \end{bmatrix} \qquad z_\mathrm{c}^2 \begin{bmatrix} u_2 \\ v_2 \\ 1 \end{bmatrix} = \boldsymbol{M}_2 \begin{bmatrix} x_\mathrm{w} \\ y_\mathrm{w} \\ z_\mathrm{w} \\ 1 \end{bmatrix} \qquad (8\text{-}2)$$

当已知投影图像坐标 $p_1(u_1, v_1)$、$p_2(u_2, v_2)$，以及相应投影矩阵 $\boldsymbol{M}_1$、$\boldsymbol{M}_2$ 时，通过联立上述两式，即可求得空间点 P 的三维坐标 $(x_\mathrm{w}, y_\mathrm{w}, z_\mathrm{w})$。手术中，在两幅不同角度的图像中分别规划螺钉位置，通过以上算法可以求得螺钉钉头和钉尾的空间坐标，从而确定手术路径空间位置。

反之，根据投影坐标变换关系，当已知多个空间点的三维坐标及其投影图像坐标时，也可利用投影坐标变换关系求得相应的投影矩阵 M。为此，一种典型的二维定位标尺设计如图 8-6 所示，其中连接部与机械臂连接，成像部由可透 X 射线的材料支撑，其中内嵌按一定规则分布的不透 X 射线的内置标记物。手术中，将该定位标尺安装于机械臂末端，根据其结构设计参数和实时光学跟踪数据，可以得到各个标记物的世界坐标（通常以患者跟踪器坐标系或光学跟踪相机坐标系为参考）。当进行透视图像采集

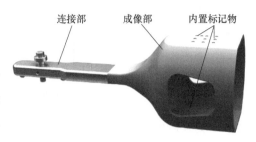

图 8-6　二维定位标尺

时，将标记点在图像中成像，其图像坐标可以从透视图像中通过手动或者自动的方式获取，从而可以在线计算每个透视图像的投影矩阵 M。

（2）基于术中 CBCT 图像的图像注册　任意空间点 $P(x,y,z)$ 与其 CBCT 图像坐标 $P'(x',y',z')$ 之间符合刚性空间变换的规律。因此，具有如下的空间坐标转换关系。

$$\begin{bmatrix} x' \\ y' \\ z' \\ 1 \end{bmatrix} = \begin{bmatrix} r_{11} & r_{12} & r_{13} & p_1 \\ r_{21} & r_{22} & r_{23} & p_2 \\ r_{31} & r_{32} & r_{33} & p_3 \\ 0 & 0 & 0 & 1 \end{bmatrix} \cdot \begin{bmatrix} x \\ y \\ z \\ 1 \end{bmatrix} \tag{8-3}$$

设 H 称为空间三维坐标变换矩阵。

$$H = \begin{bmatrix} r_{11} & r_{12} & r_{13} & p_1 \\ r_{21} & r_{22} & r_{23} & p_2 \\ r_{31} & r_{32} & r_{33} & p_3 \\ 0 & 0 & 0 & 1 \end{bmatrix}$$

当已知 CBCT 图像与世界坐标系的变换矩阵 H 时，根据式（8-3）可求得图像中规划的假体的空间位置。

反之，当已知多个空间点的世界坐标及其图像坐标时，也可求得变换矩阵 H。为此，一种典型的三维定位标尺设计如图 8-7 所示，其中连接部与机械臂连接，成像部由可透 X 射线的材料支撑，其中内嵌按一定规则分布的不透 X 射线的内置标记物。手术中，将该定位

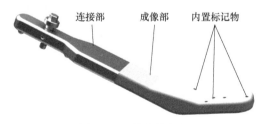

图 8-7　三维定位标尺

标尺安装于机械臂末端，根据其结构设计参数和实时光学跟踪数据，可以得到各个标记物的世界坐标（通常以患者跟踪器坐标系或光学跟踪相机坐标系为参考）。当进行 CBCT 图像扫描时，将标记点在图像中成像，因此其图像坐标可以从 CBCT 图像中通过手动或者自动的方式获取，从而可以在线计算变换矩阵 H。

（3）基于术前 CT 的图像注册　术前 CT 可以重建骨骼的三维立体结构，同时具有图像清晰、分辨率高、成像速度快、成本较低等特点，是骨科常用的诊断和手术计划用医学图像。为了将术前规划手术路径映射到术中机器人工作空间，需要进行术前 CT 图像注册，获得 CT 图像空间与机器人工作空间的坐标转换矩阵。在手术机器人系统中，一种术前 CT 图像注册的方式是术前在患者骨组织上置入标记物，术中从图像中获取标记物的图像坐标，通过光学跟踪工具获得标记物的世界坐标，从而实现图像注册。但该方法首先需要置入标记物的手术，对患者创伤大、操作复杂。另一种通过表面匹配的算法，不需要事先置入标记物，是骨科手术机器人常用的图像注册方法，其中最为经典的注册算法称为迭代最近点（Iterative Closest Point，ICP）算法。该算法首先通过图像处理在术前 CT 图像中骨表面生成一系列无序点（称为点云 P），术中通过光学跟踪工具拾取对应部位骨表面一系列无序点（称为点云 Q）。由于两组点云无序排列，点的位置并不一一对应，所以无法找到满足式（8-3）的点对。

ICP 算法基本流程：

① 初始化。选择一个初始的变换矩阵（旋转和平移），可以是单位矩阵，或者通过其他方法（如主成分分析等）获得的粗略估计。骨科手术中，可以首先选择少量的人体的骨性解剖特征点生成一一对应的点对，来计算初始变换矩阵。

② 对应点对确定。对于源点云（点云 P）中的每一个点，在目标点云（点云 Q）中寻找最近的点作为对应点。这一步通常通过某种距离度量（如欧氏距离）实现。

假设点云 $P=\{p_1,p_2,p_3,\cdots,p_n\}$，点云 $Q=\{q_1,q_2,q_3,\cdots,q_n\}$，常用的点云欧式距离为

$$\mathrm{Loss}=\sum_{i=1}^{n}\|q_i-Rp_i-t\|^2$$

式中，R 为旋转矩阵；t 为平移向量。

③ 误差最小化。使用找到的对应点对，通过最小二乘法计算一个最优的变换矩阵，使得变换后的源点云与目标点云之间的误差度量最小。

④ 迭代。使用上一步得到的最优变换矩阵更新源点云的位置，并重复步骤②、③，直到满足某种收敛条件（如变换矩阵的变化量小于某个阈值，或者误差度量小于某个阈值，或者达到最大迭代次数）。

尽管 ICP 算法不要求两个待配准点云的个数相同，但该算法对点云初始位置要求较高。当点云的初始位置不佳时，配准结果可能会出现局部最优而全局无法收敛，导致配准耗时长、精度低。实际的 ICP 算法实现会涉及更多的细节，比如对应点对的搜索算法（如 KD 树）、变换矩阵的计算方法（如 SVD 分解）、误差度量的选择等。此外，为了加速收敛和提高算法稳定性，ICP 算法还常常结合一些其他技术，如点云采样、误对应点剔除等。

3. 路径导航技术

路径导航的问题是如何根据手术路径的空间坐标计算机器人目标位姿，从而控制机

器人定位手术路径。

以脊柱椎弓根螺钉置入为例来说明求取机器人姿态的基本过程：首先建立机械臂、患者跟踪器、机械臂跟踪器、光学跟踪装置、手术规划图像等部件的坐标系，如图 8-8 所示。其中，O_0 表示机械臂基座坐标系，O_6 表示机械臂末端坐标系，O_r 表示机械臂跟踪支架坐标系，O_t 表示手术工具坐标系，O_p 表示患者跟踪器坐标系，O_c 表示光学跟踪装置坐标系。用 $\boldsymbol{T}$ 矩阵表示两个坐标系之间的变换，例如 $\boldsymbol{T}_r^6$ 表示从机械臂跟踪支架坐标系 O_r 到机械臂末端坐标系 O_6 的转换关系，$\boldsymbol{T}_6^0$ 为机械臂末端坐标系与机械臂基座坐标系的转换矩阵，也称为机器人位姿矩阵。

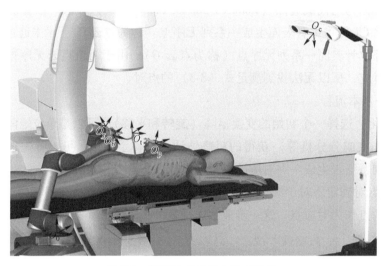

图 8-8　骨科手术机器人路径导航

手术工具与机械臂基座的转换关系为

$$\boldsymbol{T}_t^0 = \boldsymbol{T}_6^0 \boldsymbol{T}_t^6 \tag{8-4}$$

另一方面

$$\boldsymbol{T}_t^0 = \boldsymbol{T}_p^0 \boldsymbol{T}_t^p \tag{8-5}$$

由式（8-4）和式（8-5）可得

$$\boldsymbol{T}_6^0 = \boldsymbol{T}_t^0 \left(\boldsymbol{T}_t^6\right)^{-1} = \boldsymbol{T}_p^0 \boldsymbol{T}_t^p \left(\boldsymbol{T}_t^6\right)^{-1} \tag{8-6}$$

式中，$\boldsymbol{T}_p^0$ 为患者与机械臂基座的关系，在机器人运动过程中保持不变，可在机器人的任意已知位姿，由式（8-7）计算得到；$\boldsymbol{T}_t^p$ 为手术路径相对于患者跟踪器的关系，由手术规划确定，并根据图像注册计算所得。

$$\boldsymbol{T}_P^0 = \boldsymbol{T}_6^{0\prime} \boldsymbol{T}_r^6 \left(\boldsymbol{T}_r^{c\prime}\right)^{-1} \boldsymbol{T}_p^{c\prime} \tag{8-7}$$

式中，$\boldsymbol{T}_6^{0\prime}$ 为机械臂位姿矩阵，从机械臂直接读取；$\boldsymbol{T}_r^6$ 根据手术工具的设计参数确定，为已知参数；$\boldsymbol{T}_r^{c\prime}$ 和 $\boldsymbol{T}_p^{c\prime}$ 分别为机械臂跟踪器与光学跟踪装置，及患者跟踪器与光学跟踪装置的坐标转换关系，由光学跟踪装置实时输出。

因此，根据手术规划结果，通过式（8-6）即可计算获得机械臂的目标位姿矩阵。

根据机器人的目标位姿矩阵，可以控制机械臂运动至目标位姿，即可定位手术路径，引导医生进行手术操作。

8.5.3　典型骨科手术机器人产品及临床应用

1. 天智航骨科手术机器人

天智航是一家专注从事骨科手术机器人及其相关技术自主创新、规模化生产、专业化营销及优质临床应用的高新技术企业，也是国内第一家、全球第五家获得医疗机器人注册许可证的企业。天智航作为我国医疗机器人开拓者，获得了 300 余项专利，是"国家机器人标准化总体组"成员单位，"医疗机器人国家地方联合工程研究中心"依托单位，曾获 2015 年国家科学技术进步奖二等奖等国家级和省部级多项荣誉，拥有博士后科研工作站。

天智航核心产品"天玑"骨科手术机器人（见图 8-9、图 8-10）是覆盖创伤、脊柱和关节手术的通用型产品，创新地实现了一机多适应证覆盖，包含颈椎、胸椎、腰椎、骶椎全节段脊柱外科手术和骨盆、髋臼、四肢等部位的创伤手术和关节置换手术。截至 2024 年第一季度末，"天玑"系列骨科机器人的临床应用已覆盖 30 个省、自治区、直辖市的 200 余家医疗机构，手术量突破 70000 例。

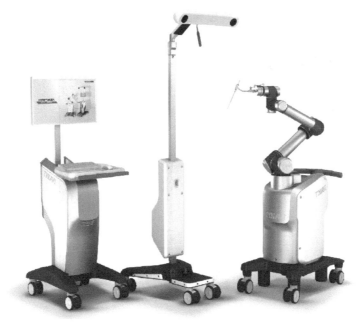

图 8-9　天智航"天玑"骨科手术机器人

2. 典型临床应用

骨科手术机器人广泛应用于关节、脊柱和创伤等领域多种手术中，机器人辅助骨科手术一般包括术前规划、图像注册、术中导航等基本步骤。本节将通过典型术式流程说明骨科手术机器人辅助手术方法。

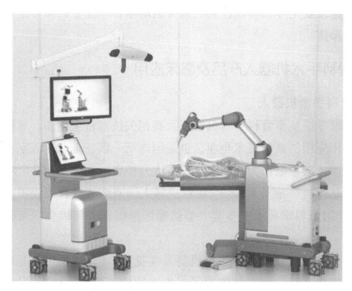

图 8-10 天智航"天玑Ⅱ"骨科手术机器人

（1）机器人辅助全膝关节置换手术 人工全膝关节置换手术（Total Knee Arthroplasty，TKA）是治疗膝关节严重疾患、解除膝关节疼痛、重建膝关节功能的主要手段，通过外科技术将关节假体植入人体内，代替患病关节功能，达到缓解关节疼痛、恢复关节功能的目的。TKA 术前、术后 X 射线透视图像对比如图 8-11 所示。

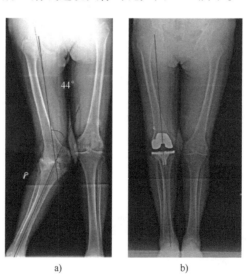

图 8-11 TKA 术前、术后 X 射线透视图像对比

a）术前 b）术后

1）术前图像采集和手术规划。TKA 手术基于术前 CT 图像进行假体选型和置入位置规划（见图 8-12）。术前规划是通过设计假体位置确定截骨平面，通常要考虑下肢力线重建、膝关节活动范围、关节张力和间隙平衡以及假体与患者的匹配。首先利用患者

术前 CT 数据进行关节骨组织的分割和重建，然后将假体虚拟地安装到膝关节，通过调整假体位置参数调整优化手术方案。

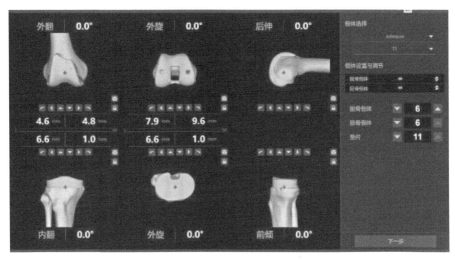

图 8-12　TKA 手术规划

2）图像注册。在机器人辅助 TKA 手术中，基于术前 CT 进行手术规划，采用 ICP 算法实现术前 CT 图像注册。

在 TKA 手术中，点云 P 为图像特征点，由术前规划图像生成，其坐标值是膝关节表面特征点的图像坐标；点云 Q 为实际特征点，由术中通过光学跟踪探针从患者膝关节表面拾取，其坐标值是膝关节表面特征点的世界坐标。通过 ICP 算法计算获得点云 P 和 Q 的坐标转换参数 R 和 t，通过 R 和 t 可将手术规划图像中的所有坐标转换到世界坐标系统下，包括假体和截骨面位姿坐标。由于股骨和胫骨在术中可以自由活动，因此需要分别将股骨和胫骨进行图像注册。TKA 术中点云采集和图像注册如图 8-13 所示。

3）术中导航。为了提高 TKA 手术的质量，需要根据术中对关节间隙和张力的测量情况，对术前规划进行调节，对假体的位置和角度进行调节，直到力线、关节间距、假体与骨骼之间的相对位置关系等达到理想状态。完成后，控制机械臂运动截骨导向装置，定位截骨平面。机器人引导医生进行 TKA 手术截骨如图 8-14 所示。

（2）机器人辅助脊柱椎弓根螺钉手术
脊柱椎弓根螺钉置入手术（见图 8-15）是脊柱疾病治疗的常见方法，目的是通过钉棒系统（见图 8-15）固定和支撑脊柱，使脊柱保持合理的生理结构，以矫正畸形、避免疼痛。

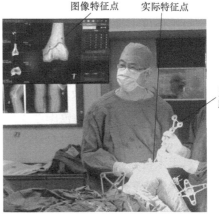

图 8-13　TKA 术中点云采集和图像注册

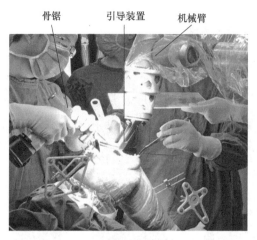

图 8-14　机器人引导医生进行 TKA 手术截骨

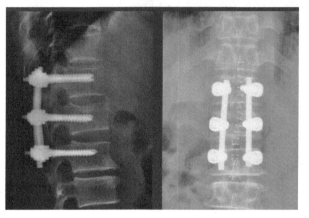

图 8-15　脊柱椎弓根螺钉置入手术和钉棒系统

　　由于脊柱周围密布重要的神经和血管，脊柱手术是风险较高的手术。脊柱手术首先要保障螺钉准确位于脊柱椎弓根安全范围内，无穿出椎体、重要血管及损伤脊髓和神经根的风险，其次是保证钉棒系统固定牢固。

　　1）图像采集和注册。用于脊柱手术的图像注册方式包括术前 CT 和术中透视图像的 3D-2D 图像注册方法，以及基于术中 CBCT 的图像注册方法。随着 CBCT 成像技术的发展，其成像质量不断提高、范围逐步扩大，由于可以采用基于标记点的直接注册，注册成功率高、误差小，并且通过自动注册缩短了手术时间，术中 3D 图像被越来越广泛应用于骨科手术机器人辅助手术中。进行 CBCT 图像采集（见图 8-16）时，将内置标记点的定位标尺置于患者上方，并将标记点和手术椎体全部成像，然后通过图像识别的方法自动提取标记点并获得其图像坐标值。由于标记点的世界坐标可以根据标尺结构设计获取，因此可以自动完成图像的注册计算。

　　2）手术规划。基于脊柱三维结构进行脊柱椎弓根螺钉手术规划的要求十分明确，主要原则是要保证螺钉位于脊柱椎弓根内，避免损害脊髓、神经根、上下关节突等结构。依靠医生经验手动进行脊柱手术规划的技术易于掌握，但需要逐个螺钉依次规划，

术中操作烦琐、延长手术时间，基于人工智能深度学习算法的自动规划技术是一大研究热点。利用人工智能技术不仅可以实现快速自动规划，缩短手术时间，还可以兼顾脊柱结构与多锥体螺钉的分布、脊柱生物力学和骨密度特性，实现脊柱手术的优化设计。基于术中 CBCT 图像的脊柱手术规划如图 8-17 所示。

3）术中导航。术中导航时，根据手术规划和图像注册结果确定椎弓根螺钉的空间位置，机器人自动运动定位螺钉置入路径，在手术导向套筒的引导下，医生进行导针和螺钉的置入（见图 8-18）。

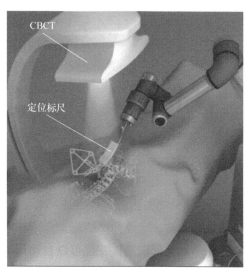

图 8-16　CBCT 图像采集

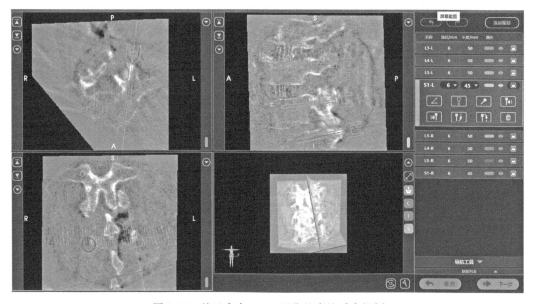

图 8-17　基于术中 CBCT 图像的脊柱手术规划

（3）机器人辅助股骨颈骨折空心钉内固定手术　股骨颈骨折是临床较为常见的骨折类型，尤其多见于老年骨质疏松患者，多由跌倒等低能量损伤引起，手术治疗是多数患者的首选，股骨颈骨折空心钉内固定手术（见图 8-19）因其操作简便、固定可靠，成为治疗此类骨折的重要方法之一。其手术方式是将骨折复位后，经股骨颈置入多枚空心钉，实现骨折端的固定和加压，达到促进骨折愈合的目的。

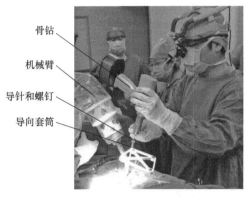

骨钻

机械臂

导针和螺钉

导向套筒

图 8-18　机器人引导椎弓根螺钉置入

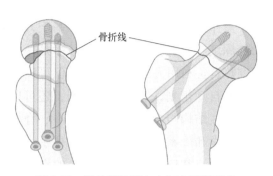

骨折线

图 8-19　股骨颈骨折空心钉内固定手术

1）图像采集和注册。采用基于术中 2D 透视图像的注册方法，要求采集股骨颈正、侧位图像各一副，定位标尺的标记点清晰完整。利用图像自动识别技术，可以实现标记点位置亚像素坐标识别，并且可以自动识别标记点的序号，从而完成快速、精准的图像注册。

2）手术规划（见图 8-20）。通过手术规划软件，分别在正位图像和侧位图像上标注螺钉位置。临床研究发现，为实现良好的骨折愈合，螺钉置入位置应满足严格的要求：①3 枚螺钉三角形平行放置；②相互平行偏差不超过 10°；③尽量分散靠近骨皮质；④螺纹超过骨折线尖端到达股骨头软骨下 5mm 左右。

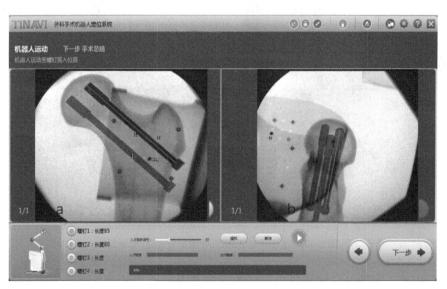

图 8-20　股骨颈骨折空心钉内固定手术规划

3）术中导航。根据手术规划和图像注册结果确定螺钉的空间位置，机器人自动运动到定位螺钉位置，在手术导向套筒的引导下，医生进行导针和螺钉的置入（见图 8-21）。

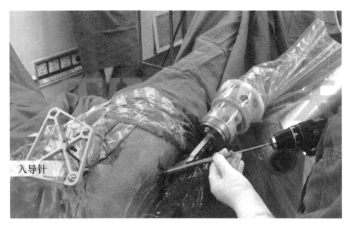

图 8-21　机器人引导股骨颈骨折空心钉内固定手术

8.6　神经外科手术机器人系统

8.6.1　神经外科手术机器人概述

神经外科手术机器人主要用于治疗脑和脊髓中枢神经系统疾病，是一种可在脑出血、脑肿瘤、帕金森病、癫痫、三叉神经痛等近百种疾病治疗中辅助医生定位的微创手术设备。利用手术机器人可以开展对精度要求极高的脑深部电刺激（Deep Brain Stimulation，DBS）手术（治疗帕金森病、肌张力障碍、梅杰综合征、特发性震颤等）、立体定向脑电图（Stereotactic Electroencephalography，SEEG）癫痫手术（实施脑内血肿排空、脑组织活检、脑脓肿穿刺引流、脑内异物摘除等）及颅骨开放性手术的导航等。

相较于传统神经外科手术，机器人辅助手术具有手术时间短、定位精准、创口小等优势。传统神经外科手术的工作量大、耗时长、人力物力资源投入多、患者恢复慢，通常一台手术需要 2~3h，并且要对患者实施开颅和全身麻醉，同时需要投入大量耗材及医护人员，术后患者住院时间也较长。此外，总体手术费用高，其中仅麻醉相关费用就达数千元，以脑出血手术为例，单台手术费用约 2 万~4 万元。而使用手术机器人，能够将手术时间缩短到平均 0.5h/台，且仅需进行局部麻醉，同时由于创伤仅为 2mm，在住院及恢复时间上都有很大优势，同时整体费用能降低 30% 左右。此外，手术机器人还可以实现远程手术，作为输出顶级医疗资源的重要载体，提高诊疗效率。

国内代表性企业柏惠维康自主研发的睿米神经外科手术机器人系统，于 2018 年 4 月取得国内首个三类医疗器械注册证，该产品包括"脑、眼、手"三个部分（见图 8-22）。"脑"是计算机手术规划软件，其作用是开发多模态影像融合算法，在计算机上重构颅内组织与病灶的三维图像，为医生确定手术路径提供简便、直观、高效的工具，可进行术前规划和手术模拟；"眼"是光学跟踪定位仪（双目摄像头），开发的机器视觉算法可使双目摄像头准确识别标志物，建立计算机三维模型和现实手术场景空间的对应坐标关系，实现了手术快速自动注册、实时跟踪导航，在定位过程中取消了框架，减轻了患者痛苦；"手"是六自由度机械臂，可自动定位到手术规划的路径和靶点，定位精度达到 0.5mm。睿米神经外科手术机器人将手术规划、导航和操作三者统一，可辅助医生微创、精准、高效、安全地完成各类神经外科手术。

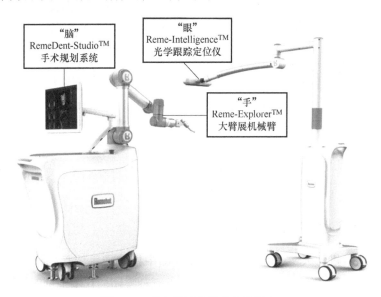

图 8-22　睿米神经外科手术机器人

8.6.2　神经外科手术机器人关键技术

1. 神经外科手术机器人基本原理

神经外科手术机器人是一种新型无框架立体定向手术机器人导航及操作平台系统，通过空间映射技术建立机械臂与患者的空间关系，然后机械臂根据医生手术规划路径自动实现定位。手术导航软件读取患者术前扫描的 CT/MRI 影像，创建出颅脑/颌面的三维模型，医生则根据自己的经验和判断在其上设定手术靶点和路径。光学跟踪定位仪自动视觉识别特征标志块，快速完成机械臂注册和患者注册，从而建立图像空间与机械臂空间的转换关系。机械臂根据注册转换结果对规划靶点和路径实现精准的自动定位导航，并在到位后锁定关节，装载手术器械以支撑手术操作。其中，机械臂注册建立机械臂空间与光学跟踪定位仪空间的转换关系，患者注册建立图像空间与光学跟踪定位仪空间的转换关系。

基本的手术流程如下：

1）首先将定位标志点固定在患者头上，然后进行 CT/MRI 扫描。

2）将 CT 扫描的图像送入计算机，进行三维重建。

3）在图像空间进行 4 个定位标志点和手术靶点的坐标测量，在计算机上进行病灶勾画、病灶靶点确定和手术路径规划，并将规划好的路径显示在重建的三维模型上。

4）在实际手术过程中，患者的头部与手术床相对固定（用固定头架或塑形枕），然后通过测量手段，建立从手术空间到图像空间的映射变换（可以通过机械臂直接测量，也可以通过光学跟踪定位仪间接测量）。

5）系统按照医生的操作指令，机械臂自动移动到规划靶点位置，手术导航软件将此时探针的位置和姿态在计算机上（图像空间）实时显示，并反映与患者脑部三维模型的空间对应关系。

6）当图像空间中手术探针的姿态与手术规划路径重合时，完成手术导航。医生将机械臂末端作为定位平台，进行钻孔、穿刺、抽吸、注药等神经外科立体定向手术操作。

2. 神经外科手术机器人关键技术

（1）光学跟踪定位仪实时追踪　光学跟踪定位仪采用双目摄像头结构，模仿人眼成像原理，单纯依靠可见光，利用三角测量和边缘检测技术，即可识别图 8-23 左图所示的黑白交点，并准确计算出该点在光学跟踪定位仪自身坐标系下的三维坐标，继而实现对空间点的坐标定位。进一步，按照既定的建模原则，三个黑白交点扩展为右图所示的特征模板，使得光学跟踪定位仪实现对空间参考坐标系的量化定位，即直接给出参考坐标系与其自身坐标系的映射转换矩阵。如果将光学跟踪定位仪坐标系定义为全局坐标系，就可以直接求解任意在局部参考坐标系下已知点的全局坐标，为空间注册、实时导航和位置监控奠定基础。

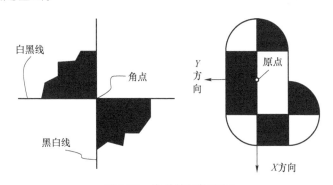

图 8-23　光学特征标识物

手术过程中，手术器械和组织都在不断运动，实时跟踪技术可以帮助医生准确掌握它们的位置和运动轨迹，确保手术操作的准确性。导航定位手术机器人常见的实时跟踪技术是利用光学标记或电磁标记来跟踪手术器械的位置。例如，可以在手术器械上安装标志物，然后通过光学跟踪定位仪捕捉标志物的位置信息，从而计算出手术器械的位置和姿态。一些最新的实时跟踪技术则采用无标记的方式，例如利用计算机视觉算法直接从手术视频中识别和跟踪手术器械和组织。

（2）基于视觉标志点的多空间映射　神经外科手术机器人的目的是利用机械臂自主执行医生在手术导航软件上制定的手术计划。进行手术时，医生通过手术导航软件制定手术路径和靶点，机械臂携带导向器自动定位至患者实际的解剖结构，但为了建立医学影像、机械臂和患者之间的关系，系统借助光学跟踪定位仪作为中间桥接媒介，所以系统中有四个坐标空间（见图8-24）：颅脑医学图像及三维模型所在的计算机图像空间坐标系（简称图像空间），病患颅脑实际所在的手术空间坐标系（简称手术空间），机械臂所在的机械臂空间坐标系（简称机械臂空间），光学跟踪定位仪所在的光学跟踪定位仪空间坐标系（简称光学坐标空间）。通过在机械臂末端和患者头部分别固定光学特征标志点，通过光学跟踪定位仪的识别追踪，完成四个坐标空间的信息传递。

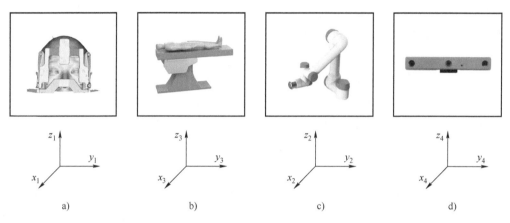

图 8-24　神经外科手术机器人多空间坐标系

a）图像空间　b）手术空间　c）机械臂空间　d）光学坐标空间

实施手术前，先在患者头部贴附 4 个标志点。然后对患者进行 CT 或 MRI 扫描。由于标志点可以在扫描影像上成像，医生可以在扫描数据中清楚和准确地辨认出来。

为了建立患者头部的手术空间坐标系，首先在四个标志点中（四个标志点不在同一平面，任意三个标志点不在同一条直线上）选取任意一个标志点 M_0 作为参照坐标系的原点，同时以 M_0 与其他三个标志点 M_1、M_2、M_3 的连线作为三个坐标轴向。从而在患者头部建立了一个仿射坐标系。在患者头部空间的任意一点的位置 M_p 都可以由一个仿射坐标 (x_p, y_p, z_p) 唯一确定，并且满足以下公式

$$\overrightarrow{M_0M_p} = x_p\overrightarrow{M_0M_1} + y_p\overrightarrow{M_0M_2} + z_p\overrightarrow{M_0M_3}$$

由于四个标志点可以在扫描图像中识别出来，其在图像空间的坐标位置也可以获得，标志点在两个坐标系中的不同坐标比较见表 8-2。

表 8-2　标志点在两个坐标系中的不同坐标比较

标志点	手术空间中坐标（P_s）	图像空间中坐标（P_v）
M_0	$(0,0,0)$	(x_0, y_0, z_0)
M_1	$(1,0,0)$	(x_{m1}, y_{m1}, z_{m1})
M_2	$(0,1,0)$	(x_{m2}, y_{m2}, z_{m2})
M_3	$(0,0,1)$	(x_{m3}, y_{m3}, z_{m3})

由于系统中的脑部模型是通过患者的脑部扫描数据重构的，因此认为图像空间与手术空间的映射是刚体变换（包括平移、旋转和拉伸），可以用一个变换矩阵完成两个坐标系中的位置的映射。从手术空间向图像空间的映射矩阵如下

$$T_1 = \begin{bmatrix} x_{m1}-x_0 & x_{m2}-x_0 & x_{m3}-x_0 & x_0 \\ y_{m1}-y_0 & y_{m2}-y_0 & y_{m3}-y_0 & y_0 \\ z_{m1}-z_0 & z_{m2}-z_0 & z_{m3}-z_0 & z_0 \\ 0 & 0 & 0 & 1 \end{bmatrix}$$

这样，患者颅脑与计算机中的三维图像模型建立起一个一一对应关系，模型上的每个位置都可以唯一而准确地映射到患者头部的相应位置，其转换公式为

$$p_s = T_1^{-1} p_v \qquad p_v = T_1 p_s$$

然后将患者头部固定，由光学跟踪定位仪自动测量头部四个标志点在光学跟踪定位仪空间中的坐标（P_G）。依照前面的办法构造出手术空间向光学跟踪定位仪空间转换的映射矩阵 T_2，其转换公式为

$$p_G = T_2 p_s \qquad p_s = T_2^{-1} p_G$$

将上面两个公式合并起来，就得到了图像空间与光学跟踪定位仪空间的转换公式

$$p_G = T_2 T_1^{-1} p_v \qquad p_v = T_1 T_2^{-1} p_G$$

最后，围绕病患颅脑，移动机械臂至光学跟踪定位仪视野内的四个位置，由光学跟踪定位仪自动识别、计算机械臂末端光学标志点的四个坐标（P_G），而机械臂也自动反馈末端光学标志点在自身空间下的四个坐标（P_R），则依照前面的办法构造出机械臂空间向光学坐标空间转换的映射矩阵 T_3，其转换公式为

$$p_G = T_3 p_R \qquad p_R = T_3^{-1} p_G$$

合并起来，就得到了机械臂空间与手术空间的映射转换公式

$$p_S = T_2^{-1} T_3 p_R \qquad p_R = T_3^{-1} T_2 p_s$$

合并起来，就得到了图像空间与机械臂空间的映射转换公式：

$$p_v = T_1 T_2^{-1} T_3 p_R \qquad p_R = T_3^{-1} T_2 T_1^{-1} p_v$$

至此，任何一个坐标空间的任意位置和方向都可以映射到其他两个空间中相应的位置。由于所有的转换都是刚体变换，因此这种映射是一一对应的。

（3）机械臂自主定位和支撑　导航软件读入患者术前扫描的医学影像，重建三维颅脑解剖结构的数字化模型，便可以获取颅内任意点在计算机图像空间中的三维坐标表达，从而实现对手术方案的数值解析。在利用视觉标志点完成图像空间、光学跟踪定位仪空间、机械臂空间和实际手术空间的注册后，将手术方案传递至机械臂空间，机械臂进行逆解计算运动方案，经过路径优化后，机械臂通过末端适配器即可引导手术器械自动完成定位。由于已然建立了空间映射转换关系，所以规划的图像靶点、机械臂自主定位的位置和实际解剖结构必定是统一的，即机械臂自主定位是可靠的，而且得益于优良的关节角度分辨率，机械臂可以实现人力不能企及的空间运动能力。

完成定位后，机械臂关节电动机抱死，锁定解剖结构，支撑后续手术操作。由于合

理的构型和刚性设计，机械臂末端负载能力远大于 5kg，可以长时间稳固地工作，无疲劳、震颤的问题。

（4）图像配准、增强与导航　图像配准的目的是建立不同图像空间之间的坐标映射关系。每一种医学影像（如 CT、MRI、超声、内镜图像等）都有其独特的成像原理和坐标系，因此每一种影像都代表了一个独立的图像空间。图像配准技术要做的是找到一种方法，将一个图像空间中的点对应到另一个图像空间中相应的点。这就像是在两张不同的地图上找到同一个地标一样。一旦建立了不同图像空间之间的坐标映射关系，就可以将一个图像空间中的信息（如肿瘤的位置、大小、形状等）准确地映射到另一个图像空间中，从而实现信息融合和互补。

在手术中，可将不同模态的医学影像（如 CT、MRI、PET 等）进行配准，综合不同影像的信息，帮助医生更加全面地了解患者的病情，制定更加精准的手术方案。在主从操作手术中，可将术前获取的高分辨率三维影像（如 CT、MRI）与术中实时二维影像（如超声、内镜图像）进行配准，将术前影像的信息准确地映射到术中影像上，帮助医生在手术过程中准确定位目标组织和器官，并规划手术路径。另外，将术前、术中和术后的影像进行配准，比较不同阶段的影像变化，可评估手术的效果和患者的恢复情况。

另外，手术过程中，由于血液、组织液等干扰，手术视野的清晰度往往会受到影响。图像增强技术可以针对性地提高图像的对比度和清晰度，帮助医生更好地识别细小的组织结构。常用的图像增强技术包括对比度增强、边缘增强、降噪等算法。例如，可以利用图像直方图均衡化来提高图像对比度，或者采用高通滤波来增强图像边缘。一些先进的图像增强技术，例如近红外荧光成像，还可以帮助医生区分正常组织和病变组织，例如基于近红外荧光的视觉伺服技术，可以帮助医生在手术中更精准地切除肿瘤组织。

8.6.3　典型神经外科手术机器人产品及临床应用

1. 柏惠维康神经外科手术机器人

柏惠维康是专业从事手术机器人研发、生产、运营的国家高新技术企业，国家专精特新"小巨人"企业。企业现拥有"睿米"神经外科手术机器人（见图 8-25）、"瑞医博"口腔种植手术机器人两大核心品牌。

"睿米"神经外科手术机器人包括"脑、眼、手"三个部分（见图 8-26）。"脑"是计算机手术规划软件，其作用是通过多模态影像配准和分割算法，在计算机上重构颅内组织与病灶的三维模型，为医生确定手术路径提供简便、直观、高效的工具，实现术前规划和手术模拟作用；"眼"是光学跟踪定位仪，通过立体机器视觉算法使双目摄像头准确识别标志物，建立计算机三维模型和现实手术场景空间的对应坐标关系，实现了手术快速自动注册、实时患者和机械臂空间姿态跟踪导航，在定位过程中取消了框架，减轻了患者痛苦；"手"是多自由度机械臂，可自动定位到手术规划的路径和靶点。

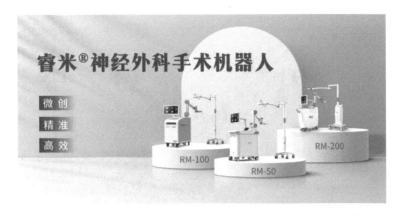

图 8-25　柏惠维康旗下已获批上市的三款"睿米"神经外科手术机器人产品

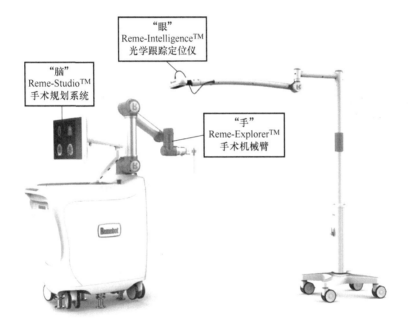

图 8-26　"睿米" RM-200 神经外科手术机器人

2. 华科精准神经外科手术机器人

华科精准是一家集生产、研发和销售于一体的神经外科医疗器械生产厂家。公司构建了神经外科手术机器人 SR 系列、微型神经外科手术机器人 Q300 系列、神经外科手术导航 NS 系列、华科恒生颅内电极系列、磁共振引导激光消融治疗系统 LS 系列五大产品线系列（见图 8-27），多项产品技术打破国际垄断，达到国际领先水平，目前已应用于全国 200 余家医疗机构。

华科精准的神经外科手术机器人 SR 系列有 SR1、SR1-C 和 SR1-3D（见图 8-28）三个型号，采用高精度机械臂，机械臂末端设置六轴力传感器和安全脚踏，通过脚踏可直接控制机械臂运动。其中 SR1 采用标志点或激光点云配准，SR1-3D 采用标志点或 3D 结构光面配准，手术适应证覆盖 SEEG、DBS、引流术、活检术等。

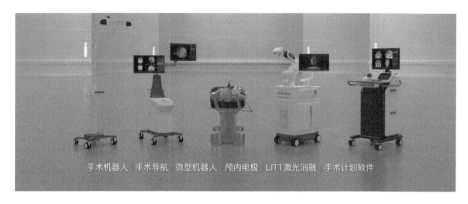

图 8-27 华科精准神经外科手术机器人

以 SR1-3D 为例进行说明，产品由主机、机械臂、定位器、引导器、配件、脚踏开关和立体定向规划系统软件组成。

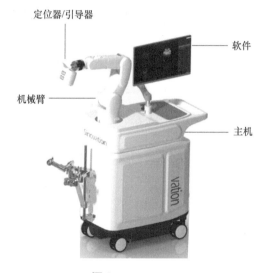

图 8-28 SR1-3D

主机：主机主要包含机械臂、显示器、连床支架等组件。显示器作为 I/O 设备用于完成用户与机器人软件的交互，连床支架用于将机器人和病床进行连接固定。

机械臂：机械臂带动引导器、套筒和对开套筒完成定位定向。

定位器：手术导航定位系统通过固定在机械臂末端的结构光定位器来获取患者的实际位置信息，结构光定位器是通过光学扫描获取患者的头面部点云数据来获取患者面部位置信息。

引导器：引导器是在机械臂末端的可替换工具，用户根据实际手术需求选择不同规格的引导器来进行手术器械的定位定向。

配件：配件包括套筒、对开套筒和术中注册探针。

脚踏开关：脚踏开关用于机械臂上电/断电的控制。

3. 典型临床应用

（1）立体定向脑电图（SEEG）手术 SEEG 手术是一种用于药物难治性癫痫术前评估的微创技术，通过神经外科手术机器人置入颅内电极，记录颅内脑电活动和进行直接电刺激，以确定局灶性癫痫患者的致痫区。SEEG 技术可以记录脑沟内以及脑深部的电信号，适合于那些致痫区位于深部区域（如颞叶内侧、岛叶或扣带回等）的患者。与传统的硬膜下电极相比，SEEG 具有创伤小、患者耐受度高的优点，并且可以通过电刺激进行脑功能定位和诱发癫痫发作。SEEG 手术的规划、注册、钻孔、植入电极和固定电极分别如图 8-29~图 8-31 所示。

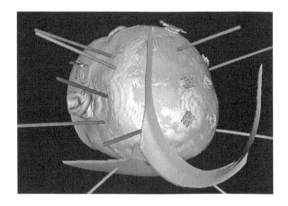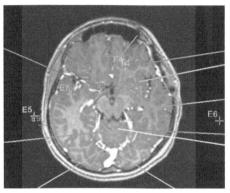

图 8-29 手术规划

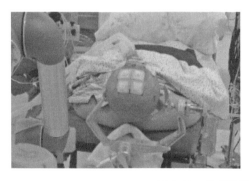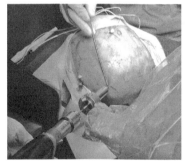

图 8-30 手术注册、钻孔

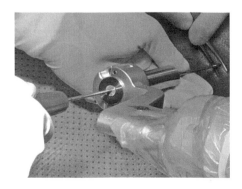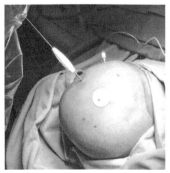

图 8-31 植入电极、固定电极

（2）脑深部电刺激（DBS）手术 DBS 手术是一种用于治疗多种神经疾病的神经外科手术，尤其对于帕金森病、特发性震颤和某些精神疾病等有显著疗效。DBS 手术通过植入电极到大脑特定区域，并通过脉冲发生器发送电刺激，以改善症状。DSB 手术对电极植入精度有非常高的要求（植入误差<0.5mm），这突破了传统立体定向框架手术精度的限制。DBS 手术融合及规划、手术注册及精度验证、电极植入分别如图 8-32 ~ 图 8-34所示。

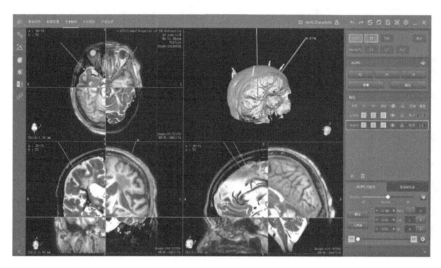

图 8-32　手术融合及规划

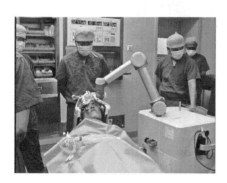
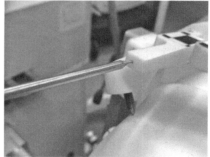

图 8-33　手术注册及精度验证

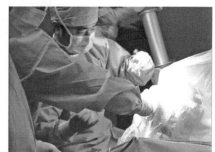

图 8-34　电极植入

（3）脑出血（ICH）手术　脑出血（Intracerebral Hemorrhage，ICH）是一种常见而又难治的疾病。根据《中国脑卒中防治报告（2023）》，我国 40 岁及以上人群脑卒中现患人数达 1242 万，且发患者群趋势呈年轻化。我国平均每 10s 就有 1 人初发或复发脑卒中，每 28s 就有 1 人因脑卒中离世；幸存者中，约 75% 留下后遗症、40% 重度残疾，病患家庭将因此蒙受巨大的经济损失和身心痛苦。其中，脑出血患者占脑卒中的 18.8% ~ 47.6%。脑出血后尽早清除血肿，减少或解除血肿对周围组织的压迫和继发性脑损害，恢复脑血液和脑脊液循环，降低颅内压以防止或解除脑疝，是早期治疗脑出血的目的和关键。

机器人辅助脑出血手术是一种新兴的治疗技术，它通过高精度的机器人系统来辅助医生进行手术，以提高手术的精确度和安全性。这种技术特别适用于高血压脑出血患者，尤其是那些出血位置在丘脑、脑干等重要功能区的患者。ICH 手术的手术规划、切皮和破骨、血肿抽吸分别如图 8-35 ~ 图 8-37 所示。

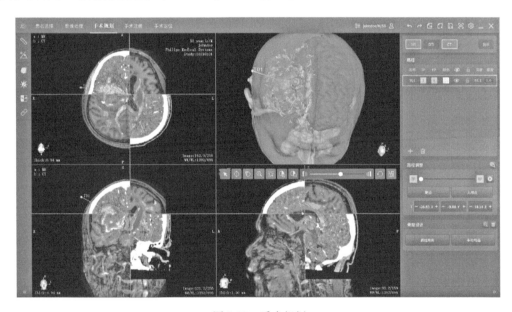

图 8-35　手术规划

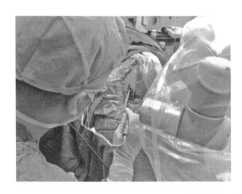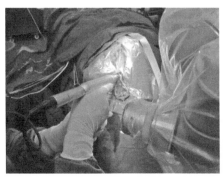

图 8-36　切皮和破骨

图 8-37　血肿抽吸

8.7　口腔种植手术机器人

8.7.1　口腔种植手术机器人概述

牙周病、外伤、严重龋病和牙源性肿瘤等原因均可导致牙缺失，牙列缺损会严重影响患者的咀嚼、发音、消化和美观功能，显著降低患者的生活质量。最新发布的《第四次中国口腔流行病学调查报告》显示，35~44 岁、55~64 岁和 65~74 岁人群平均存留牙数分别为 29.60 颗、26.27 颗和 22.50 颗，牙列完整的人数比例分别低至 67.7%、33.8% 和 18.3%。

口腔种植修复以其特有的舒适、美观等优点被誉为人类的第三副牙齿，是牙缺失患者的首选修复方式。中华口腔医学会统计，2020 年我国实际口腔种植体植入数量超过了 400 万颗。"口腔种植牙行业深度报告"预测，2025 年全国种植牙数量将高达 1450 万颗。然而，种植体植入手术作为口腔种植修复的核心步骤，由于颌骨外形不规则、骨密度不均匀、重要血管神经分布错综复杂等客观原因，对医生手术操作的精准性要求极高。

口腔种植体植入手术的临床应用场景受制于患者开口度的约束，操作空间狭小、手术视野不清晰，在临床工作中术者的临床经验差异、手术操作不当等原因可能会导致种植体的植入位置产生偏差，造成初期稳定性不佳甚至远期骨结合失败，种植扩孔过程中窝洞内冷却不佳将导致骨组织灼伤坏死，扩孔过程中的深度、角度控制不佳或可损伤血管及神经，甚至导致患者感染、死亡等严重并发症。而这些问题主要是种植手术过程中精准度控制欠佳和术前术中影像、力学、温度等数据分析利用不全面所导致。虽然静态导板和动态导航都可以显著提高手术的效率和精确度，但种植过程依然很大程度上依赖医生的经验，视觉误差、人手不稳定易造成种植位姿偏差。

目前，机器人凭借其快捷感知和即时反馈的优势在口腔种植领域逐渐成为热点研究方向：继2017年首台获得FDA认证的辅助式种植机器人系统Yomi（见图8-38a）后，空军军医大学开发了全自主式种植机器人系统，2021年，柏惠维康研发的"瑞医博"口腔种植机器人（见图8-38b）获得国内首个NMPA三类医疗器械注册证，之后雅客智慧获得国内第二个口腔种植手术机器人NMPA三类医疗器械注册证，其产品如图8-38c所示。截至2024年8月，杭州键嘉医疗科技股份有限公司、上海舍成医疗器械有限公司、苏州迪凯尔医疗科技有限公司、极限人工智能有限公司、四川锋准机器人科技有限公司、深圳卡尔文科技有限公司和上海术之道机器人有限公司，先后获得口腔种植手术机器人NMPA三类医疗器械注册证。

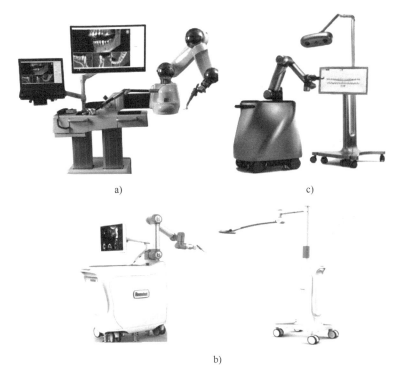

图 8-38　口腔种植手术机器人
a）Yomi 机器人　b）"瑞医博"机器人　c）雅客智慧机器人

8.7.2　口腔种植手术机器人关键技术

1. 口腔种植手术机器人基本原理

口腔种植手术机器人属于典型的导航定位手术机器人，包括"脑、眼、手"三个部分。"脑"为手术规划与导航软件（见图8-39），是医生进行医学影像处理、融合、手术路径规划的载体，支持神经管、上颌窦自动提取、全景视图查看，包含多个品牌钻针、植体型号库，支持多条种植路径规划。在医学图像上可重构口腔区域三维图像，为医生规划种植路径提供简便、直观和高效的工具，进行术前规划和手术模拟；术后支持影像融合，可自动计算种植误差并生成患者个性化种植报告。

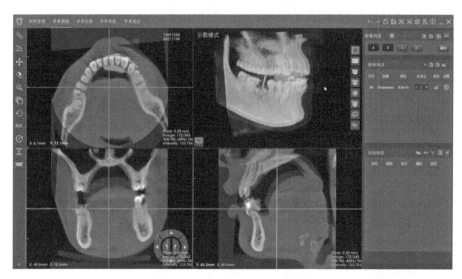

图 8-39　手术规划与导航软件

　　"眼"为光学跟踪定位仪，其作用是通过毫秒级识别，实时"找到"标志物所在的精准位置。手术开始之前，先进行机械臂、患者注册，通过光学跟踪定位仪对不同标志物的识别，完成软件内医学影像坐标系与患者真实物理坐标系的配准。在这个过程中，口腔种植手术机器人特殊的口腔注册标志物设计，可实现在 CBCT 图像中对注册基准点的自动标记，同时可实现在环境光下计算机视觉对注册基准点的自动标记，排除这一过程中的人为操作误差，获取统一的最优化手术注册结果。口腔定位标志物如图 8-40所示。

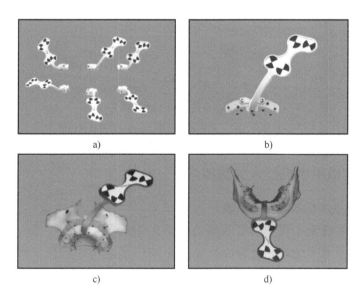

图 8-40　口腔定位标志物
a）六款粘贴式标志物　b）通用上颌无牙颌标志物　c）定制上颌无牙颌标志物　d）定制下颌无牙颌标志物

"手"为 6 自由度手术操作机械臂（见图 8-41），在机械臂末端，可搭载口腔科各类手术工具，并为不同手术设计不同形态的末端工具，可实现手术过程中的快速拆装，术后可拆卸进行高温高压无菌消毒，方便下次手术使用。利用机械臂、光学跟踪定位仪和注册工具及标记物可完成空间映射，实现医学图像空间、机械臂手术空间的坐标关系统一。

图 8-41　手术操作机械臂

2. 口腔种植手术机器人关键技术

（1）基于视觉标记点的多空间映射　口腔种植手术导航定位系统的目的是利用机械臂执行医生在手术导航软件上制定的手术计划。进行手术时，医生通过手术导航软件制定种植体的放置路径，机械臂携带种植手机和钻头定位至患者缺牙部位，为了建立医学影像、机械臂和患者之间关系，系统借助光学跟踪定位仪作为中间桥接媒介，所以系统中有四个坐标空间（见图 8-42）：口腔 CBCT 图像及三维模型所在的计算机图像空间坐标系（简称图像空间），病患头部实际所在的手术空间坐标系（简称手术空间），机械臂所在的机械臂空间坐标系（简称机械臂空间），光学跟踪定位仪所在的光学跟踪定位仪空间坐标系（简称光学坐标空间）。通过在机械臂末端和患者缺牙部位分别固定可被光学跟踪定位仪识别的标记点，通过光学跟踪定位仪的识别追踪，完成四个坐标空间的信息传递。

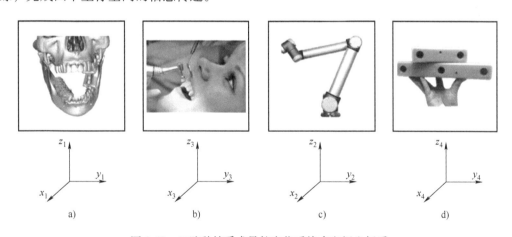

图 8-42　口腔种植手术导航定位系统多空间坐标系

a）图像空间　b）手术空间　c）机械臂空间　d）光学坐标空间

（2）狭窄空间的力反馈协同控制　在口腔狭窄空间下进行手术操作，要充分考虑手术的可操作性和安全可靠性，为此开发了力反馈协同控制的手术操作模式，医生对机械臂与口腔手术区域的位置关系进行交互干涉，机械臂的手术操作空间由医生根据实际手术情况进行确定，在机械臂根据手术规划和手术导航调整好预种植窝洞的精确位姿后，医生操控种植手机在力反馈模式下进行手术操作。

安全性是手术机器人的首要前提，尤其是面对口腔狭窄复杂的手术空间，要确保重要组织安全，对手术操作区域进行划分，实现自适应速度和反馈力的人机融合。建立基于力交互预测模型与实时接触力反馈的多维安全监测机制，一方面可监测穿刺轨迹空间位置信息是否发生偏差，另一方面可监测进针过程中反馈得到的接触力信息是否与术前医学图像数据生成的力交互预测模型一致，以保障种植手术安全。根据动态面扫、口扫、牙列分割数据规划路径，分析邻近路径的重要组织，设定最小安全距离并生成空间约束边界，限定机器人可操作的安全区域，融合导航技术实现手术全过程运动约束。建立包括机器人机构设计、空间配置、电气以及机器人本体运动动力学、光学导航、接触力感知等的安全策略，在线监测多种参数及其耦合关系，设定不同警报等级，最终形成机器人自主多层安全机制。

（3）基于 AI 的牙列分割与手术规划（见图 8-43）　牙齿的三维形态由牙冠与牙根共同决定，由 CBCT 图像可获得牙冠与牙根的三维形态，由口扫数据可以获得牙冠精确的三维形态信息，通过图像配准将 CBCT 与口扫数据进行融合，可得到更高精度的完整牙齿信息，并可对牙冠、牙根进行分离。进一步借助 nnU-NET 模型对牙齿进行自动分割，分割后的单个牙齿可表示为多点组成的数据网格 w。此外，特定牙位牙齿的三维形态与其邻牙、对牙、对称牙都有很大关系，因此，单颗牙的向量描述可将邻牙 (p,q)、对牙 s、对称牙 r 的三维网格数据加入，共同构成它的特征向量 $w=(p,q,s,r)^{\mathrm{T}}$。

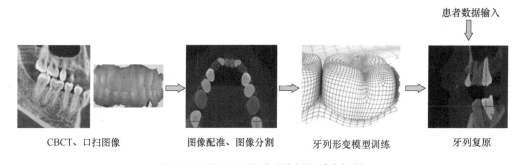

患者数据输入

CBCT、口扫图像　　　图像配准、图像分割　　　牙列形变模型训练　　　牙列复原

图 8-43　基于 AI 的牙列分割与手术规划

根据以上步骤，将分割的牙齿删除后作为训练样本输入，设计机器学习模型进行模型训练，可得到缺失牙列的复原三维形态，进而完成手术规划。

8.7.3　典型口腔种植手术机器人产品及临床应用

1. 瑞医博口腔种植机器人

柏惠维康于 2021 年 4 月研发成功了国内首款 NMPA 认证的口腔手术机器人——"瑞医博"口腔手术机器人。该产品主要用于辅助临床医生微创、精准、高效、安全地完成口腔种植手术，可应用于单颗、多颗、对侧牙列种植、全口无牙颌种植及数字化即刻修复等口腔科精准手术。

"瑞医博"口腔手术机器人采用光学跟踪定位仪实时追踪患者位置，可识别 0.1mm 的位置偏差并驱动机械臂锁定到正确的靶点和路径，以满足口腔种植手术中高精度窝洞制备的需求。医生在"瑞医博"口腔手术机器人的定位辅助下可将手术的系统精度控制在 1° 和 0.5mm 以内，远优于徒手种植的 1.5mm 以上和 6°~8° 的平均水平，高精度的种植延长了植体使用寿命，减少了术后并发症的产生，具备显著的临床价值，是临床医生的首要追求目标。然而，普通医生要达到机器人的定位精度，至少需要 10 年以上以及上千例的病例积累，这远无法满足国内快速增长的需求，机器人的出现使医生可以在 2~3 个月内快速成长为一名优秀的种植医生，对缓解医疗资源短缺和分布不均匀起到关键作用。

2. 典型临床应用

（1）常规种植手术

1）手术规划（见图 8-44）。取患者口内数据，包括 DICOM 格式的 CBCT 数据、STL 格式的口扫数据（口扫数据非必需），在手术规划软件上制定手术方案。

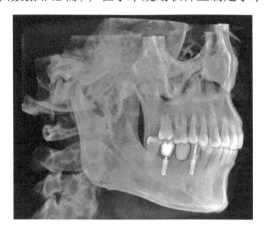

图 8-44　手术规划

2）手术注册（见图 8-45）。手术当日佩戴牙科种植手术定位件，采集佩戴定位件后的口内数据，需要采集全部定位件上瓷珠，数据可以是 DICOM 格式的 CBCT 数据或 STL 格式的口扫数据，完成手术注册。

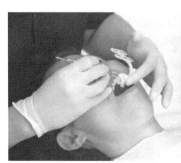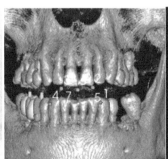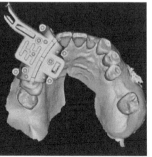

图 8-45　手术注册

3）窝洞制备与种植体植入（见图 8-46）。选择规划植体，医生引导机械臂末端种植手机入口，机械臂依据植体规划自动调整位姿定位，根据设定的下钻模式自动完成下钻，下钻过程具有随动。

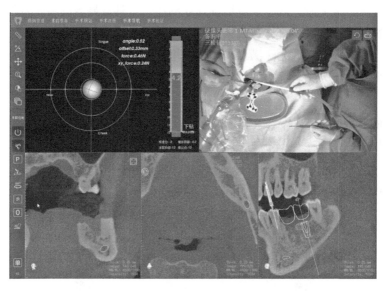

图 8-46 窝洞制备与种植体植入

（2）无牙颌种植 机器人辅助的无牙颌种植手术是口腔种植领域的一个创新技术，可通过高精度的机器人系统来辅助医生进行手术，以提高手术的精确度和安全性，可将种植的误差由手工的 2mm 缩小到 0.5mm 以内，实现全口无牙颌的数字化即刻修复，这在机器人技术出现之前是难以实现的。

1）术前导板制作（见图 8-47）。获取患者数据包括石膏模型组织面（STL）、放射导板（STL）、石膏模型佩戴放射导板（STL）、石膏模型佩戴放射导板（STL）咬合数据、患者佩戴放射导板 CBCT 数据。

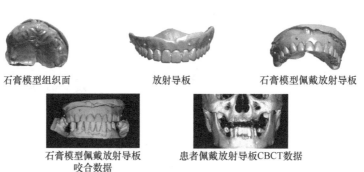

石膏模型组织面   放射导板   石膏模型佩戴放射导板

石膏模型佩戴放射导板
咬合数据

患者佩戴放射导板CBCT数据

图 8-47 术前导板制作

2）手术规划及个性化导板设计（见图 8-48）。根据患者情况制定合适的手术方案。

3）CBCT 扫描（见图 8-49）。手术当日佩戴无牙颌手术定位导板，采集佩戴定位件后的口内数据，需要采集全部定位件上瓷珠，要求 DICOM 格式的 CBCT 数据。

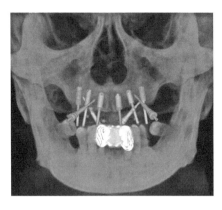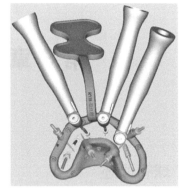

图 8-48　手术规划及个性化导板设计

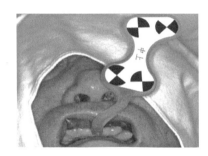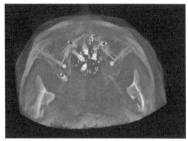

图 8-49　CBCT 扫描

4）实施手术（见图 8-50）。选择规划植体，医生引导机械臂末端种植手机入口，机械臂依据植体规划自动调整位姿定位，根据设定的下钻模式自动完成下钻，完成所有种植体窝洞制备和种植体植入。

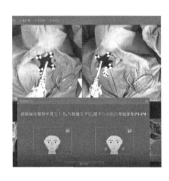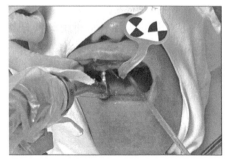

图 8-50　无牙颌手术

第9章 CT球管

9.1 CT球管概述

CT球管是X射线管的一种，是应用于高端精确诊断医疗影像装备CT机中的关键核心元器件，CT机的特点是诊断快捷、图像清晰直观、临床使用对患者无限制条件，是医院最重要的医疗影像设备之一。

1895年，伦琴首次发现穿透能力极强的X射线，并拍摄了人类历史上首张X射线照片（见图9-1）。X射线是一种波长范围在0.01~10nm（对应频率范围30PHz~30EHz）的电磁波。

X射线被发现后，人类就立即开启了其在医学领域的应用。随着医疗影像技术的发展及CT球管材料、工艺等技术的不断创新，CT球管已经成为多学科、多种工艺技术的结合体。

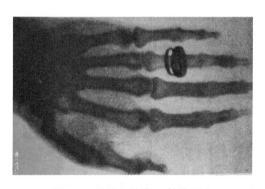

图9-1 世界上首张X射线照片

1. 国外CT球管发展历程

图9-2所示为从1896年第一支商用球管开始，关键球管技术的发展历程。

1980年，Philips推出了第一只高性能X射线管——Super Rotalix Ceramic（SRC）。它是世界上第一只金属陶瓷球管，它拥有当时最大的金属靶盘；开创性地采用陶瓷进行高压绝缘，并拥有极短的阳极启动时间，由于改进了阳极轴承结构，阳极旋转稳定性极大提高，它的出现是X射线管的一次技术革命。

1989年，Philips推出了世界上第一款液态金属轴承CT球管——MRC200，液态金属轴承相较于传统滚珠轴承，具备低噪声、运行平稳、寿命长、散热性能好等特点，尤其是其较大的散热功率为后续CT球管设计更大功率提供了基础。

1998年，Siemens发明平板阴极技术，它的出现基本解决了阴极灯丝损耗问题，并能持续提供稳定的电子发射。稍后，Philips、GE等CT球管制造商又分别对CT球管阴极结构进行了许多改进，如电子捕集器的增加进一步提高了图像质量、更加精确的阴极聚焦设计可以进一步缩小焦点尺寸等。

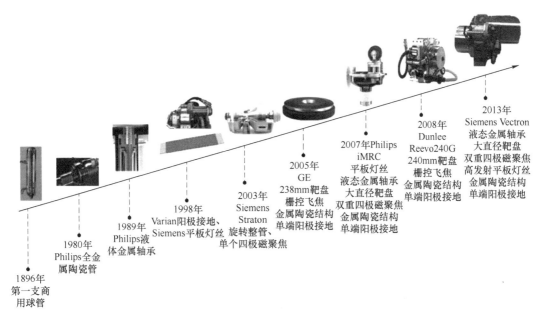

图 9-2　国外 CT 球管技术发展历程

2003 年，Siemens 推出了电子束控 CT 球管 Straton。该 CT 球管通过四极磁铁和两极磁铁精确、快速地控制电子束偏转，提高采样率，提高空间分辨率和成像质量。与此同时，将整个管壳组件设计为可旋转结构，这样做的好处是可以将原本处在真空环境下的轴承组件浸泡在润滑液体内，极大地改善了轴承的润滑条件，管壳在绝缘油中的高速旋转，极大地提高了阳极散热功率。但是，这种设计的缺陷是管芯壳体在绝缘油中高速旋转产生的流体摩擦会消耗大量的驱动功率，较大的温度梯度分布导致管芯壳体结构存在较大失效风险。

2007 年，Philips 推出了 CT 球管 iMRC，iMRC 采用了电磁聚焦、动态四焦点、双轴承支撑的液态金属轴承，单级高压阳极接地配合背向散射电子收集极，使得阳极直接水冷成为现实、全金属靶盘提高了阳极靶转速，使得焦点功率密度达到更高，iMRC 的推出，已接近现代球管技术的最前沿。

2013 年，Siemens 最新一代 CT 球管 Vectron，首次将 CT 球管管电流提高至 1300mA，实现了在较低管电压下的高功率扫描。2018 年，GE 在 Revolution CT 系列的 CT 球管 Quantix160 中搭载了皮尔斯型阴极系统，这是医疗影像领域首次搭载类似系统，它通过两个并联的平板阴极和一个可以改变阴极周围电场的电极来控制电子发射，从而实现微秒级的管电流控制。

2. 国产 CT 球管的起步与发展

过去二十多年，我国 CT 整机全面实现突破并取得傲人的成绩，但是 CT 整机的关键核心零部件之一的 CT 球管远远滞后于整机的发展，一度成为"卡脖子"的问题。为了解决"卡脖子"和我国高端医疗装备短板的问题，CT 球管被连续列入"十二五"

"十三五""十四五"多个"五年规划"及《中国制造2025》的高端医疗装备重点突破的战略产品。国内多家公司相继开展CT球管的研发,可以满足我国CT整机90%的型号需求,产品从2MHU到8MHU滚珠轴承CT球管基本覆盖,有的厂家产品性能与国际同类产品相当。低端液态金属轴承CT球管也有很大突破,但性能与国际同类产品的水平有一定的差距。由于多种复杂原因,规模化量产进程非常缓慢。随着国内CT球管技术的不断发展,不少企业已经开始向高端CT球管突破。

9.2　CT球管工作原理

CT球管是为CT机提供X射线源的关键核心部件,其工作原理并不复杂,阴极发射电子,电子在电场的作用下轰击在阳极靶盘表面产生X射线(见图9-3)。

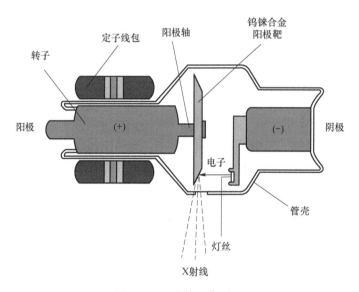

图9-3　CT球管工作原理

CT球管的难度在于,电子束携带了至高可达120kW的能量,仅仅不到1%的能量转化为X射线从球管中射出,其余能量都将转化成热量,这些热量必须从球管内导出,否则球管内温度会急剧升高而无法工作,因此,球管的散热技术对球管功率及运用时的扫描能力都起着至关重要的作用。另外,阳极靶面电子束入射面积一般小于(1.3×2)mm²,因此能量密度可达4200W/mm²,超过世界上任何一个已知物体的能量密度,没有物质可以承受,阳极需要采取高速旋转的方式以降低能量密度。高温、高速旋转对CT球管的机械结构力学稳定都是巨大的考验。

CT球管的X射线又是如何产生的呢?当高速电子与靶原子内壳层核外电子发生碰撞而将内层电子撞出后,将形成空穴,当外层电子跃迁回内层填补空穴时将发生跃迁辐射,即特征辐射,特征辐射产生的X射线能量为内外电子能级之差,根据经典的玻尔能级理论,对于不同元素的不同能级之差都是固定的,如钨原子K层和L层电子能级之差为 59eV，因此，当 K 层空穴被 L 层电子跃迁填充时，将产生 59eV 的 X 射线，因此在 X 射线谱 59eV 的能量上将产生一个特征峰，图 9-4 所示的多个特征峰为不同能级间的特征辐射所产生的，不同元素将会产生不同的特征峰，可作为元素判别的特征。当高速电子穿过原子内部由原子核和核外电子所形成的电场时，会受到减速而产生辐射，这种辐射被称为韧致辐射，辐射所产生 X 射线的能量大小，取决于电子与原子库仑电场作用过程中所损失的能量，这个过程中电子损失的能量通常为连续的，因此韧致辐射产生的 X 射线谱也为连续的。

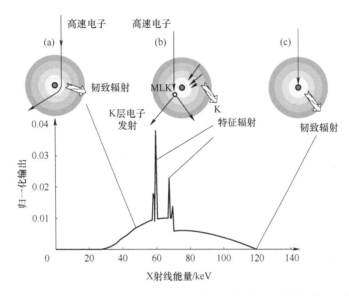

图 9-4　高速电子与靶原子相互作用过程示意图及与产生 X 射线谱的对应关系

　　X 射线的强度与靶原子的原子序数平方（Z^2）成正比，与入射带电粒子质量的平方（m^2）成反比，这意味着入射质量非常小的电子产生 X 射线的效率将比重离子（如质子和 α 粒子）高出 10^6 倍，通常选择原子序数较大的材料为靶材，选择电子作为粒子源。

9.3　CT 球管分类

　　CT 球管在医疗影像装备中发挥了重要作用，不同的影像装备有不同的临床应用，但球管的作用就是产生 X 射线。

　　CT 球管有多种分类方法，分类没有严格的定义和规定，只是通用做法和习惯。下面是几种常用的分类方法。

　　图 9-5 所示为按阳极结构对球管分类。

　　固定阳极球管用于牙科及锥束 CT，旋转阳极球管用于 CR、DR、CT 影像装备。玻璃球管主要用于 CR、DR，16 排以下 CT 或热容量在 3.5MHU 以下的球管也是玻璃球管为主。

　　图 9-6 所示为按照轴承结构对球管分类。图 9-7 所示为不同类型球管实物图。

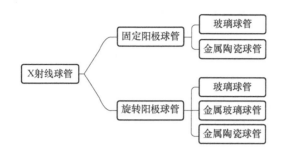

图 9-5 按阳极结构对球管分类

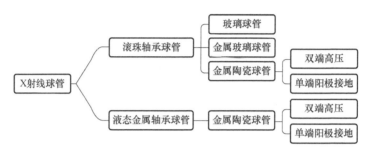

图 9-6 按照轴承结构对球管分类

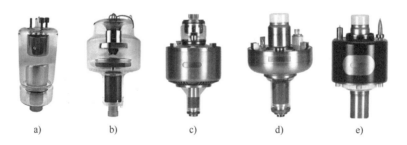

图 9-7 不同类型球管实物图

a）固定阳极玻璃球管 b）滚珠轴承玻璃球管 c）旋转阳极金属玻璃球管

d）旋转阳极金属玻璃球管 e）旋转阳极金属陶瓷球管

　　滚珠轴承一般用于 64 排以下 CT 整机，Dunlee、医源生产的 CTR2280 金属玻璃球管可用于 128 排 CT 整机。滚珠轴承所承受的机架转速极限约为 0.39s/圈，万睿视 MCS-7171 球管在 64 排 CT 整机上号称可以用到 0.33s/圈。一般滚珠轴承的机架转速在 0.5s/圈以上。机架转速越高，滚珠轴承球管寿命就越短。图 9-8 所示为滚珠轴承组件和滚珠轴承球管剖视图。

　　液态金属轴承与滚珠轴承结构完全不同，内外轴承之间没有钢珠支撑，不工作时内外轴承是接触的，运行时外轴承悬空。内外轴承间充满液态金属，在外轴承和内轴承导流槽的作用下，外轴承悬空高速旋转。由于液态金属良好的导热性和润滑性，工作时噪声非常小，寿命长，可以承受的机架转速可达 0.25s/圈，等效热容量大。图 9-9 所示为液态金属轴承球管剖视图。

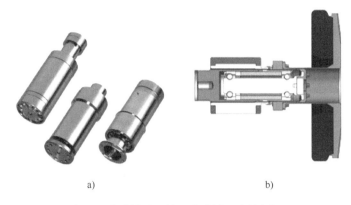

a)　　　　　　　　　　　　　b)

图 9-8　滚珠轴承组件和滚珠轴承球管剖视图

a）滚珠轴承组件　b）滚轴轴承球管剖视图

图 9-10 所示为按临床用途对球管分类。

图 9-9　液态金属轴承球管剖视图

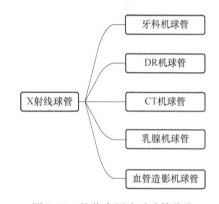

图 9-10　按临床用途对球管分类

　　牙科机球管用于牙科 X 射线影像诊断，特点是固定阳极、小焦点、电流也只有几十毫安，电压一般在 90kV 以下，通常为玻璃球管。

　　DR 机球管由于机架不旋转，球管不需要承受离心加速度，因此多采用旋转阳极玻璃球管。

　　CT 机球管，除了固定阳极球管，几乎包含所有类型的球管。例如，16 排以下，以玻璃球管、金属玻璃球管为主；16~32 排，大多以金属陶瓷、金属玻璃球管为主，轴承也是滚珠轴承；32~64 排主要是金属陶瓷球管，滚珠轴承球管占主要地位，并且以双端高压为主。近年在 64 排上面单端阳极接地、液态金属轴承球管开始应用并有扩大趋势。液态金属轴承、单端阳极接地球管在高端整机上用得较多，特点是能够承受高达 $70g$ 的相对离心加速度，而且静音性好、寿命非常长。整机性能不同，球管的指标也有所不同，不同球管的价格差异也十分巨大。

　　乳腺机球管主要用于乳腺机，特点是焦点小、电压低，电流根据焦点不同而不同，一般小微焦点电流在 50mA 以下，大焦点在 100mA 以下，扫描时间至少要在 5～800mA·s。乳腺机球管阳极靶通常采用钼靶、铑靶、钨靶，靶材料不同，窗口材料也不同。靶与窗口材料的组合可分为 Mo+Mo、Wu+Mo、Wu+Rh、Rh+Rh、Wu+Pd，以获得需要的射线束。

血管造影机球管多采用液态金属轴承，单双端高压结构都有应用。血管造影机对球管的要求是带微焦点、功率大、可靠性高，球管一般为双焦点，有的是三焦点，额定电压为 125KV。

不同种类球管的外形基本都为圆柱形，且基本工作原理及物理过程完全相同。球管管芯安装在管套中，并用水或油作为冷却剂，将球管产生的热量导出，以保证球管能够持续工作。

图 9-11 所示为医源生产的 CTR2280 金属玻璃球管。

a)   b)

图 9-11　医源生产的 CTR2280 金属玻璃球管

a）管组件爆炸视图　b）带散热器整体视图

9.4　CT 球管关键技术

医用 CT 球管的管壳提供真空环境，在阴极和阳极之间施加高压电场，将阴极发射的自由电子加速，轰击阳极靶盘即可产生 X 射线。因此，不论是早期固定阳极玻璃管壳的 X 射线管，还是结构复杂的现代 X 射线管，均包含阴极、阳极和管壳三个基本的部件。为解决 X 射线产生过程中产生的大量热量，绝大部分医用 CT 球管采用旋转阳极，用驱动线圈驱动阳极靶旋转，使焦点的能量均匀地加载到阳极靶面，提高散热效率和使用寿命。图 9-12 所示的旋转阳极 CT 球管模型图，展示了旋转阳极 CT 球管的基本结构。

对于 CT 球管，除了保持真空条件，散热问题和随机放电（行业内多称为"打火"）是限制 CT 球管持续稳定运行的关键问题。为实现高速电子运动的真空条件，必须选用结构稳定的管壳结构，采用精密的焊接工艺，实现并保持 CT 球管内部的高真空环境。高速电子轰击靶盘后，仅有 1% 的能量转化为 X 射线，剩余 99% 的能量转化为热能沉积到阳极、管壳等部位被传导耗散。"打火"现象发生的随机性强，一直是困扰研究人员和制造商的一大因素，无法完全杜绝这一现象，一般通过提高 CT 球管内零部件的表面处理精度、材料纯度来尽量降低造成"打火"的概率。

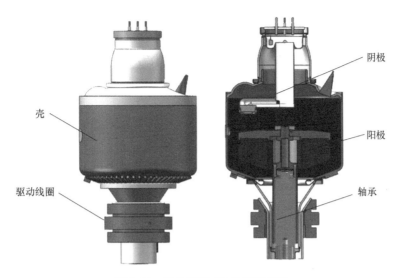

图 9-12　旋转阳极 CT 球管模型图

现代医疗需求的不断提高，推动了 X 射线影像技术的不断进步，当今 CT 球管在负载功率、焦点控制、使用寿命等方面取得了长足的进步。图 9-13 所示为医用 CT 球管组件。

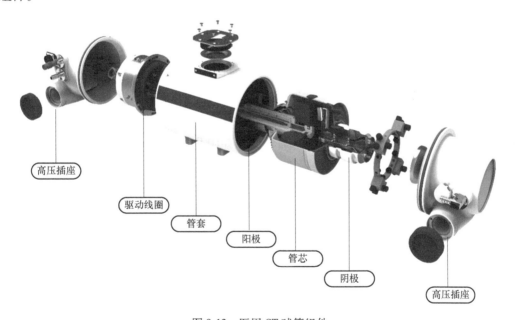

图 9-13　医用 CT 球管组件

9.4.1　阴极

CT 球管阴极主要由灯丝、电子聚焦系统、引线、绝缘陶瓷及支承部件等构成，如图 9-14 所示。阴极为 CT 球管提供稳定的自由电子束，同时利用聚焦结构将高压加速的自由电子汇聚成束，其中灯丝是电子发射的主体。灯丝受到激发后发射自由电子，通过电子聚焦系统控制电子束的束斑尺寸和焦点位置。阴极灯丝受到激发可发射自由电子，聚焦极可将这些电子汇聚成束。阴极灯丝长期在高温状态下工作，工作温度为 1900～2500℃，是最容易失效的零件，成为影响 CT 球管使用寿命最主要的因素之一。

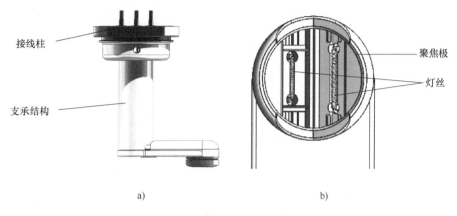

接线柱

支承结构

聚焦极

灯丝

a)

b)

图 9-14　一种 CT 球管阴极模型图

a）外观模型　b）聚焦极结构模型图

1. 阴极分类

根据灯丝的数量不同，阴极可分为单灯丝结构和多灯丝结构。单灯丝结构，在聚焦极上装配一条灯丝，能够实现具有特定焦点尺寸的焦斑；多灯丝结构有多条灯丝，可以实现多个不同的焦点，图 9-15c 所示为一种具有两条灯丝的阴极结构。根据灯丝的形状不同可分为螺旋灯丝和平板灯丝，如图 9-15a、b 所示。CT 球管大多使用螺旋灯丝作为阴极灯丝，少数高端 CT 球管采用平板灯丝作为阴极灯丝。螺旋灯丝由钨丝绕制而成，其装配的聚焦极如图 9-15c 所示，其束流仿真图如图 9-15e 所示；而平板灯丝由激光切割等方式加工制成，其装配的聚焦极如图 9-15d 所示，其束流仿真图如图 9-15f 所示。相比于传统的螺旋灯丝，平板阴极发射面积大，可有效减少反射电子的干扰，满足大管电流需求。另外，在高温和高转速条件下，平板灯丝的形变更小，能更好地控制焦点的形态。平板灯丝更能实现热量均衡分布，为 CT 球管提供更稳定的焦点。

根据焦点的位置是否固定，阴极可分普通阴极和栅控阴极。栅控阴极通过在栅极上施加不同的电压，可控制逸出灯丝的自由电子的电场分布，可调节电子束的聚焦情况，在不改变高压的情况下，控制 X 射线的发射量。

包括灯丝在内的固体内含有大量的电子，通过不同的激发手段可获得自由电子。依据灯丝发射体材料类型，以及电子获得额外能量和克服势垒束缚的方式，阴极可分为以下四种类型。

（1）热阴极　由于阴极通过外置设备进行加热，阴极灯丝内的电子获得能够从阴极表面发射出的能量，这种类型的阴极被称为热阴极。热阴极根据发射体材质不同可分为纯金属阴极、氧化物阴极、原子薄膜阴极等，其中纯金属阴极是应用最广泛的一种热阴极。

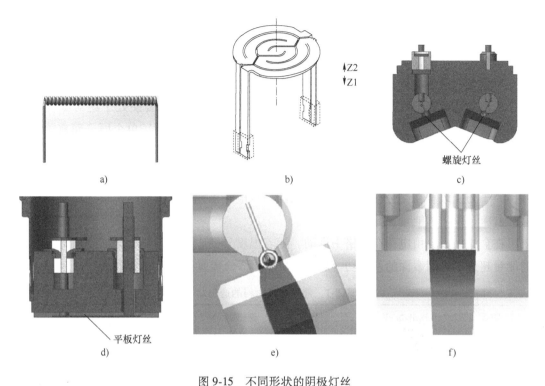

图 9-15　不同形状的阴极灯丝

a）螺旋灯丝　b）平板灯丝　c）螺旋灯丝装配的聚焦极　d）平板灯丝装配的聚焦极

e）螺旋灯丝束流仿真图　f）平板灯丝束流仿真图

（2）场致发射冷阴极　阴极内的电子由于阴极面上的隧道效应从阴极内逸出到阴极外部，隧道效应是因为外部施加的强电场作用在阴极表面形成的一个现象，它可以有效地降低阴极面上的势垒。因此，场致发射只需要一个较大的外部电场条件就可以高效地获得大发射电流密度的电子源。

（3）光电子发射阴极　由于光辐射在阴极面上，从而使阴极内的电子逸出到阴极外部，即采用光电效应的原理。

（4）次级电子或离子发射阴极　由于高能一次发射出来的电子流轰击在阴极面上，从而使阴极内的电子发射到阴极外部，根据它特殊的工作原理及方法，它被称为次级或二次电子发射。评价阴极灯丝，应从逸出功、表面蒸散率、发射电子束密度这几个方面进行综合考虑。

2. 电子发射机制

1928 年，索末菲根据量子力学的观点，提出金属自由电子模型，他认为金属内部有很多自由电子，它们具有一定的动能，金属内部势能恒定，电子处于等势能的场中，电子可以自由运动，其能量分布符合费米-狄拉克统计。当电子运动到金属表面时，会受到把它拉回的力，使得电子不能离开金属表面，仿佛金属表面存在一个足够高的势垒。如果要把电子从金属内部移到外部，就必须要做相当的功。当外部供给电子足够的能量，使电子摆脱束缚逸出金属表面成为自由电子，即电子发射。

物体中的电子在常态下所具有的能量都不足以克服表面势垒而逸出物体。要使它们从物体里释放出来，必须另外给予它们能量，该过程称为激发。从物体表面发射出一个电子所需要的最小能量，称为逸出功，也称"脱出功"或"功函数"。

逸出功通常用Φ_M表示，其单位为电子伏特（eV）。它表征要使处于绝对零度下的金属中具有最大能量的电子逸出金属表面所需要给予的能量。对于单个原子而言，逸出功就是原子中能级最高的电子逃离原子核束缚所需的能量，这个能级最高的电子所在的能级叫最高占据态，也就是原子所有电子的所有能级中最高的那个。对于固体材料而言，原子的能级相互交叠形成带，逸出功就是从电子填充的最高能级带跳到没有材料束缚的自由态所需的能量。

在金属中，自由电子在晶格中运动。随着温度升高，电子的热运动加剧，部分电子的能量超过了金属表面的逸出功。表9-1列出了部分金属材料的逸出功。

表9-1　部分金属材料的逸出功

物质	逸出功/eV	物质	逸出功/eV	物质	逸出功/eV
Li	2.39	B	4.5	Ti	4.09
Na	2.35	C	4.62	V	4.12
K	2.22	Si	4.3	Cr	4.62
Rb	2.17	Ge	4.76	Mn	3.83
Cs	1.93	Se	4.72	Fe	4.33
Be	3.92	Sn	4.28	Co	4.41
Mg	3.64	Sb	4.08	Ni	4.61
Ca	2.76	Te	4.73	Zr	3.84
Sr	2.6	Al	4.21	Nb	3.98
Ba	2.7	Ga	3.96	Mo	4.24
Cu	4.29	In	4	Pd	4.98
Ag	4.55	Tl	4.09	Ta	4.13
Au	4.92	L	3.8	W	4.52
Zn	4.26	Ce	2.6	Re	4.94
Cd	3.92	Nd	3.3	Ir	4.57
Hg	4.52	Sm	3.2	Pt	5.36

这种热电子发射的强度与灯丝的温度、材料的性质及表面状态等因素密切相关。温度越高，电子发射的数量越多；材料的逸出功越低，电子发射越容易。

尽管钨灯丝的逸出功较高，但钨灯丝具有激发条件易得、发射率高、蒸散率低、抗电子轰击、机械性能好的特性，成为CT球管最常采用的阴极。下面以钨灯丝为例阐述电子发射机制。

CT 球管的钨灯丝工作温度为 1900~2500℃，在阴极和阳极之间施加 80~150kV 的高压电场。在这个条件下，空间电荷效应被抑制，热发射效应显著。通常用理查德森热发射模型描述热电子发射过程，即

$$J = (1 - \tilde{r}) A T^2 \exp\left(-\frac{\Phi_M}{k_B T}\right) \tag{9-1}$$

$$A = 4\pi e m \, k_B^2 h^{-3} = 1.2 \times 10^6 \, \text{A}/(\text{cm}^2 \cdot \text{K}^2) \tag{9-2}$$

式中，J 是发射电流密度；$\tilde{r}$ 是反射系数，$\tilde{r} = 0.1 \sim 0.5$，在理查德森热发射模型中，通常被忽略；Φ_M 是逸出功；A 是常数系数；k_B 是玻尔兹曼常数，$k_B = 1.383 \times 10^{-23} \text{J/K}$；

h 是普朗克常数，$h = 6.63 \times 10^{-34} \text{J} \cdot \text{s}$；

e 是一个电子所携带的电量，$e = 1.6 \times 10^{-19} \text{C}$；$m$ 是单个电子的质量，$m = 9.1 \times 10^{-31} \text{kg}$；

T 是灯丝温度（K）。

图 9-16 所示为热电子发射机制，表示出发射强度与发射温度 T、逸出功 Φ_M 的函数关系。电流密度主要由灯丝的温度和灯丝材料的功函数决定。如图 9-16 所示，适用理查德森热发射模型中的系数 A 和 $\tilde{r}$ 可通过导带理论进行推导。在阴极和阳极之间施加高压电场，电场线接近平行线，但在螺旋灯丝附近的电场变化显著。这个模拟中，灯丝的螺旋线圈内部的磁场强度可以忽略不计，在面向阳极的导线顶部达到最大值，同时考虑电子空间电荷效应。根据经验技术参数，假设灯丝的温度为 2200℃，发射的电子在离开钨表面时平均携带约 0.5eV 的动能，能量扩散通常为 0.7eV。来自发射线圈内部空间的电流几乎为零。因此，大多数发射到中心的电子在经过真空的短暂旅程后返回原点。而与这完全不同的是，灯丝顶部的发射量级可达几 kV/mm。根据理查德森热发射模型，这些区域以热离子方式发射。虽然平板灯丝发射时的场分布均匀得多，但这些场也同时受到空间电荷受限效应和热电子发射理论的影响。

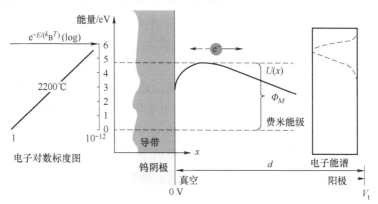

图 9-16　热电子发射机制

注：左图是玻尔兹曼因子 $e^{-E/(k_B T)}$ 的对数标度图，它与部分空导带中的电子以热方式获得高于基准费米能级的
　　动能的概率成正比。靠近发射极的电势 $U(x)$ 被描绘为钨阴极右侧的粗曲线。
　　右图说明了发射电子相对于费米能级的能量谱。

3. 钨灯丝发射特性

钨金属的高温蒸散率低、机械强度相对较高，是优质的天然金属灯丝，CT 球管中应用最为广泛的是基于热发射的纯钨灯丝。根据固体物理晶格理论，金属内存在晶格结构，在不同的晶格方向上，逸出功略有差别。金属元素钨具有相对较大的逸出功 Φ_M，介于 $4.2 \sim 5.3\text{eV}$，具体数值取决于发射表面的晶格取向。在实际工作中，钨发射体在其表面呈现多种取向，平均逸出功约为 4.5eV。

纯钨灯丝装配前需要进行灯丝定型工艺，一方面保持灯丝的机械结构，防止变形，另一方面，通过高温使钨的内部原子有序排列，有利于降低电子的逸出功，增加发射电子密度。根据制造灯丝的钨丝直径不同、材料纯度不同，再结晶温度存在较大差异。另外，值得注意的是，纯钨螺旋灯丝在高温下工作一段时间后会发生微变形，对于 $100\mu\text{m}$ 的灯丝，经过 2400℃升温保持 5h 后，发生 200nm 的变形（见图 9-17）。

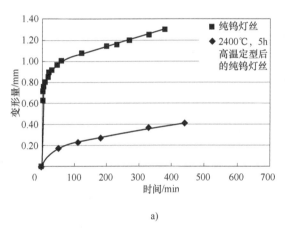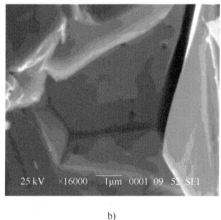

a) b)

图 9-17 纯钨灯丝高温定型后变形量及再结晶后钨灯丝表面的微结构

a）纯钨灯丝高温定型后变形量 b）再结晶后钨灯丝表面的微结构，升温 2400℃保持 5h

由图 9-18 可以看出，相比于单晶钨灯丝，多晶钨灯丝在（111）晶向的发射量更高。而纳米复合灯丝能够在较低的发射温度下实现远高于纯钨灯丝的电子发射能力。

金属钨的高温蒸散率低、机械强度相对较高，是优质的天然金属灯丝，但是不可忽略纯钨灯丝存在一定的局限性。首先，由表 9-2 可知，金属钨的平均逸出功较高（4.52eV），致使纯钨灯丝的工作温度较高，通常在 1900～2500℃，存在一定的蒸散率，使得管壳上会积累一定的钨金属元素，在高压环境下容易造成打火现象。其次，长时间使用后，存在一定的结构形变，造成焦点的变化，使对应的成像分辨力降低。

表 9-2 纯钨在不同晶格方向的逸出功

弥勒指数	（310）	（111）	（100）	（211）	（110）
逸出功	4.2eV	4.4eV	4.6eV	4.9eV	5.3eV

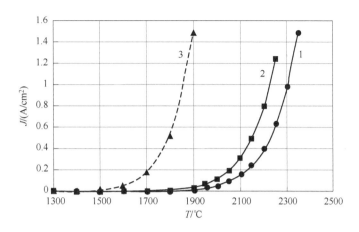

图 9-18 灯丝的温度-发射电流密度

1—单晶钨灯丝 2—多晶钨灯丝 3—复合纳米钨灯丝

4. CT 球管焦点

（1）焦点的定义 在 X 射线成像系统中，对成像质量影响最大的因素之一就是 CT 球管的焦点。因此，实际工作中对 CT 球管的焦点要求比较严格。

常见的焦点术语包括实际焦点、有效焦点和标称焦点等。

实际焦点是指灯丝发射的电子经聚焦后在靶面上的瞬间轰击面积，如图 9-19 所示。目前，CT 球管的灯丝多数为螺旋灯丝，灯丝发射的电子经聚焦后，以细长方形轰击在靶面上，形成细长方形的焦点，故称为线焦点。

实际焦点的大小（一般指宽度），主要取决于聚焦罩的形状、宽度和深度。实际焦点越大，受轰击的靶面积越大，可承受的功率值相应增加，CT 球管的热容量就越大，曝光间隔时间就可以缩短。

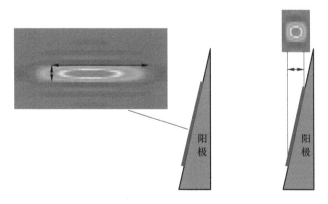

图 9-19 CT 球管中实际焦点（左侧）和有效焦点（右侧）之间的区别

注：阳极上的长粗线代表电子束的范围，靶角角度为 θ。

在电场作用下，实际焦点面内的电子密度分布不同，其产生的 X 射线辐射强度的分布呈单峰、双峰甚至多峰型。在焦点尺寸相同的情况下，焦点中央辐射强度越强（呈高斯分布），成像分辨力越高；其次为矩形分布；最差为双峰分布。X 射线 CT 球管的焦点一般是双峰分布。根据 YY/T 0063-2007 规定，焦点的实际值由线扩展函数峰值宽度尺寸的 15% 来确定。

（2）焦点的计算　CT 球管的焦点尺寸标称值由 YY/T 0063-2007 规定，为一对无量纲的数值。对于 CT 球管，一对焦点值的每个数值应仅与表 9-3 中焦点标称值的宽度最大允许值相对应（见表 9-3）。

表 9-3　焦点标称值相应的焦点尺寸最大允许值

焦点标称值 f/mm	焦点尺寸最大允许值/mm	
	宽度	长度
0.10	0.15	0.15
0.15	0.23	0.23
0.20	0.30	0.30
0.25	0.38	0.38
0.30	0.45	0.65
0.40	0.60	0.85
0.50	0.75	1.10
0.60	0.90	1.30
0.70	1.10	1.50
0.80	1.20	1.60
0.90	1.30	1.80
1.00	1.40	2.00
1.10	1.50	2.20
1.20	1.70	2.40
1.30	1.80	2.60
1.40	1.90	2.80
1.50	2.00	3.00
1.60	2.10	3.10
1.70	2.20	3.20
1.80	2.30	3.30
1.90	2.40	3.50
2.00	2.60	3.70
2.20	2.90	4.00
2.40	3.10	4.40
2.60	3.40	4.80
2.80	3.60	5.20
3.00	3.90	5.60

注：对于 0.30~3.00mm 的焦点标称值，长度的最大允许值已包括系数。

有效焦点又称为作用焦点，是指实际焦点在 X 射线投照方向上的投影。通常提及 X 射线的焦点尺寸是指有效焦点，如 2.0mm × 2.0mm、1.0mm × 1.0mm 或 0.3mm ×

0.3mm 等。

如图 9-20 所示，设实际焦点长度为 a，宽度为 b，则投影后的有效焦点长度为 a'，宽度不变，即

$$a' = a\sin\theta \tag{9-3}$$

式中，θ 是阳极靶面与 X 射线投影方向的夹角。

当投影方向与 CT 球管长轴垂直时，θ 角称为靶角或阳极倾角，一般为 $7° \sim 20°$。靶角是一个与热容量和 X 射线辐射强度分布密切相关的重要参数。例如，有一个靶角为 $19°$ 的固定阳极 CT 球管，实际焦点长为 5.5mm，宽为 1.8mm。根据式（9-3）可以计算出有效焦点的长度：$5.5 \times \sin\theta \approx (5.5 \times 0.33)$mm $= 1.8$mm，其宽度不变，即有效焦点近似为 1.8mm×1.8mm 的正方形。

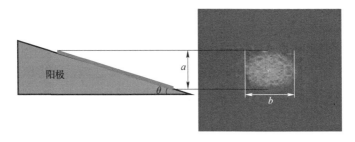

图 9-20　实际焦点与有效焦点的几何关系

X 射线成像时，为减小几何模糊而获得清晰的影像，要求有效焦点越小越好。减小有效焦点面积可通过减小靶角来实现，但由于 X 射线辐射强度分布的变化，靶角太小时投照方向的 X 射线量将大量减少，所以靶角要合适，一般固定阳极 X 射线 CT 球管的靶角为 $15° \sim 20°$。也可以通过减小实际焦点面积以减小有效焦点面积，但实际焦点面积减小后，受 200W/mm^2 的限制，CT 球管的容量也将随之减小。

（3）有效焦点与成像质量　在相同条件下，焦点尺寸越小，X 射线投影成像分辨力就越高。当有效焦点为点光源时为理想情况，图像的边界分明，几何模糊小，成像分辨力最高；X 射线焦点尺寸越大，图像边界上的半影区域也越大，几何模糊大，影像清晰度降低，如图 9-21。减小有效焦点，势必减小实际焦点，CT 球管的功率随之减小，曝光时间需增加，这将会引起运动模糊。因此，为改善 X 射线投影成像分辨力，应尽可能减小焦点的尺寸，从而减小半影区带来的几何模糊。然而，大量电子轰击到面积更小的靶面后造成瞬时高温，对靶盘的损伤极大，也就是说减小焦点尺寸和增大 CT 球管的功率以缩短曝光时间、减小运动模糊是一对矛盾。固定阳极 CT 球管常采用双焦点的方法来折中解决几何模糊和运动模糊之间的矛盾；另一种更有效的方法是采用旋转阳极 CT

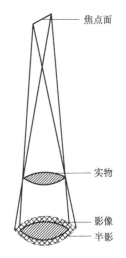

图 9-21　焦点尺寸对成像
分辨力的影响示意图

球管，电子束轰击快速旋转的阳极靶盘，实现靶面均匀受热，有效提高了 CT 球管的输入功率。

（4）焦点的方位性　由于 X 射线呈锥形辐射，所以在照射野不同方向上投影的有效焦点不同。投影方位越靠近阳极，有效焦点尺寸越小；越靠近阴极，则有效焦点尺寸越大（宽度不变）。而且，若投影方向偏离管轴线和电子入射方向组成的平面，有效焦点的形状还会出现失真。因此，使用时应注意保持实际焦点中心、X 射线输出窗中心与投影中心三点一线，即 X 射线中心线应对准影像中心。

（5）焦点增涨　当管电流增大时，电子数量增多，由于电子之间库仑斥力的作用，使实际焦点尺寸出现增大的现象，称为焦点增涨。管电压一定时，随着管电流的增大，焦点增涨的程度增高。管电压的变化对焦点增涨大小的影响远小于管电流的变化影响，但管电压的变化将改变电位分布曲线，使主、副焦点的形成发生变化，一般情况下，管电压对小焦点增涨影响较大。

实际焦点尺寸会影响 CT 球管的成像效果、分辨力、质量及散热情况。有效焦点面积随实际焦点面积增大而增大，与此同时还增加了半影区域，使得图像成像分辨力下降。焦点面积越大，越有利于散热。通过焦点尺寸的减小可以增加成像的清晰度，随着焦点尺寸的减小，CT 球管的功率也会下降，只有通过增加曝光时间达到同等的曝光程度，但会造成严重的功率损失。由于不到 1% 的电能转换为 X 射线，需要通过对电子束聚焦系统进行合理设计来提高焦点内的电流面密度。

5. 栅控阴极

为实现满足使用需求的焦点尺寸，需要对逸出的自由电子进行聚焦，通常包括静电聚焦、栅控聚焦和电磁偏转聚焦等形式。常规的 CT 球管依靠聚焦极和高压电场实现电子束的聚焦，焦点位置固定不可调。栅控 CT 球管具有可快速响应的独特性能，不仅可使患者和操作者接受的 X 射线辐射剂量减少、CT 球管使用寿命延长、X 射线影像的模糊度降低、清晰度提高等，同时还可用于快速 X 射线脉冲曝光，目前主要应用于血管造影 X 射线机、电容充放电 X 射线机等设备。

栅控 CT 球管是在普通 X 射线 CT 球管的阴极和阳极之间加上一个控制栅极，在结构上类似于电子管，故又称为三极 X 射线 CT 球管。当栅极上施加一定大小的负电位或负脉冲电压（相对阴极灯丝而言），管电流被截止，不发生 X 射线；当负电位或负脉冲消失时，管电流导通，发生 X 射线。可见，对于栅控 CT 球管，辐射 X 射线的产生不仅取决于灯丝加热电流和管电压，还取决于栅极电位的变化。由于栅极电压远低于管电压，控制相对容易，这意味着产生 X 射线的过程可以大大缩短，射线中由于过渡过程产生的无用射线比例将大大减小，如果栅极电位采用脉冲电压方式供电，将能实现快速断续 X 射线摄影。栅控 CT 球管除了阴极结构特殊，其他部分与普通 X 射线 CT 球管相同。栅控 CT 球管的阴极在聚焦槽中装有灯丝，灯丝前方装有栅极，灯丝与栅极之间相互绝缘。栅极电位就加在灯丝和聚焦极之间。

由于栅极负电位对电子束流起着阻碍作用，因此栅控 CT 球管的灯丝发射特性要比一般 CT 球管差。当发射相同的管电流时，栅控 CT 球管的灯丝加热电流要大得多。为了提高栅控 CT 球管的管电流，设计出另一种结构的栅控 CT 球管，使灯丝与阴极聚焦极相互绝缘，负电位加在阴极聚焦极上。这样，阴极聚焦极既能实现静电聚焦作用，又起着栅极控制的作用。阴极聚焦极上装有灯丝，加热的同时发射电子，在栅极电压的作用下，两束电子流轰击到靶面的位置稍有差异，形成近似高斯分布的焦点，从而使焦点 X 射线辐射强度分布较为合理，灯丝发射特性也得到了改善。

不同管电压、管电流下，截止的栅极电压也不同。例如，在由高压电容器充电后提供管电压的 X 射线机中，当管电压为 125kV 时，截止管电流的栅极电位为 −2.5kV。栅极电位的变化会引起灯丝附近的电位分布发生变化，从而使焦点宽度也随着改变（焦点长度变化不大）。

6. 飞焦点 CT 球管

磁偏转系统利用电磁效应控制电子束的发射方向，使得束斑在阳极靶盘的不同位置撞击产生 X 射线，由于电磁效应的控制有较高的频率，可以使得 X 射线焦斑能够快速偏转变换，如图 9-22 所示。这种控制 X 射线焦斑的方法有两个明显的优势，一方面，焦斑的偏移使得靶盘焦点处接受轰击的时间减少一半，靶盘整体的热量分布趋于平均，大大提高了靶盘的使用寿命；另一方面，焦斑位置变化可获得不同角度的透视图像，提高了 CT 成像的扫描效率和分辨力，有效减少患者在 CT 类检查中受到的辐射剂量。

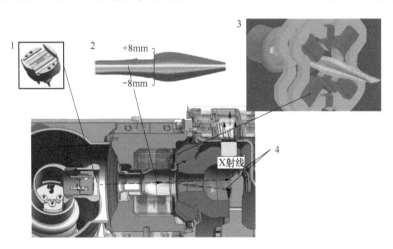

图 9-22　磁偏转系统工作原理图
1—平面电子发射器　2—电子轨迹　3—磁体系统　4—偶极子

现代多层螺旋 CT（MSCT）扫描仪可在相当短的扫描时间内提供各向同性的亚毫米分辨力。即便如此，MSCT 系统仍然受到伪影的影响。

造成 MSCT 中出现伪影的原因主要有：用于 z 轴插值的数据对的转换、锥角及稀疏纵向采样。伪影强度取决于成像主体对比度变化的幅度，随着较薄的标称层厚和较大的螺距而增加，而通常与成像位置无关。这些伪影产生的根本原因是混叠。当不满足奈奎斯特定理时，通常会出现混叠伪影。根据香农采样定理，每个空间分辨力元素至少应取两个采样点。

通过磁偏转线圈，电子束在靶面上按顺序轰击 A、B、C、D 四点，也就是在旋转方向上采用飞焦点（αFFS），如图 9-23 所示，由于 X 射线是从两个不同的角度进行投射，因而在不增加 X 射线的情况下，使探测器的采样数量提高了一倍，从而提高解析平面内的空间分辨力。纵向采样的改进可以通过选择优化的小螺距值来实现，这样在不同旋转中获得的互补数据在 z 轴方向交错。另一种不受特定螺距值限制的方法是使用 z 轴飞焦点（zFFS）技术。焦点在 z 轴方向上的周期性运动允许采样密度加倍，从而满足采样定理。

电子由连接到高压源负极的平面电子发射器（见图 9-22 中 1）释放。电子在阴极和管腔之间获得速度，穿过聚焦和磁偏转系统进行方向偏转，最终撞击阳极。电子轨迹如图 9-22 中 2 所示。磁体系统（见图 9-22 中 3）包括两个独立的四极子和两个正交的偶极子（见图 9-22 中 4），电子束可以偏转以使 X 射线源区域偏转。与静电聚焦不同，这种设计中的电子通过一条长长的漂移路径。发射体在大空间的电荷效应大大降低。

图 9-23 显示了平面内飞焦点（αFFS）和 z 轴方向飞焦点（zFFS）的组合运动。因此，在使用两个飞焦点的情况下，一个飞焦点循环产生四个读数（对应于每个焦点位置）。在只有 z 轴方向飞焦点开启的情况下，飞焦点循环包含两个读数。

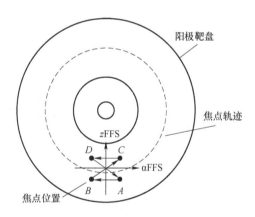

图 9-23　焦点偏转的几何图形

7. 场致发射

相较于钨灯丝的高温发射特性，利用场发射的阴极又被称为冷阴极，只需要向近端电极施加中等电压，而不需要高温来产生电子。场发射被视为许多设备中电子生产的热离子发射的一种有吸引力的替代方案，包括显示器、电子显微镜和 X 射线 CT 球管。场发射可通过 Fowler-Nordheim（F-N）方程描述，即

$$J = A\left(\frac{\beta^2 U^2}{\Phi d^2}\right)\exp\left(\frac{-B\Phi^{\frac{3}{2}}d}{\beta V}\right) \tag{9-4}$$

式中，J 是场致发射电流密度；A、B 是常数，$A = 1.56 \times 10^{-6}\,\mathrm{A \cdot V^{-2} \cdot eV}$，$B = 6.8 \times 10^9$ $\mathrm{V^2 \cdot eV^{-3/2} \cdot m^{-1}}$；$\Phi$ 是发射材料的功函数；β 是场增强因子；U 是阳极和阴极之间所施

加的电压；d 是阴极和阳极之间的距离。

在材料、发射装置和环境温度不改变的状态下，Φ、β、d 均可以为常数，式（9-4）也可以写为

$$\ln\left(\frac{J}{V^2}\right) = m - n\,\frac{1}{V} \tag{9-5}$$

$$m = \ln\left(\frac{A\beta^2}{\Phi d^2}\right)$$

$$n = \frac{B\Phi^{\frac{3}{2}}d}{\beta}$$

由此可见，m 和 n 也是常数，结合式（9-4）和式（9-5）的表述可以看出，$\ln\,(J/V^2)$ 的数值和 $1/V$ 的数值之间是线性关系，为了更加定量且严格的表述冷阴极场致发射的性能和效果，研究人员一般是采用 F-N 曲线来描述场致发射，而 F-N 曲线则是根据试验所获的数据结合式（9-5）所拟合出的曲线。图 9-24 所示为在外加电场作用下的金属表面势能曲线。

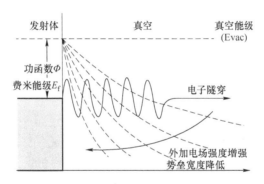

图 9-24　在外加电场作用下的金属表面势能曲线

F-N 方程非常准确地表述了冷阴极发射材料尖端上的场增强因子 β 和冷阴极发射体材料的功函数 Φ 是影响冷阴极材料发射性能的两个至关重要的因子。因此，在研究发展冷阴极材料发射性能的过程中，国内外相关的研究人员都在致力于发展一种场致发射材料，它同时拥有相对较低的电子发射势垒和较大的场增强因子 β。由上述一系列表述可知，场致发射实现电子发射的过程是不需要对电子施加任何形式的附加能量的，这一发射特征与其他发射电子的方式都不同，因此其具备特有的优点：第一，它无须外部的加热装置，结构小；第二，加工难度小、成本低、易实现；第三，无须提前加热，响应速度快，具有瞬时性。

碳纳米管（Carbon Nanotube，CNT）、金刚石及各种纳米结构薄膜的发射体材料都属于薄膜型场致发射冷阴极材料。碳纳米管是将单层或多层石墨片围绕中心轴按照一定的螺旋角卷曲而形成的无缝圆柱状壳层结构，其径向尺寸非常小，是一种直径在数纳米或数十纳米，长度可达微米以上的中空管结构，因此在外加电场中碳纳米管尖端的场增强因子 β 应在 10^3 数量级，从而可以在很低的电场下获得非常高密度的电子发射。并且

由于碳纳米管这些独特的结构特点，决定了它具有低密度、高弹性模量、高强度、高导电性及良好的热稳定性等优良特性。

碳纳米管在场致发射过程中具有很低的开启电场，这归因于碳纳米管的两个特殊优点：碳纳米管材料的负电子亲和势及碳纳米管的较大长径比。另外，碳纳米管有耐物理溅射和抗化学污染的特性，这是由其本身特殊的共价键结构决定的，这一特性使得碳纳米管能承受高达 $10^9 A/cm^2$ 的发射电流密度，并且在适当强电场的工作环境下，碳纳米管不易损坏。这些优点都可以保证碳纳米管材料尖端不会轻易受到电致而钝化，即在高压放电的工作情况下，还能保证碳纳米管的寿命，因而能在实际的使用过程中既有良好的场致发射性能，又有着较长的使用寿命及相对较高的工作稳定性。

碳纳米管 CT 球管相较于传统 CT 球管的优点毋庸置疑，但不可否认其存在着明显的不足，例如，碳纳米管射线管的电流稳定性差，容易出现"打火"现象；场致发射一般需要在阴极表面施加强电场，一般采用引入栅极的方式来实现，其中，内栅极制备工艺难度高，容易烧毁短路，外栅极结构能有效避免内栅极缺陷，但外栅极截获电子现象非常严重，导致栅极发射变形。这些不足很大程度上影响着碳纳米管 CT 球管的应用推广。

9.4.2 阳极

阳极靶面被高速运动的电子束轰击产生 X 射线，其性能对发射 X 射线特性和 CT 球管的寿命有直接的影响，通常是 CT 球管最昂贵的部件之一。CT 球管的阳极通常由发射层、基底层和导热层组成，图 9-25 所示为当前 CT 球管的主流阳极靶结构示意图，发射层为钨铼金属层，基底层为钼合金层，导热层为石墨。靶面的材质直接影响产生的 X 射线能谱，图 9-26 所示为钨靶面的 X 射线能谱，同时阳极靶应

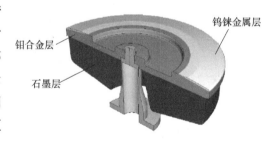

图 9-25　主流阳极靶结构示意图

具有较大的热容量和散热效率，以便将 X 射线发射过程中产生的大量热量传导出去，提高 CT 球管的单次允许运行时间，防止靶面由于高温造成的熔融、蒸散及断裂。

1. 阳极靶分类及结构

根据 CT 球管工作时阳极的状态不同，可将阳极分为固定阳极和旋转阳极。顾名思义，固定阳极靶是固定结构，安装后无法活动，在经过长期高速电子轰击后，靶面容易遭到破坏，影响 X 射线的质量和焦点的形状。而旋转阳极利用轴承和驱动系统，在 CT 球管运行期间以较高的速度旋转，使得靶面在圆周上受到均匀轰击，大大提高了靶盘的寿命，当前绝大多数的 CT 球管采用旋转阳极。

根据阳极靶的制作方式不同，可分为纯金属阳极靶和石墨靶。纯金属阳极靶仅有金属靶面，阳极靶既是 X 射线的发生处，又是散热片，造成热容量低。目前 CT 球管大多

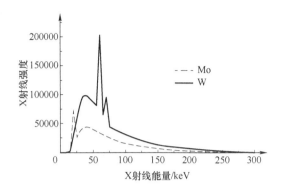

图 9-26　仿真 CT 球管的 X 射线能谱

注：虚线代表靶材为钼的射线谱，实线代表靶材为钨的射线谱。参数：GEANT4 仿真软件，管电压 300kV，

管电流 1.0×10^{-8} mA，滤波片材料为铝（厚度 1.0mm），靶的厚度均为 1.0mm。

采用石墨或金属钼等作为散热片，通过将焦点处的热量迅速传导到石墨片或金属散热片，大大提高可接受的电子束流密度，使得 X 射线发射强度提高，从而显著提高 CT 扫描成像速度。

通常，CT 球管的旋转阳极使用一个圆形区域作为阳极，材料一般采用钼，在钼上有 1~2mm 厚的钨铼合金，其中铼的质量分数为 5%～15%，靶面会加工成倾斜角为 7°～9°的斜面，作为高能电子束轰击以产生 X 射线的焦点轨道。钨铼合金中的铼成分使得材料富有弹性，能够延缓阳极靶在不断的高温交替下出现表面破裂，延长使用寿命。

常见的阳极靶面材质有钨、铜、钼、钨铼合金等。对阳极靶面材质总的要求是具有高原子序数、高熔点、耐电子冲击和易散热等特点。图 9-26 所示为金属钨和金属钼的仿真 CT 球管 X 射线能谱，分为连续谱和标识谱，连续谱是韧致辐射形成的，谱峰根据靶材和加载条件的差异发生偏移，标识谱也称特征辐射。

按照靶面结构不同，可分为整体阳极靶和分段阳极靶（见图 9-27）。由于石墨与钨钼铼合金的热膨胀系数差别较大，在高低温热循环使用环境下，靶面容易开裂，影响靶盘寿命。分段阳极靶相对于其他平面阳极靶来说，在结构上有一个明显的不同，就是在靶盘径向上沿一定角度开切放射状沟槽。放射状沟槽的开切，能有效地吸收因热膨胀特性差异而在靶面材料层与石墨层之间形成的热应力。

根据 CT 球管高压施加的方式不同，阳极可分为双端阳极与单端阳极。单端阳极是一种阳极接地、阴极接负高压的单端高压方式。Varian MCS 系列的阳极靶

图 9-27　不同结构的阳极靶面

在背面设计沟槽结构，最大限度地增加了热辐射表面积（见图 9-28）。阳极接地意味着，阳极靶能够与水直接接触，冷却介质从油变成水，大大增加了散热效率。

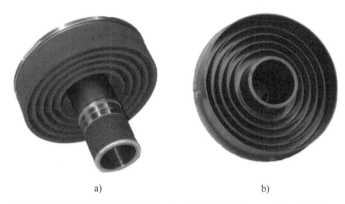

a)   b)

图 9-28 Varian MCS 管的沟槽形阳极具有最大表面积以增强热辐射，以及接地管框架的固定翅片对应物。

a）Varian MCS 管 b）接地管框架的固定翅片对应物

2. 阳极靶热力学

阳极材料的首要条件是耐高温。当 CT 球管运行时，只有不到 1% 的输入能量转换为 X 射线，超过 99% 的能量转换为热量。电子撞击靶盘的焦点处温度可以达到 2300℃以上，为了防止钨靶融化，采用旋转阳极结构，靶盘和转子在外部磁场驱动下，通常可达到 8000~12000r/min 的转速，来避免靶盘表面局部高温。除电子焦点和焦点轨迹具有高温，靶体温度也可以达到 1300℃以上，这是由于 CT 球管的靶盘和其他旋转部件都被密封在一个高真空的外壳中，传统的 CT 球管绝大部分热耗散仅能通过热辐射实现，效率较低。

阳极基底层和导热层的常用材料有钛-锆-钼合金（Titanium-Zirconium-Molybdenum，TZM）和石墨等。由表 9-4 可以看出，在 1400℃的高温下，TZM 合金具有良好的导热性能和优异的比热容，因此，采用 TZM 合金作为阳极基底材料连接靶面可实现迅速导热。而石墨层密度低、比热容大，在相同的体积和温差条件下，石墨可以提供较高的热容量，并且石墨密度低，作为储热层可以大大减轻靶盘的质量。

表 9-4 常见阳极材料的热学参数

材料	密度/ （kg/m³）	导热系数/ ［W/(m·K)］		比热容/ ［J/(kg·K)］		体积比热容/ ［kJ/(m³·K)］	
	RT	RT	1400℃	RT	1400℃	RT	1400℃
石墨	1820	135	58	706	2020	1285	3676
TZM 合金	10150	123	89	226	356	2287	3613
钨铼合金	19000	77	69	132	154	2508	2926

IEC 60613：2010 跳过了关于加热图和冷却曲线的讨论，其一，用户无法验证；其二，甚至可能产生误导。本小节总结了关于阳极靶热力学的几个关键指标。

1）标称阳极输入功率：在特定加载时间和特定条件下，可用于单个 CT 球管负载的最高恒定阳极输入功率。

标称阳极输入功率在图表中显示为曝光时间的函数。

2）标称射线照相阳极输入功率：可用于单个 CT 球管负载，负载时间为 0.1s，循环时间为 1.0min，循环次数不确定。

标称射线照相阳极输入功率表示为一个单一值，它表征了短时间功率，CT 球管可以维持 100ms/min 的单次曝光，并表征了脉冲性能以及冷却能力。

CT 的特殊性在于曝光时间为几秒，留出约 10min 用于冷却和重新安排患者。

3）CT 扫描功率指数（CTSPI）：用于计算机断层扫描的 CT 球管组件的特性，在给定的循环时间内，在单次加载的指定加载时间范围内，有

$$\mathrm{CTSPI} = \frac{1}{t_{\max} - t_{\min}} \int_{t_{\min}}^{t_{\max}} P(t) \, \mathrm{d}t \tag{9-6}$$

式中，$t_{\max}$ 是负载时间上限（s）；$t_{\min}$ 是负载时间下限（s）；$P(t)$ 是单个额定负载的函数（kW）。

以下参数描述了阳极和管壳组件的长期冷却以及热交换器的性能。

1）CT 球管组件输入功率：在加载之前、加载期间和加载之后，为所有目的施加在 CT 球管组件上的平均功率，包括施加在旋转阳极 CT 球管定子、灯丝和 CT 球管组件中任何其他设备上的功率。

2）连续额定输入功率：规定的最高 CT 球管组件输入功率，可连续应用于 CT 球管组件。

3）连续阳极输入功率：规定的最高阳极输入功率，可连续施加在阳极上。

由于许多 CT 球管数据表仍用旧术语表述热力学参数，因此应简要讨论。图 9-29 所示为根据 IEC 60613：1989 的加热和冷却曲线的历史集合。根据该模型，给出了一个简单的、数值的、单级的热集成模型，即

$$\mathrm{AHC}(t) = \mathrm{AHC}_{\max} \frac{\left[T(t_0) - T_{\mathrm{ambient}} \right]}{(T_{\max} - T_{\mathrm{ambient}})} + \int_{t_0}^{t} \left[P(t) - P_{\mathrm{cool}}(t) \right] \mathrm{d}t \tag{9-7}$$

式中，$\mathrm{AHC}_{\max}$ 是最高阳极温度 $T_{\max}$ 下的最大阳极热含量，假设为各向同性；$T(t_0)$ 是开始时间 t_0 时的温度；P 是阳极输入功率；P_{cool} 是阳极散发的热量。

为简单起见，假定比热容和温度的不变。"阳极"包括阳极电位的所有部分，也包括转子系统。事实上，IEC 标准依赖于国际单位制，避免了模棱两可的单位制（如 HU）。

冷却曲线根据热含量随时间的损失来描述散热。为了便于说明，图 9-29 中显示了两个加热和冷却循环。第一个样品循环可从 AHC＝0 下的冷却 CT 球管开始，并以 $t_{\exp}1 =$ 4min、12kW 平均负载驱动 AHC 达到 1750kJ 的示范上限值。随后可能会有 7min 的冷却时间 t_{cool}，在此期间，AHC 降低至约 600kJ。第二阶段（2）加热平均功率为 5kW，持续 3min，即使用最终 AHC＝1050kJ 且不会过热的 CT 球管。加热曲线的端点指示了极限分量。当陡峭的曲线断开以防止外阳极边缘和焦斑轨迹过热时，其中一条曲线反映了允许的最大转子温度。长曲线代表换热器的容量。

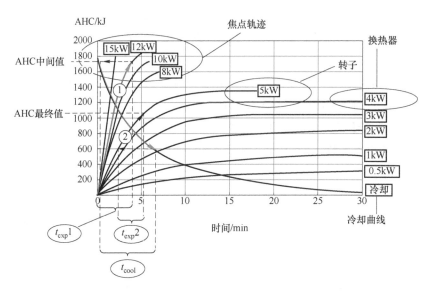

图 9-29　根据 IEC 60613：1989 读取历史加热和冷却曲线

注：这组曲线表示一个简单的单级热积分器。根据加热曲线，假设 CT 球管获得阳极热含量（AHC），
随着曝光时间 t_{exp} 的增加，该曲线近似于 t_{exp} 期间提供的平均能量。这可包括一次曝光或一系列曝光。

　　在列线图出现之前，基于计算机的算法取代了查找表和加热曲线，加热和冷却曲线是一种简单的方法，可以在复杂的曝光方案（如投影和系列曝光与荧光透视混合）中避免 CT 球管过热。根据加热曲线，假设 CT 球管获得 AHC，沿曲线上升曝光时间 t_{exp}，其近似于 t_{exp} 期间提供的平均能量。这可包括一次曝光或一系列曝光。冷却曲线根据热含量随时间的损失来描述热耗散，并从规定的最大值达到 AHC＝0（最大值不应用于临床）。IEC 标准的早期版本中要求在验证过程中不得损坏 CT 球管。但是，部件可能会轻微损坏。与输入功率和曝光时间不同，用户无法验证温度和 AHC，AHC 仅由制造商声明。

　　以下数据是 CT 球管的实际随附件的一部分。图 9-30 所示为电流和额定功率图表。低于 iso-watt 点（注：阳极由于物理限制能承受的输入功率存在上限值，而阴极最大发射电流与管电压的乘积视为阴极最大发射功率，这二者的值相等的功率值就是所谓iso-watt点）的管电压曲线的端点由阴极的有限发射能力给出。因此，列线图适用于判断旋转阳极管的阳极和阴极性能。通常，此图表适用于的允许载荷长期保持 250W 的 CT 球管，即一系列曝光或达该功率的连续载荷。一些供应商声明仅为 20W，并要求更大的瞬时功率额定值。虽然左边的短期值表示焦斑轨迹的容量，并且受到焦斑温度的限制，但曝光时间的值表示阳极尺寸和冷却性能。

　　图 9-30 规定了各种管电压下允许的管电流 I_t 与加载时间 t_{exp}。端点表示阴极的发射能力有限，在这种情况下，管电压低于 80～90kV 的 iso-watt 点。额定功率可以从右侧纵轴读取，如果没有说明，可以用 100kV 曲线除以 10 的因数，以 kW 为单位读取。

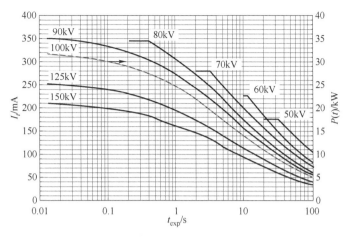

图 9-30 CT 球管电流和额定功率图表（"列线图"）

图 9-31 中的表列出了图像中每个射线照相脉冲的最大阳极输入功率，基于 750W 的示范等效阳极输入功率。左轴量化了脉冲的占空因数，标题和序列的时间长度。阅读示例：典型的图像模式是每秒 30 个脉冲，长度为 6ms，持续 10s，占空比为 180ms/s，允许 51kW~52kW 的功率，也就是说，51kW 是安全的。如图 9-31 所示（细虚线），小占空比 [如 10ms/s（60kW）] 的图像运行受焦斑温度 T_{FS_max} 限制，而大占空比 [如 400ms/s（33kW）] 的图像运行受焦斑轨迹（粗线）限制。由于假设中等等效阳极输入功率为 750W，转子（粗虚线）和其他"缓慢反应"的温度水平都不是临界值。

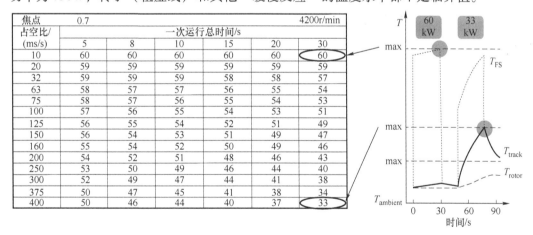

焦点	0.7					4200r/min
占空比/	一次运行总时间/s					
(ms/s)	5	8	10	15	20	30
10	60	60	60	60	60	60
20	59	59	59	59	59	59
32	59	59	59	58	58	57
63	58	57	57	56	55	54
75	58	57	56	55	54	53
100	57	56	55	54	53	51
125	56	55	54	52	51	49
150	56	54	53	51	49	47
160	55	54	52	50	49	46
200	54	52	51	48	46	43
250	53	50	49	46	44	40
300	52	49	47	44	41	38
375	50	47	45	41	38	34
400	50	46	44	40	37	33

图 9-31 图像射线照相的示例性负载数据

图 9-32 所示的表格显示了心脏图像中 X 射线脉冲序列的最大阳极输入功率，基于规定的典型等效阳极输入功率，在这种情况下为 750W。当应使用图表中的数据时，至少在特征时间段内积分的阳极输入功率的平均值。例如不应超过上述基本值 10min。左栏有脉冲的占空比，标题行表示整个序列的周期。可以根据使用需求选择合适的转子频率和焦点大小，说明 CT 球管可以运行在不同的转子速度。图像数据也可用于评估脉冲荧光透视操作中 CT 球管的性能，该操作通常以约 50ms/s 的占空比运行。

焦点	0.7			阳极输入功率：65kW						4200r/min	
Exp./s	单次曝光时间/ms										
	20	40	80	100	120	150	175	200	225	250	275	300
12	8	4	2									
10	8	4	2	0								
8	8	4	2	1								
6	8	4	2	1	1	1						
4	8	4	2	1	1	1	0	0	0	0		
2	8	4	2	1	1	1	0	0	0	0	0	0
1	9	4	2	1	1	1	0	0	0	0	0	0

图 9-32 连续射线照相的载荷数据

当每次曝光需要 65kW 的阳极输入功率时，图 9-32 列出了基于 250W 等效阳极输入功率的每个曝光系列的最大允许曝光次数。

与图像数据类似，但格式略有不同，应讨论连续射线成像的载荷数据。图 9-32 显示了当每次曝光需要 65kW 阳极输入功率时，基于 250W 等效阳极输入功率的每个曝光系列的最大允许曝光次数。与图像数据相比，低等效阳极输入功率反映了不同的应用。准备血管造影，包括跟踪造影剂丸，需要一定的时间，此时确保 CT 球管启动并运行散热器。值得注意的是，良好的对比度要求有足够数量的一系列高功率曝光成像，这对 CT 球管的散热效率提出了更高的需求。

3. 阳极靶制造

钨铼合金、TZM 合金和石墨层三种材料通过数道工艺组成完整靶体。钨铼合金层和钼合金层经过粉末复合压制、高温烧结、锻造、精加工等工艺流程制成，再使用钛基（熔点 1750℃）或锆基（熔点 2000℃）焊料把钨铼合金、TZM 合金和石墨层真空钎焊为一体。加工完成的阳极靶盘具有耐高功率轰击、高热容、高散热率的优点。

另一种设计方法采用化学蒸气沉积法在高纯度的石墨靶面上镀一层薄钨铼合金材料。这种方法具有靶面质量轻、储热容量大等优点，缺点是成本高、离子的电位增大及焦点的负载受限制。

4. 阳极冷却系统

将 CT 球管管芯整体装入管套中，在管套与 CT 球管管芯之间注入绝缘油。绝缘油一方面起绝缘作用，另一方面通过油循环进行热量交换，提高 CT 球管的散热能力。管套连接散热器，使得油循环流动，吸收了阳极靶热量的油被传送到散热器内，经冷却后再送回管套中，循环吸热放热。

尽管散热器的使用大大增加了 CT 球管的散热效率，但是水的热容量和散热效率比油高得多，技术上用水代替油做冷却剂要首先解决以下两个问题：

1）水具有导电性。管芯和管套之间充满水，一旦 CT 球管"打火"，容易造成极大的安全隐患。

2）阳极旋转时，中空的旋转轴强度降低，阳极靶容易产生轻微摆动。

Philips 采用了单端高压和双支撑结构的解决方案:

1)单端高压。CT 球管阳极和管壳接地,阴极接负高压(−140kV)。阳极和管壳接地后,两者等电势,所以可以使用水作为冷却介质。

2)双支撑结构。为了使阳极旋转时不发生轻微摆动,采用双支撑结构轴承。将轴承的两端固定在 CT 球管金属外壳上,阳极靶在中间。这样在提高了阳极靶旋转稳定性的同时,更容易提高旋转阳极的转速。

9.4.3　真空轴承、转子系统及旋转驱动

1. 真空轴承分类

随着现代科学技术的迅速发展,特别是半导体、航天及核能等技术的发展,真空设备的使用需求逐渐增多。由于这些设备结构复杂、价值高昂,几乎不可维修,提升它们的性能和使用寿命意义重大。真空轴承是真空设备的关键零部件,它的主要作用是支承旋转部件,减少旋转部件和静止部件之间的摩擦和磨损,并保证其回转精度。提高真空轴承的工作性能和使用寿命,是提升真空设备服役性能的前提和基础。

在 CT 球管领域采用的真空轴承按摩擦方式主要分为滚动轴承、滑动轴承。

滚动轴承是将运转的轴与轴座之间的滑动摩擦变为滚动摩擦,从而减少摩擦损失的一种精密机械元件。滚动轴承一般由内圈、外圈、滚动体和保持架四部分组成,内圈的作用是与轴相配合并与轴一起旋转;外圈作用是与轴承座相配合,起支承作用;滚动体借助于保持架,使自身均匀分布在内圈和外圈之间,其形状、大小和数量直接影响着滚动轴承的使用性能和寿命;保持架能使滚动体均匀分布,引导滚动体旋转,起润滑作用。图 9-33 所示为常用的滚动轴承结构。

滑动轴承是基于轴颈与轴瓦的相对速度和表面与润滑油的黏附性能,将润滑油带入轴承间隙,建立起压力油膜,从而把轴颈与轴瓦隔开的一种液体摩擦轴承。滑动轴承的工作过程主要依赖于轴颈与轴瓦之间的滑动摩擦。在液体润滑条件下,滑动表面被润滑油分开而不发生直接接触,从而大大减小摩擦损失和表面磨损。油膜还具有一定的吸振能力,有助于提高轴承的稳定性和寿命。

滑动轴承的结构形式包括径向滑动轴承和推力滑动轴承等。径向滑动轴承主要用于支承轴及轴上零件,并保持轴的旋转精度,同时减少转轴与支承之间的摩擦和磨损。推力滑动轴承则主要用于承受轴向载荷。图 9-34 所示为常用的滑动轴承结构。

图 9-33　常用的滚动轴承结构

图 9-34　常用的滑动轴承结构

2. CT 球管轴承特性

CT 球管中的轴承是用于支持和旋转射线管的关键部件，其主要作用是保证射线管的精确旋转和稳定运行。超高真空高温环境（真空度<10^{-6}Pa，温度为 500℃左右）是 CT 球管轴承经常所处的工作环境。CT 球管的特殊工作环境，对真空轴承的性能提出了更高的要求。

1）耐高温：射线管工作时可能会产生热量，轴承需要能够在高温环境下正常工作。

2）耐挥发：射线管内部是一个超高真空环境，轴承的润滑介质需要具备低的饱和蒸气压。

3）高精度：射线管中的轴承需要具备极高的旋转精度，以确保射线管在运行过程中的稳定性和重复定位精度。

4）高承载能力：考虑到射线管自转及 CT 机架公转，轴承需要有数十 g 的离心加速度。

5）低摩擦：为了减少能量损失和热量的产生，轴承应具有低摩擦系数，以延长使用寿命并保持系统的冷却。

6）长寿命：射线管可能需要在连续或频繁起停的条件下工作，因此轴承需要有较长的使用寿命，减少维护频率。

7）高可靠性：在射线管的应用中，轴承的可靠性至关重要，任何故障都可能导致整个系统的失效。

8）抗辐射性：射线管工作环境通常伴随辐射，轴承材料需要具备一定的抗辐射性能，以保证在辐射环境下性能稳定。

9）防尘和密封：射线管工作环境中可能存在尘埃和其他污染物，轴承需要有良好的防尘和密封性能，以防止污染物进入而造成损坏。

10）振动稳定性：轴承需要有良好的动态平衡，以减少振动，保证射线管在旋转过程中的稳定性。

图 9-35 所示为旋转阳极 CT 球管结构。图 9-36 所示为应用于射线管的滚动轴承结构。图 9-37 所示为应用于射线管的液态金属轴承结构。

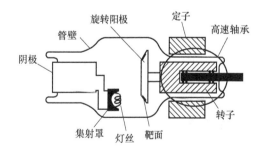

图 9-35　旋转阳极 CT 球管结构

图 9-36　应用于射线管的滚动轴承结构

3. 滚珠轴承系统

医用 CT 球管滚珠轴承单元一般由联轴轴承、轴承套等零件组成。由 JB/T 14007—

2020《滚动轴承 医用 X 射线管联轴轴承及其单元》可知，其结构如图 9-38~图 9-40 所示，联轴轴承安装在轴承套内孔中。

图 9-37　应用于射线管的液态金属轴承结构

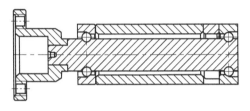

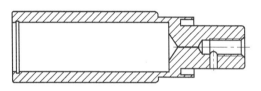

图 9-38　医用 CT 球管联轴轴承　　　　　　图 9-39　医用 CT 球管轴承套

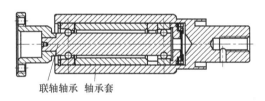

联轴轴承 轴承套

图 9-40　医用 CT 球管滚珠轴承单元

轴、外圈和滚珠一般应采用符合 GB/T 9943—2008 规定的电渣重熔 W18Cr4V、W6Mo5Cr4V2 高速工具钢制造，共晶碳化物不均匀度应符合 GB/T 9943—2008 的规定，W6Mo5Cr4V2 中的大颗粒碳化物和 W18Cr4V 中的大块角状碳化物也应符合 GB/T 9943—2008 中附录 A 的规定。

W18Cr4V 钢制零件热处理质量应符合 JB/T 11087—2011 的规定。W6Mo5Cr4V2 钢制零件淬回火后硬度不低于 62HRC，淬火组织晶粒度应符合 JB/T 11087—2011 中第一级别图的第 1~4 级，不允许有超过第 4 级的过热组织存在；淬回火后的显微组织应符合 GB/T 11087—2011 中第二级别图的第 1~4 级，不允许有超过第 4 级的过热组织存在。当用户要求采用其他材料制造时，其热处理质量按相关标准的规定。

凸缘一般应采用符合 GB/T 9943—2008 规定的 W18Cr4V、W6Mo5Cr4V2 高速工具钢制造。当凸缘与轴为焊接连接或用户有特殊要求时，也可采用其他材料制造。

套筒、C 形环、轴承套、弹簧定位圈一般应采用符合 GB/T 1220—2007 规定的 30Cr13 不锈钢制造。

CT球管用滚珠轴承的结构与通常在大气中使用的采用润滑脂等润滑剂的滚珠轴承相同，不过采用了能够在真空环境中使用的润滑剂及其供给方法。射线管轴承用固体润滑剂的种类与特性见表9-5。

表9-5 射线管轴承用固体润滑剂的种类与特性

分类	层状结构材料	软质金属	高分子材料
润滑剂	二硫化钼、石墨、氮化硼	金、银、铅、铟、汞	聚四氟乙烯（PTFE）
特性	二硫化钼可在 -200 ~ 650℃的温度范围内使用 请注意，石墨的润滑特性会因吸附气体而发生变化	以薄膜和复合材料的形式使用。除活性气体外，金的摩擦性能还会受到惰性气体的影响。银、汞常在真空中使用	一般来说，高分子材料的摩擦磨损特性不易受到环境的影响。PTFE 即使在低温下也具有润滑性，聚酰亚胺可在 50 ~ 350℃范围内使用，而聚酰胺可在室温至 250℃ 的范围内使用

在真空环境中使用这种滚珠轴承时，设计人员必须在进行轴承选型时确定轴承尺寸。在进行这一作业时，其设计基准是轴承的寿命。常规轴承的寿命是由轴承的 DN 值决定，而这一数值是负载载荷与转数的乘积，由轴承制造商与轴承寿命的试验公式一起提供。该数据中显示的负载载荷是轴承额定动载荷的百分之几的数值，内径为 $\phi20mm$ 的轴承的额定动载荷为 7900N，如果真空轴承所支承的基本额定动载荷为 3%，则该数值为 237N。

4. 液态金属轴承

液态金属润滑滑动轴承是目前市场上大功率、高热容量双端医用 CT 球管常用的轴承润滑方式。相对于传统的滚珠轴承，以镓基液态金属作为润滑剂的滑动轴承（以下简称液态金属轴承），基于镓基室温液态金属低蒸气压、易剪切性和良好流动性、导热导电性强等众多优点，特别适合超高真空高温环境下使用。并且，液态金属轴承提高了转子和定子之间的接触面积，使用这类轴承的医用 CT 球管运转时的散热好、噪声低、成片质量高。

液态金属轴承基于流体动压润滑理论（见图9-41），当轴颈旋转将润滑介质（液态金属）带入轴承摩擦表面时，由于液态金属的黏性作用，在达到足够高的旋转速度下，液态金属就被带入轴和轴瓦配合面间的楔形间隙内而形成流体动压效应，即在承载区内的油膜中产生压力。当压力与外载荷平衡时，轴与轴瓦之间形成稳定的油膜，从而实现流体动力润滑。基于液态金属润滑的流体动压润滑应满足的条件为：摩擦表面具有收敛楔；轴颈具有足够的转速；润滑油具有适当的黏度；外载荷不得超过最小油膜所能承受的限度。

液态金属轴承的旋转阳极 CT 球管，阳极部分一般由金属管壳、阳极靶盘、液态金属、旋转外套、旋转法兰、轴承芯、旋转铜套、轴承座、管内真空空间等组成，其结构如图9-42 所示。

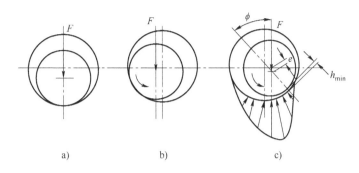

图 9-41　流体动压润滑理论

a）静止时　b）起动时　c）形成动压油膜

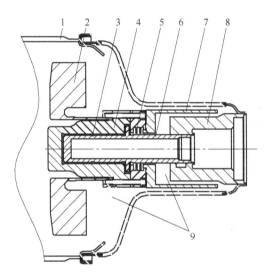

图 9-42　基于液态金属轴承的旋转阳极 CT 球管结构

1—金属管壳　2—阳极靶盘　3—液态金属　4—旋转外套　5—旋转法兰　6—轴承芯

7—旋转铜套　8—轴承座　9—管内真空空间

CT 球管内的液态金属轴承，通常包括转动部件（旋转外套、旋转法兰）和可以支承转动部件的静止部件（轴承芯）。在旋转外套和轴承芯之间有很小的间隙，间隙中填充用于形成动压润滑的润滑剂，即液态金属。旋转外套内孔采用盲孔，这是双端 CT 球管液态金属轴承结构的主要特点。图 9-43 所示为半开放式液态金属轴承的剖面结构，其旋转外套左端是一个封闭的盲孔结构。

液态金属轴承相较于传统的滚珠轴承，具有显著的优势，主要包括减噪降温、减振降噪、减少磨损、提高设备的工作可靠性和使用寿命、有效降低因金属摩擦而产生的噪声和发热问题、极大提升散热速率、支持更快的机架旋转和成像速率、寿命比滚珠轴承寿命至少提高一倍以上、可实现完全静音工作等。

1）高温性能：液态金属轴承的最大优势之一是其优异的高温性能。液态金属的熔

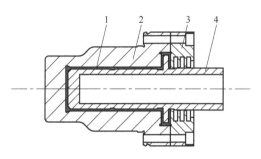

图 9-43　半开放式液态金属轴承的剖面结构

1—液态金属　2—旋转外套　3—旋转法兰　4—轴承芯

点较高，如铅铋共晶合金的熔点可达 170℃，这使得液态金属轴承在高温环境下仍能保持良好的润滑性能。相比之下，传统润滑油在高温下容易失效，导致轴承磨损加剧。因此，液态金属轴承在旋转阳极 CT 球管的高温工况下具有广泛的应用前景。

2）低摩擦系数：液态金属轴承的摩擦系数较低，一般在 0.001 以下，远低于油润滑和脂润滑轴承。低摩擦系数意味着，在相同工况下，液态金属轴承的能耗更低，运行更加平稳。此外，低摩擦系数还有助于降低轴承的磨损，延长使用寿命。

3）高承载能力：液态金属轴承具有较高的承载能力。由于液态金属的黏度较低，易于形成均匀的润滑膜，因此能在较高载荷下保持良好的润滑性能。这使得液态金属轴承适用于重载、高速旋转等恶劣工况。

4）高导热效率：液态金属轴承通过使用液态金属润滑剂取代传统的滚珠轴承，实现了更高的热传导和冷却能力。这种设计不仅提供了出色的冷却能力，而且具有更高的导热效率。液态金属的热导率可达 100W/（m·K）级别，其能够紧密地填充转子和轴承之间的缝隙，增加热传导面积，实现 360°全方位散热，热导率可达滚轴轴承的 1000 倍。

5）长寿命：液态金属轴承的寿命较长。由于液态金属润滑膜具有良好的抗磨损性能，轴承在运行过程中磨损较小。此外，液态金属轴承的冷却性能较好，有利于降低轴承温度，减缓材料老化。因此，液态金属轴承在长期运行过程中，寿命远高于传统轴承。

6）适应性强：液态金属轴承具有良好的适应性，适用于各种工况。无论是高速、低速、轻载、重载，还是高温、低温、辐射等环境，液态金属轴承都能表现出优异的性能。这使得液态金属轴承在众多领域具有广泛的应用前景。

随着技术的不断成熟和批量生产制造成本的下降，液态金属轴承的应用已不再局限于高端 CT 机，开始向中端机型应用迈进。这些发展不仅缩小了我国企业与国际上具有成熟 CT 球管研发能力企业的差距，还通过自主创新实现了 CT 球管技术的国产化超越，为相关行业的发展和进步做出了重要贡献。

图 9-44 所示为多种液态金属轴承。

在先进的研究开发体制及完善的生产设施条件下，"GPSCZ（美国 GE、荷兰 Philips、德国 Siemens、日本 Canon 和中国智束科技）"先后开发了具有自主知识产权的液态金属轴承 CT 球管。图 9-45 所示为部分液态金属轴承 CT 球管产品。

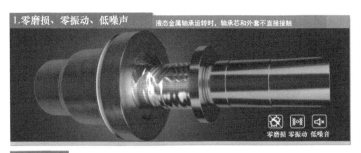

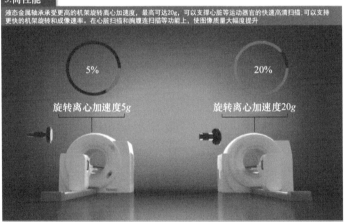

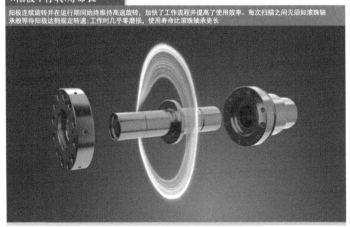

图 9-44　多种液态金属轴承

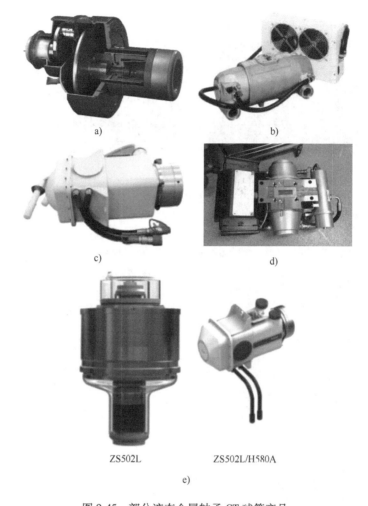

a)   b)

c)   d)

ZS502L   ZS502L/H580A

e)

图 9-45 部分液态金属轴承 CT 球管产品

a）Philips-1989-MRC200 b）Canon-1994-CSRX c）Siemens-2013-DURA-422

d）GE-2013-Performix Plus e）智束科技-2022-ZS502L

9.4.4 管壳

CT 球管的管壳为 X 射线的发生提供真空环境，确保自由电子运动在高压电场中稳定加速。同时，管壳必须要具备足够的机械强度，以防止在 CT 设备等运行期间 CT 球管意外破损炸裂等。管壳受到外部压力，包括大气压力及 CT 机架转动的离心力等。CT 球管封离真空度通常达到 2×10^{-7}Pa 以上，管壳内外的压差大。

1. 管壳分类

常见的 CT 球管管壳材质有玻璃、金属和陶瓷等。

（1）玻璃管壳 玻璃管壳具有良好的绝缘性，并且易于封接，在 CT 球管问世后的相当长一段时间内是主流的管壳材料，如图 9-46a 所示。然而，在 X 射线产生的过程中，存在大量杂散电子，最终沉积到温度相对较低的玻璃管壳上，长期累积下可造成内部金属附着。在高压电场下，易造成"打火"等异常放电情况。

另外，真空环境与外部环境的压差大，在持续高温交替和电子轰击的情况下，玻璃管壳应力大，玻璃管易碎，有较大的安全隐患。

（2）金属管壳　金属管壳一般可拆分为阴极管壳、阳极管壳和中部管壳组件。其中阴极管壳和阳极管壳一般采用玻璃或陶瓷与金属结构组装的结构，中部管壳组件全部为金属结构，这样的设计方案大大增加了管壳的机械强度。它们通常通过焊接合适的镍铁钴钢、不锈钢或硬钎焊和铜中心部分焊接的组合来组装。X 射线窗口可以直接钎焊，也可以焊接在钎焊嵌框中。

金属管壳通常进行"黑化"工艺，以提高热辐射吸收能力。发射率通常通过电镀涂层（如绿化或铬黑化）或简单地通过粒子喷砂粗化来提高。

在当前绝大多数 CT 球管中，金属管壳具有最大的表面，考虑到 CT 球管工作的高电场强度，其表面清洁度是重要的质量指标。

（3）陶瓷管壳　陶瓷具有高绝缘性、高熔点和高结构强度，与玻璃相比，陶瓷的结构强度和加工控制精度更高，已逐渐取代玻璃成为主流的 CT 球管管壳材料。图 9-46b 的阴极和图 9-46c 的阳极管壳和阴极管壳均为陶瓷焊接组件。限制 CT 球管负载能力的因素之一是灯丝的最高"安全"温度，该温度不仅与灯丝的熔点有关，也与钨丝的蒸发程度有关，长时间工作后，CT 球管玻璃壳内表面会形成薄薄的钨层。CT 球管运行时产生的高速电子流及轰击靶盘产生的杂散电子，在高压电场下容易在管壳内壁产生异常放电（"打火"）现象。这种情况下，玻璃管壳受到放电冲击容易碎裂，而陶瓷管壳能显著减少这种意外碎裂。

金属陶瓷 CT 球管是用陶瓷-金属管壳代替玻璃管壳，如图 9-46c 所示，相比之下，金属陶瓷-金属管壳具有更高的外壳强度，且金属的真空密封性能更好。金属壳接地可以捕获杂散电子，能有效减少随机"打火"次数，有效避免裂纹风险。同时，用陶瓷做电极支座，可以提高绝缘性能。因此，金属管不仅有更长的寿命，还可将灯丝加热到较高温度，以提高 CT 球管的载荷。

管壳除了承载子部件和保持内部超高真空，还有重要的安全功能。一方面，管壳需要承载内部各零部件，确保各部件的相对位置牢固不变，承担 CT 球管在 CT 机架上的运行离心力；另一方面，在面对意外撞击等紧急情况时，它是防止内部零件破裂时飞出的第一道防线。通常设置在最恶劣的运行条件下，即热阳极和最高阳极速度下进行安全试验，确保设计的安全性。

2. 管壳真空

CT 球管管壳必须具有良好的真空密封性能和良好的结构强度。管壳的材料必须在加工过程中承受数百摄氏度的循环升温-冷却过程，并且在使用寿命期内不发生泄漏。

为保持 CT 球管管芯工作必要的真空度，除了常规的焊接后检漏，还有三个常用的措施，一是封装前预先达到足够高的真空程度，二是在 CT 球管管芯内放置吸气剂，三是充分清洁 CT 球管管芯内部零部件，保证其清洁度足够高。

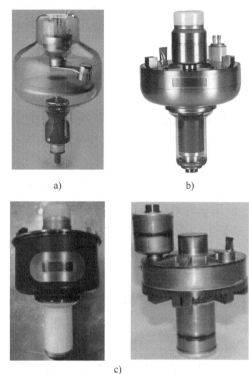

图 9-46　不同管壳的 CT 球管

a）玻璃管壳　b）玻璃-金属管壳　c）陶瓷-金属管壳

首先，封装 CT 球管管芯之前，利用真空泵将 CT 球管内的真空度保持在足够高的水平，通常封装前真空度优于 2×10^{-7}Pa。

其次，在管芯内放置稳定的化学吸气剂物质，这也是为保持高真空度广泛使用的手段。常见的吸气剂有主要成分为锆碳泡沫的"海绵组织"或其他类型的钡蒸发层，吸气剂与残余气体分子发生化学反应，降低残余气体的基本水平。

最后，也是最重要的一点，在进行 CT 球管管芯整管装配时，必须严格控制装配子部件的清洁度，避免颗粒污染物及其他挥发性分子。在数百千伏的高能电场中电子发射可能触发真空放电。电子发射对表面条件非常敏感。在一个敏感点上重新排列一个由十几个原子组成的组合体，可能会引发 1000A 的等离子体放电。伦琴气体的密度非常高，每毫秒大约有一个粒子撞击内壁。钨和所有其他金属的功函数，以及它们的电子发射，取决于表面的化学和物理成分。通常，只要钨等金属的化合反应稳定，其功函数会降低。相反，小分子的物理吸附通常会提高钨的功函数。中等真空下的电子发射体（如钨灯丝）表面通常覆盖着一层分子。钨在高温下与重烃的反应中碳化会引起所谓的灯丝"中毒"，降低电子发射能力和 CT 球管寿命。可以说，在 CT 球管管芯内意外留下人体指纹都可能引发灾难性的后果。另外，管壳累积的金属沉淀形成电介质，可能引发真空放电。

因此，只有在清洁度、表面处理和脱气方面进行大量投资，才能制造出稳定可靠的 CT 球管。

3. 驱动系统

驱动系统能够在 CT 球管阳极管壳外定子线圈上施加交流电后产生的旋转磁场的驱动下快速旋转，定子线圈也称为驱动线圈。

通常，外部转矩通过使用异步笼型电动机的 CT 球管阳极轴承外的密封驱动线圈进行磁传输。由定子线圈激励的旋转径向磁场通过铜圆柱体耦合。圆柱中出现的涡流产生一个附加的相移磁场，该磁场增加了外部磁场，并在转子中产生洛伦兹力。这种力的作用是切向的，当外部磁场旋转时驱动转子，或者在磁场静止时使用直流电源制动旋转的转子。当驱动力矩随着滑动的减弱而衰减时，现代驱动装置通过可变频率和电流来提高加速度。

滚珠轴承 CT 球管的工作频率通常根据不同的应用场合存在差别，对于常见的透视应用场景，轴承为低速状态（约 3600r/min，以节省轴承寿命和尽量减少噪声，而在强制性的全阳极输入功率下转速约 10800r/min。从上述低转速升高到满额转速，转子可在较短的时间内完成加速。起动时间在很大程度上取决于阳极直径、电动机的"气隙"、频率控制和驱动电子设备的额定功率。对于具有小"气隙"的高效电动机，转子与阳极隔离并与地电位连接，典型的起动时间在 1s 内。对于大直径、高质量靶盘的重型 CT 球管，准备起动时间长达十几秒。

对于基于液态金属轴承的 CT 球管，起动时间不是重要参数。液态金属轴承的转子驱动必须克服静止时的轴承摩擦，直到液态金属分离静止和旋转的轴承构件，通常液态金属轴承的起动电压较大，提供较大的初始转矩。比较重要的参数是整个电动机在额定转速下克服相对较大的液动力摩擦的效率。为此目的而优化的解决方案是在转子内部放置一个对称的定子，在高压电位下，使气隙最小化。

CT 球管是一个综合系统，每一部分对 CT 球管的性能及可靠性都很重要。

9.5　CT 球管典型应用

在临床应用中，影像装备最基本的要求是 X 射线影像能够清晰、准确地反映机体组织的结构，与此同时，节约采购成本、增加每小时的患者流通量也是医院考量的指标。把应用性能与成本的要求转换成 X 射线 CT 球管的技术特性，就是球管的焦点特性、扫描能力（热容量及热耗散能力）、可靠性（寿命、噪声、高压特性、电子发射稳定性）等。

焦点特性对图像分辨力和清晰度起决定作用，球管的散热方式及热耗散能力决定了球管的等效热容量及扫描能力。球管可靠性取决于球管的结构设计、材料、制造工艺技术、应用技术。

当前国内外球管设计可以通过借鉴、逆向工程完成，但制造工艺技术决定了球管性能的差异。

1）球管功率：球管功率有两个参数，一是球管总的输入功率，它包含了灯丝功率、驱动功率、液压泵功率等所有施加到球管上的功率总和；另一个是额定阳极输入功率，是指加载到阳极上功率。从技术发展的层面来说，球管功率只取决于球管的散热方式、散热能力及阳极转速，不再考虑实际球管阳极热容量，可以用相对热容量来进行表述。

2）热耗散功率：单位时间内冷却系统能够带出的热量。这个指标很重要，它代表了球管的扫描能力和结构大小。

3）球管热容量：球管热容量是指球管可以承载的最大热能量。它同样包含两个参数，即球管热容量和阳极热容量。一般人们习惯用这个参数去衡量球管的功率和扫描能力，联系相应的性能参数、结构尺寸。随着散热方式和冷却技术的发展，国际标准已经取消了热容量这个指标，取而代之的是扫描功率指数，也就是单个病人通过一次 CT 扫描球管产生的有效功率。

4）焦点：焦点尺寸要求来源于整机成像要求，焦点尺寸由电子汇聚系统、阳极靶角、毫安秒等共同决定。

图 9-47 所示为电子汇聚系统及电场分布示意。图 9-48 所示为焦点特性。

图 9-47　电子汇聚系统及电场分布示意

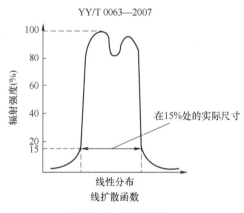

图 9-48　焦点特性

5）为了获取更多人体组织信息，球管通过电场、磁场对电子束进行偏转，以使焦点位置在 X、Z/Y 方向来回变换。这个技术被称为飞焦技术。目前在 128 排 CT 机上应用比较广泛。

球管设计性能指标必须满足整机要求，高可靠性在临床应用中也是十分重要的。

CT 球管是一个高值耗材，除了原始制造商，国际上球管允许第三方球管进行替代，替代管性能参数应该与原始制造商产品一致，除此之外，球管伏安特性和电子发射特性也在整机出厂前设置并录入程序，一旦球管的特性偏离曲线，整机就会报错而无法正常工作。因此，替代管参数、特性必须与所替代的球管保持一致，否则整机无法起动。

灯丝伏安特性曲线如图 9-49 所示，灯丝发射曲线如图 9-50 所示。

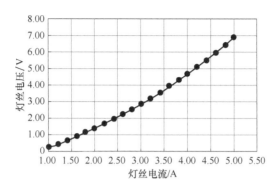

图 9-49　灯丝伏安特性曲线

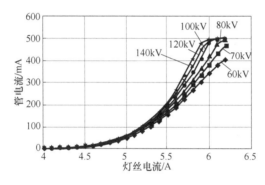

图 9-50　灯丝发射曲线

参 考 文 献

［1］ BARMINA E V, SERKOV A A, STRATAKIS E, et al. Nano-textured W shows improvement of thermionic emission properties ［J］. Applied Physics A, 2012, 106：1-4.

［2］ BEHLING R. Modern diagnostic x-ray sources：technology, manufacturing, reliability ［M］. Boca Raton：CRC Press, 2021.

［3］ BEHLING R. The MRC 200：A new high-output X-ray tube ［J］. ［s. n. ］, 1990, 35：57-64.

［4］ BEHLING R. X-ray sources：125years of developments of this intriguing technology ［J］. Physica Medica, 2020, 79：162-187.

［5］ NASCIMENTO, FERREIRA M L. Brief history of X-ray tube patents ［J］. World Patent Information, 2014, 37：48-53.

［6］ HSIEH J. Computed tomography：principles, design, artifacts, and recent advances

［J］．［s. n.］，2003.

［7］ PAVLINSKY G V, DUKHANIN A Y, GORBUNOV M S. X-ray Radiation Arising in Free Electron/Substance Interaction ［J］. Radiation physics research progress, 2008: 301-328.

［8］ POLUDNIOWSKI G G, EVANS P M. Calculation of x-ray spectra emerging from an x-ray tube. Part I. Electron penetration characteristics in x-ray targets ［J］. Medical physics, 2007, 34（6）: 2164-2174.

［9］ POLUDNIOWSKI G G. Calculation of x-ray spectra emerging from an x-ray tube. Part Ⅱ. X-ray production and filtration in x-ray targets ［J］. Medical physics, 2007, 34（6）: 2175-2186.

［10］ 机械工业仪器仪表综合技术经济研究所，中国医学装备协会零部件分会. 中国医疗装备及关键零部件技术发展报告（2023）［M］. 北京: 机械工业出版社，2024.

［11］ 杨庆余，周荣生. 威廉·康拉德·伦琴——卓尔不凡的实验物理学大师 ［J］. 自然辩证法通讯，2001，23（6）: 68-79.

［12］ 罗尔夫·贝林. 现代诊断 X 射线源 ［M］. 张胜忠，张曦，褚旭，译. 2 版. 北京: 清华大学出版社，2023.

［13］ 小林巧，浮田昌昭. X 射线管装置和 X 射线管装置的使用方法: CN201280075793. 2 ［P］. 2015-05-13.

［14］ 廖复疆，孙振鹏，等. 真空电子技术 ［M］. 2 版. 北京: 国防工业出版社，2003.

［15］ REIMER L. Scanning electron microscopy: physics of image formation and microanalysis ［J］. Measurement Science and Technology, 2000, 11（12）: 1826.

［16］ SKOTNICAOVA K, et al. Conference proceedings METAL 2010 ［C］. Roznov pod Tadhostem: ［s. n.］, 2010.

［17］ Skotnicová K, Drapalá J, Kolǎrik V. Study of emission properties of tungsten single crystal with crystallographic orientation ［C］//Conference proceedings METAL 2010. Ostrava: Tanger Ltd., 2010: 782-785.

［18］ TAUBIN M L, CHESNOKOV D A, et al. Cathodes for medical purpose X-ray tubes ［C］//Anon. Journal of Physics: Conference Series. London: IOP Publishing, 2017, 808（1）: 012004.

［19］ NECULAES V B, ZOU Yun, ZAVODSZKY P, et al. Design and characterization of electron beam focusing for X-ray generation in novel medical imaging architecture ［J］. Physics of Plasmas, 2014, 21（5）: 293.

［20］ 全国医用 X 线设备及用具标准化分技术委员会. 医用电气设备 医用诊断 X 射线管组件 焦点特征: YY/T 0063—2007 ［S］. 北京: 中国标准出版社，2005.

［21］ 李旭，胡银富. 7 MHU 热容量液态金属轴承 CT 球管的研制 ［J］. 真空电子技术，2023（6）: 34-39.

［22］王奇志，沙京田，任翔，等．X 射线管结构与焦斑关系研究［J］．光电子技术，2013（1）：54-58.

［23］BRAUN M. Physics of X-Ray Tubes for CT scanners［J］. IEEE Transactions on Nuclear Science，1979，26（2）：2840-2844.

［24］GAERTNER G，KNAPP W，FORBES R G. Modern developments in vacuum electron sources［M/OL］. Berlin：Springer，2020. https：//doi. org/10. 1007/978-3-030-47291-7.

［25］付伟. 基于动态磁聚焦的 CT 球管飞焦点研究［D］. 北京：中国电子科技集团公司电子科学研究院，2022.

［26］KYRIAKOU Y，KACHELRIESS M，KNAUP M，et al. Impact of the z-flying focal spot on resolution and artifact behavior for a 64-slice spiral CT scanner［J］. Eur Radiol，2006，16（6）：1206-1215.

［27］FOWLER R H，NORDHEIM L W. Electron emission in intense electric fields［J］. The Royal Society，1928，119：173-181.

［28］陈青云. 碳纳米管冷阴极电子光学系统及返波管研究［D］. 成都：电子科技大学，2020.

［29］EITER J，SCHATTE J，GLATZ W，et al. Rotary x-ray anode and production method：US 9767983［P］. 2017-09-19.

［30］GUENTER A，ING G E D. X-ray rotating anode：DE3238352［P］. 1984-04-19.

［31］董帝，刘国辉，熊宁，等. CT 球管用旋转阳极靶的研究进展［J］. 真空电子技术，2019（1）：37-40.

［32］PELC N J，CHESLER D A. The contribution of x-ray tube focal spots to the resolution of CT systems［J］. Journal of ComputerAssisted Tomography，1977，1（3）：374.

［33］王文彬. 仿真 X 射线谱及双能峰模型研究［D］. 北京：首都师范大学，2007.

［34］彭志辉. 国外 X 射线管用旋转阳极靶概况［J］. 稀有金属与硬质合金，1987（Z1）：121-124，129.

［35］高丽娜. CT 机 X 射线管用旋转阳极靶材市场研究与预测［J］. 电子设计工程，2012，20（19）：168-170.

［36］PLANKENSTEINER A，RÖDHAMMER P. Finite element analysis of X-ray targets［M］.［S. l.］：［s. n.］，2001.

［37］国家药品监督管理局. 医用电气设备 第 1 部分：基本安全和基本性能的通用要求：GB 9706. 1—2020［S］. 北京：中国标准出版社，2020.

［38］全国医用电气标准化技术委员会. 医用 X 射线管通用技术条件：GB/T 13797—2023［S］北京：中国标准出版社，2023.

［39］全国电真空器件标准化技术委员会. X 射线管总规范：GB/T 12078—2012［S］. 北京：中国标准出版社，2012.

第 10 章   超声单晶面阵探头

10.1   概述

医用超声成像装备由于其较高的性价比，又具有无创伤和实时获得人体内组织图像的特点，成为现代医院临床诊断中不可缺少的医疗装备。经过半个多世纪的临床应用与开发投入，医学超声成像技术得到了长足的发展，从最初的 A 型超声，演变为现在 B、C、D、E 各种类型的超声成像模式。另一方面，临床诊断对超声也提出了更高层次的需求，例如，分辨力更高、穿透力更好的图像质量；体积更小、功耗更低的硬件设计；定量化、功能化的参数特征；操作更流畅、交互更智能的系统设计；更多维度、更大区域的使用场景。

从成像维度的角度看，超声成像装备工作模式可分为二维成像、三维成像和四维成像。其中二维成像最为基础，它需要医生通过空间想象能力将二维超声图像与实际解剖结构对应起来。如果遇到复杂的结构（如心脏），则对医生的解读能力提出了非常高的要求。三维超声成像则是将连续采集到的动态二维图像数据经过计算机的一系列处理，按照一定顺序排列重新组成三维数据，再利用三维可视化技术（面绘制、体绘制等）还原出组织器官的立体结构信息，帮助医生了解复杂解剖特征的空间定位，从而做出更为详细的临床诊断。而四维超声成像是在三维的基础上，加入了时间维度，即通过实时动态的三维图像，来辅助医生观察组织/器官随着时间过程的变化情况。图 10-1 所示为产科三维图像。

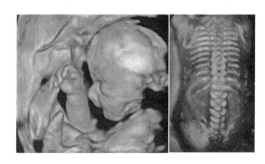

图 10-1   产科三维图像

具体而言，四维超声可以提供更加完整的病灶体积动态信息，对于一些病变（如肿瘤、心脏瓣膜病变等），可以更准确地评估其大小、形态和与周围结构的关系。对于复杂的解剖结构，如心脏或胎儿在宫内的情况，三维成像能提供更加清晰的视图，有助于早期识别异常。如果心脏超声设备是超声医学影像诊断设备的"皇冠"，那么实时三维心脏超声设备则是皇冠上的"明珠"。图 10-2 所示为实时三维心脏超声示意。

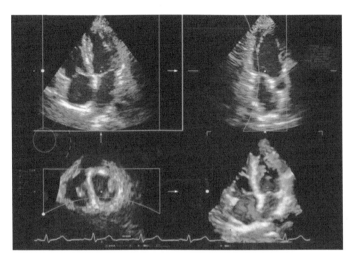

图 10-2　实时三维心脏超声示意

超声成像的前端信号来自超声探头，不同的成像性能、成像维度均需匹配相应的探头类型。不言而喻，四维超声成像也需要专用探头，这就是单晶面阵探头。

10.2　单晶面阵探头工作原理

单晶面阵探头作为超声成像装备的关键零部件，代表了当前超声探头领域最先进的技术，是超高端超声机型的重要标志。

超声探头，其作用是发射和接收超声波：发射时将电信号转换为超声波进入人体，接收时将人体反射的超声波转换为电信号。其中，声-电能量转换通过阵元来实现，阵元由具有压电效应的晶体切割得到。当晶体上施加交变电信号时，则此材料将产生与交变信号同样频率的机械振动；当晶体上施加机械振动时，则此材料将产生电荷。普通超声探头的阵元数量往往是几十个或几百个，呈一字排列，通过预设时序的激励来实现逐线、逐区域扫描，获得二维超声图像。而单晶面阵探头有上千个阵元，呈矩阵式排列，通过对三维空间不同方向上进行发射和接收，实现三维数据的快速扫描与获取（见图 10-3）。

然而，单晶面阵探头结构极其复杂，工艺难度大，应用场景要求高，目前该探头的制备技术被 Philips、GE、Siemens 等少数国外厂商垄断，在当前国际背景下，采购困难且限制使用，属于阻挡我国进军超高端超声设备市场的"卡脖子"环节。

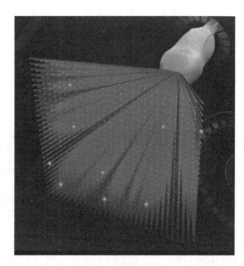

图 10-3　单晶面阵探头扫描方式

10.3　单晶面阵探头关键技术

单晶面阵探头的研制技术涉及电子、声学、材料、化学、物理等多个领域，制作工艺极其复杂，技术难度很大。具体技术方向包含声学设计、阵元互联技术、散热技术、材料工艺技术、工程技术等。

其一，声学设计的好坏，是决定探头图像质量的关键。声学设计需要结合临床与系统的应用，通过合理的材料选择和声学模型建立，进行声学设计、计算与仿真。压电材料是医用超声换能器最核心的部件。目前应用最广泛的压电材料是压电陶瓷。最近十几年来，也涌现出许多新的材料，如压电复合材料、压电单晶材料、织构陶瓷等。其中，最重要的一个领域是 20 世纪 90 年代取得突破性进展的弛豫型铁电压电单晶。2004 年，Philips 将压电单晶 PMN-PT 应用到面阵换能器上，图像质量有了突破性提高。压电单晶 PMN-PT 具有优越的压电性能，较高的介电常数、压电系数及 Kt 值，能够生产出带宽更宽、灵敏度更高、性能更高的探头（见图 10-4）。

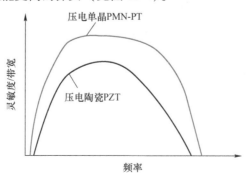

图 10-4　传统压电陶瓷与压电单晶灵敏度/带宽的比较

　　而压电单晶体与人体组织声阻抗值相差很大，所以匹配材料是换能器制作的核心物料之一。为实现压电单晶体及人体组织之间声阻抗的合理过渡或匹配的目的，要求匹配层具有满足声学要求的声阻抗值，同时材料自身要低衰减。因此，需要综合密度、声速、弹性模量、泊松比、衰减、硬度、抗压及抗弯强度、热膨胀系数、吸水率和加工性能等特性来严选匹配材料。

　　除此之外，背衬材料也是探头结构中非常重要的一部分。在压电单晶背面附加高阻抗、高衰减的背衬材料，利用其阻尼作用使晶片的谐振过程尽快终止，对于获得窄脉冲有很大的帮助。但是背衬材料自身的衰减特性也使得一部分能量被转化成热耗散，这也会使得发射和接收灵敏度降低。所以背衬材料需要具有相对高的衰减，同时还需要背衬材料声阻抗值与整个探头声阻抗设计匹配。目前，现有的各种单相材料中，从声学和工艺特性综合考虑，几乎没有一种可以直接用作超声探头的背衬材料，只能采用专门配制的复合材料，集多项有用特性于一身，针对这一现状需开展背衬材料配方的专项研究。

　　其二，单晶面阵探头由于阵元数目多，阵元尺寸小，其阵元互联技术也是行业目前的难题之一，需要进一步提升互联的联通率；同时也大大增加了其材料、工艺等难度，包括切割技术、粘接技术、材料表面处理技术、材料制作技术等。具体而言，单晶材料生长工艺复杂、成本较高、质硬而脆，居里温度也比普通压电陶瓷低，即导致单晶体生产加工过程中易碎裂、易退极化而损坏。当硬质高阻抗材料和易脆的单晶体一起切割时，给切割技术带来了很大困难。而单晶面阵探头阵元数目多（常规探头的几十倍），阵元尺寸小（约为常规阵元的 1/35），使得切割面临巨大挑战。这就需要对切割技术进行重点攻关。另一方面，阵元的联通率是做好单晶面阵探头的基础，也是核心指标之一，胶黏剂和材料表面处理及粘接技术是影响阵元联通率的关键因素。其中胶黏剂需通过探头在不同地区的使用气候、环境及探头自身结构进行的可靠性测试。

　　其三，超声探头工作过程中，电-声信号的转换效率不够高，会使得超声探头产生大量的热量。尤其对于单晶面阵探头来说，其阵元数量多且探头内部有芯片，芯片有一定的功耗。因此，与常规探头相比，单晶面阵探头在工作时将产生更多的热量，若这些热量不通过有效的散热方式及时向外散出，将会导致超声探头温度上升。一方面，探头发热可能会影响到患者的人身安全；另一方面，若探头长期工作在较高的温度中，会加速探头的老化，缩短探头使用寿命。因此，探头的散热尤其是与患者接触的声头部分散热显得极其重要。如何通过系统控制，在保证探头图像质量的前提下，降低探头功耗，减小探头表面温度是一个难题。需要对热设计、控制等相关技术进行设计仿真及融合。热传递方式有三种：传导、对流与辐射。为解决此单晶面阵探头的散热问题，需要从这三种热传递方式中找到相应的方法。

　　其四，与常规探头相比，单晶面阵探头内部增加了芯片、高阻抗材料及散热结构。同时，声头阵元、专用集成电路（ASIC）芯片、连接器之间的信号连接是通过高密柔性电路板（FPC）实现的。由于单晶面阵探头阵元数量多，FPC 的设计及实现比常规的FPC 难度大很多。FPC 设计要考虑供应商的制造能力及整体探头结构。若设计成一片

FPC，FPC 的层数将达到 7~8 层，制造难度会很大，并且若 FPC 太厚会导致后面装配的弯折性很差。若按三片设计，层数可以减少，但是声头粘接的难度会大大增加，且后端电连接方案会更复杂，同时影响探头整体外形尺寸。而且，单晶面阵探头为手持设备，质量过大、尺寸过大都容易给操作者带来疲劳感。因此，需要从材料、结构、工艺等各方面进一步提升相关的技术能力，进一步减小探头的质量，减小探头的尺寸，使得探头便于握持，具有更好的人机工程学结构，减少操作者的疲劳和损伤。

10.4 单晶面阵探头典型应用

医疗装备行业作为国家重点支持的产业，相关的产业政策对行业的发展具有积极的促进作用，近年来我国相继出台一系列的政策法规支持医疗装备创新发展。2021 年发布的《"十四五"医疗装备产业发展规划》提出了发展新一代医学影像装备，推进智能化、远程化、小型化、快速化、精准化、多模态融合、诊疗一体化发展；同年发布的《中华人民共和国国民经济和社会发展第十四个五年规划和 2035 年远景目标纲要》提出发展高端医疗装备，完善医疗装备等快速审评审批机制。此类利好政策的出台也促进了我国医疗装备企业提高自主研发能力，在加快产品创新迭代的同时，也推动了高端超声、超高端超声的产业发展。

在一系列积极的政策支持基础上，国内上下游产业链逐步实现了连通与融合，并孵化了可喜的成果——国产单晶面阵探头。典型案例为由迈瑞医疗牵头，北京大学深圳医院及中国科学院深圳先进技术研究院、深圳大学、西安交通大学、清华大学和北京大学第三医院共同承担的国家科技部数字诊疗专项项目"多功能动态实时三维超声成像系统"。该项目于 2022 年通过验收，填补了我国在高端医学超声诊断设备领域的空白，攻克了医学影像领域的一大"卡脖子"难关。

声学设计上，该项目采用一套全新的声学方案，集合临床需求和多年探头研发技术基础，采用了转换效率更高的二元单晶材料 PMN-PT，结合先进的多层匹配与回波增强技术，提升探头声学性能，并构建三维仿真模型，对探头声学性能进行仿真验证。

在阵元互联技术方面，克服了面阵探头阵元存在线宽、线距过小而造成加工困难等难题，采用了盲孔分层错位、焊盘缩孔及削平等创新设计，同时优化了盲孔钻孔、填孔电镀及细密线刻蚀等制程，降低了加工难度，提升了成品率，在与供应商长达 2 年多的沟通、修订、重新设计、验证中，一起完成了高密 FPC 的终版设计。

针对实际阵元切割过程中存在单晶易碎、高阻抗材料硬、设计材料种类多、阵元数多（数千个）且小等困难，该项目团队从刀片选型、主轴转速、进刀速度、循环数和多刀高方案等多方面入手，反复摸索试验，首次突破极小尺寸单晶切割技术。

与常规探头相比，面阵探头结构更为复杂，阵元互联技术要求更高，主要难点在于阵元多且小、粘贴要求高。为此，该项目团队通过对胶黏剂化学改性、难粘贴材料个性化表面处理、设计阵元精准对位系统等手段，在团队的共同协作下，完美攻破了高难度的数千阵元互联技术。

散热技术上，采用热管导热，将热量传导到导热压块上，再通过外壳和电缆线散发到空气中实现散热。仿真及实测验证表明，探头温升情况符合法规要求。

最终通过严密科学的声学设计与探头结构设计，巧妙的散热结构设计与反复的材料筛选，以及最终的探头声学测试平台验证工作，结合临床应用场景与迈瑞医疗在探头研发中的经验，成功地完成了单晶面阵探头的研制工作，研发出了两款达到国际先进水平的单晶面阵探头：一款主要用于心脏检测的 XP5-1U 探头，另一款主要用于腹部检测的 XP6-1U 探头（见图 10-5），并跟随整机一起注册，获得了注册证。其中，XP5-1U 探头阵元数为 2304 个，XP6-1U 探头阵元数为 4608 个，见表 10-1。

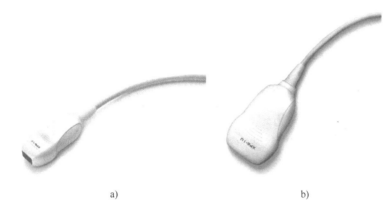

a)　　　　　　　　　　　　　　　　　b)

图 10-5　XP5-1U 探头和 XP6-1U 探头

a）XP5-1U 探头　b）XP6-1U 探头

表 10-1　探头参数

探头型号	系统通道/个	阵元数/个	长度方向阵元数/个	宽度方向阵元数/个
XP5-1U	192	2304	64	36
XP6-1U	192	4608	128	36

该项目除了研制单晶面阵探头，还研制开发了配套主机——192 物理通道的实时三维超声成像系统，并在此基础上开发出四维显示及智能分析、全域聚焦技术、声速矫正技术、平面波成像技术、血流动力学成像及三维超声造影成像等高级应用功能的多项国产超声新技术。

作为一款面向临床使用的超声诊断设备，其可靠性和有效性是极为重要的关键因素。该项目基于迈瑞医疗可靠性实验室（获 CNAS 认可），依托迈瑞医疗创新先进的医疗产品创新（Medical Product Innovation，MPI）流程，在项目全过程都进行了产品可靠性和失效性设计与管控，并在第三方检测机构进行了可靠性和有效性验证，均通过验证。项目所属最终样机的临床验证工作由项目参与单位北京大学第三医院和北京大学深圳医院分别完成，主要目的是确保所属项目最终产品功能正确，如实评价临床性能。经过两家医院的验证，项目最终样机性能接近国外厂家超高端超声机型，二者差距不大，满足临床使用需求，属于相同档次水平机器，达到业界高端机水平。

该项目研制出的单晶面阵探头及 192 通道的高端彩超设备，解决了单晶面阵探头及高端彩超设备高度依赖进口的问题，可提升我国各级医院超声医疗技术水平，普及高端科技，有助于抑制医疗费用的快速增长，提升我国现代超声医学科技实力，带动整个产业快速可持续发展，提高我国在数字化彩超领域的地位等。

除了心脏应用，妇产应用也是实时三维超声成像的典型应用方向。妇产应用要求的检查深度比心脏浅，同时需要观察胎儿心脏、颅脑、四肢等精细结构，因此空间分辨力要求更高，对单晶面阵探头提出了新的挑战。在此背景下，迈瑞医疗联合中国科学院深圳先进技术研究院、深圳大学、广州医科大学附属第一医院、深圳市罗湖区人民医院、广东省妇幼保健院及广东省医疗器械质量监督检验所共同申报了广东省科技厅的重点领域研发计划，预期攻关超高端妇产超声的单晶面阵探头及相关成像技术。该项目于 2024 年通过验收，项目开发过程中采用声学设计、结构设计与电路设计相结合的先进技术，进一步减少了阵元间的串扰，使得探头有效带宽大幅提升，且中心频率更高，进而实现更优秀的图像空间分辨力。

该项目研究成果 XP6-1HU 探头（见图 10-6）已随整机完成了注册检测工作，并获得了医疗器械产品注册证。该产品（整机与探头）已正式投产并推广至临床应用，累计完成上亿元人民币的销售额，销售收入逐年上升，经济效益显著。该产品的推出，填补了我国在数字化彩超领域的多项技术空白，达到了国际先进乃至部分领先水平，将有助于提升我国现代超声医学科技实力，

图 10-6　XP6-1HU 探头

带动整个产业快速可持续发展。该产品的卓越临床性能表现，可以有效满足我国临床实际需求，提升我国各级医院超声医疗技术水平，普及高端科技，大大削减进口发达国家超声设备的支出，抑制医疗费用的快速增长，在一定程度上减少我国高端彩超设备的进口量，节约外汇开支，经济效益显著。

同时，在研究过程中形成医疗装备重点优势企业牵头作为技术集成和产业发展的核心，由研究型高校、科研单位作为难点攻关和创新开拓的先锋，由研究型医院作为临床验证和应用反馈的核心，由省级医用超声设备检测中心作为超声检测规范和质量、安全评价的核心，多方协作发展，共同组成医学超声诊断研发创新平台，实现了医学超声前沿技术储备、高端技术积累、产业化生产、高端技术人才培养全链条发展，为我国超声设备未来进一步提升打下坚实的人才基础，输送大量高质量人才。

第11章 医疗装备及关键零部件软件

11.1 多模态智能感知与实时数据分析

在医疗装备和产品核心零部件的智能化进程中，软件技术正扮演着越来越关键的角色。多模态智能感知与实时数据分析技术，作为核心驱动力，深刻重塑了医疗装备的效能，为医疗领域带来了前所未有的创新浪潮。

多模态智能感知技术融合多种感知方式，使医疗装备更全面深入地理解患者状况与环境，提高诊断精确度与治疗个性化水平，如结合高清成像和机器学习算法的医疗装备可早期干预疾病。

实时数据分析技术确保医疗装备即时处理关键数据，对紧急医疗情况的处理可发挥重要辅助作用。该技术可支持医疗团队优化治疗方案，同时可为远程医疗和移动健康提供支持，使医疗服务延伸至患者家中及移动场所。

本节探讨这些技术在现代医疗装备中的应用，展望医疗技术的未来发展方向，分析其对医疗保健服务模式的影响，为医疗装备制造商、医疗保健提供者及对技术创新感兴趣者提供指导意见，期待多模态智能感知与实时数据分析技术能够为医疗服务带来精准、高效、人性化的革命性变化。

11.1.1 多模态智能感知技术

1. 多模态智能感知的核心技术

随着人工智能技术的不断进步，单一模态的感知系统已难以满足复杂环境下的智能控制需求。多模态智能感知技术应运而生，通过结合视觉、听觉、触觉等多种感知模态的数据，多模态智能感知技术能够更全面、准确地理解和解释环境中的信息，其核心目标是通过多模态数据的采集、融合和分析，实现对复杂环境或对象的全面理解，以支持更精确的决策和行动。

多模态感知涉及从多个传感器获取不同类型的数据，并通过融合这些数据来提高感知的全面性和准确性。感知包括以下多种模式。

（1）视觉感知技术　视觉感知技术是多模态智能感知系统的重要组成部分，通过摄像头、激光雷达、红外传感器等获取视觉信息，并结合图像处理、计算机视觉和深度学习算法对这些信息进行分析。

视觉感知技术的核心在于从图像或视频数据中提取有意义的信息，以实现对环境或目标物体的识别、分析和理解。这一过程通常包括图像获取、图像处理、特征提取、物体识别、运动检测与跟踪、场景理解等多个步骤。

1）图像获取是视觉感知的第一步，通过摄像头或传感器捕捉场景的静态图像或动态视频。根据应用需求，使用的摄像设备可以包括 RGB 摄像头、深度摄像头、红外摄像头、激光雷达等。这些设备不仅能捕捉物体的形状、颜色等外观特征，还能获取其深度信息，从而为后续的图像处理和分析提供基础数据。

2）图像处理是对获取的原始图像数据进行预处理，以提高图像质量并提取有用信息的过程。常见的图像处理技术包括去噪、增强、图像分割、边缘检测、形态学处理等。例如，边缘检测可以提取图像中的轮廓信息，而图像分割则可以将图像分割成不同的区域或物体。

边缘检测技术是图像处理中的基础操作，用于识别图像中亮度变化剧烈的区域。Canny 边缘检测器是常用的边缘检测算法，具有较好的噪声抑制能力和边缘检测精度。通过边缘检测，可以提取物体的形状轮廓，为后续的特征提取和物体识别提供支持。

图像分割是将图像划分为具有同质性区域的过程，常用的方法包括阈值分割、区域生长、聚类分割和基于深度学习的分割技术。语义分割和实例分割是图像分割的高级应用，它们不仅能识别出物体的位置，还能识别物体的类别和实例，广泛应用于自动驾驶、医学影像分析等领域。

3）特征提取是在图像处理的基础上，从图像中提取出关键特征点或区域，用于进一步的分析和识别。特征提取的目的是将图像数据压缩为更易处理和分析的形式，同时保留其核心信息。常见的特征提取方法包括尺度不变特征变换（Scale-Invariant Feature Transform，SIFT）、方向梯度直方图（Histogram of Oriented Gradients，HOG）、加速鲁棒特征等。

SIFT 是一种具有尺度和旋转不变性的特征提取算法，通过检测图像中的关键点并生成特征向量进行匹配。SIFT 算法能够有效应对图像的尺度变化和旋转，广泛应用于图像配准、三维重建等领域。

HOG 特征通过计算图像局部区域的方向梯度直方图，捕捉物体的边缘和轮廓信息。HOG 特征在物体检测，尤其是行人检测中表现优异，已被广泛应用于安全监控和自动驾驶中。

4）物体识别与分类是视觉感知的核心任务之一，涉及通过机器学习或深度学习算法，识别图像中的物体并对其进行分类。基于卷积神经网络（CNN）的深度学习模型已经成为物体识别的主流方法。

CNN 是处理视觉数据最常用的深度学习模型之一，通过多层卷积操作提取图像的不同层次特征。经典的 CNN 模型有 LeNet、AlexNet、VGGNet 和 ResNet 等，在物体识别、图像分类、场景理解等任务中表现出色。CNN 的优势在于其能够自动学习和提取图像中的层级特征，并通过训练获得高精度的识别能力。

迁移学习是一种在深度学习中应用广泛的技术，通过将预训练模型的知识迁移到新的任务上，减少对大规模标注数据的依赖。迁移学习在视觉感知中，特别是在小样本情况下，能够显著提高模型的性能和泛化能力。

5）运动检测与跟踪是视觉感知系统在动态场景中获取运动物体位置和轨迹的重要技术。通过分析连续图像帧之间的变化，系统能够检测出运动物体并进行跟踪。常用方法包括光流法、背景减除法、多目标跟踪算法等。

光流法通过计算图像序列中像素的运动向量场来检测运动。这种方法能够捕捉到物体的平滑运动，广泛应用于运动分析、动作识别等领域。

卡尔曼滤波是一种用于运动跟踪的递归滤波算法，能够在噪声环境中估计物体的状态和轨迹。卡尔曼滤波器在视觉跟踪中常用于平滑物体运动轨迹，并预测未来位置。

6）场景理解是视觉感知的高级任务，超越了简单的物体识别，涉及对整个场景进行语义分析和三维重建。语义分割、实例分割和三维重建技术在场景理解中发挥着关键作用。

语义分割是将图像中的每个像素分配给不同的语义类别，如道路、建筑、行人等。深度学习模型（如 U-Net、DeepLab 等）在语义分割任务中表现突出，广泛应用于自动驾驶、遥感图像分析等领域。

三维重建技术通过多视角图像或深度传感器数据，重建出场景或物体的三维结构。在 AR、VR 和机器人导航中，三维重建提供了关键的空间信息支持。

（2）听觉感知技术　听觉感知技术利用各种音频传感器，如麦克风，收集包括语音、噪声、环境音等在内的丰富声音数据。不同类型的麦克风可以适应不同的环境和需求，例如指向性麦克风能够更有针对性地采集特定方向的声音，而全向麦克风则可以广泛地收集周围的声音信息。

（3）触觉感知技术　触觉感知技术通过力传感器、压电传感器、温度传感器等获取触觉信息，如物体的表面特性、接触力、温度等。触觉感知技术在机器人抓取、医疗装备等领域应用广泛。

（4）其他感知技术　其他感知技术所用设备包括气体传感器（用于嗅觉感知）、味觉传感器（用于化学感知）、加速度计和陀螺仪（用于运动感知）等。

2. 多模态智能感知技术的应用领域

（1）自动驾驶　自动驾驶汽车需要通过视觉传感器、雷达、激光雷达、超声波传感器等多种传感器感知周围环境。多模态智能感知技术融合这些传感器的数据，实现精确的环境建模、障碍物检测、路径规划和自动控制。

（2）智能家居　智能家居设备通过摄像头、传声器、温度传感器、运动传感器等多模态数据感知用户的行为和环境状态。例如，智能门锁可以结合面部识别和声音识别来验证用户身份，智能空调根据环境温度和用户位置自动调节温度。

（3）医疗健康　在医疗装备中，多模态智能感知技术用于生命体征监测（如心电图、血氧、血压）、医学影像处理（如 CT、MRI 数据融合）、手术导航等。通过对不同来源的数据进行融合分析，医生可以获得更全面的诊断信息，进行个性化治疗。

（4）AR/VR　在 AR/VR 系统中，多模态智能感知技术通过融合视觉、听觉、触觉等感知数据，提供沉浸式的用户体验。例如，AR 眼镜结合视觉和空间音频，能够实现对真实环境和虚拟对象的同步感知与交互。

（5）人机交互　在医疗领域，多模态智能感知技术的应用正成为提升诊疗质量和效率的关键因素。这项技术通过整合来自不同源头的数据——包括医学影像（如 X 射线、MRI、CT 扫描）、患者生理数据（心电图、血压、血氧饱和度等）及临床文本数据（病历和检查报告），为医生提供了一个全面的视角，从而做出更精确的诊断和更加个性化的治疗建议。

多模态智能感知技术在医疗领域的核心优势在于，其能够超越单一数据源的局限性，实现对患者健康状况的全面洞察。这种全方位的数据分析不仅提高了诊断的准确性，还使得治疗方案更加个性化，能够针对每位患者的特定需求进行定制。此外，多模态技术增强了系统的鲁棒性，即使在面对数据不完整或存在噪声的挑战时，也能够提供稳定可靠的分析结果，这对于提升医疗服务的智能化水平至关重要。

3. Polymath 软件平台的多模态智能感知技术

为了有效实现多模态智能感知技术，一个强大且开放的软件平台是必不可少的。Polymath 软件平台以其卓越的开放性和兼容性，成为这一领域的佼佼者。它能够高效地处理和分析来自多样化传感器和设备的数据流，这不仅包括智能感知技术，还涵盖了人工智能算法和行业数据库的集成。Polymath 软件平台的灵活性和扩展性，使得医疗装备制造商能够快速开发出更加智能、更具互操作性的系统解决方案，满足现代医疗保健的复杂需求。

Polymath 软件平台的另一个显著特点是其对数据处理和分析的能力。它能够支持大规模数据集的处理，同时确保数据的实时性和准确性。这对于需要快速响应的医疗环境来说至关重要，尤其是在紧急情况下，能够为医生提供即时的决策支持。

此外，Polymath 软件平台还提供了高级的数据可视化工具，使得复杂的数据信息能够以直观、易于理解的方式呈现给医疗专业人员。这不仅提高了工作效率，还降低了误诊和漏诊的风险。

随着医疗技术的突飞猛进，Polymath 软件平台正通过深度整合多模态智能感知技术，引领医疗服务向更高层次的智能化、个性化和精准化迈进。它将极大地提升患者接受医疗服务的质量和体验。Polymath 软件平台的先进功能不仅能够为患者带来更为精准的诊断和治疗方案，同时也为医疗专业人员赋能，提供给他们前所未有的强大工具和支持，以应对日益复杂的医疗挑战。

Polymath 软件平台架构如图 11-1 所示。

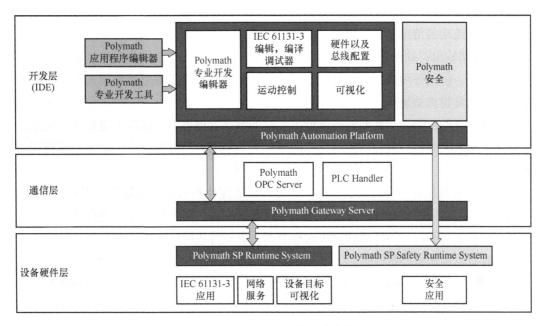

图 11-1　Polymath 软件平台架构

11.1.2　实时数据分析技术

1. 实时数据分析的核心技术

随着信息技术的飞速发展，数据的生成速度和体量都在以前所未有的速度增长。实时数据分析作为从海量数据中快速提取有价值信息的关键技术，已经成为各行各业关注的焦点。实时数据分析是指在数据产生的同时对数据进行分析和处理的技术，与传统的离线数据分析相比，它能够实时提供分析结果，帮助企业和组织及时了解市场变化、监控业务运营状况、实时预测需求等。实时数据分析技术的快速发展，不仅得益于大数据处理技术的进步，还与人工智能、机器学习等技术的融合密不可分。

实时数据分析的核心技术如下。

（1）流式计算　流式计算是实时数据分析领域的核心方法之一，它专门设计用于处理连续不断、快速生成的数据流。这种方法将数据视为一系列无边界的流，允许系统在数据到达时立即对其进行处理，而不是等待整个数据集变得可用。这种即时处理能力对于需要快速响应的应用场景至关重要，如金融市场分析、社交网络活动监控、物联网设备监控等。

流式计算的过程通常可以分为以下三个主要步骤。

1）数据输入：这一步骤涉及从多个数据源实时捕获数据。这些数据源可能包括传感器、在线交易系统、社交媒体平台等。数据输入阶段需要高效的数据采集器，以确保数据能够快速且完整地被收集。

2）数据处理：在这一阶段，流式计算引擎会对实时流入的数据进行处理。这可能包括数据清洗、格式转换、聚合计算、模式匹配等操作。流处理的关键挑战之一是确保在数据高速流动的情况下，处理逻辑能够及时且准确地执行。

3）数据输出：处理后的数据可以被发送到不同的目的地，如数据库、数据仓库或实时仪表板，供最终用户查询和分析。输出的数据通常包含了对原始数据的洞察，如趋势分析、异常检测结果等。

流式计算的优势在于其能够提供近乎实时的数据处理能力，这对于需要快速决策的业务场景非常有价值。此外，流式计算还可以支持高度可扩展的架构，以适应不同规模的数据流。

（2）实时数据库 实时数据库是一种专为快速变化的数据环境设计的数据库系统，它能够提供实时的数据查询和分析功能。这种数据库不仅要求能够高效地存储大量实时数据，还要求能够迅速地处理和分析这些数据，以支持实时决策和操作。

实时数据库的核心特性包括以下几项。

1）高可用性：实时数据库必须保证数据的持续可用性，以支持24/7不间断的业务操作。

2）低延迟：数据的查询和更新操作需要在极短的时间内完成，以满足实时性要求。

3）事务处理的一致性和持久性：实时数据库需要确保事务的一致性和持久性，即使在系统故障的情况下也能保持数据的完整性。

4）数据同步与一致性：实时数据库通过优化锁机制、事务处理策略等手段，确保数据在并发访问时的同步性和一致性。

5）实时查询与索引：支持高效的实时查询操作，通过特殊的索引结构和查询优化算法，提高数据检索速度。

6）数据压缩与存储：采用高效的数据压缩算法，减少存储空间占用，同时保持数据的实时访问性能。

（3）实时数据挖掘 实时数据挖掘是一种先进的数据分析方法，它专注于从持续生成的数据流中提取有价值的信息和知识。这种方法特别适合需要快速响应的场景，如金融市场分析、社交网络监控、物联网设备监控等。实时数据挖掘的核心在于其能够提供近乎即时的洞察，从而支持实时决策制定。

实时数据挖掘的过程通常包括以下几个关键步骤。

1）数据预处理：在这个阶段，原始数据被清洗和转换，以准备进行进一步的分析。这可能包括处理缺失值、消除噪声、规范化数据格式等任务。例如，缺失值可以通过均值、中位数或众数来填充，而噪声数据可以通过滤波器或统计方法来减少。

2）特征选择：在数据预处理之后，需要从大量数据中识别出对分析目标最相关的特征。这一步骤对于提高模型的性能和减少计算复杂度至关重要。特征选择可以基于统计测试、机器学习算法或领域专家的知识。

3）模型训练：实时数据流要求使用能够快速适应新数据的模型。这些模型需要不断地从新流入的数据中学习和更新，以保持其准确性和相关性。常用的实时数据挖掘算法包括决策树、随机森林、支持向量机等，它们可以适应数据的动态变化并提供快速预测。

4）模型评估：在模型训练过程中，需要定期评估模型的性能，以确保其准确性和有效性。评估指标可能包括准确率、召回率、F1 分数等，这些指标有助于了解模型在实时环境中的表现。

5）实时数据流处理：实时数据流处理是实时数据挖掘的基础，它涉及对高速流入的数据进行实时分析和处理。核心算法包括窗口算法、滑动平均算法、移动平均算法等，这些算法可以处理数据的高速流动并提供及时的分析结果。

6）实时数据挖掘算法：实时数据挖掘算法能够处理动态变化的数据流，并从中发现模式和趋势。这些算法包括聚类算法、分类算法、关联规则算法等，它们可以适应数据的实时变化并提供及时的洞察。

7）数据可视化：将实时分析结果以直观的方式展示给决策者是至关重要的。数据可视化工具可以帮助用户理解复杂数据，并快速做出基于数据的决策。

实时数据挖掘面临的挑战包括处理大规模数据流的能力、确保数据的实时性能、处理数据的复杂性和多样性，以及保证数据的质量和安全性。未来的发展方向可能包括更大规模的分布式计算、智能化和自动化的数据处理、强化数据安全和隐私保护，以及与大数据分析技术更紧密的结合。随着技术的进步，实时数据挖掘将继续在多个领域发挥关键作用，帮助组织和企业从实时数据中获得深刻的业务洞察和价值。

（4）机器学习与人工智能　机器学习与人工智能技术在实时数据分析中发挥着重要作用。通过机器学习与人工智能技术，系统可以从海量数据中总结出模式和规律，并使用这些模式进行预测和决策。例如，深度学习技术可以通过多层次的神经网络进行数据处理和学习，提高数据分析的准确性和效率。此外，自然语言处理、计算机视觉等技术也在实时数据分析中得到了广泛应用。

1）深度学习技术：深度学习，尤其是通过多层次的神经网络，如卷积神经网络和递归神经网络（Recursive Neural Network，RNN），在图像和语音识别、自然语言处理等领域取得了显著的成果。这些技术通过自动提取数据中的复杂特征，提高了数据分析的准确性和效率。

2）自然语言处理（Natural Language Processing，NLP）：NLP 技术使得计算机能够理解、处理和生成自然语言。这包括语音识别、情感分析、机器翻译等应用，极大地增强了实时数据分析在文本数据领域的应用能力。

3）计算机视觉：计算机视觉技术让计算机能够"看"懂图像和视频，进行图像识别、目标检测、场景理解等任务。这些技术在自动驾驶、安防监控、医疗影像分析等领域有着广泛的应用。

4）实时数据流处理：实时数据流处理技术，如 Apache Flink、Apache Storm 和 Apache Spark Streaming，提供了对数据流的实时处理能力。这些技术能够支持高吞吐量、低延迟的数据处理，满足实时性要求。

5）跨模态数据分析：随着技术的发展，实时数据分析不仅限于单一模态的数据。例如，计算机视觉与 NLP 的融合，为跨媒体分析、医疗诊断、智能家居、人机交互等应用领域提供了强有力的支持。

2. Polymath 软件平台的实时数据分析工具

Polymath Automation Server 集成的前端数据可视化工具 Data Analyzer，在实时数据分析方面展现出了卓越的能力，为医疗领域带来了全新的变革与机遇。

（1）功能集成强大 Data Analyzer 兼具实时数据采集、精确分析、高效管理、灵活界面编辑及直观展示等多项功能。通过统一管理，将云平台连接的所有数据汇聚于一处，大幅提升数据处理效率，拓展数据分析的深度与广度。无论是医疗装备运行的海量数据，还是患者复杂的生命体征数据，皆能在此得到妥善整理与深入分析。

（2）即时监控助力决策 Data Analyzer 与 Polymath Automation Server 后台紧密连接，可对医疗环境实现即时监控与管理。这种高效的数据访问方式，为医疗决策带来前所未有的速度与准确性。紧急时刻，能瞬间为医疗人员提供关键信息，助力医生快速判断病情并制定方案，为患者争取宝贵时间。在日常医疗中，也可通过长期跟踪分析患者数据，帮助医生了解患者健康状况、调整治疗计划，从而提升治疗效果。

（3）多源数据整合优势 Data Analyzer 强大的功能还体现在对多源数据的整合能力上，它可将不同医疗装备、科室乃至医疗机构的数据整合分析，为医疗团队提供全面综合的决策支持。这在复杂疾病诊断与治疗中尤为关键，能让医生从多角度了解病情，制定更科学合理的治疗方案。

Data Analyzer 在 Polymath Automation Server 的集成下，成为医疗领域不可或缺的强大工具。它以卓越功能与高效数据处理能力，为医疗专业人员提供有力支持，推动医疗装备产业朝着更加智能化、精准化的方向迈进。

Polymath Automation Server 前端数据可视化如图 11-2 所示。

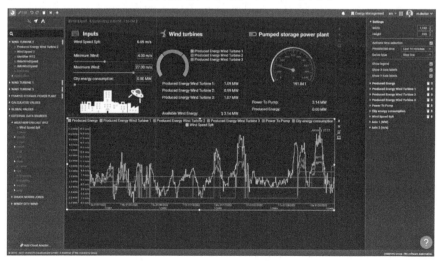

图 11-2 Polymath Automation Server 前端数据可视化

3. Polymath 软件平台的国产化解决方案

在当前复杂多变且充满机遇与挑战的发展形势下，Polymath 软件平台以其卓越的创新能力与强大的适应性，成功地完成了对国产 CPU 和国产操作系统的移植适配（见图 11-3），为国产医疗装备产业注入了极为强劲的技术支撑与源源不断的创新动力。

图 11-3　Polymath 软件平台的国产化

（1）Polymath 软件平台国产化的强大功能　Polymath 软件平台的国产化解决方案展现出了令人瞩目的深度与广度。它深度融合了人工智能算法的数据分析和优化功能，能够对海量的数据进行快速、精准的处理和分析，挖掘出其中蕴含的关键信息和潜在规律，为医疗决策提供科学依据。基于云平台（Software as a Service，SaaS）的数据存储功能，为数据的安全存储和便捷访问提供了可靠保障。企业可以随时随地通过网络访问存储在云端的数据，实现数据的共享和协同处理。同时，深度学习功能的加入，使得系统能够不断自我学习和进化，提高对复杂医疗问题的处理能力。

通过这一先进的解决方案，切实做到了"动态感知、实时分析"。在医疗装备运行过程中，能够实时感知各种参数的变化，迅速进行数据分析，并及时反馈结果。这不仅提高了医疗装备的智能化水平，还为医疗人员提供了更加准确、及时的信息支持，有助于提高诊断和治疗的效率与质量。此外，实现了数据和知识驱动控制决策的迭代优化，随着数据的不断积累和分析，系统能够不断优化控制决策，使医疗装备的运行更加稳定、高效。

企业在采用这一解决方案后，能够在系统内部实现高效的横向集成。不同的医疗装备和系统之间可以实现无缝连接和协同工作，打破了信息孤岛，提高了医疗资源的利用效率。同时，还能将边缘端智能感知单元、数据采集单元与上层业务管理系统（如 MES、ERP）进行纵向集成，构建起一个从底层数据采集到高层业务管理的完整链条。边缘端智能感知单元能够实时采集医疗装备和患者的各种数据，数据采集单元将这些数据进行整理和传输，上层业务管理系统则可以对这些数据进行综合分析和决策，实现了医疗业务的全流程管理和优化。

（2）国产化带来的发展机遇　采用 Polymath 软件平台的国产化解决方案，企业将加速迈入智能化、数字化发展的崭新阶段。在这个阶段，企业能够充分利用先进的技术手段，提高生产率、降低成本、提升产品质量。通过智能化的生产设备和管理系统，实现生产过程的自动化和智能化，减少人为错误，提高产品的一致性和可靠性。同时，数字化的管理模式可以实现对企业资源的优化配置，提高企业的运营效率和竞争力。

这一解决方案还有助于提升企业在国际竞争中的竞争力。在全球医疗装备产业不断发展的大背景下，拥有先进的技术和创新的解决方案是企业在国际市场上立足的关键。Polymath 软件平台的国产化适配为国产医疗装备产业开辟了新的发展路径，使企业能够在技术上与国际先进水平接轨，甚至在某些领域实现超越。通过提供具有创新性的产品和服务，企业可以在国际市场上赢得更多的客户和市场份额，提升我国医疗装备产业的国际影响力。

此外，Polymath 软件平台的国产化适配为人民健康事业贡献了更多具有创新性的"中国智慧"和"中国方案"。在医疗领域，先进的技术和装备对于提高医疗水平、保障人民健康至关重要。国产化的 Polymath 软件平台可以更好地满足国内医疗市场的需求，为医疗人员提供更加便捷、高效的工具，提高医疗服务的质量和可及性。同时，通过不断的创新和发展，还可以为全球医疗事业提供有益的借鉴和参考，为人类健康事业做出更大的贡献。

11.1.3　多模态数据融合技术

多模态数据融合技术是一种将来自不同数据源、不同模态的数据进行整合分析的技术手段，在当今各个领域都展现出了巨大的潜力和价值。在诸多应用场景中，单一模态数据往往显得力不从心，难以捕捉事物的全貌与精髓。以医疗领域为例，医生需要综合病历文本、医学影像、生理信号等多模态数据，才能做出更为精准的诊断。多模态数据融合技术正是通过挖掘不同模态间的互补优势，极大地提升了决策过程的精确性与可靠性。

1. 多模态数据融合的技术优势

（1）提升信息洞察能力　在众多实际应用场景中，多模态数据融合展现出了强大的信息洞察能力。以自动驾驶技术为例，单纯依靠某一种传感器数据，很难实现对驾驶环境的全面、准确感知。而通过融合视觉、雷达、激光雷达等多种传感器数据，就能够实现对驾驶环境的全方位、高精度感知。这种多模态数据融合策略就像是为自动驾驶系统打造了一套超级敏锐的"感官系统"，使其能够在各种复杂的路况和天气条件下，灵活应对各种挑战，展现出卓越的鲁棒性。无论是面对强光照射、恶劣天气，还是复杂的交通状况，多模态融合的自动驾驶系统都能保持稳定的性能，为行车安全与效率提供坚实的保障。

（2）增强模型鲁棒性　多模态模型通过融合来自不同模态的特征或模型，显著提升了其鲁棒性。具体而言，采用特征融合技术，将多种模态的特征有效整合，并输入至统一的分类器中，这一过程充分利用了各模态的独特优势，显著增强了模型面对复杂多变情况时的适应能力。此外，集成多个单模态模型与多模态模型的方法也被证明为有效，通过综合不同模型的预测结果，有效降低了单一模型的错误率，从而在整体上提升了系统的鲁棒性。

（3）激发模型创新与应用潜力　在 AR/VR 领域，多模态数据融合为用户带来了更加沉浸式的体验。通过结合视觉、听觉、触觉等多种感官数据，创造出逼真的虚拟环境，让用户仿佛身临其境。在游戏开发中，多模态数据融合可以根据玩家的动作、语音指令及游戏场景中的各种反馈信息，实时调整游戏剧情和难度，增加游戏的趣味性和挑战性。此外，在医学研究中，多模态数据融合可以结合患者的病历数据、影像数据及生理信号数据等，为疾病诊断和治疗提供更全面的依据。

（4）优化数据处理效率与准确性　多模态数据融合技术的广泛应用，在医疗、交通、自然语言处理、人机交互等多个至关重要的领域都展现出了巨大的价值。通过融合多种模态的数据，能够为用户提供更加个性化、智能化的服务体验。在医疗领域，多模态数据融合技术为医生提供了更为全面、准确的诊断信息，帮助医生更好地了解患者的病情，制定更加科学、合理的治疗方案。

（5）拓宽应用场景、提升用户体验　在智能家居领域，多模态数据融合可以结合用户的语音指令、设备传感器数据及家庭环境数据等，实现对家居设备的智能控制。例如，根据用户的语音指令和室内温度、光照等环境数据，自动调节空调、灯光等设备的运行状态，为用户创造舒适的生活环境。

2. 多模态数据的核心特点

多模态数据的核心特点如下。

（1）异质性　数据源的丰富多样性直接导致了数据在格式、维度、结构及物理属性等方面呈现出巨大的差异。例如，图像数据通常以像素矩阵的形式生动地呈现，每一个像素点都蕴含着特定的颜色和亮度信息，共同构建出丰富多彩的视觉画面。而声音数据则表现为时间序列，其随着时间的推移而不断变化，包含着频率、振幅等关键特征，为人们带来听觉上的感受。这种显著的多样性犹如一个丰富多彩的信息宝库，为人们从多角度捕捉信息提供了广阔的可能。

（2）互补性　在医疗诊断中，医生往往需要结合多种模态的数据来做出准确的判断。例如，通过 CT 图像可以观察到骨骼的大致结构，而 MRI 图像则能够提供软组织的详细信息。只有将这些不同模态的数据综合起来分析，医生才能对患者的病情有一个全面而准确的了解，从而制定出更加科学合理的治疗方案。在科学研究中，多模态数据的互补性也同样重要。不同的研究方法和技术所产生的数据可以相互补充，为揭示事物的本质和规律提供更有力的支持。

（3）冗余性　多模态数据的冗余性是其另一个重要特点。不同模态的数据可能会包含重复的信息，它具有重要的价值。一方面，冗余信息增强了数据的可靠性。当多个数据源都提供了相似的信息时，可以更加确信这些信息的准确性和可靠性。例如，在多个摄像头同时捕获同一场景的应用中，如果不同摄像头所拍摄到的画面基本一致，那么就可以更加确定该场景的真实性和稳定性。另一方面，冗余信息有助于通过数据融合技术消除噪声和失真。在数据处理过程中，可以利用不同模态数据之间的冗余性，通过融合算法去除噪声和干扰，提高数据的质量和精度。

冗余性还为数据的备份和恢复提供了保障。如果某个数据源出现故障或数据丢失，可以通过其他具有冗余信息的数据源来恢复部分或全部数据。这种冗余性在一些关键领域（如金融交易、医疗记录等）显得尤为重要，它可以确保数据的安全性和可靠性，防止因数据丢失而造成的重大损失。

（4）相关性　不同模态的数据在描述同一实体或现象时往往表现出一定的相关性。这种相关性为数据的对齐和融合提供了重要依据。例如，在视频分析中，图像数据和音频数据通常是相关的。当视频中的人物说话时，声音的内容和图像中的人物动作、表情等往往存在着一定的对应关系。通过分析这种相关性，可以将图像数据和音频数据进行对齐和融合，从而更好地理解视频的内容和含义。

在自然语言处理和计算机视觉的交叉领域，文本数据和图像数据也可能存在相关性。例如，一段描述某个场景的文本可能与一幅描绘该场景的图像相关联。通过挖掘这种相关性，可以实现跨模态的信息检索和理解，为用户提供更加智能化的服务。相关性的存在使得人们可以利用不同模态数据之间的联系，进行更深入的数据分析和挖掘，为解决各种实际问题提供新的思路和方法。

3. 多模态数据融合的方法

多模态数据融合的方法呈现出多样化的特点，为处理多模态数据提供了多种有效的途径。

（1）早期融合　早期融合是多模态数据融合策略中较为基础的一种方式，它主要在数据的底层进行融合操作。具体而言，在特征提取之前对不同模态的数据进行合并。例如，在图像和文本的多模态数据融合情境中，可以将图像的像素值和文本的词向量进行拼接。这种方式使得后续的特征提取和分类任务能够同时基于多种模态的数据进行。

早期融合的优点显而易见。首先，它能够充分保留原始数据的丰富信息，因为在融合的初始阶段，不同模态的数据尚未经过过多的处理，其原始特征得以最大限度地保留。其次，早期融合可以有效利用不同模态数据之间的相关性。不同模态的数据往往从不同的角度描述同一对象或现象，通过早期融合，可以在数据处理的早期阶段就挖掘出这些模态之间的潜在关联，为后续的分析和决策提供更全面的依据。

然而，早期融合也存在一定的缺点，其主要问题在于需要处理高维度的数据。由于不同模态的数据在早期进行了合并，数据的维度会显著增加。这不仅对计算资源提出了更高的要求，也使得计算复杂度大幅提升。在处理大规模多模态数据时，高维度数据可能导致计算时间过长，甚至可能超出计算设备的处理能力。

（2）晚期融合　晚期融合则与早期融合形成了鲜明的对比，它是在数据处理的后期进行融合。具体来说，先对不同模态的数据分别进行处理，然后将处理结果进行合并。例如，在图像和文本的多模态数据融合中，可以分别对图像和文本进行特征提取和分类，最后将两个分类结果进行加权融合。

晚期融合的优点主要体现在计算复杂度相对较低。由于不同模态的数据在融合之前已经经过了各自的处理过程，数据的维度通常会有所降低。这使得在融合阶段的计算量相对较小，能够更高效地完成数据融合任务。此外，晚期融合还具有灵活性高的特点。在处理不同模态的数据时，可以根据各模态的特点灵活地选择不同的处理方法，而不必考虑其他模态的影响。这种灵活性使得晚期融合能够更好地适应不同类型的多模态数据和应用场景。

然而，晚期融合也存在一些不足之处，其中最主要的缺点是可能会丢失一些模态之间的交互信息。由于不同模态的数据是在处理后期才进行融合，在前期的处理过程中，各模态之间的交互可能被忽略。这可能导致在融合结果中无法充分体现不同模态之间的协同作用，从而影响最终的分析和决策效果。

（3）混合融合 混合融合作为一种更为综合的多模态数据融合方法，结合了早期融合和晚期融合的优势。它在不同的阶段进行数据融合，既可以在早期对部分模态的数据进行融合，又可以在后期与其他模态的数据进行晚期融合。

例如，在一个复杂的多模态数据处理任务中，可以先对图像和音频这两种模态的数据进行早期融合，提取它们之间的共同特征。然后，将早期融合的结果与文本数据进行晚期融合，综合考虑三种模态的数据，从而进行最终的分析和决策。

混合融合的优点在于能够充分发挥早期融合和晚期融合的优点，同时避免它们的缺点。通过在不同阶段进行融合，可以在保留原始数据信息和利用模态相关性的同时，降低计算复杂度，提高处理效率。此外，混合融合还可以根据具体的应用需求和数据特点，灵活地调整融合策略，以获得更好的融合效果。

然而，混合融合的设计和实现相对复杂。由于需要在不同阶段进行不同方式的融合操作，因此，需要对数据的特点和处理流程有深入的理解和把握。同时，混合融合的参数调整和优化也更加困难，需要进行大量的试验和调试才能找到最佳的融合策略。

4. 多模态数据融合技术类型

多模态数据融合技术类型呈现出多样化的特点，为多模态数据的处理与分析提供了丰富的手段。

（1）数据级融合 数据级融合作为多模态数据融合的一种重要方式，是在数据采集完成后直接对原始数据进行整合处理的方法。在这种融合模式下，不同模态的数据需要在时间或空间上具有较高的一致性，以确保融合的准确性和有效性。例如，在多摄像头视频监控系统中，各个摄像头采集到的图像数据需要在时间上同步，以便进行数据级融合，实现对监控场景的全面、准确分析。

数据级融合的优势在于能够最大限度地保留最原始的信息。由于是直接对原始数据进行处理，没有经过中间的特征提取或决策过程，因此可以避免信息的丢失和扭曲。这对于那些对原始数据精度要求较高的应用场景（如医学影像诊断、高精度测量等）具有重要的意义。

然而，数据级融合也面临着一些挑战。其处理复杂度较高是一个主要问题，由于原始数据通常具有较高的维度和复杂性，直接对其进行融合需要大量的计算资源和时间。此外，数据级融合对数据对齐精度要求较高。不同模态的数据在时间、空间或其他维度上的微小偏差都可能导致融合结果的不准确。因此，在进行数据级融合之前，需要进行精细的数据对齐和预处理工作，这也增加了整个融合过程的难度和复杂性。

（2）特征级融合　特征级融合是在多模态数据融合中广泛应用的一种方法。它是在原始数据中提取特征之后，将不同模态的特征进行融合的方式。首先，对于每个模态的数据，采用相应的特征提取方法进行处理，提取出能够代表该模态数据本质特征的特征向量或特征矩阵。然后，将这些来自不同模态的特征进行拼接、加权或其他处理，从而得到融合特征。

特征级融合的优势较为明显。一方面，它可以降低数据的维度。原始数据通常具有较高的维度，直接处理会面临计算复杂度高、存储需求大等问题。通过特征提取，可以将原始数据压缩为低维度的特征表示，从而降低后续处理的难度。另一方面，特征级融合能够在一定程度上保留多模态数据的关键信息。经过精心设计的特征提取方法可以提取出不同模态数据中最具代表性的特征，这些特征能够反映数据的本质属性，为后续的分析和决策提供有力支持。

然而，特征级融合也并非完美无缺。在特征提取过程中，可能会丢失一些对特定任务重要的细节信息。此外，特征融合的方法选择也需要谨慎考虑，不同的融合方法可能会对最终结果产生不同的影响。

（3）决策级融合　决策级融合是在各模态的独立分析和处理完成后，对它们的结果进行整合的方法。这种融合方式通常用于多传感器系统或多模型系统中。在这些系统中，每个模态的数据都经过独立的分析和处理过程，生成相应的判别结果。最后，通过投票、加权等方式对这些结果进行整合，得出最终决策。

决策级融合的优点在于具有较高的灵活性。由于各模态的数据是独立处理的，可以针对不同模态的特点采用最优的处理算法和模型。这样可以充分发挥各模态的优势，提高整体系统的性能。此外，决策级融合对于各模态之间的数据差异和不兼容性具有较好的适应性，能够在一定程度上克服数据级融合和特征级融合中可能出现的问题。

然而，决策级融合也存在一些局限性。其中最主要的问题是可能无法充分利用多模态数据间的关联信息。由于是在各模态的处理结果基础上进行融合，决策级融合可能会忽略不同模态数据之间的潜在联系和协同作用。这可能导致融合结果不够准确和全面，尤其是在那些需要充分考虑多模态数据间复杂关系的应用场景中。

（4）深度学习与跨模态融合　随着深度学习技术的兴起，多模态数据融合方法得到了更广泛的研究和应用。深度学习模型，如 CNN、RNN 和生成对抗网络（Generative Adversarial Network，GAN）等，具有强大的自动学习和特征提取能力，可以自动学习和提取多模态数据中的复杂特征。例如，CNN 在图像数据处理方面表现出色，可以提取图像的高级语义特征；RNN 则适用于处理序列数据，如文本、语音等；GAN 可以生成逼真的多模态数据，为数据增强和跨模态转换提供了新的途径。

跨模态学习则进一步推动了多模态数据融合的发展。通过建立模态间的关联，跨模态学习实现了跨模态的特征融合和迁移学习。例如，通过学习图像和文本之间的对应关系，可以实现从图像到文本的描述生成，或者从文本到图像的检索等任务。跨模态学习不仅可以提高多模态数据融合的效果，还可以为不同模态的数据之间的交互和理解提供新的思路和方法。

图 11-4 所示为多模态数据融合技术模型。

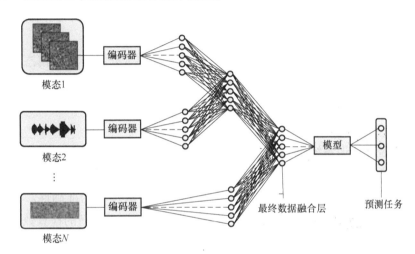

图 11-4　多模态数据融合技术模型

5. 多模态数据融合的未来发展趋势

多模态数据融合的未来发展趋势呈现出多元化和创新性的特点，将为各个领域带来深刻的变革和巨大的发展机遇。

（1）与大模型结合更紧密　多模态大模型无疑将成为未来的重要发展方向。随着技术的不断进步，人们对于数据处理和分析的要求越来越高，单一模态的数据已经难以满足复杂的应用需求。多模态大模型能够同时处理多种模态的数据，如文本、图像、音频、视频等，实现更全面、更深入的理解和分析。

通过将不同模态的数据相互关联和结合，多模态大模型可以充分发挥各模态数据的优势，大幅提高模型的准确性和鲁棒性。例如，在智能客服领域，结合语音识别、自然语言处理和图像识别等技术，大模型可以更好地理解客户的问题和需求，提供更准确、更高效的服务。在智能写作领域，融合文本生成和图像生成技术，能够创作出更加丰富、生动的内容。在智能推荐领域，综合考虑用户的浏览历史、购买行为、社交关系以及图像和视频偏好等多模态数据，为用户提供个性化的推荐服务。

（2）更高效的融合算法　随着数据量的不断增加，对多模态数据融合算法的效率要求也越来越高。在未来，不断优化融合算法将成为发展的必然趋势。提高算法的计算速度和内存利用率，以满足实时处理和大规模数据处理的需求，是摆在研究人员面前的重要课题。

采用分布式计算、并行计算等技术是加快多模态数据融合速度的有效途径。分布式计算可以将大规模的数据处理任务分配到多个计算节点上，并行执行，从而大大提高计算效率。并行计算则可以充分利用多核处理器和图形处理器等硬件资源，同时处理多个数据块，加速融合算法的执行。

此外，还可以通过优化算法的结构和参数，减少计算复杂度和内存占用。例如，采用稀疏表示、低秩分解等技术，对多模态数据进行压缩和降维，减少计算量。同时，结合深度学习和机器学习的最新成果，不断探索新的融合算法和模型，提高算法的性能和效率。

（3）自适应的融合策略　现实世界中的数据是动态变化的，不同模态的数据质量和重要性也会随时间和环境的变化而变化。因此，未来的多模态数据融合模型需要具备自适应的能力，能够根据数据的变化实时调整融合策略，动态地分配不同模态数据的权重。

例如，在智能交通系统中，不同时间段和不同路段的交通数据质量和重要性可能会有所不同。融合模型可以根据实时的交通状况，动态调整视频监控数据、传感器数据和地图信息等多模态数据的权重，提高交通流量预测和事故预警的准确性。在医疗诊断中，患者的病情和检查结果也会随时间变化，融合模型可以根据新的检查数据和症状表现，自动调整不同模态数据的权重，为医生提供更准确的诊断建议。

（4）跨模态的生成与转换　除了对多模态数据进行融合分析，未来还将发展跨模态的生成与转换技术。这一技术将为内容创作、虚拟现实、增强现实等领域带来新的发展机遇。

例如，根据文本信息生成相应的图像或视频，可以为文学创作、广告设计、电影制作等提供新的创意手段。通过深度学习算法，将文字描述转化为生动的图像或视频内容，大大丰富了创作的可能性。同时，将图像信息转换为文字描述，可以为图像检索、图像标注等任务提供更高效的方法。

在虚拟现实和增强现实领域，跨模态的生成与转换技术可以实现更加真实、自然的交互体验。例如，将用户的语音指令转换为虚拟场景中的动作，或者将虚拟物体的特征描述转化为视觉和听觉效果，增强用户的沉浸感和参与感。

（5）隐私保护和安全　随着多模态数据的广泛应用，数据隐私和安全问题也日益突出。未来的多模态数据融合技术需要更加注重隐私保护和安全，采用加密技术、数据脱敏技术等，确保数据的安全性和隐私性。

加密技术可以对多模态数据进行加密存储和传输，防止数据被非法窃取和篡改。数据脱敏技术则可以对敏感数据进行处理，去除个人身份信息等敏感内容，保护用户的隐私。同时，制定相关的法律法规和标准，规范多模态数据的使用和管理，明确数据所有者、使用者和管理者的权利和义务，加强对数据安全的监管。

例如，在医疗领域，患者的病历数据、医学影像等多模态数据涉及个人隐私，需要严格的安全保护措施。采用加密技术和数据脱敏技术，确保患者数据的安全存储和传输。同时，建立健全的医疗数据管理规范，加强对医疗数据的访问控制和审计，防止数据泄露和滥用。

（6）与行业应用深度结合　多模态数据融合技术将越来越多地与各个行业的具体应用场景相结合，为行业的发展提供支持。不同行业具有不同的特点和需求，多模态数据融合技术需要根据行业的实际情况进行定制化开发和应用。

在医疗领域，结合医学影像、病历文本、基因数据等多模态数据，实现精准医疗是未来的发展方向。通过融合不同模态的数据，医生可以更全面地了解患者的病情，制定个性化的治疗方案。例如，结合患者的基因数据和医学影像，预测疾病的发生风险和治疗效果，为精准治疗提供依据。

图 11-5 所示为多模态数据融合与处理示意图。

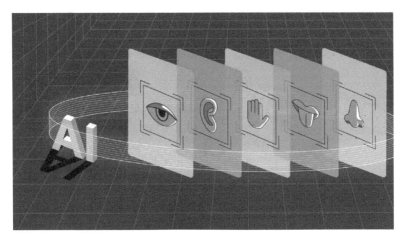

图 11-5　多模态数据融合与处理示意图

11.1.4　行业应用案例

（1）远程医疗　在远程医疗这一重要领域中，多模态智能感知技术正逐渐成为医生与患者之间不可或缺的关键桥梁。凭借先进的可穿戴装备及家庭监护系统，能够对患者的生理指标进行实时、精准的监测，进而为远程医疗提供至关重要的数据支撑。

Polymath 推出的基于 5G 的多模态智能感知可编程逻辑控制器云操控行业解决方案（见图 11-6），更是为远程医疗带来了创新性的变革。该方案内嵌业务服务等级协议（Service Level Agreement，SLA）监测组件，能够依据无线信道的变化，智能地自动调整云操控参数，实现自适应优化。即使在网络条件出现波动的情况下，也依然能够维持高质量、高可靠性的远程医疗服务。

（2）医学影像辅助诊断系统　基于深度学习的医学影像辅助诊断系统（见图 11-7），

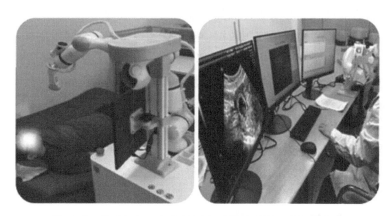

图 11-6　基于 Polymath 软件平台开发的远程医疗解决方案

在医疗领域中发挥着日益重要的作用。通过整合 CT、MRI 等不同类型的医学影像资料，为医生构建了一个全面且详尽的疾病视图。这种综合分析方法具有显著优势，能够极大地提高肿瘤等关键疾病的检测精确度。在制定和评估治疗方案时，该系统更是提供了有力的决策支持。

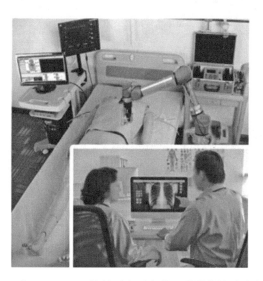

图 11-7　基于 Polymath 软件平台开发的医学影像辅助诊断系统

深度学习模型凭借其强大的智能分析能力，能够帮助医生更准确地识别病变特征，预测疾病发展趋势。医生可以依据这些精准的分析结果，为患者定制更为有效和个性化的治疗计划。这不仅提高了医疗服务的质量和效率，还为患者带来了更好的治疗效果和生活质量。

（3）巡诊机器人　基于人工智能及 5G 技术的医疗巡诊机器人（见图 11-8），为医疗领域带来了全新的发展机遇。它充分利用 5G 网络的高速连接和低延迟特性，以及人工智能的强大算法，成功实现了基于云平台的远程诊疗。医生能够通过高清视频和实时数据，如同亲临现场一般进行诊断和治疗。

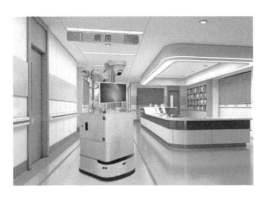

图 11-8　基于 Polymath 软件平台开发的医疗巡诊机器人

这种非接触式操作设计，既保留了临床检查的精准度与现场感，又通过智能算法即时捕捉并分析患者的生命体征细微变化，能够迅速甄别异常状况，为急救争取宝贵时间。此外，医疗巡诊机器人还具备自主导航能力，能够在医院内自动巡诊或引导患者，为患者提供健康教育和咨询服务。同时，该机器人高度重视数据安全和患者隐私保护，确保患者的信息得到妥善的保护。

11.2　医疗装备智能控制与 3D 实时仿真

医疗技术的快速进步正在深刻改变人们对疾病诊断、治疗和护理的方式。在这一过程中，医疗装备的智能控制与 3D 实时仿真技术成为了推动医疗创新和提高服务质量的重要力量。智能控制系统通过自动化和智能化手段优化装备的操作，提高了医疗装备的精度和效率；而 3D 实时仿真技术则为医疗装备的操作和训练提供了直观的虚拟环境，显著增强了医疗流程的可视化和交互性。

11.2.1　医疗装备智能控制系统

医疗装备智能控制系统是医疗装备的核心部件，智能控制系统是基于先进的控制理论和技术，实现对医疗装备的控制与智能化管理。智能控制系统赋予了医疗装备在复杂且不断变化的医疗环境中的适应能力，确保了对患者和医疗机构需求的精确响应。通过智能化的控制，医疗装备能够提供更加个性化和精准的医疗服务，满足不同患者的需求，同时也提高了医疗服务的质量和效率。

1. 医疗装备智能控制系统的构成

（1）控制器单元　控制器单元是医疗装备智能控制系统的核心中枢。它接收来自传感器模块的信号后，经过一系列复杂的处理和深入分析，进而发出精确的控制指令，以调节医疗装备的运行状态。在医疗领域中，控制器单元通常需要具备强大的计算能力和控制功能。

控制器单元的软件部分主要包括控制算法和人性化的用户界面。控制算法依据传感器采集到的信号及预设的控制目标，运用科学的计算方法得出控制指令；而用户界面则为医生和操作人员提供了便捷的人机交互方式，使他们能够轻松地对医疗装备进行设置和实时监控。

（2）传感器模块　传感器模块作为该系统的核心组成部分之一，承担着至关重要的任务。它们能够对医疗装备的各种运行参数进行实时感知，涵盖温度、压力、流量、位置等多个方面。这些高性能的传感器模块将采集到的物理信号迅速转换为电信号，并精准地传输给控制系统进行后续的处理。

不同类型的医疗装备往往需要不同类型的传感器模块来满足其特定的需求。例如，在呼吸机中，压力传感器和流量传感器协同工作，实时监测呼吸气体的压力和流量，确保患者能够获得合适的呼吸支持；而在心电图机中，电极传感器则负责采集心脏的电信号，为医生提供准确的心脏活动信息。

（3）执行器模块　执行器模块是医疗装备智能控制系统的输出关键部分。它根据控制器单元发出的控制指令，迅速执行相应的动作，从而有效地调节医疗装备的运行状态。执行器模块通常包括电动机、阀、泵等多种设备。

以输液泵为例，执行器模块由电动机和阀组成。控制器单元根据预设的输液速度和压力，精确控制电动机的转速和阀的开度，实现高度精确的输液控制，确保患者能够得到安全、准确的输液治疗。

（4）通信模块　通信模块在医疗装备智能控制系统中占据着重要地位。它负责将医疗装备的运行状态和关键数据传输给外部设备，如医院的信息系统、远程监控中心等。通信模块通常采用有线或无线通信方式，包括以太网、蓝牙、Wi-Fi 等，以满足不同场景下的数据传输需求。

通信模块还能够接收来自外部设备的控制指令和重要数据，实现远程控制和数据共享。例如，医生可以通过医院的信息系统远程监控医疗装备的运行状态，随时调整控制参数，从而实现远程诊断和治疗，为患者提供更加便捷、高效的医疗服务。

2. 医疗装备智能控制系统的工作原理

医疗装备智能控制系统的工作原理主要包括以下几个关键步骤。

（1）信号采集　传感器模块以高频率实时采集医疗装备的运行参数，将各种物理信号快速转换为电信号，并准确无误地传输给控制器单元，为后续的处理提供可靠的数据基础。

（2）信号处理　控制器单元接收来自传感器模块的信号后，首先进行信号的放大处理，以增强信号的强度；接着进行滤波处理，去除信号中的噪声干扰；然后进行模-数转换，将模拟信号转换为数字信号，以便控制器单元进行更高效的处理。控制器对数字信号进行深入分析和处理，提取出其中有用的信息，如装备的运行状态、潜在的故障信息等。

（3）控制决策　控制器单元根据处理后的信号及预设的控制目标，采用科学合理的控制算法，计算出精确的控制指令。控制算法既可以是传统的 PID 控制算法，也可以是先进的模糊控制、神经网络控制等智能控制算法。这些算法能够根据不同的情况进行自适应调整，以实现最佳的控制效果。

（4）指令输出　控制器单元将计算出的控制指令传输给执行器模块，执行器模块根据控制指令迅速执行相应的动作，调节医疗装备的运行状态，确保装备能够按照预设的目标运行。

（5）通信与监控　通信模块将医疗装备的运行状态和关键数据传输给外部设备，如医院的信息系统、远程监控中心等。医生和操作人员可以通过外部设备对医疗装备进行实时监控和远程控制，实现远程诊断和治疗。同时，通信模块还能够接收来自外部设备的反馈信息，进一步优化控制策略，提高医疗装备的性能和可靠性。

医疗装备智能控制系统是一个高度复杂而又精密的系统，通过传感器模块采集医疗装备的运行参数，控制器单元对信号进行高效处理和深入分析，计算出精确的控制指令，执行器模块执行控制指令调节装备运行状态，通信模块实现数据传输和远程监控，医疗装备智能控制系统为医疗装备的智能化、自动化和精确化控制提供了强大的支持。

3. Polymath 软件平台的解决方案

Polymath 作为一个全面而灵活的自动化控制系统编程开发平台，为医疗行业提供了强大的智能化整体解决方案开发工具。Polymath 软件平台支持设备端与工业云端的互联互通，为医疗机构带来强大、灵活且安全的工具，不仅优化了医疗工作流程，提高了医疗服务质量和效率，还为患者提供了更加安全、精准的治疗方案，标志着医疗行业向智能化、个性化服务迈出重要一步。随着技术的不断演进，智能控制系统在医疗领域的关键作用日益凸显。

Polymath 产品大架构分为三层。一层是端侧的控制器，其中主要运行各种设备。中间层主要是程序调试器，以及人机交互界面或组态界面。最上层是一个面向工业领域的云平台，专为工业物联网（Industrial Internet of Things，IIoT）和工业互联网设计，涵盖数据采集、云端 SCADA 组件、云端控制器管理、云端边缘网关管理，以及票据和单据系统的管理等核心功能。Polymath 的主要产品分为三个大方向。一是面向行业的云底座，位于最上层。二是面向应用开发工程师的集成开发环境，该环境为工程师提供低代码编程工具，便于编写现场自动化应用程序位于中间层。三是位于最下层的医疗装备的控制器，为用户提供开放式运行时间。

图 11-9 所示为 Polymath 智能控制系统整体解决方案。

11.2.2　医疗装备的 3D 实时仿真系统

医疗领域的复杂性要求医疗装备不仅具备高精度的操作能力，还需要能够应对多变的临床环境。3D 实时仿真技术的出现，为医疗装备操作提供了全新的视角和工具。通过创建和模拟医疗装备的三维模型，3D 实时仿真系统能够帮助医疗人员在实际操作前进行详细的规划和训练，从而提升操作的准确性和效率。

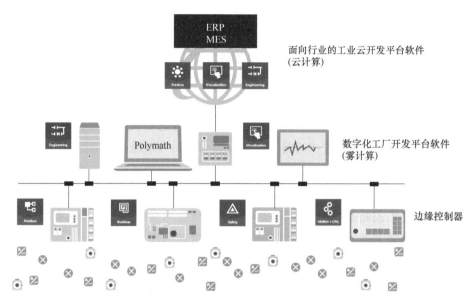

图 11-9　Polymath 智能控制系统整体解决方案

3D 实时仿真系统是利用三维建模和计算机图形技术，创建医疗装备及其操作过程的虚拟模拟环境。该系统能够实时更新装备模型和操作状态，为用户提供高度可视化的操作界面。通过实时仿真，医生和医疗人员可以在虚拟环境中演练操作、规划手术，甚至进行装备故障排查。

1. 3D 实时仿真系统的关键组成

（1）三维建模　三维建模包含装备及操作环境的三维模型创建，需借助详细设计图样和装备规格，通过计算机辅助设计工具生成准确模型。

（2）实时渲染　将三维模型实时渲染为高质量虚拟图像，依赖强大计算能力和高效图形处理算法保证实时性与准确性。

（3）交互模块　交互模块允许用户与虚拟环境交互，可通过虚拟控制器或触摸屏操作虚拟装备，模拟真实操作感。

（4）数据同步　实时同步医疗装备运行数据与虚拟环境状态，确保虚拟模型与实际装备状态一致，提升仿真结果的现实参考价值。

2. 3D 实时仿真系统的关键技术

（1）计算机图形学　作为核心技术，涵盖三维建模、渲染和动画技术，能创建高度真实的虚拟环境并实时更新装备状态，现代技术让三维模型更丰富、渲染更逼真。

（2）VR 技术　通过头戴显示器和传感器创建沉浸式虚拟环境，提供更真实的操作体验，用于操作练习和手术规划。

（3）实时数据处理与同步技术　实时数据处理与同步技术确保虚拟环境与实际装备状态一致，包括数据采集、处理和传输，以实时更新虚拟模型状态。

3. Polymath 软件平台的 3D 仿真系统优势

Polymath 软件平台内置 3D 仿真系统，为医疗装备智能控制系统的设计和开发提供了强大工具。通过提供直观的三维视图，用户能在真实虚拟环境中对医疗装备和诊疗流程进行可视化设计和模拟，使装备布局和操作流程更直观易懂，且能在实际应用前测试不同操作场景，优化装备性能和医疗服务效率。

图 11-10 所示为基于 Polymath 软件平台开发的药品分拣机器人 3D 仿真。

图 11-10　基于 Polymath 软件平台开发的药品分拣机器人 3D 仿真

11. 2. 3　医疗装备智能控制系统与实时仿真技术的融合应用

医疗装备智能控制系统与实时仿真技术的融合代表了现代医疗技术的一项重要进步。这种融合不仅提升了医疗装备的性能和可靠性，还对医疗过程的精准控制和优化提供了强有力的支持。智能控制系统与实时仿真技术的结合，有助于提高装备的操作精度，优化治疗方案，并增强医疗服务的整体质量。

1. 医疗装备智能控制系统与实时仿真技术融合的优势

（1）增强装备性能与稳定性　智能控制系统通过实时监控医疗装备的运行状态和参数（如效率和能源使用），自动调整工作状态以优化性能。同时，集成的故障预警与诊断功能，利用传感器和数据分析技术，提前识别潜在问题，减少装备故障对医疗服务的影响。

（2）推动技术创新与研发效率　实时仿真技术为医疗装备提供了一个模拟真实工作环境的平台，使得研发、测试和验证过程更加高效。控制算法在仿真环境中经过反复测试和优化，提高了装备的控制精度和响应速度，降低了研发成本和时间。

（3）提升医疗服务质量与安全性　智能控制系统与实时仿真技术的融合，实现了精准医疗操作，如手术中根据实时数据自动调整器械，提高了手术精准度和安全性。远程医疗的实现，使医生能够跨越地理限制进行操作和管理，提升了医疗服务的便捷性和效率。

（4）降低医疗成本与风险　智能控制系统优化资源使用，减少不必要的能源和资源浪费，降低医疗机构运营成本。手术模拟和演练通过实时仿真技术进行，使医生更加熟悉手术流程，降低手术风险，提高患者安全。

2. 医疗装备智能控制系统与实时仿真技术融合的应用案例

（1）微创手术机器人系统　微创手术机器人系统通过智能控制系统与实时仿真技术的结合，广泛应用于复杂的微创手术，如前列腺切除和胃肠手术等。在手术前，医生可以利用实时仿真技术模拟手术过程，基于患者的 CT 或 MRI 影像数据，规划最优的手术路径和操作策略。在手术过程中，实时仿真技术提供即时反馈，使机器人系统能够根据现场情况动态调整操作参数。智能控制算法确保机器人动作的精准无误，进一步提高了手术的精确性和安全性。

（2）智能麻醉管理系统　智能麻醉管理系统整合了智能控制与实时仿真技术，用于优化麻醉剂量和管理麻醉过程。通过实时仿真技术，系统能够模拟不同麻醉剂量对患者的影响，帮助麻醉医生制定最佳方案。实时仿真还可以模拟各种麻醉场景，提供优化建议，确保麻醉过程的安全和效果。智能控制系统基于实时监测的数据，自动调整麻醉药物的给药量，确保麻醉深度的准确性，并根据患者生命体征的变化动态调整麻醉策略，保障患者安全。

（3）智能康复机器人系统　智能康复机器人系统通过结合智能控制与实时仿真技术，辅助患者恢复行走能力。该系统利用实时仿真技术模拟患者的步态变化，优化机器人的步态控制算法，以配合患者的康复进程。实时仿真技术能够根据患者的动作和反应，动态调整康复训练的难度和强度。智能控制系统根据康复数据和实时反馈，调整机器人运动模式，为患者提供个性化的康复方案。系统可以实时监控康复进展，提供反馈，提升训练效果，加速功能恢复，并增强康复训练的个性化和针对性。

（4）智能超声诊断系统　通过融合实时仿真与智能控制技术，智能超声诊断系统实现了超声影像的精准获取与分析。实时仿真技术优化了超声图像质量，通过模拟不同设置对影像质量的影响，获取最佳的诊断图像。仿真还为技师提供操作建议，帮助调整探头位置和角度，提升诊断精度。智能控制系统自动调整超声设备参数，以适应不同的扫描需求和患者条件。系统利用人工智能算法分析超声图像，提供诊断建议和异常检测，辅助医生做出更准确的诊断。这一系统显著提升了超声诊断的准确性和效率，帮助医生更早发现并诊断疾病，改善患者的治疗效果。

未来，随着人工智能和大数据技术的进一步发展，智能控制系统与实时仿真技术的融合将更加紧密。智能算法的引入将使得仿真系统能够更快、更准确地模拟装备操作，数据驱动的智能控制系统将进一步提高装备的自适应能力。此外，随着 5G 通信技术的发展，远程医疗装备的智能控制和实时仿真将为偏远地区的医疗服务提供新的解决方案。

11.3　医疗物联网与云计算

随着全球人口老龄化和慢性疾病患者数量的增加，传统的医疗服务模式面临着前所未有的挑战。医疗资源的分配不均、医疗服务的可及性和效率问题日益凸显。医疗物联网与云计算的融合应用，为解决这些问题提供了新的思路和工具。

11.3.1　医疗物联网系统架构

医疗物联网（Internet of Medical Things，IoMT），是物联网技术在医疗健康领域的应用。通过连接医疗装备、患者、医疗人员及数据系统，实现医疗信息的收集、交换和分析，以提高医疗服务的质量和效率。IoMT 的核心在于实现装备间的互联互通，以及通过数据分析提供更加精准的医疗服务。

IoMT 主要由感知层、网络层、平台层和应用层组成。

（1）感知层　感知层是 IoMT 系统的最底层，负责数据的采集。该层主要由各种医疗传感器和装备组成，这些装备可以直接监测和采集患者的生理数据。典型的装备包括可穿戴装备（如智能手表、血糖监测仪）、植入式装备（如心脏起搏器）、家用健康监测装备（如血压计）等。感知层是 IoMT 系统中数据采集的源头，直接与患者或医疗对象接触。

（2）网络层　网络层负责将感知层采集到的数据通过通信网络传输到云端或数据中心。该层包括各种通信技术和协议，如本地局域网、广域网、无线网络（Wi-Fi、蜂窝网络）、蓝牙、LoRa、ZigBee 等。网络层的核心任务是保证数据传输的稳定性、低延迟和高安全性，确保采集到的医疗数据能够实时、安全地传输到下游的处理层。

（3）平台层　作为物联网的基石，平台层集成了物联装备管理、大数据处理与应用赋能三大核心平台。不仅统筹装备的全面管理，还承担着数据存储、精细处理、深度整合与智能分析的重任，为上层应用的创新与发展奠定坚实基础。在平台层的设计蓝图中，可扩展性与灵活性被视为关键要素，旨在应对未来技术迭代与业务扩展的需求。同时，构建高效的数据处理引擎与分析能力，确保数据价值的最大化挖掘。此外，数据安全与隐私保护被置于首要位置，通过实施严格的安全策略与措施，保障用户信息与业务数据的安全无虞。最终，平台层致力于提供直观易用的用户界面与流畅的操作体验，为各类用户群体带来便捷与高效。

（4）应用层　应用层是 IoMT 系统与最终用户交互的部分，它将处理层生成的结果呈现给医生、患者或医疗机构。应用层包括各种医疗应用程序、远程监控平台、电子健康记录系统（EHR）等。这些应用能够根据分析结果提供诊断建议、健康管理方案或紧急预警服务。例如，远程监护平台可以让医生实时查看患者的健康数据，并在检测到异常时立即发出警报。

图 11-11 所示为医疗物联网的系统架构。

在医疗服务方面，医疗物联网实现了医疗资源的优化配置和医疗服务的智能化。通过远程医疗系统，医生可以实时监测患者的病情，为患者提供远程诊断和治疗指导，打破了时间和空间的限制，尤其对于偏远地区的患者来说，大大提高了医疗服务的可及性。

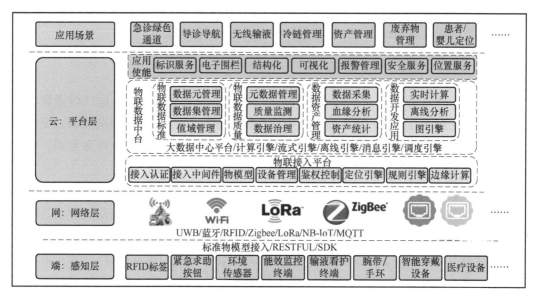

图 11-11　医疗物联网的系统架构

在医院管理方面，医疗物联网可以实现医疗装备的智能化管理，提高装备的使用效率和维护水平。例如，通过传感器可以实时监测医疗装备的运行状态，及时发现装备故障，进行预防性维护。

此外，医疗物联网还为医疗大数据的应用提供了基础。通过对大量医疗数据的分析，可以挖掘出有价值的信息，为疾病预防、诊断和治疗提供决策支持。例如，通过分析患者的电子病历、生理参数等数据，可以建立疾病预测模型，提前发现疾病的风险，采取相应的预防措施。

11.3.2　医疗物联网装备与数据采集

医疗物联网装备，作为智能医疗生态系统的关键组成部分，通过先进的智能技术和网络连接，实现对患者生理和环境数据的实时收集与分析。这些装备包括可穿戴装备、医疗传感器、远程医疗装备、医疗信息系统等，以多协议共网和全频段覆盖的特点，在网络部署上展现出了极高的灵活性和可扩展性。

1. 医疗物联网装备的种类与特点

（1）可穿戴装备　可穿戴医疗装备（如智能手环、智能手表等）能够紧密贴合患者身体，实现对生命体征的实时监测。这些装备通常具备小巧轻便、易于佩戴的特点，患者可以在日常生活中持续使用而不感到负担。例如，智能手环可以实时监测心率、睡眠质量等参数，为医生提供长期的健康数据参考。

可穿戴装备还具有一定的智能化功能，能够对采集到的数据进行初步分析和处理，并通过无线通信技术将数据传输至医疗服务平台或医生的终端装备，实现远程监测和及时干预。

（2）植入式装备　植入式装备（如心脏起搏器、胰岛素泵等）被植入患者体内，能够更加精确地监测和调节生理功能。这些装备通常具有高度的专业性和可靠性，能够在体内长期稳定运行。

植入式装备通过与人体生理系统直接交互，能够获取更为准确和关键的生理数据。例如，心脏起搏器可以实时监测心脏的电活动，并根据需要进行电刺激，以维持心脏的正常节律。

（3）医疗传感器　医疗传感器广泛应用于医院和家庭医疗环境中，用于监测各种生理参数和环境指标。例如，温度传感器、血压传感器、血糖传感器等可以快速准确地测量患者的生理指标，并将数据传输至医疗信息系统进行分析和处理。

医疗传感器具有高精度、高灵敏度和快速响应的特点，能够及时捕捉到患者生理状态的变化。同时，一些新型的医疗传感器还具备无线通信功能，能够实现远程数据传输和实时监测。

2. 医疗物联网装备的数据采集方式

医疗物联网装备通过多种方式进行数据采集，以满足不同的医疗需求。

（1）实时监测　许多医疗物联网装备能够进行实时数据采集，持续监测患者的生理状态。例如，可穿戴装备可以实时监测心率、血压等生命体征，并将数据实时传输至医疗服务平台。这种实时监测方式能够及时发现患者病情的变化，为医生提供及时的诊断和治疗依据。

实时监测还可以应用于医院的重症监护病房等场景，通过对患者生命体征的实时监测，医生可以及时调整治疗方案，提高患者的救治成功率。

（2）定期采集　对于一些不需要实时监测的生理参数，医疗物联网装备可以采用定期采集的方式。例如，血糖传感器可以每天定时测量患者的血糖水平，并将数据传输至医疗信息系统。这种定期采集方式可以减少装备的功耗和数据传输量，同时也能够满足医生对患者病情的长期跟踪和管理需求。

（3）事件触发采集　医疗物联网装备还可以根据特定的事件触发进行数据采集。例如，当患者出现异常症状时，可穿戴装备可以自动触发数据采集，并将数据传输至医生的终端装备。这种事件触发采集方式能够及时捕捉到患者病情的突发变化，为医生提供紧急的诊断和治疗支持。

3. 基于 Polymath 软件平台的控制系统解决方案

基于 Polymath 软件平台开发的物联网控制器，以其出色的兼容性和可扩展性，在医疗物联网领域大放异彩，该控制器不仅支持多种物联网协议，可实现与各类医疗装备的无缝对接，确保了高精度数据采集与实时传输，还深度集成人工智能算法，为医疗决策过程提供智能化辅助。这一创新融合，不仅简化了医疗装备的集成流程，提升了医疗系统的整体运行效率，还通过 AI 的精准分析，极大增强了医疗服务的精准度与个性化水平，为患者带来更加便捷、高效、精准的医疗服务体验。随着技术的不断进步，基于 Polymath 软件平台的物联网控制器将持续推动医疗物联网的深入发展，为构建智慧医疗新生态贡献力量。

在保障数据安全方面，Polymath 软件平台通过加密技术和严格的访问控制使数据的安全性得到保障。此外，智能控制器能够与现有的医疗信息系统无缝集成，实现数据的集中管理和分析，使得医疗装备的开发和部署更加高效，能够快速集成新技术和应用，满足医疗行业不断变化的需求。

图 11-12 所示为 Polymath 软件平台开放式系统架构。

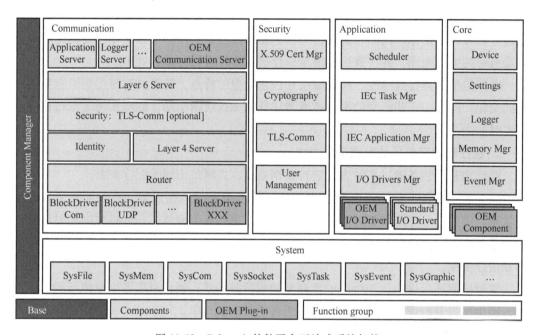

图 11-12　Polymath 软件平台开放式系统架构

4. 医疗物联网装备的应用案例

（1）智慧病房　智慧病房利用物联网技术实现了医疗服务的智能化升级，集成了无线输液监控、生命体征监护、患者定位及婴儿安全防护等多个智能系统。其中，生命体征监护床垫能够实时追踪患者心率、呼吸频率和体动等关键生理指标，并通过物联网装备将这些数据实时传输至中央监控系统进行分析。这种高效的数据流转机制为医护人员提供了迅速而精确的患者信息，显著提高了监护的实时性和准确性，从而增强了医疗服务的整体质量。

（2）智能药物管理系统　基于 Polymath 软件平台开发的智能药物管理系统，通过在药物分配装备中安装传感器和 RFID 标签，实现对药物从分配到使用的全程、实时精准监控。该系统通过高效数据采集与即时传输功能，确保中央管理系统能够全面掌握药物流向与使用情况，显著提升药物管理的效率与精确性。此外，该系统有效遏制了药物丢失与误用现象，并通过智能预警机制，及时预警药物过期风险，全方位保障患者用药安全与疗效。

（3）慢性病管理与健康监测　在医疗物联网的赋能下，慢性病管理与健康监测迎来了前所未有的革新。患者借助先进的物联网装备，如可穿戴健康监测仪、智能药盒、远程血压计及血糖仪等，实现了日常健康数据的即时监测与云端同步。这些装备精准捕捉心率、血压、血糖等关键生理指标，为患者的自我健康管理提供了坚实的数据支持。患者可根据实时数据调整生活习惯与用药方案，实现疾病的精准控制。同时，医生通过远程监控平台即时获取患者健康数据，进行高效远程会诊与治疗方案调整，极大地提升了诊疗效率与精准度，共同助力慢性病患者改善生活质量。

（4）医院资产跟踪与管理系统　医院资产跟踪与管理系统通过集成物联网技术，实现了对医疗装备位置和状态的实时监控与精准管理，极大地提升了装备使用效率与医院运营效能，构建了一个全方位、智能化的资产管理平台。

医疗物联网正在引领一场前所未有的服务革新，它广泛涵盖了疾病的持续管理、预防策略及早期精准检测等多个维度。随着医疗物联网技术的不断进步和应用，未来的医疗行业将变得更加智能、高效和人性化。这将为患者带来更好的护理体验，同时也为医疗专业人员提供更强大的工具和支持。医疗物联网装备未来将在医疗领域发挥越来越重要的作用。

11.3.3　云计算在医疗领域的应用

云计算在医疗领域的应用正迅速扩展，成为医疗行业数字化转型的关键驱动力。云计算通过提供强大的数据处理能力和高效的资源管理解决方案，极大地便利了医疗机构的运作，为医疗机构、研究人员和患者提供了诸多便利和创新机会。

1. 云计算在医疗领域的典型应用

（1）电子病历管理　云计算为电子病历的存储和管理打造了高效、安全的全新平台。通过将电子病历上传至云端服务器，医疗机构得以实现病历的集中存储与统一管理，医生能够在任何时间、任何地点便捷地查阅患者病历信息，极大地提高了医疗工作的效率。同时，这也有效减少了纸质病历可能面临的丢失、损坏等风险。

云计算还强力支持电子病历的共享与互操作性。不同医疗机构之间可借助云平台实现病历的顺畅共享，使医生能够全面、深入地了解患者的病史，为准确诊断和制定个性化治疗方案提供坚实依据。此外，云平台遵循统一的标准和接口，确保不同系统之间的病历数据能够无缝交互，促进医疗信息的流通与整合。

（2）医疗影像存储与处理　医疗影像数据通常具有庞大的数据量，对存储和处理的要求极高。云计算技术能够提供海量的存储空间，完美满足医疗影像的长期存储需求。同时，云平台上的高性能计算资源可以对医疗影像进行快速、精准的处理，如图像增强、三维重建等，为医生呈现更清晰、直观的影像信息，有助于提高诊断的准确性。

远程医疗影像诊断是云计算在医疗领域的关键应用之一。通过云平台，患者的医疗影像可以迅速传输至远程的专家处进行诊断，彻底打破地域限制，极大地提高了医疗资源的利用效率，让优质的医疗服务能够惠及更多患者。

（3）远程医疗服务　云计算为远程医疗提供了强大而稳定的技术支撑。借助视频会议、在线问诊等方式，患者可以在舒适的家中与医生进行远程交流，及时获得诊断和治疗建议。云平台能够保障远程医疗过程中的数据传输安全与稳定，确保医患之间的沟通顺畅无阻。

远程医疗监测也是云计算的重要应用领域。可穿戴装备和传感器可以将患者的生理参数实时上传至云平台，医生能够远程监测患者的健康状况，一旦发现异常情况，即可迅速采取相应的措施，实现对患者的实时监护和及时干预。

（4）医疗数据分析与挖掘　云计算平台可以存储海量的医疗数据，涵盖电子病历、医疗影像、实验室检查结果等多个方面。利用大数据分析和挖掘技术，能够从这些丰富的数据中提取出极具价值的信息，为疾病的预防、诊断和治疗提供科学准确的决策支持。

例如，通过对大量患者的病历数据进行深入分析，可以发现疾病的发病规律、治疗效果和预后因素等；对医疗影像数据进行深度学习，可以实现疾病的自动诊断和分类，为医生提供有力的辅助诊断工具。

2. Polymath Automation Server 在医疗行业的应用

Polymath Automation Server 在医疗行业的应用中，可以提供一个安全、可靠且高效的数据管理服务平台，以应对智慧医疗和个性化治疗需求推动下的医疗数据量爆炸性增长。该平台采用分布式存储架构，确保数据的高可用性和容错性，并通过负载均衡技术优化存储性能。其多层安全措施，如数据加密、备份和访问控制，保障了医疗数据的安全性和患者隐私。同时，该平台提供的数据服务，包括医疗数据查询、大数据分析和数据挖掘，助力医疗机构深入理解和有效利用数据，提升临床决策效率和治疗质量。平台的扩展性机制支持根据医疗业务需求灵活扩展资源，降低维护成本。此外，易于维护与更新的规则引擎增强了医疗应用程序的准确性和效率，支持可视化和可管理性，加快开发和部署。Polymath Automation Server 为医疗行业提供了一个强大的数据管理和分析解决方案，推动医疗服务向智能化、高效率和个性化发展。

图 11-13 所示为 Polymath Automation Server 数据管理平台。

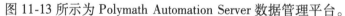
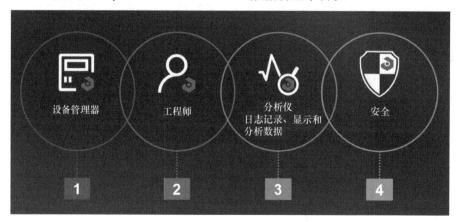

图 11-13　Polymath Automation Server 数据管理平台

Polymath Automation Server 管理功能介绍如下。

1）装备监控：通过先进的云平台，企业能够实时、精准地监测装备的运行状态。不仅可以密切关注装备的运行温度、压力、振动等关键指标，还能及时捕捉到细微的变化。实时监控功能如同为装备安装了一双敏锐的眼睛，有助于在潜在故障初现端倪时便迅速察觉，为预防故障的发生赢得宝贵的时间。

2）数据采集：云平台集成了强大的数据采集功能，如同一个高效的数据收集器，能够广泛收集装备产生的海量数据，并进行安全的云端存储和深入的实时分析。通过对这些丰富数据的细致剖析，企业可以从中获取极具价值的运维决策支持，进而有针对性地优化装备性能，不断提高产能，为企业的发展注入强劲动力。

3）预测维保：借助对装备数据的深度分析，云平台展现出卓越的预测能力。能够提前判断装备可能出现的故障，并据此提出科学合理的维保计划。这种预测性维护策略就像是一位未雨绸缪的守护者，最大限度地避免了装备故障所导致的停工损失，确保企业的生产运营始终稳定高效。

4）远程控制：云平台支持强大的远程控制功能，使企业能够通过云平台对装备进行远程监控和操作。无论是远程装备维护还是故障排除，都能轻松实现，极大地提高了装备管理的效率和灵活性。例如，Polymath Automation Server 可以精准匹配控制器有关位置和 ID 的装备标识；能够自动确定并正确启动应用程序；自动将应用程序（包括存储的参数和用户权限）加载到装备上；可以将备份数据安全地保存至云端；还能自动定期创建控制器的数据备份，包括应用程序和装备参数的备份。

5）装备优化：通过对装备数据的深入分析和全面对比，工业云平台能够准确找出装备工作中的短板，并基于此提出切实可行的优化建议，助力实现装备性能的持续改进。从而提高生产率和产品质量，为企业在激烈的市场竞争中赢得优势。

6）虚拟组网：云平台具备强大的虚拟组网功能，可以在多个装备之间建立虚拟内网。在这个虚拟内网中，装备之间可以实现高效的互操作，极大地提高了通信效率。同时，促进了信息共享，强化了网络安全性，优化了资源利用，为企业打造一个高效、安全、智能的装备互联环境。

7）身份管理：云平台在身份管理方面表现出色，能够全面管理用户、装备、应用和服务等多个维度的身份信息，实现了从身份认证、授权到审计的全流程功能。云平台可以根据用户的角色、职责及业务需求，为其精细分配相应的访问权限。通过这种细粒度的权限控制，确保用户只能访问其所需的数据和功能，有效防止了数据泄露和误操作，为企业的数据安全保驾护航。

8）数据分析：云平台充分利用大数据分析处理技术，实现了从数据采集、计算引擎、数据加工、数据分析、机器学习到数据应用的全生命周期管理。如同一位智慧的数据分析师，为企业挖掘数据中的宝藏，提供精准的决策支持，推动企业不断迈向智能化、高效化的发展道路。

3. Polymath Automation Server 数据存储及规则引擎

Polymath Automation Server 为工业领域提供安全、可靠、高效的数据存储服务。随着工业4.0和智能制造的快速发展，工业数据呈现出爆炸性增长，Polymath Automation Server 为企业提供了弹性的数据存储、规则执行和计算能力，以满足工业数据不断增长的需求。

（1）存储架构　采用分布式存储架构，将数据分散存储在多个节点上，确保数据的高可用性和容错性。通过负载均衡技术，将数据读写请求均匀分配到各个节点上，提高存储系统的整体性能。

（2）数据安全　提供多重安全防护机制，包括数据加密、数据备份、访问控制等，确保数据在存储和传输过程中的安全性。

（3）数据服务　提供一系列数据服务，如数据查询、大数据分析、大数据挖掘等。这些服务能够帮助企业更好地理解和利用数据，提高生产率和产品质量。

（4）数据扩展　提供良好的扩展性机制，能够随着业务需求的增长而扩展存储资源和计算能力。这种弹性扩展的能力使得企业能够灵活地应对各种业务场景，降低维护成本。

（5）规则引擎　提供易于维护与更新的规则引擎，增强应用程序的准确性和效率、支持可视化和可管理性、加快应用程序的开发和部署能力。通过整合工业云数据存储和规则引擎，企业能够实现更加智能化的业务决策和流程自动化，从而提高生产率和产品质量，释放潜在业务价值。

11.3.4　医疗物联网与云计算的融合应用

随着科技的不断发展，物联网在医疗领域（即 IoMT）与云计算的融合应用正为医疗行业带来深刻的变革。

1. IoMT 与云计算融合的基础

IoMT 是将医疗装备、传感器等与互联网连接，实现医疗数据的采集、传输和分析。云计算则提供了强大的计算资源、存储能力和数据管理平台。两者的融合基于以下几个方面。

（1）数据传输与存储需求　IoMT 装备产生大量的医疗数据，包括患者的生命体征、医疗影像、实验室检查结果等。这些数据需要安全、高效地传输和存储。云计算的海量存储和高速网络连接为 IoMT 数据的存储和传输提供了理想的解决方案。

通过将 IoMT 装备与云计算平台连接，医疗数据可以实时上传至云端，实现数据的集中存储和管理。同时，云计算的分布式存储架构确保了数据的高可靠性和可用性。

（2）数据分析与处理能力　IoMT 数据的分析和处理需要强大的计算能力。云计算平台拥有大规模的计算资源，可以对 IoMT 数据进行快速、准确的分析。例如，利用云计算的大数据分析和机器学习技术，可以对患者的医疗数据进行深度挖掘，发现疾病的潜在风险因素、预测疾病的发展趋势等。

云计算还可以提供实时数据分析服务，使医生能够及时获取患者的病情变化信息，做出更准确的诊断和治疗决策。

（3）可扩展性和灵活性　IoMT 应用场景不断扩展，对计算资源和存储容量的需求也在不断变化。云计算的可扩展性和灵活性使得医疗机构可以根据实际需求动态调整计算资源和存储容量，避免了传统信息技术架构的局限性。

医疗机构可以根据患者数量、业务增长等因素，随时增加或减少云计算资源的使用，实现资源的优化配置。

2. IoMT 与云计算融合的应用场景

（1）远程医疗与监测　IoMT 装备与云计算的融合为远程医疗和监测提供了强大的支持。患者可以通过佩戴可穿戴装备、使用家庭医疗装备等方式，将生命体征数据实时上传至云计算平台。医生可以通过远程访问云计算平台，随时查看患者的病情变化，提供远程诊断和治疗建议。例如，对于慢性病患者，IoMT 装备可以持续监测患者的血压、血糖、心率等指标，并将数据上传至云端。医生可以根据这些数据调整治疗方案，实现个性化的医疗服务。

（2）医疗影像存储与分析　医疗影像数据量大、处理要求高，是 IoMT 与云计算融合的重要应用领域。通过将医疗影像装备与云计算平台连接，医疗影像可以快速上传至云端进行存储和分析。

云计算平台上的高性能计算资源可以对医疗影像进行快速处理，如三维重建、图像增强等，为医生提供更清晰、准确的影像信息。同时，云计算的分布式存储架构可以确保医疗影像的高可靠性和可用性，方便医生随时查阅。

（3）医疗大数据分析　IoMT 装备产生的大量医疗数据为医疗大数据分析提供了丰富的数据源。云计算平台可以对这些数据进行整合、分析和挖掘，为医疗决策提供科学依据。例如，通过对大量患者的医疗数据进行分析，可以发现疾病的发病规律、治疗效果和预后因素等。医疗大数据分析还可以为药物研发、医疗政策制定等提供支持。

（4）医疗资源管理　IoMT 与云计算的融合可以实现医疗资源的优化管理。通过对 IoMT 装备采集的数据进行分析，可以了解医疗装备的使用情况、医院的床位占用率等信息，为医疗资源的合理调配提供依据。例如，云计算平台可以根据医院的床位占用率和患者的病情紧急程度，自动分配床位资源，提高医疗资源的利用效率。

3. IoMT 与云计算融合面临的挑战

（1）数据安全与隐私保护　IoMT 装备采集的医疗数据涉及患者的个人隐私，云计算平台的安全性和隐私保护措施至关重要。医疗机构需要采取严格的数据加密、访问控制等措施，确保患者数据的安全。同时，云计算服务提供商也需要加强数据安全管理，遵守相关的法律法规，保护患者的隐私权益。

（2）网络稳定性与带宽限制　IoMT 装备与云计算平台之间的数据传输需要稳定的网络连接和足够的带宽。在一些偏远地区或网络条件较差的地方，可能会出现网络中断、数据传输延迟等问题，影响医疗服务的质量。为了解决这个问题，需要加强网络基础设施建设，提高网络的稳定性和带宽，确保 IoMT 装备与云计算平台之间的数据传输顺畅。

（3）标准与互操作性　　IoMT 装备种类繁多，不同装备之间的数据格式和通信协议可能存在差异。为了实现 IoMT 与云计算的融合，需要制定统一的标准和规范，确保不同装备之间的互操作性。医疗行业需要加强合作，共同推动 IoMT 装备的标准化和互操作性，促进 IoMT 与云计算的融合发展。

IoMT 与云计算的融合应用为医疗行业带来了巨大的机遇和挑战。通过充分发挥 IoMT 装备的数据采集能力和云计算的强大计算资源和数据管理能力，可以实现医疗服务的智能化、远程化和个性化，提高医疗效率和质量，为患者提供更好的医疗服务。然而，在融合应用过程中，也需要解决数据安全、网络稳定性、标准与互操作性等问题，确保 IoMT 与云计算的融合应用能够健康、可持续地发展。

4. IoMT 与云计算融合的应用案例

基于 Polymath 软件平台深度定制的智慧医疗系统，集成了云计算、物联网、多模态智能感知及 3D 实时仿真等技术，以其卓越的综合能力，成为现代医院日常运维管理的核心枢纽。该系统不仅实现了医疗数据的全面采集与可视化展示，还通过灵活的本地与远程访问机制，极大地促进了医院内部各部门之间的信息共享与高效协作。

（1）数据可视化与远程访问　　该系统能够无缝集成医院内各类医疗装备、信息系统及传感器网络，实时采集包括患者生命体征、诊断结果、药品使用等多维度数据。通过先进的数据可视化技术，这些数据被转化为直观易懂的图表、图像，支持在医院内部大屏幕、移动装备或远程工作站上访问，为医护人员提供即时的信息支持，同时方便管理层进行全局监控与决策。

（2）跨部门合作与资源优化　　智慧医疗系统打破了传统部门壁垒，通过统一的数据平台促进医疗、护理、管理、后勤等多部门之间的无缝对接。各部门可基于共享的数据进行协同工作，提升服务效率与质量。特别是针对历史病理数据的深度挖掘与分析，系统能够构建精准的就诊趋势模型，预测未来就诊高峰，从而帮助医院动态调整医疗资源分配，如优化排班、调整病房配置等，确保医疗服务的及时性与高效性。

（3）智能分析与决策支持　　该系统的核心亮点在于其内置的"智慧大脑"，一个基于 3D 模型的自动数据分析与展示中心。该模型依据实时及历史医疗数据自动构建，能够直观展示病患分布情况、疾病流行趋势等关键信息。尤为重要的是，它能对病理部分进行智能对比分析，自动标注异常或关键区域，为医生提供精准的辅助诊断依据。此外，结合先进的机器学习算法，系统还能持续学习并优化分析模型，提升预测准确性与决策支持能力。

图 11-14 所示为 Polymath 智慧医疗平台主界面。

IoMT 与云计算的结合强有力地推动了医疗大数据的发展。医疗大数据不仅为疾病预防、诊断和治疗提供了丰富的信息资源，也为医学研究和药物开发开辟了新的道路。

通过分析大量的医疗数据，研究人员可以发现疾病的潜在风险因素，预测疾病发展趋势，甚至开发出新的治疗方法。

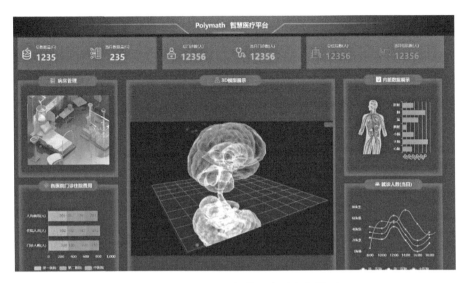

图 11-14　Polymath 智慧医疗平台主界面

参 考 文 献

［1］ 刘伊玲，王胡燕，王聪杰，等. 基于人工智能技术的档案多模态智能编纂方法［J］. 兰台世界，2024（7）：79-85.

［2］ 王亚坤，方勇，江昊，等. 2023 年生成式人工智能技术主要发展动向分析［J］. 无人系统技术，2024，7（2）：101-112.

［3］ 黄羽盼. 基于统一视觉与语言表征学习的多模态智能研究［D］. 广州：中山大学，2023.

［4］ 杨洁，郭霁莹.“十四五”医疗装备产业发展规划亮相　七大领域将受益［N］. 中国证券报，2021-12-29（A05）.

［5］ 邓洁，夏明昕，刘梦莽，等. 智能技术在软件自动化测试中的应用［J］. 电子技术，2024，53（3）：236-237.

［6］ 杨阳，张华. 医疗物联网技术及其在健康管理中的应用［J］. 计算机知识与技术，2019，15（2）：150-153.

［7］ 孙晓康. 智能控制医疗设备的维护策略分析［J］. 集成电路应用，2022，39（7）：146-147.

［8］ 李嘉瑶. 基于智能技术的多模态学习分析：内涵、模型、挑战［J］. 中国教育技术装备，2024（1）：26-30，37.

［9］ 吴爱娣，王娟，宋艺敏，等. 超声多模态人工智能技术在甲状腺癌智能诊断中的应用研究［J］. 肿瘤预防与治疗，2024，37（3）：220-225.

［10］王鑫，张捷，吕明. 基于 Unity3D 的档案抓取机械臂仿真系统设计与实现［J］. 工业控制计算机，2024，37（8）：83-85.

［11］孙蕊芸，牟丹蕾，崔丹，等. 3D 虚拟仿真传染病教学系统的构建实施和效果评价［J］. 医学教育管理，2024，10（4）：461-466.

［12］陈思进，等. 医疗物联网的安全与隐私保护研究综述［J］. 信息网络安全，2018（7）：44-51.

［13］李四维，等. 5G 技术在医疗物联网中的应用展望［J］. 电信科学，2019，35（4）：47-53.

［14］赵宇，等. 医疗物联网设备数据采集机制研究［J］. 计算机技术与发展，2018，28（3）：200-204.

［15］邢维嘉. 云计算技术在网络存储安全中的应用［J］. 信息系统工程，2024（7）：48-51.

［16］周红涛. 云计算技术支持下的医疗信息化建设探究［J］. 数字通信世界，2024（6）：241-243.

［17］SMITH J，DOE A. The impact of real-time monitoring on critical care outcomes［J］. Journal of Medical Technology，2023，12（4），200-210.

［18］JOHNSON R. Enhancing operational efficiency through real-time equipment analytics［J］. Healthcare Management Review，2022，18（2），89-95.

［19］BROWN L. Infection control and patient safety：The role of real-time data［J］. Infection Control Today，2021，15（3），50-60.

［20］WILLIAMS T. Data-driven device management in modern healthcare［J］. Medical Equipment Insights，2023，9（1），34-45.

［21］MILLER E. IoT in healthcare：Revolutionizing medical equipment management［J］. IoT Healthcare Journal，2022，10（2），22-28.

［22］DAVIS M. Challenges in real-time data analytics in the medical industry［J］. Journal of Health Informatics，2023，16（1），75-85.

［23］ANDERSON P. The future of AI and real-time analytics in healthcare［J］. Technology in Medicine，2023，14（3），115-125.

致　　谢

　　《中国医疗装备及关键零部件技术与应用》一书终于按设计大纲编写完成，不禁感慨万千，有太多的同志参与其中，没有他们，很难让设计大纲、章节构思形成专业书籍。本书编委会由从事科研、医院临床、制造、管理等领域工作的行业专家40余人组成，他们把太多的时间、精力投入到这本书的编写中，按编写大纲设计高质量完成了任务。

　　本书共分11章，包括综合概述和分类选择技术与应用，既是实践应用创新的阶段性成果展现，又是专业方向创新人才培养选用的教科书。在本书的编写、审核过程中，得到了工业和信息化部、卫健委业务主管部门、编委会、编著单位领导、专家给予的悉心指导，对此深表谢意！感谢参与编写单位编委及协同奉献人员积极热心的工作！感谢中国医学装备协会零部件分会会员企业的大力支持。

支持单位

上海联影医疗科技股份有限公司

山西省人民医院

深圳迈瑞生物医疗电子股份有限公司

北京柏惠维康科技股份有限公司

华科精准（北京）医疗设备股份有限公司

北京天智航医疗科技股份有限公司

昆山医源医疗技术有限公司

科罗诺司医疗器械（上海）有限公司

北京智束科技有限公司

重庆海扶医疗科技股份有限公司

山东新华医疗器械股份有限公司

国科离子医疗科技有限公司

上海瑞柯恩激光技术有限公司

机械工业仪器仪表综合技术经济研究所

中国医学装备协会零部件分会

参与编写单位

机械工业仪器仪表综合技术经济研究所

首都医科大学附属北京友谊医院

上海联影医疗科技股份有限公司

科罗诺司医疗器械（上海）有限公司

昆山医源医疗技术有限公司

北京智束科技有限公司

重庆海扶医疗科技股份有限公司

深圳迈瑞生物医疗电子股份有限公司

山东新华医疗器械股份有限公司

国科离子医疗科技有限公司

上海瑞柯恩激光技术有限公司

北京柏惠维康科技股份有限公司

华科精准（北京）医疗设备股份有限公司

北京天智航医疗科技股份有限公司

山东博识鹏程智能科技有限公司

中国医学装备协会

中国医学装备协会零部件分会

协同奉献人员（按姓氏笔画排序）

马立新　王　丽　王　炜　王月辰　王兰芬　王宝慧　王彬彬　韦乐乐　尹红霞

石　灵　刘　刚　孙伟森　张　锦　张兰永　张敬申　徐　进　高　乐　唐志宏

梅　恪　雷云辉

中国医学装备协会
零部件分会

协会介绍

　　零部件分会是中国医学装备协会下设分支机构，由从事医疗装备（器械）科研、生产经营、应用、投资、产品检测、注册、认证咨询、采购招标等领域的企（事）业单位、社会团体和专家学者（个人）在平等自愿的基础上，联合组成的全国行业性的、非营利性的专业（分会）组织。分会致力于在政府和会员之间发挥桥梁和纽带作用，组织产、学、研、用团体资源交流与合作，促进跨界融合创新及高端医疗装备关键基础材料、核心零部件的研发，增强高端医疗产业的工业基础能力，优化产业生态，为保障人民群众身体健康和生命安全提供有力支撑。

入会流程

　　零部件分会目前备案委员118家，备案公开信息（会员单位名称、联系人、企业 LOGO、服务产品等），定期更新。

证书

填写委员申请表 → 秘书处 → 秘书处审批 → 委员信息注册 → 1. 颁发委员证书 2. 注册得医疗装备及零部件共享服务平台账号

委员权益

序号	委员权益/服务内容	委员	非委员
1	选举权、被选举权	★	-
2	标准制定	★	★
3	获得医疗装备及零部件共享服务平台 http://www.ylzblbj.com 企业账号、密码，享受企业后台＋前端展示	★	-
4	免费发布企业供需对接信息，包括人才招聘、零部件（整机）需求对接、企业招标	★	-
5	优惠/免费参加零部件分会组织的相关学术会议、培训、技术研讨会、展览等	★	-
6	参加零部件分会组织的各项市场推广活动	★	-
7	为委员推荐需求产品及成熟度较高的供应商	★	-
8	项目参与及对接	★	-
9	参与行业报告、白皮书等文献编写、出版工作	★	-

山西省人民医院诚聘高层次人才
学科带头人及青年博士

招聘岗位： *临床医学类 *基础研究类 *管理类

聘用条件：

第一层次人才： 国家杰出青年科学基金获得者、"长江学者奖励计划"特聘教授、国家"万人计划"科技创新领军人才。

第二层次人才： 国家"万人计划"青年拔尖人才、教育部"长江学者奖励计划"青年学者、国家自然科学基金优秀青年科学基金项目获得者、国家自然科学基金优秀青年科学基金项目（海外）获得者。

学科带头人(学科骨干)： 临床或科研水平突出，可担任学科带头人或学科骨干。

医院简介

山西省人民医院（山西医科大学第五临床医学院）创建于1953年，1955年建成开诊，是直属于山西省卫生健康委员会的一所集医疗、教学、科研、预防、康复、保健、急救为一体的综合型三级甲等医院，是山西省最大的医疗机构之一，是全国首批建立健全现代医院管理制度试点医院。国家卫生健康委2018年度全国三级公立医院绩效考核排名全国98名。连续17年荣获全国文明单位荣誉称号。

和平院区

医院总占地面积451.2亩，为全省同级医院第一，形成北区医疗临床、南区科研教学、和平院区医防医养一体两翼的战略发展格局；全院万元以上设备7130台，专用设备价值16.25亿。年总诊疗153万人次，出院10.4万人次，手术3.8万人次。

医院编制床位2850张（实际开放床位可达4000张），内设机构数121个，其中职能处（科）室39个，临床科室60个，医技科室22个。拥有国家疑难病症诊治能力提升工程项目1个；省"136"兴医工程领军临床专科1个；国家临床重点专科建设项目4个：神经外科、胸外科、医学影像科、护理学；国家中医药管理局"十二五"重点专科建设项目2个：中医科（老年病学）、中医肛肠；省级临床重点专科7个：肾内科、神经外科、普通外科、消化科、口腔科、心血管内科、妇科；省级重点学科12个：肾内科、神经外科、普通外科、消化科、神经内科、口腔科、护理学、内分泌科、骨科、妇产科、临床检验科、中医肛肠。

人才支持条件：

第一层次人才：1．年薪：160万元（税后）；2．安家费：200万元（税后）；3．科研启动经费：200万元；4．按山西医科大学政策规定聘任博士生导师、博士后合作导师，给予研究生招生指标；5．博士后、科研助手招收支持。

第二层次人才：1．年薪：120万元（税后）；2．安家费：150万元（税后）；3．科研启动经费：150万元；4．按山西医科大学政策规定聘任博士生导师、博士后合作导师，给予研究生招生指标；5．博士后、科研助手招收支持。

学科带头人(学科骨干)：1．年薪、安家费、科研启动经费按照"一事一议""一人一策"进行商定；2．按山西医科大学政策规定聘任博士生导师、博士后合作导师，给予研究生招生指标；3．博士后、科研助手招收支持。

博士研究生：1．按政策规定纳入山西省事业单位编制。2．薪酬：依照山西省事业单位专业技术人员基本工资标准享受相应岗位工资和绩效工资。3．安家费：25~60万元（税后）。4．科研启动经费：10~20万元。5．按政策规定，享受山西省、太原市各项生活补助、科研启动经费，学费补助和购房补助，五年内共计58万元（税后）。

请有意者将简历连同最高学历、学位、职称、导师资质、学术任职、人才称号以及相关业绩成果证明材料（论文成果请标注最新中科院小类分区及影响因子）的扫描件发送至以下邮箱。

联系方式：

邮　　箱：sxsrmyy_zhaopin@163.com

联 系 人：吴老师 13453179676　　　　牛老师 15034100734

联系地址：山西省太原市迎泽区双塔寺街29号山西省人民医院南院区敬业楼303室、318室。

广告

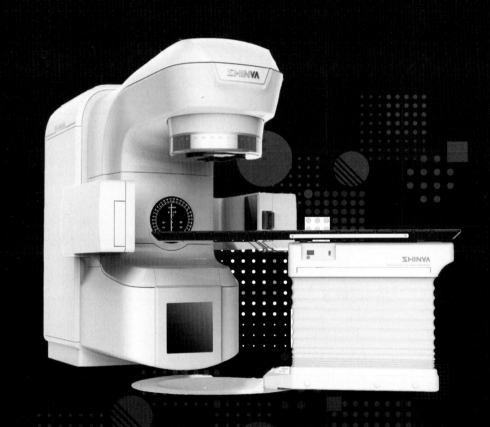

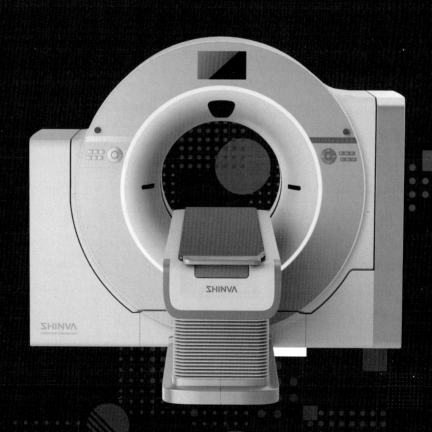

碳离子治疗系统

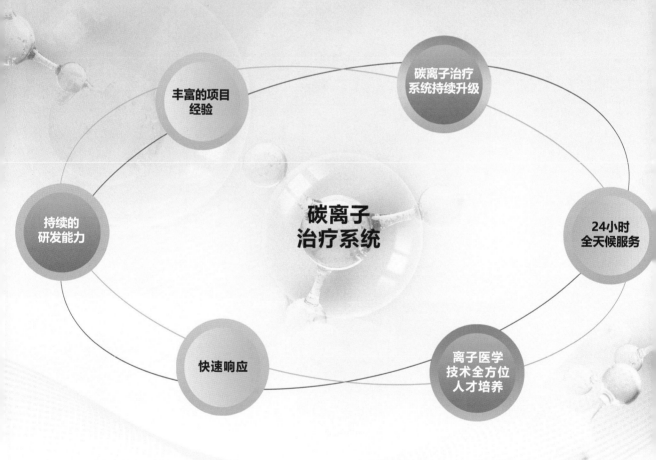

丰富的项目
经验

碳离子治疗
系统持续升级

持续的
研发能力

碳离子
治疗系统

24小时
全天候服务

快速响应

离子医学
技术全方位
人才培养

HAIFU MEDICAL

海扶刀®聚焦超声肿瘤治疗系统
Haifu® Focused Ultrasound Tumor Therapeutic System

JC300 型

适应证	Indications
肝脏肿瘤	Liver tumors
骨肿瘤	Bone tumors
乳腺肿瘤	Breast tumors
子宫肌瘤	Uterine fibroids
软组织肿瘤	Soft tissue tumors

禁忌证及注意事项详见产品说明书

系统构成 ▼

01

治疗系统

超声驱动电源
治疗头、治疗床
扫描运动装置
护士操作面板
患者体位搬动装置
患者转移床(选配)

02

控制系统

中央控制台
超声影像监控装置
计算机自动控制和处理装置

03

辅助系统

介质水处理装置
电源控制装置

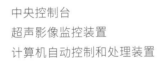

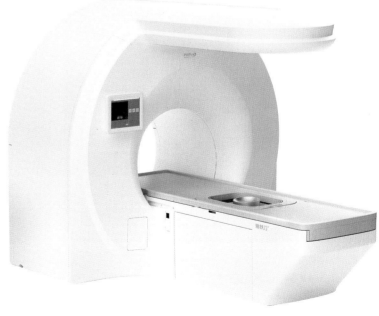

产品注册证号:国械注准:20153010178　广告审查批准文号:渝械广审(文)第250224-00493号

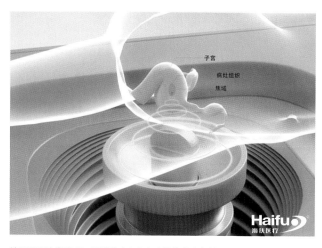
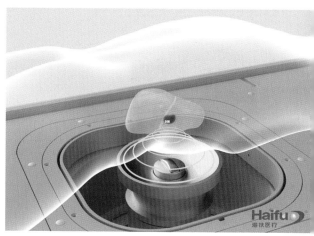

广告

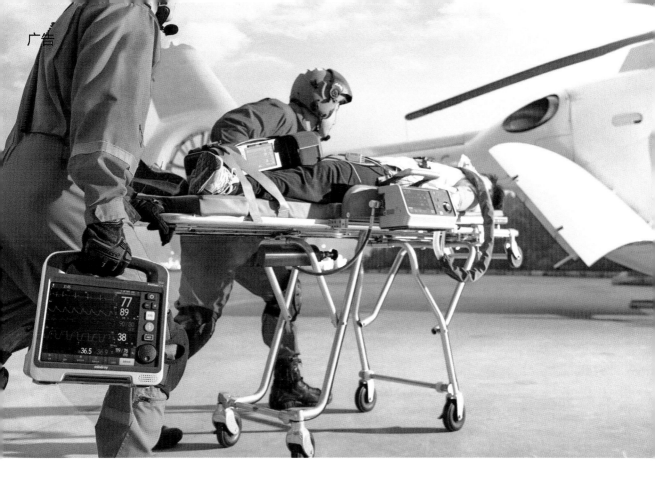

BeneHeart DX/D60/D30
体外除颤监护仪

融合创新 智汇急救

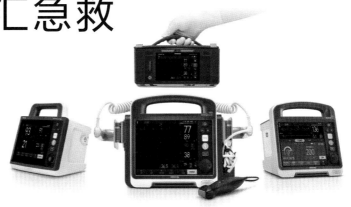

BeneHeart D60/D30 体外除颤监护仪　国械注准 20233080898
BeneHeart DX 体外除颤监护仪　国械注准 20233080803

迈瑞医疗官方微信　　客服中心官方微信

深圳迈瑞生物医疗电子股份有限公司
粤械广审（文）第280612-05558号
禁忌内容或者注意事项详见说明书。

适用范围：

产品用于对患者进行手动体外除颤、半自动体外除颤、起搏治疗和监测。产品具有心电(ECG)、有创血压(IBP)、呼吸(RESP)监护功能。
BeneHeart D30/BeneHeart D60型体外除颤监护仪及当配合BeneVision N1监护仪时(或BeneHeart DX)，可进行心电(ECG)、脉搏血氧
饱和度(SpO₂)、无创血压(NIBP)、有创血压(IBP)、体温(TEMP)、呼吸(RESP)、二氧化碳(CO₂)监护。可以显示、回顾、存储和打印监护信息。
监护参数适用于成人、小儿和新生儿。1手动体外除颤功能适用于无呼吸和无脉搏的室颤以及宣速患者。同步律功能适用于终止房颤。
2.半自动体外除颤功能适用于符合以下情况的心脏骤停患者：丧失反应性、无呼吸或呼吸不正常。该功能仅适用于年龄大于等于29天
的患者。3.起搏功能适用于对心动过缓的患者进行治疗。如果处置及时，它同样有助于对停搏患者进行治疗。该产品支持在院前或院
内使用，且只能由受过该设备操作培训并接受过基本生命支持和高级心脏支持培训的合格医务人员使用。

mindray 迈瑞
生命 科技 如此 亲近

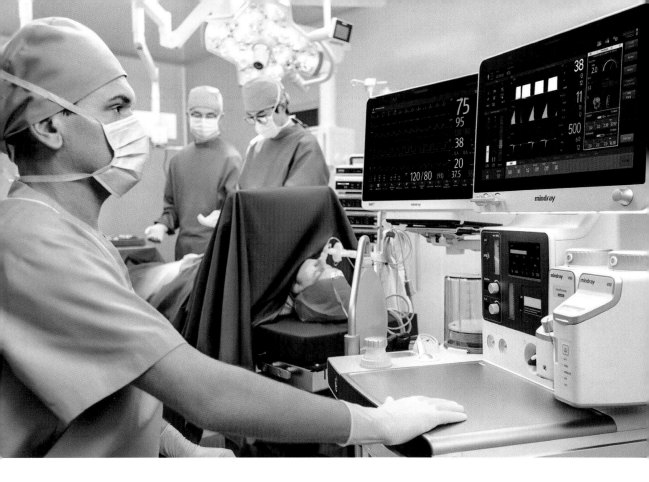

A7/A5
麻醉系统

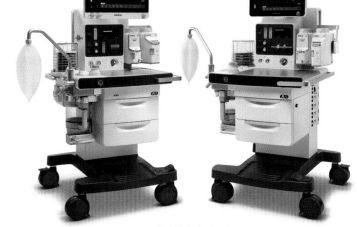

A7/A5 麻醉系统
国械注准 20233081170

迈瑞医疗官方微信　　客服中心官方微信

深圳迈瑞生物医疗电子股份有限公司
粤械广审（文）第280815-05549号
禁忌内容或者注意事项详见说明书。

适用范围：
本产品预期在专业医疗机构内用于成人、儿童和新生儿的吸入麻醉及呼吸管理。
本产品应由培训合格获得授权的医务人员使用。

mindray迈瑞
生 命 科 技 如 此 亲 近

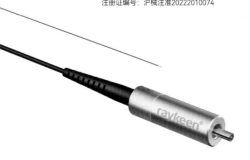
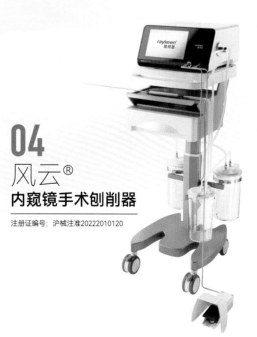

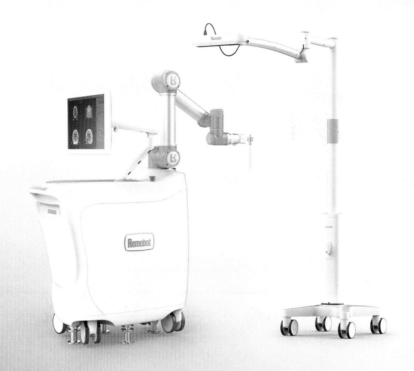

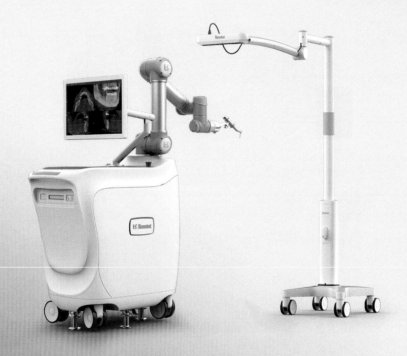

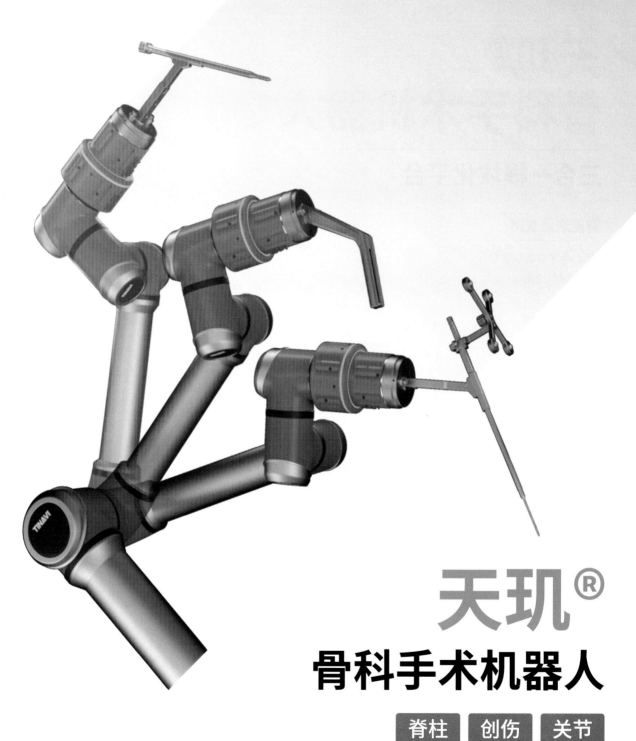

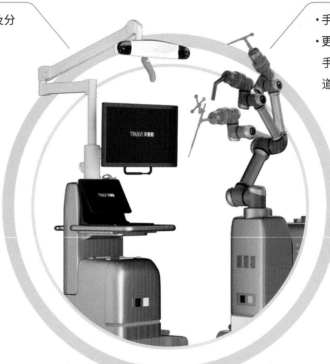

SR1-3D/Sinobot X1
神经外科手术机器人

获批国家创新医疗器械&美国FDA认证

产品名称：神经外科手术导航定位系统
注册证编号：国械注准20183010598
生产企业名称：华科精准（北京）医疗设备股份有限公司

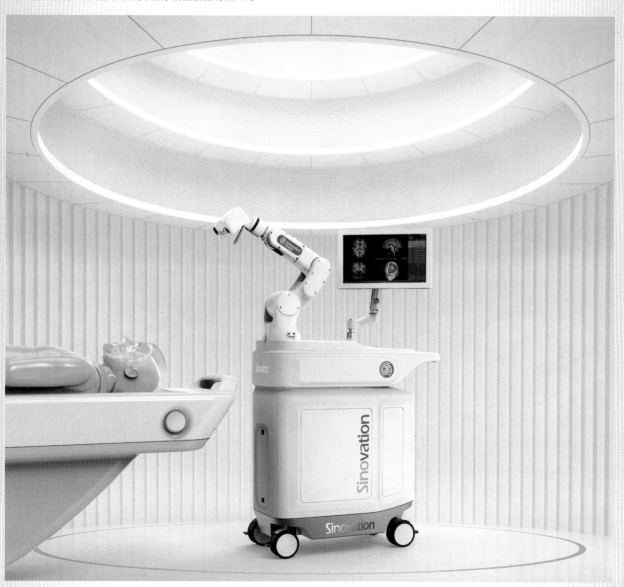

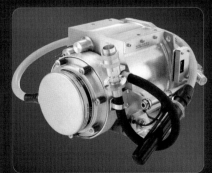

昆山医源医疗技术有限公司是一家专业从事医用 CT 球管研发、生产、销售及技术服务、技术咨询的高科技公司,已经开发出 2MHU、3.5MHU、4MHU、5MHU、6.3MHU、7MHU、7.5MHU、8MHU 等八大系列十六款产品,产品覆盖国产 CT 品牌 90% 的球管型号需求。

▶主要产品

YY3520N系列球管 　　YY6321系列球管 　　YY8019系列球管

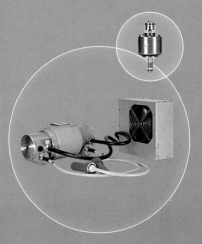

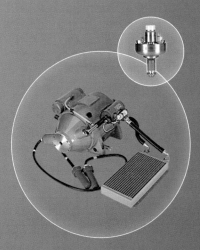

苏械注准20222060690　　苏械注准20232060780　　苏械注准20212061545

▶公司荣誉

- 高新技术企业
- 专精特新"小巨人"企业
- 江苏省专精特新中小企业
- 江苏省潜在独角兽企业
- 苏州市独角兽培育企业

▶2025年新品

7.5MHU单端阳极接地球管、7.0MHU液态金属轴承球管
敬请期待……

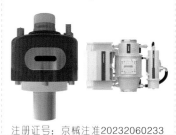

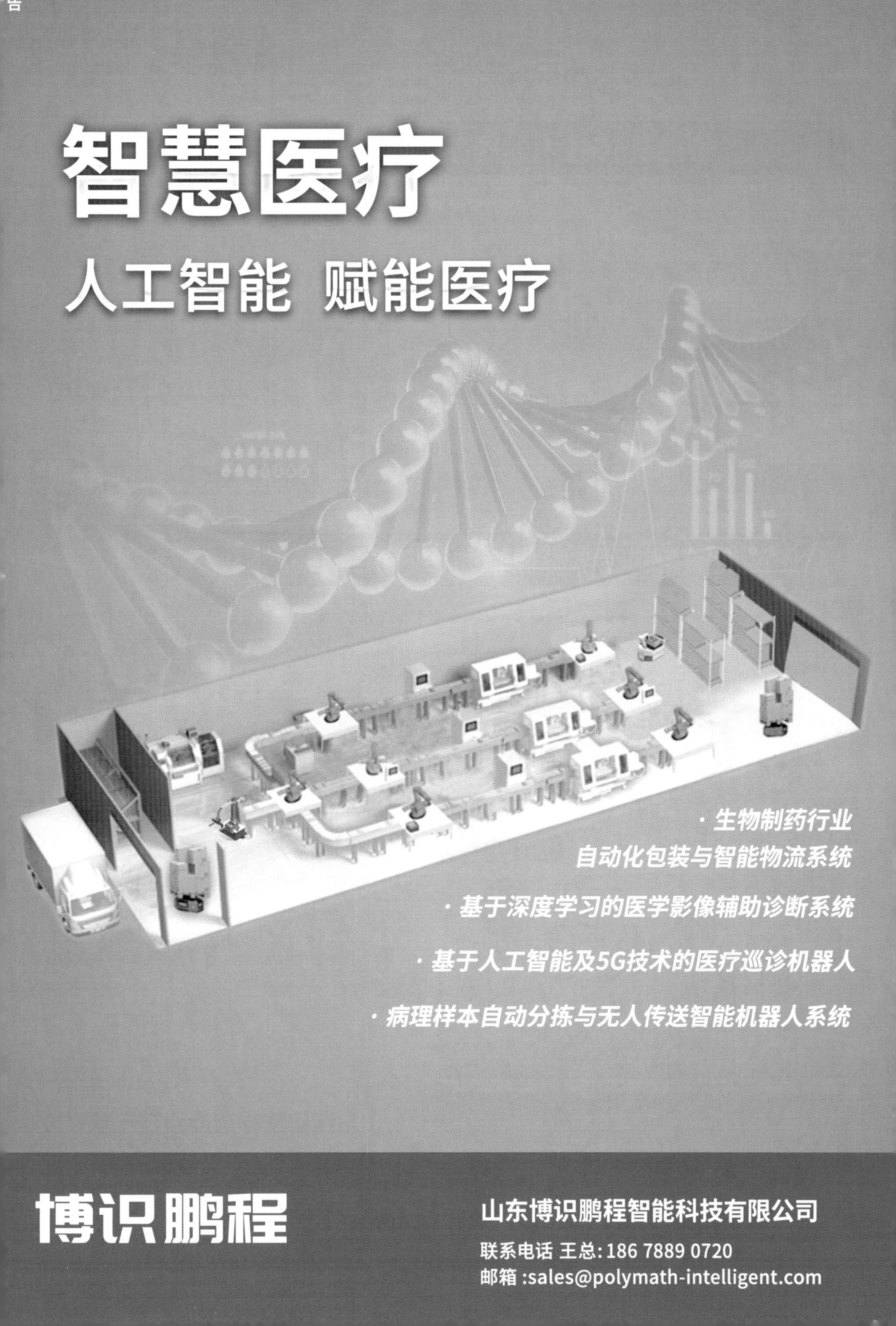
智慧医疗
人工智能 赋能医疗
· 生物制药行业
自动化包装与智能物流系统
· 基于深度学习的医学影像辅助诊断系统
· 基于人工智能及5G技术的医疗巡诊机器人
· 病理样本自动分拣与无人传送智能机器人系统
博识鹏程
山东博识鹏程智能科技有限公司
联系电话 王总: 186 7889 0720
邮箱 :sales@polymath-intelligent.com

博识鹏程

基于人工智能及5G技术的医疗巡诊机器人

- 基于5G和云平台实现远程诊疗

- 非接触操作 复现检查临场感

- 生命体征数据实时采集 异常数据智能识别

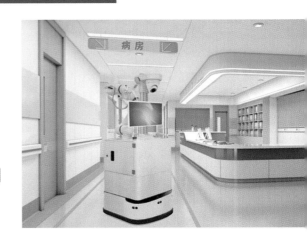

基于深度学习的医学影像辅助诊断系统

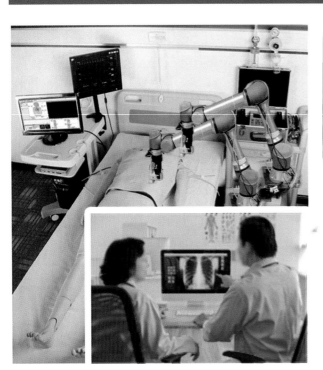

系统在安全模式下可对机械臂形成空间约束，避免由于使用者操作不当，发生机械臂碰撞事故。

医疗巡诊系统作为医生与医疗机器人的信息交互平台，医生不仅能获取病人的诊断信息，还能实时了解机器人的工作状态。

山东博识鹏程智能科技有限公司

联系电话 王总：186 7889 0720

邮箱：sales@polymath-intelligent.com

医疗装备智能互联解决方案

依托希塔自主研发物联网通讯模组，形成低成本、高灵活性、极致安全的物联网解决方案，不仅能让各种医疗设备（如监护仪、影像设备、手术机器人、治疗仪等）之间低成本实现数据共享与交互，还能将这些设备与医院的信息系统（HIS）、电子病历系统（EMR）以及患者监护与管理平台无缝对接，从而优化医疗流程，提升医疗服务效率与质量，为医疗体系建设高效精准的新型互联方式。

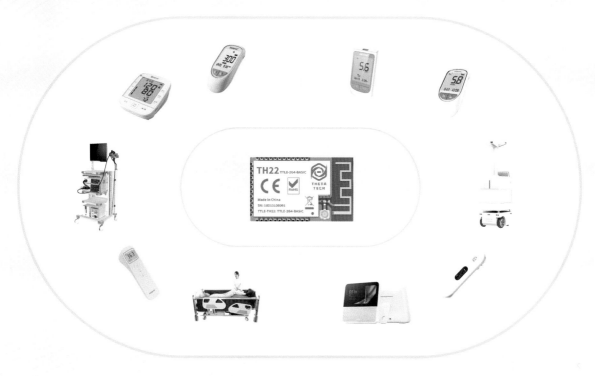

示意图：以模组为核心的智慧互联解决方案

自研物联网模组特点：

快速开发

提供标准软硬件开发接口与数据传输协议，降低开发成本

超低功耗

低于毫安级别的平均工作电流，移动设备也可轻松胜任

安全可靠

自有协议，独立加密，冗余数传，高可靠性

高灵活性

支持自定义协议开发，确保与现有医疗系统的无缝兼容，减少改造难度